대중음악의 이해

김창남 엮음

한울
아카데미

▍서문

케이팝(K-pop)의 인기가 아시아 지역을 넘어 유럽과 남미 지역에 이르기까지 높아지고 있다고 한다. 케이팝은 주로 청소년을 대상으로 한 아이돌 그룹의 팝과 댄스음악을 지칭한다. 한국에서 이런 종류의 음악이 등장한 것은 1990년대의 일이지만 이음악이 갑자기 생겨난 것은 아니며 그 뿌리는 수십 년에 걸친 한국 대중음악의 역사에 닿아 있다. 일제 강점기에 형성된 한국의 대중음악은 8·15해방, 한국전쟁과 분단, 산업화와 개발독재, 민주화와 지구화 등 한국 사회의 변화와 함께 변화·발전해왔다. 한국 대중음악의 역사를 이해하는 것은 곧 한국 사회의 변화 과정을 이해하는 것이기도 하다.

한국에서 대중음악은 오랫동안 지적인 관심 대상으로 여겨지지 않았다. 대중음악에 대한 학술적 연구가 본격적으로 시작된 것도 얼마 되지 않은 일이고 대중음악을 진지한 교양적 대상으로 간주하는 강좌가 개설된 대학도 많지 않다. 대중음악사 관련 저서들 몇몇을 제외하면 대중음악 전반을 조금이라도 체계적으로 공부하고자 하는 사람들이 기댈 만한 교양서도 턱없이 모자란다. 영미권 저서의 번역서들이 나와 있지만 영미 대중음악을 기반으로 저술된 책들이 우리 사회의 대중음악적 현실과 괴리가 있을 수밖에 없는 건 당연하다. 우리가 이 책을 기획하게 된 까닭이 거기에 있다.

이 책은 총론「대중음악 공부하기」를 제외하면 크게 세 부분으로 나뉘어 있다. 첫 번째 부분에서는 대중음악의 생산과 수용, 그리고 테크놀로지의 문제들이 다루어지고, 두 번째 부분은 공간, 세대, 정치, 성 등 대중음악을 둘러싼 다양한 사회적 논점들을 살핀다. 세 번째 부분에서는 일제강점기에서 현재까지 한국 대중음악의 변화 과정에서 등장한 다양한 장르의 역사를 논한다. 대중음악은 의외로 문제 영역이 대단히 복잡하고 다양하다. 대중음악에 체계적으로 접근한다는 것은 대중음악과 사회의 역학 관계에서 파생하는 경제적·미학적·정치적·사회적 문제들을 함께 맞닥뜨리며 고민하게 된다는 의미이다. 우리는 이 책이 그러한 접근의 유익한 통로가 될 수 있기를 바란다.

　케이팝의 인기와 함께 한국과 한국 문화에 대한 관심이 높아지고 있다고 한다. 물론 반가운 일이지만 케이팝의 글로벌한 인기가 한국 대중음악 문화 전반의 발전을 의미하는 것은 아니다. 케이팝 현상을 제대로 이해하기 위해서는 케이팝을 둘러싼 역사적 맥락과 구조적 상황을 아우르는 좀 더 입체적인 시각이 필요하다. 이 책이 그런 지적 여정의 좋은 길잡이가 되기를 바란다. 어려운 작업을 함께해준 한국대중음악학회의 여러 필자에게 고마움을 전한다. 그리고 물론 선뜻 책을 내주신 도서출판 한울에도 감사드린다.

김창남

제3부 • 대중음악의 주요 장르와 역사

01 대중음악 공부하기

김창남(성공회대학교 신문방송학과/문화대학원 교수)

주요 개념 및 용어 | 대중음악, 대중문화, 대중사회, 민중문화, 고급문화, 클래식, 팝, 문화산업, 이데올로기, 문화제국주의, 글로벌화

1. 노래 그리고 대중음악

대중음악은 근대 이후 대중이라는 개념이 등장한 이래 가장 보편적으로 향유되어온 문화다. 대중음악의 가장 기본적인 형식은 노래이고 노래의 역사는 인류의 역사만큼이나 오래되었다고 할 수 있다. 언어학자 가운데는 언어의 기원을 노래에서 찾는 이들도 있다. 노래가 말보다 먼저였다는 주장이다. 언어가 형성되기 이전에 존재했던 노래에는 오늘날의 가사는 존재하지 않았을 것이다. 그렇다고 의미가 존재하지 않았던 것은 아니다. 그것이 무엇이든 인간이 전하고자 하는 의미가 있었을 것이고 그 의미는 음성언어가 형성되면서 좀 더 객관적이고 상징적인 형태로 전화했을 것이다. 오래전에 쓴 글에서 나는 노래의 이 원초적인 형식을 노동의 의미와 연관해 설명하고자 시도한 적이 있다. 조금 길지만

여기 그 부분을 인용해본다.

　가사가 되기 이전, 즉 말이 형성되기 이전에 목소리를 통해 그것도 가락
과 리듬을 가진 목소리를 통해 인간들이 표현하고자 한 의미는 무엇이었
을까. 만일 단순히 의사를 소통시키기 위해서였다면 굳이 리듬과 가락을
실어 발성할 필요는 없었을 것이다. 리듬과 가락은 단순한 의사소통 이상
의 의미를 그 소리덩어리에 부여하고 있다. 그것이 무엇이었을까? 사람은
몸이 아프면 소리를 낸다. 발성을 통해서 손상된 육체의 균형을 되찾으려
는 것이다. 마찬가지로 노동을 통하여 피로해질 때 소리를 냄으로써 그 피
로를 덜게 된다. 사람들은 함께 소리를 냄으로써 힘든 노동을 보다 쉽게
해낼 수 있다는 것을 알게 되었을 것이다. 여럿이 함께 일하면서 내는 소
리는 노동의 강약과 끊고 맺음에 따라 리듬과 가락을 획득하게 된다. 그
노동의 소리는 이미 일반적인 의사소통의 소리가 아닌 일정한 형식 속에
정서적 흥취를 동반한 소리, 즉 '노래'가 된다. 하나의 소리덩어리에 의사
소통 이상의 문화적 의미를 부여함으로써 '노래'가 되게 한 것은 바로 '노
동'인 것이다.
　'노래'는 따로 떨어져 그것 자체로만 불려진 것은 아니었다. 노동이 끝나
고 공동체의 성원이 모여 '함께 노는' 자리에서도 노래는 노동의 동작과 함
께 불려진다. 놀이는 노동 후의 피로와 긴장을 풀고 다시 생의 욕구를 충
족시키는 과정이다. 놀이 속에서 노동의 과정을 재연하고 왕성한 생산성
을 기원한다. 놀이 자체가 노동의 연장이며 노동의 전화인 것이다. '노래'
는 처음부터 '노래'로 있던 것이 아니고 함께 노는 과정 즉 '놀이' 속의 한
구성요소였다. 동작과 소리, 카오스적인 난장과 종교적 축원이 함께 있던
'놀이'에서 춤과 노래와 놀이와 종교가 나온다. 노래가 놀이에서 나왔다는
것을 우리의 조상들은 정확히 알고 있었던 모양이다. '노래'라는 말이 '놀
다'라는 동사에서 파생한 명사형이라는 사실이 그것을 증명해준다. '노래'
는 '노동'을 '노는' 행위인 것이다(김창남, 1991: 88~89).

노래의 본질을 노동과 연관시키는 발상은 다분히 1980년대 민중예술론에 닿아 있다. 당시 진보적 예술 담론의 목표는 상업적이고 지배적인 문화예술에 대한 저항적 테제를 만드는 데 있었고, 그 저항의 기저에는 노동의 가치에 대한 지향, 혹은 노동성의 회복이라는 주제가 자리 잡고 있었다. 인용한 글은 노래라는 예술양식의 의미를 민중예술론의 맥락에서 좀 더 원론적으로 살펴보고자 했던 시도였지만 이후 뒤이은 작업을 통해 논의를 풍부하게 만들지는 못했다. 그러니까 우리는 1980년대 이래 아직까지 노래에 관해 어떤 형태로든 원론적 논의를 해본 적이 없다. 반면 우리는 노래라는 예술 양식의 자본주의적 형태인 대중음악에 대해 많은 말들을 해왔다. 하지만 대중음악이 여전히 문화 담론의 변방에서 벗어나지 못하고 있고 대중음악이 가르치고 배울 만한 하나의 학문 분과로서 온당히 대접받지 못해온 저간의 상황에서 대중음악 담론은 대체로 파편적이고 분산되어 있다. 이 책은 말하자면 지금까지 논의되어온 (한국)대중음악에 대한 담론들을 정리하고 체계화함으로써 일종의 원론적 틀을 만들어보고자 하는 시도이다.

노래가 인류사와 함께할 만큼 오랜 역사를 가진 데 반해 우리가 지금 이야기하고자 하는 대중음악의 역사는 그리 길지 않다. 자본주의 사회에서 대중음악은 단지 인간의 의미를 담은 노래가 아니라 근대적 테크놀로지에 의해 생산되어 미디어를 통해 유통되는 상품으로서의 음악을 가리키기 때문이다. 물론 넓은 의미에서 보면 대중음악이란 개념은 단지 상품 형태의 음악으로 한정되기 어려운 넓은 스펙트럼을 가지고 있다. 예컨대 대중 사이에서 출전을 알 수 없이 구전되는 노래들은 기술과 미디어, 상품이라는 조건과 무관하지만 이 역시 일반 대중의 음악이라는 점에서 넓은 의미의 대중음악이라 할 수 있다. 과거 민중들 사이에서 창작되고 전해져온 노동요 등 민요도 말하자면 전통 시대의 대중음악이라 불릴 수 있을 테다. 그런가 하면 우리가 흔히 대중음악의 상대 개념으로 이해하고 있는 고급음악, 혹은 클래식 음악 역시 현대 사회에서는 기술에 의해 생산되어 미디어를 통해 유통되는 상품화된 음악이라는 범주를 크게 벗어나지 않는다. 대중음악을 '대중적'이라거나 '상업적'인 음악으로 정의하더라도 그 한계가 분명하지는 않다는 말이다. 사실 많은 클래식 음악이 대중적이라고 말할 만큼 충분히 인기 있는 경우가 있는가 하면 어떤 대중음악은 소수의 마니아들만이 좋아한다. 그런 까닭에 논자에 따라서는 모든 음악이 대중음악이라고 선언하기도 한다. 어떤 것이든 누군가에게는 대중적이기(즉, 인기 있기) 때문이다(서커, 1999: 70에서 재인용). 대중음악과 클래식을 구분하고자 하는 의미에서 대중음악을 '서민' 혹은 '보통 사람'의 음악으로 정의하기도 하지만 이 서민이란 개념도 애매하기는 마찬가지다. 예전의 서구사회라면 클래식 음악이 명백히 상위 계층의 음악이라는 규정이 유효하겠지만 지금 클래식 음악의 수용이 상류층에서만 이루어지는 것은 아니다. 요컨대 대중음악이란 용어를 완벽하게 정의하기란 의외로 쉽지 않다. 따라서 논의의 성격과 목적에 따라 일정하게 범주를 한정지을 수밖에 없다.

　이 책에서 대중음악은 근대 이후 미디어 테크놀로지에 의해 생산된 상품으로서 비교적 다수의 보통 사람들에 의해 수용되는 음악 정도로 느슨하게 규정될 것이다. 이는 한국 사회에서 근대화 이후의 대중적인 미적 감성의 맥락에 있다는 점에서 서양 고전음악의 음악적 전통을 따르고 있는 클래식이나 근대화 이전의 음악적 전통을 계승하고 있는 국악과 구별되며, 근대적 테크놀로지에 기반을 두고 생산·유통된다는 점에서 구비전승되는 민속음악이나 구전가요와 구별된다. 하지만 대중음악은 클래식이나 민속음악을 포함한 다양한 음악적 자원과 밀접하게 연관되어 영향을 주고받기 때문에 음악적 양식의 차원에서나 대중적 수용의 차원에서 이들과 명확하게 구분되는 것은 아니며 일정하게 겹치는 부분이 존재한다. 대중음악은 다양한 스타일, 다양한 청중, 다양한 음악적 전통과 관습, 제도가 복잡하게 상호작용하는 영역이며, 이들의 관계는 항상 변화하고 진화한다.

대중음악은 흔히 대중가요(혹은 가요), 유행가 같은 용어와 혼용된다. 유행하는 노래라는 뜻의 유행가라는 말에는 알게 모르게 다소 비하하는 느낌이 섞여 있고 유행한다는 말이 갖고 있는 모호함 때문에 대중음악 현상 전반을 표현하기에는 부적합하다. 대중가요라는 용어가 그보다 훨씬 일반적으로 쓰이기는 하지만 가요(歌謠)가 일본식 표현인 데다 연주음악을 포괄하지 못한다는 문제가 있다. 그렇기 때문에 대중음악이라는 용어를 사용하는 것이 더 적합한 것으로 받아들여진다. 영미권 대중음악을 가리킬 때 흔히 쓰이는 팝(pop: 팝 뮤직, 팝송)이란 용어는 대중음악 일반을 지칭하는 파퓰러 뮤직(popular music)의 의미이기도 하지만, 이 용어가 쓰이기 시작한 것은 1950년대 이후이며 대체로 10대 시장을 겨냥한 가벼운 음악을 가리키는 개념으로 쓰이는 경향이 있다. 그런 까닭에 팝은 흔히 (진지하고 심오하며 저항적인) 록 음악과 대비되는 다소 가볍고 즐거우며 순응적인 음악이라는 용어로 사용되곤 한다. 최근에는 한국 대중음악을 지칭하는 케이팝이라는 신조어가 등장했다. 이 용어는 한류와 함께 해외에서 먼저 사용되었고, 국내에서는 최근에 와서야 일반적으로 사용되기 시작했다. 케이팝은 한국 대중음악 전반을 가리키기보다는 해외에서 관심을 끌고 있는 한국 주류 대중음악의 최신 경향, 더 구체적으로는 아이돌 그룹의 팝을 지칭하는 것으로 이해된다.

개념 자체를 명확히 밝히기 쉽지 않을 뿐 아니라 대중음악의 사회문화적 혹은 예술적 의미와 기능을 분명하게 설명하는 것도 쉬운 일이 아니다. 대중음악은 음악이라는 예술의 하위 장르일 뿐 아니라 사회구성원들의 상징적 사회작용 혹은 사회적 커뮤니케이션의 중요한 일부이기도 하다. 그런가 하면 적지 않은 부를 창출하는 산업이기도 하며, 매우 직접적인 저항이나 대중 동원의 수단이 되기도 하고, 대중의 일상 속에서 알게 모르게 작동하는 이데올로기적 장치가 되기도 한다. 대중음악을 논한다는 것은 이렇게 다면적인 대중음악의 성격을 복합적으로 분석하고 설명한다는 뜻을 갖는다. 그것은 음악학과 문학, 미학의 영역이기

도 하고, 사회학과 정치학, 경제학, 커뮤니케이션학, 인류학의 대상이기
도 하다.

한국에서 대중음악이 본격적인 학문적 대상, 혹은 비평적 대상으로
간주되기 시작한 것은 그리 오래된 일이 아니다. 한국사회와 관련해 대
중사회론과 대중문화론이 학문적 패러다임 내에 들어와 논의되기 시작
한 것은 대략 1960년대 말에서 1970년대부터의 일이지만, 당시의 논의
에서 대중음악은 중요한 관심 대상이 되지 못했다. 대중음악에 대한 학
술적 논의는 1980년대에 본격적으로 시작되었고, 이는 주로 민중문화운
동의 맥락에 서 있던 연구자들에 의해서 이루어졌다. 1990년대 이후 민
주화와 함께 문화 담론의 지형이 크게 변화하면서 대중음악에 대한 논
의는 좀 더 풍부해졌다. 민중문화론에서 대체로 비판의 대상이던 대중
음악의 역사가 새롭게 재평가되기 시작한 것도 이런 변화 속에서였다.
대중의 일상과 정서, 정체성을 표현하는 대중음악의 의미가 강조되었고
한국 대중음악의 예술적 성취에 대한 새로운 인식이 형성되기 시작했
다. 1990년대 말 이후에는 한류 현상이 등장하는 등 대중음악의 글로벌
한 흐름이 두드러졌고, 그와 함께 대중음악을 문화산업의 관점에서 보
고자 하는 논의가 다양하게 이루어졌다.

2. 대중음악 담론의 주요 경향

1) 클래식 음악과 대중음악

대중문화가 그렇듯이 대중음악 역시 그 상대편에 어떤 개념이 놓이는
가에 따라, 즉 어떤 것의 타자가 되는가에 따라 의미가 달라져왔다. 가
장 흔히 대중음악은 이른바 고급음악, 즉 클래식 음악의 타자로 규정되
곤 한다. 사실 고급음악이란 용어는 고급문화(high culture, high arts)에서

전용된 용어일 뿐 흔히 사용되는 용어는 아니다. 우리가 흔히 쓰는 개념은 클래식 혹은 고전음악이란 용어다. 다만 클래식이나 고전음악이라고 하면 대체로 고전주의 시대의 음악을 가리키고, 좀 더 현대적인 예술적 실천으로 등장한 현대 음악이 배제될 수 있기에 이를 포괄하는 개념으로 고급음악이란 용어가 쓰이곤 한다. 일반적인 상식에서 대중음악은 대체로 클래식 음악에 대비되는 개념으로 되어 있다.

이른바 고급문화, 그리고 고전이란 개념이 등장한 것은 19세기다. 매슈 아널드(Matthew Arnold) 등의 비평가들이 "지금까지 생각하고 말해온 최상의 것"(서커, 1999: 44에서 재인용)을 문화라 규정하며 소수 엘리트의 교양적 문화, 예술적 전통이 진정한 문화이고 이들이 다수의 대중이 좋아하는 대중문화에 의해 위협받는다고 주장하면서부터다. 이들 엘리트적 전통의 비평가들은 르네상스 이후 서구 예술의 전통을 고전이라 불렀다. 이러한 엘리트적 문화 비평은 근대적 대중사회의 도래와 함께 엘리트적 질서가 무너지는 것에 대한 보수적 방어 논리의 성격을 지녔다. 대중음악을 클래식의 상대 개념으로 설정할 때 대중음악은 자연히 '교양이 부족한 계층'이 즐기는 '거칠고 조잡하며 미적 수준이 낮고 상업적인' 음악으로 규정된다.

클래식 음악에 미적 가치를 부여하는 사람들은 음악이 복잡할수록 의미 있고 수준 높은 것이라는 태도를 보여준다. 대중음악은 즉각적인 정서적 만족을 추구하기 때문에 열등한 음악이라는 것이다. 또 예술은 근본적으로 자율적 개인의 창조성의 산물이어야 하며 대중음악은 이에 비해 집단적이고 산업적인 시스템에서 만들어지는 것이기 때문에 그 미적 가치가 낮다고 주장하기도 한다. 이런 관점은 오랫동안 대중음악을 보는 주류적 상식으로 존재해왔다. 대중음악을 통제하고 대중의 대중음악 수용을 일정하게 규제해야 한다는 논리가 당연하게 받아들여지기도 했다. 이러한 논리가 엘리트주의적 편견에 지나지 않음은 이미 수많은 사람들에 의해 지적된 바 있다. 대중음악을 열등한 것으로 보는 관점은 기본적으로 서구 엘리트 계급의 낡은 계급관념에 지나지 않고 대중음악의 문화적 성격을 그 자체로서 진지하게 다루지 않고 있으며 대중의 문화 수용이 가진 능동적 측면을 인식하지 못한다는 비판을 받는다. 특히 20 세기 후반 이후 지속된 문화적 변동 과정에서 이른바 고급문화와 대중 문화의 구별은 점점 흐려지고 있고 양자의 뒤섞임과 상호작용이 중요한 트렌드로 부각되면서 클래식과 대중음악의 이분법은 점차 설득력을 잃 고 있다.

대중음악을 고급음악 혹은 클래식과 대치시키는 논리가 설득력을 잃 게 된 데에는 이른바 포스트모더니즘이라는 새로운 담론도 적지 않은 영 향을 미쳤다. 포스트모더니즘은 대중문화와 대척점에 있는 것으로 여기 며 스스로 고급문화의 아성을 쌓고자 했던 모더니즘에 대한 반발과 관련 이 있다. 고급문화/대중문화의 구별에 집착하는 것은 고루한 사고방식으 로 여겨졌고, 이와 같은 경계의 파괴는 다양한 고급문화와 대중문화의 접 합으로 나타났다. 이는 대중음악에서 특히 두드러진 바 있다. 예컨대 피 터 블레이크(Peter Blake)와 리처드 해밀턴(Richard Hamilton), 앤디 워홀 (Andy Warhol)이 각각 비틀스(The Beatles)의 〈Sergeant Pepper's Lonely Hearts Club Band〉와 〈White Album〉, 롤링 스톤스(Rolling Stones)의 〈Sticky Fingers〉 앨범을 디자인했던 것은 잘 알려져 있고, 클래식과 재 즈, 팝이 여러 가지 방식으로 접합한 사례는 무수히 많다. 우리나라의 경우도 클래식과 재즈, 국악, 대중음악이 다양한 방식으로 결합해 연주 되는 것이 더는 특별한 일로 여겨지지 않는다.

대중음악을 고급음악의 타자로 위치시키는 논리가 약화되는 것과 함 께 대중음악의 독자적인 미적 가치를 재평가하고 대중음악의 미학을 정 립하고자 하는 시도도 활발해졌다. 대중음악의 미적 가치는 이른바 사 회성에서 초월해 있다고 여겨지는 고급음악의 미학과는 다른 차원에서 논의되지 않을 수 없다. 고급음악에서는 흔히 예술적 가치와 대립되는 것으로 여겨지는 대중성이라는 가치가 대중음악에서는 중요한 미적 가치가 될 수 있다. 그런 면에서 대중음악의 미학은 흔히 사회학적인 성격을 갖는다. 서구 팝음악에서 대중적 미학의 초점은 주로 아프리칸아메리칸(African-american) 음악의 음악적 특성에 맞추어져 있고, 특히 가장 중요한 대상이 되는 것은 록 음악이다. 록 음악과 관련한 미적 가치의 핵심은 이른바 진정성과 독창성이라 표현된다. 진정성이나 독창성이란 개념은 지극히 불명료하고 규정하기 어려운 개념이지만, 적어도 상업적으로 제조되는 규격화된 상품성과는 다르게 아티스트의 예술적 자의식과 개성적 특질이 표현된 음악이라는 것에 대해서는 대체로 인정받고 있는 것으로 보인다. 한국에서 1990년대 이후 대중음악사에 대한 전반적인 재평가가 이루어지면서 미학적 가치를 지닌 아티스트로 평가되는 일련의 음악인들(예를 들어, 신중현, 김민기, 송창식, 산울림, 서태지, 들국화 등)의 경우도 진정성과 독창성에서 높은 평가를 받는다고 할 수 있다. 대중음악에 대한 이러한 미학적 접근은 고급음악/대중음악의 이분법이 사라진 대신 대중음악 내에 진정성 있는 음악/진정성 없는 음악이라는 또 다른 이분법을 만들어내고 있다는 비판에 직면하기도 한다. 대중음악의 다양한 스펙트럼을 체계적으로 담을 수 있는 미학적 담론은 아직 충분히 논의되지 못하고 있다고 할 수 있다.

2) 대중음악과 이데올로기

대중음악에 대한 진지한 학술적 비평적 담론이 본격화되기 시작한 1980년대 한국 사회는 치열한 이데올로기 대립의 공간이었다. 대중문화 연구 역시 지배와 저항, 파쇼와 반파쇼, 제국주의와 반제국주의 등 대립적인 이데올로기 투쟁의 맥락에서 벗어날 수 없었다. 대중음악은 그것이 자본에 의해 제작되고 정치적 통제를 받는 매스미디어에 의해 유포되며 서구의 음악적 영향을 받는 문화식민지적 성격을 가졌다는 점에서 지배 이데올로기의 도구로 평가되었다. 이 시기 대중음악 담론을 선도한 것은 나 자신을 포함해 민중문화운동의 맥락에서 음악운동을 전개했던 평론가 집단이다. 당대의 맥락에서 대중음악은 대체로 대중의 정치적 무관심을 조장하고 현실도피를 통해 현실에 대한 비판적 의식을 잃게 만드는 지배계급의 이데올로기적 도구로 규정되곤 했다. 또 한국의 대중음악이 자생적 근대화의 산물이 아니라 제국주의적 이식의 산물이란 점이 비판의 중요한 초점이 되기도 했다. 이런 이데올로기 담론은 아도르노(Theodor Adorno)의 문화산업 이론과 문화제국주의 담론에 기댄 면이 적지 않았다.

아도르노는 잘 알려져 있다시피 프랑크푸르트 학파의 주요 인물이다. 프랑크푸르트 학파는 자본주의 사회에서 상품화된 문화산업이 대중을 수동적으로 만들고 비판적 사고와 저항적 정치의 가능성을 거세한다고 보았다. 아도르노가 대중음악에 대해 가하는 주요한 비판의 논점은 그것의 표준화된 성격이다. 그에 따르면 대중음악 상품은 표준화되어 서로 다른 작품 사이에 상호 교환이 가능할 만큼 독창성이 결여되어 있으며, 이들이 보여주는 차이란 의사개인화(pseudo-individualization)에 지나지 않는다. 산업화된 대중음악의 청취자는 표준화되고 규격화된 반응을 보이며 음악의 표준화된 리듬에 순종함으로써 자본주의 체계의 지배 속으로 들어가게 된다는 것이다.

아도르노의 이론과 함께 비판이론의 기본 논지는 그대로 1980년대 대중음악 비평에 적용되었다. 대중음악은 대중의 비판 의식을 마비시키고 현실 순응의 이데올로기를 주입하며, 대중은 표준화된 대중음악의 세례 속에서 미적으로나 정치적으로 퇴화될 수밖에 없다는 요지다. 이런 논리가 그 나름대로 설득력 있게 받아들여질 수 있었던 것은 당대의 상황에서 대중음악(을 비롯한 모든 대중문화)이 첨예한 정치적 검열의 대상이었고 일말의 현실 비판이나 성찰의 의지가 개입될 가능성이 전혀 없었기 때문이다. 또한 당대의 정치적 상황과 만연한 상업주의적 구조 속에서 음악적인 진보란 불가능하며 표준화된 생산이 불가피하다고 본 까닭이기도 했다. 반면 검열과 무관하게 생산된 민중가요가 광범위하게 유포되고 있었고, 결국 대중음악의 위상과 의미는 진보적이고 비판적인 민중가요의 대척점에 놓이는 것으로 받아들여졌다.

1980년대 대중음악 담론의 또 하나 주요한 이론적 축은 문화제국주의 이론이었다. 이는 한국 대중음악이 한국의 전통문화와 민속음악이 내적 발전의 과정 속에서 근대화된 것이 아니라 제국주의의 침탈 과정에서 일본을 통해 이식된 서구 문화의 영향 속에서 형성된 것이라는 인식에서 비롯된다. 물론 이는 당대의 진보적 문화운동이 가졌던 민족주의적 성향을 반영한 것이기도 하다. 1980년대 민족민중문화운동 내부에는 '전통과 민속의 현대화' 혹은 '민족적 형식과 민중적 내용'이라는 미학적 관점이 상당한 힘을 가지고 있었고, 음악운동 진영에도 이를 추구하는 집단이 상당히 존재했다. 주로 1960년대와 1970년대에 강력하게 전개된 문화제국주의론은 미국과 서구의 선진 자본주의 국가의 문화상품이 제3세계 저개발국의 시장을 지배함으로써 특정한 수요와 소비 양상을 창출하고 서구적 가치와 스타일에 의해 제3세계 고유의 문화적 자원과 가치가 훼손되고 축소된다는 주장이다. 이 문화제국주의 테제는 제3세계뿐 아니라 미국 대중문화의 시장 침투에 처한 프랑스, 캐나다 등 선진국들에서도 제기된 바 있다. 이런 문화제국주의론은 점차 타당성을 의심받게 된다. 1980년대 이후 미디어연구와 문화연구에서 부각된 '능동적 수용자' 패러다임은 문화제국주의론이 소비자들에 대한 미디어문화의 일방적 지배를 가정하는 것을 비판하며 수용자의 능동성과 문화의 다의미성을 강조한다. 또 한 국가 또는 민족의 통일된 문화적 정체성이란 존재하지 않으며 문화제국주의 테제가 가정하고 있는 통일된 실체로서의 '국민적 문화' 혹은 민족문화라는 개념 자체가 모호한 것이라는 주장도 제기되었다. 글로벌화된 세계에서 영미권의 대중음악은 국제적인 언어가 되었고, 각 지역의 전통적 음악이 반드시 지역적 문화정체성과 등치될 수 없으며, 초국가적인 음악 산업이 막대한 영향을 미치기는 하지만 그렇다고 해서 반드시 세계 음악의 동질화가 일어나지는 않는다는 것이다. 이른바 월드 뮤직이라는 기호 아래 세계 각 지역의 지역적 음악이 전 세계적인 상품으로 유통되고 있는 현상도 문화제국주의론의 일방주의적이고 이분법적인 담론이 한계를 드러내는 것임을 보여주기도 한다.

대중음악을 이데올로기적 도구로 보는 1980년대 문화담론은 1990년대 이후 빠르게 전개된 한국사회의 민주화 과정을 통해 변화할 수밖에 없었다. 이분법적 패러다임이 통용될 수 있었던 1980년대와 달리 민주화는 이분법으로 포섭되기 어려운 중간지대를 만들었다. 대중음악에 대한 정치적 검열이 대폭 완화되면서 불법음반으로 유통되던 민중가요가 합법적인 대중가요로 진입한 것은 매우 상징적인 변화다. 1996년에는 아예 대중음악에 대한 사전심의제도가 철폐됨으로써 정치적 검열의 시대는 종말을 고했다. 오직 경멸과 비판의 대상으로 인식되던 대중음악에 대한 시각도 변화할 수밖에 없었다.

3) 글로벌화와 대중음악

20세기의 대중음악은 그 시작부터 산업의 성격을 띠었고, 이는 한국의 경우도 예외가 아니다. 하지만 한국에서 대중음악이 본격적으로 산업의 맥락에서 진지하게 논의되기 시작한 역사는 그리 오래지 않다. 정확히 말하면 1990년대 이후 민주화가 진행되고 전 세계적인 글로벌화의 흐름에 한국 역시 적극적으로 편입되면서부터라 말할 수 있다. 문화 정책 차원에서는 오랫동안 단지 규제 대상으로만 존재했던 대중음악이 어느 날부터인가 갑자기 황금알을 낳는 거위라도 되는 양 상찬되며 이런저런 지원을 받기 시작한 것도 이 무렵부터다. 글로벌화의 흐름 속에서 시장 개방 압력이 거세지던 1980년대 말부터 1990년대 초반의 시점에 거대 재벌 기업들이 앞 다투어 음반과 영상 산업에 뛰어들기 시작했다. 1980년대까지 음반과 영상산업은 '중소기업 고유업종'으로 지정되어 대기업의 진입이 불가능했는데, 이것이 시장 개방의 흐름 속에 이른바 경쟁력 강화론이 부상하면서 대기업도 참여할 수 있게 바뀐 것이다.

글로벌화는 전 세계가 초국가적인 미디어 복합 기업에 의해 지배되는 단일한 시장으로 변화하는 과정이라 말할 수 있다. 대중음악의 영역에서 보면 글로벌화는 이른바 메이저 음악 산업에 의한 대중음악 시장의 지배와 그로 인한 음악적 스타일의 세계화라는 형태로 드러난다. 대중음악은 단지 음반 산업만이 아니라 방송영상산업을 비롯한 다양한 소비 산업과 밀접히 관련되어 있기 때문에 그 산업적 영향력이 매우 크다. 또한 글로벌화의 과정은 지역적인 문화와 지구적인 문화 사이의 갈등이라는 문제를 내재한다. 초국가적 음악 산업에 의해 전파되는 서구의 대중음악으로 인해 다양한 지역의 문화정체성을 담은 음악적 실천이 위축되고 토착적 음악 유산이 희생될 것인가 하는 것은 오랜 쟁점 가운데 하나다. 물론 이에 대한 정답은 없으며 지역에 따라 사정은 달라진다고 해야할 것이다.

대중음악의 산업 담론은 이른바 한류의 열풍이 불면서 더욱 거세졌다. 1990년대 말부터 한국의 대중음악이 중국과 일본, 동남아시아 지역의 젊은 세대에게서 큰 인기를 모으면서 대중음악은 일약 보호 육성해야 할 미래 산업의 총아 가운데 하나로 여겨지기 시작했다. 잘 알려져 있다시피 아시아 지역의 한류 열풍은 주로 한국의 주류 대중음악 시장을 장악하고 있는 아이돌 그룹의 팝과 댄스음악이다. 케이팝이라는 명칭도 이들의 음악을 가리키는 용어로 사용되기 시작했다. 케이팝 한류는 우리가 오랫동안 잊고 있었던 아시아적 문화정체성, 그리고 글로벌화의 한 가운데서 진행되는 아시아 권역 내의 문화적 교류와 그를 통한 문화적 풍부화의 가능성에 대해 사고할 수 있는 중요한 계기라 할 수 있다. 신현준(2003)을 비롯한 일부 문화연구자들이 이런 시각으로 한류의 의미를 새롭게 조명하는 연구를 내놓기도 했다. 이는 비교적 단순한 민족주의 담론 수준에 머물렀던 대중음악 논의를 한층 진전시키는 계기가 되기도 했다. 하지만 한류를 둘러싼 담론의 주류는 주로 이 현상을 문화 상품의 수출이라는 차원에서 보는 지극히 경제주의적인 시각에 갇혀 있는 경우가 많다. 국가주의 이데올로기와 산업주의 담론이 결합되면서 한류는 문화적이기보다는 경제적인 현상으로 치부되며, 이른바 국위선 양과 문화수출이라는 맥락에서 이해된다.

대중음악을 산업과 경제, 요컨대 돈벌이라는 차원에서 바라보는 시각이 강화되는 것은 다른 한편으로 대중음악의 창조성이나 음악적 진정성, 다양성이라는 문제의식이 그만큼 약화되는 것을 의미한다. 케이팝과 한류, 글로벌화의 진행과 산업 담론의 득세 속에서 한국 대중음악의 질적 다양성과 창조성, 음악적 진정성은 점차 관심 대상에서 멀어졌다. 주류 대중음악은 산업적 효율성이 확인된 대형 기획사 중심의 아이돌 시스템이 지배하게 되었고, 이른바 음악적 다양성과 진정성, 창조성이란 개념은 주로 비주류 음악 영역의 음악적 실천에 관련해서 의미 있는 담론으로 받아들여지게 된다. 이 말이 주류 대중음악은 창조성·진정성이 결여되어 있고 비주류 음악만 창조적이고 진정성을 갖고 있다는 뜻은 아니다. 그런 가치가 주류 음악에서는 중요하게 취급되지 않는다는 의미일 뿐이다.

3. '대중음악의 이해'를 위하여

이 책은 우리나라의 역사와 상황에 맞는 대중음악 교재를 만들어보자는 의도로 집필되었다. 앞에서 정리한 한국 대중음악 담론의 흐름을 포괄하면서 대중음악을 이해하기 위해 필요한 다양한 주제와 관점을 최대한 담아내는 것이 우리의 목표이자 의도다. 대중음악 연구는 다양한 학문적 패러다임이 교차하는 매우 복합적이며 폭넓은 영역이다. 그것은 음악이나 예술, 혹은 문화의 영역일 뿐 아니라 정치의 공간이며 경제의 대상이고, 기술과 지리, 젠더와 세대의 문제가 교차하는 사회적 영역이다. 대중음악에 대해 기본적으로 이해하려면 이런 다양한 논점을 복합적으로 사유해야 한다. 이 책은 그와 같은 문제의식에 기반을 두고 크게 세 부분으로 구성되어 있다.

제1부에서는 대중음악의 생산과 수용의 과정을 큰 틀에서 바라본다. 대중음악의 산업적 성격과 생산 시스템의 문제, 테크놀로지의 문제, 그리고 대중음악의 수용 과정에 대한 문제가 그것이다. 제2부는 대중음악을 중요한 사회적 논점들과의 관련성 속에서 살펴보는 부분이다. 대중음악을 구성하는 공간과 장소의 지리적 맥락, 대중음악의 가장 중요한 변화와 갈등의 지점인 세대의 문제, 대중음악을 둘러싼 정치적 역학과 기능 그리고 대중음악과 성 정치학 등의 주제들이다. 제3부는 한국 대중음악의 주요 장르의 성격과 역사를 다룬다. 시대에 따라 지배적인 장르가 달라지고 각 장르의 특성도 변화한다. 여기서 다루어지고 있는 트로트(와 신민요), 스탠더드 팝과 발라드, 포크와 록, 소울과 힙합, 그리고 댄스음악은 각기 다른 시대적 맥락에서 태어나 변화해오면서 현재 한국 대중음악의 주요 얼개를 구성하는 장르들이다.

1) 제1부 〈대중음악의 생산과 수용〉

이정엽이 쓴 「대중음악과 산업」은 대중음악의 산업적 생산이 우리의 일상과 환경을 구성하고 음악 소비와 사용을 조건 짓는 양상을 다룬다. 대중음악의 상품성을 매개하는 가장 중요한 요소는 물론 음반이라는 상품 형식이며 현대의 대중음악은 음반과 음악 산업의 매개를 벗어나 존재하지 않는다. 대중음악과 같은 문화상품의 생산과정에서 가장 문제가 되는 것은 상품의 시장 수요를 예측하고 대처하는 일이 대단히 어렵다는 것이다. 문화산업은 이 같은 시장의 불확실성에 대처하기 위해 일련의 전략을 세운다. 이정엽은 이 글에서 국제적인 음악 산업의 전략과 함께 한국의 음악 산업이 보여주는 전략들을 논한다. 현재 한국의 음악 산업은 음반 중심에서 음원 중심으로 변화하면서 과거와는 여러 가지로 달라진 비즈니스 형태를 보이며 빠르게 변화하고 있다. 이와 관련해 특히 눈길을 끄는 지점은 미디어의 변화이다. 인터넷과 모바일 등 새로운 미디어가 중요하게 부각되면서 음악 산업의 생산방식과 수익모델도 달라지고 있다. 이른바 2차 시장의 확대와 저작권의 강화가 그것이다. 대중음악 산업은 이제 끊임없이 새로워지는 미디어 기술의 변화와 그에 따른 새로운 시장과 제도의 문제, 그리고 저작권의 문제를 아우르는 매우 복잡한 영역이 되고 있다. 이정엽은 대중음악 산업을 둘러싼 다양한 논점을 검토하면서 대안적 음악 생산의 기지로서 인디 음악에 대해 이야기한다. 한마디로 정의하기 어려울 만큼 모호하지만 여전히 인디는 문화뿐 아니라 산업적으로도 주목할 만한 가치를 지닌다는 게 그의 설명이다.

김병오의 글은 대중음악의 기술적 차원을 다룬다. 기술은 현대의 대중음악을 과거의 음악과 구별짓는 중요한 지점 가운데 하나다. 대중음악과 관련한 기술의 영역에서 가장 중요한 것은 음악을 저장하는 매체 기술의 발전 과정이다. 김병오는 이 글에서 축음기의 발명으로부터 MP3에 이르는 기술적 발전 과정을 서술하면서 이러한 기술의 변화가 대중음악이라는 양식을 어떻게 변화시켰는지 살펴준다. 이를테면 SP에 비해 훨씬 긴 분량을 녹음할 수 있었던 LP가 등장하면서 음악가들이 자신의 음반에 좀 더 분명한 자의식을 담을 수 있게 되었던바 영미 록 음악사에 청년문화의 자의식이 아로새겨질 수 있었던 것은 바로 그런 기술적 변화에 힘입은 것이다. 또 카세트테이프의 등장은 대중이 직접 자신의 음악 목록을 구성할 수 있는 힘을 갖게 했고, 스스로 자신의 목소리를 녹음할 수 있게 함으로써 음악인의 배출 경로를 크게 확장시켰다. 디지털 기술의 발전은 음악의 생산과 유통, 소비 방식에 근원적인 변화를 가져왔을 뿐 아니라 주류 대중음악의 형식과 내용에도 큰 변화를 몰고 왔다. 김병오의 글은 음악이라는 것이 특출한 천재적 인물 몇 사람에 의해 창조되고 변화하는 것이 아니라 당대의 과학기술과 사회적 조건 속에서 형성되는 것임을 새삼 알게 한다. 기술의 진화는 점점 더 빠르게 이루어지고 있고 그 속에서 대중음악 또한 지속적으로 변화하고 있다. 대중음악을 좀 더 잘 알기 위해 기술에 대한 안목이 필수적인 것은 당연하다.

이동연은 대중음악 현상의 또 다른 중요한 축인 수용자의 문제를 논한다. 지금까지 대중문화를 논하는 많은 이론이 대중문화의 생산과정과 생산된 텍스트 자체에 집중해왔지만 대중문화의 의미는 궁극적으로 그것을 소비하는 수용자의 차원에서 완성된다. 대중음악 논의에서 수용자의 문제를 빠뜨릴 수 없는 이유다. 대중문화의 어느 분야에나 수용자들이 있고 그들 나름대로의 역할을 통해 문화의 생산에 영향을 미치지만 문화소비 방식의 다양함이나 문화생산에 대한 개입과 영향력이란 면에서 대중음악의 수용자만큼 능동적이고 적극적인 집단은 없다고 할 수 있다. 이동연은 음악의 수용 방식 변화에 따라 수용자의 성격이 어떻게 바뀌어왔는지 검토한다. LP 시대의 수용자가 어느 정도 강한 음악적 취향을 가진 사람들이었다면 카세트테이프 시대의 수용자는 좀 더 개인화된 소비를 추구하는 일반 대중이다. 디지털 매체의 발전과 함께 음반 시대가 종언을 고하면서 음악 수용의 양상도 변화한다. 대중음악의 수용은 이제 다양한 문화적 삶과 함께하는 생활방식의 일부이며, 음악 청중은 과거에 비해 훨씬 적극적이고 능동적으로 음악에 개입한다. 그러한 적극적 음악 청중의 모습은 다양한 팬덤 현상에서 잘 드러난다. 대중음악의 팬덤은 집단적 정체성을 구현하고 다른 집단과 구별짓는 문화적 수단이자 기호이다. 팬덤은 때로 대단히 배타적이고 이기적인 문화세력이 되기도 하지만 때로는 사회적으로 의미 있는 행동을 보여주는 문화운동 집단이 되기도 한다. 이동연은 한국사회에서 드러난 바 있는 팬덤의 문화운동 사례들을 거론하며 이들에게서 대안적 문화주체의 가능성을 발견한다.

2) 제2부 〈대중음악과 사회, 주요 논점들〉

신현준은 대중음악을 공간과 장소의 맥락에서 다루는 대중음악의 지리학에 관해 논한다. 대중음악의 지리학이라고 하면 다소 낯설게 느껴지지만, 사실 우리는 대중음악을 공간과 장소와 연관시키는 사고에 익숙하다. 신현준은 우선 음악의 지리적 불평등을 이야기한다. 우리가 흔히 알고 있는 문화제국주의의 테제는 문화의 지리적 불평등에 관한 고전적 이론이다. 그러나 신현준의 설명에서 알 수 있듯이 문제가 그리 간단한 것은 아니다. 음악은 단순한 상품이 아니라 감성과 미학의 대상이며 따라서 음악 상품의 경제적 시장점유율만으로 이 문제를 생각할 수는 없기 때문이다. 이른바 글로벌화의 흐름은 문제를 더욱 복합하게 만들고 있다. 영미 팝의 헤게모니는 여전히 유지되고 있지만 지역적(local)으로 권역적(regional)으로 다양한 균열과 접합이 나타나며 문화적 흐름은 탈중심적이고 다방향적으로 이루어지고 있다. 그렇다고 지리적 불평등이 해소되고 있는 건 아니다. 신현준은 유로팝(Europop)과 월드 뮤직(World Music)의 사례를 통해 글로벌 시대 음악의 지리학이 가진 논점들을 검토한다. 대중음악의 장소성과 관련해 특히 우리의 관심 대상이 되어야 할 것은 아시안팝이라는 범주이다. 한류, 혹은 케이팝 현상은 지금까지 한 번도 아시아적 문화 정체성에 대해 고민해본 적이 없는 우리에게 새로운 사유의 지점을 제공한다. 그리고 이 부분에 관한 한 신현준은 지금 가장 앞서 있는 연구자이자 비평가이다.

차우진이 논하고 있는 것은 대중음악이라는 영역에서 드러나는 세대의 문제이다. 세대는 대중음악 담론에서 가장 뜨거운 주제 가운데 하나다. 차우진은 이 글에서 한국의 대중음악사를 세대론의 맥락에서 재구성한다. 대중음악과 세대의 관계는 생물학적이면서 산업적이고 사회적인 맥락이 중층적으로 결합된 복잡한 문제다. 대중음악에서 세대의 문제는 물론 어른 세대와 청(소)년 세대의 문화적 갈등이라는 형식으로 드러난다. 한국 대중음악사에서 그와 같은 세대 담론은 1970년대 이른바 청년문화를 둘러싼 논란으로 가장 먼저 나타났다. 대학생을 비롯한 청년 세대의 지지를 받았던 포크 음악의 청년문화적 정체성은 무엇보다도 기성세대의 트로트와 차별화된 음악이라는 데 있었다. 청년문화에 대한 박정희 군사 정권의 탄압의 배경에는 가부장적 권위가 도전받는다는 데 대한 불안감이 깔려 있다. 1980년대에는 10대 취향의 댄스 가요가 본격적으로 등장하면서 한국 대중음악의 중심이 10대 청소년 세대로 넘어가는 과정을 보여준다. 물론 10대 취향의 가요가 대중음악 시장을 장악하는 건 1990년대 '서태지와 아이들'의 등장과 함께였다. 서태지 세대는 이른바 신세대 논란을 야기하며 다시 한 번 뜨거운 세대 담론을 낳았다. 2000년대는 미디어 환경의 변화와 함께 대중음악의 생산과 소비 양식이 급변한다. 새로운 소비 방식을 가장 먼저 가장 열렬히 채용한 것은 물론 젊은 세대였고, 이는 세대 간의 문화적 차이가 단순히 취향과 감수성의 차이가 아니라 소비 공간과 양식의 차이와 직접 연관됨을 의미한다.

서정민갑은 대중음악과 정치의 문제를 이야기한다. 대중음악의 정치적 연관성은 크게 두 가지 측면에서 조명될 수 있다. 우선 대중음악 텍스트 자체가 일정한 정치적 메시지를 전달하는 측면이다. 1930년대에 우디 거스리(Woody Guthrie)와 피트 시거(Pete Seeger)에 의해 시작되어 1960년대 밥 딜런(Bob Dylan)과 조안 바에즈(Joan Baez) 등에 의해 크게 대중화했던 미국의 모던 포크 음악은 대중음악이 가장 정치적이었던 한 사례가 된다. 존 레넌(John Lennon)을 비롯해 대중음악 음악가들이 정치적 행동에 적극적으로 나섰던 사례도 많다. 한국에서는 1980년대에서 1990년대 초까지 노래운동을 통해 만들어진 많은 민중가요가 음악의 정치성을 보여준 대표적인 사례라 할 수 있다. 대중음악의 정치적 연관성은 대중음악이 첨예한 정치적 통제의 대상이 된다는 점에서도 드러난다. 한국의 대중음악은 일제강점기부터 노골적인 통제 대상이 되었고, 검열제도는 군부독재 시절에까지 강력하게 유지되었다. 1970년대에는 수많은 금지곡이 양산되기도 했다. 대중음악에 대한 정치적 통제는 단지 금지와 억압의 형식만 띤 것은 아니다. 군부독재 시절에는 이른바 건전가요가 정책적으로 만들어져 의도적으로 보급되기도 했다. 대중음악은 가장 일상적인 문화이며 우리 삶의 가장 보편적인 환경 요소 가운데 하나다. 대중음악이 미치는 영향은 단지 겉으로 드러나는 의식의 차원에 그치는 것이 아니라 좀 더 심원한 무의식의 차원에까지 이른다. 우리 삶의 미세한 결 속에서 작동하는 대중음악의 무의식적 영향은 그 자체로 대단히 정치적이라 말할 수 있다.

최지선의 글은 대중음악에서 드러나는 젠더의 문제를 다룬다. 대중음악(계) 역시 다른 분야와 마찬가지로 남성우위의 질서에서 벗어나지 못한다. 대중음악 공간에서 남성은 창의적이고 생산적인 역할을 부여받지만 여성은 주변적이며 소비적인 역할에 머무르는 경우가 많다. 대부분의 창작자와 프로듀서, 엔지니어, 연주자, 매니저가 남성인 반면 여성은 보컬이나 백업 가수, 뮤직비디오 속의 장식적 역할에 머무른다. 이른바 '오빠부대'로 지칭되는 팬덤은 수동적이고 철이 없으며 무분별한 소녀들의 이미지를 가진 경우가 많다. 최지선은 대중음악의 도식적인 성 담론을 비판하며 여성 음악의 전형들을 보여준다. 예컨대 마돈나는 다양한 방식으로 기존의 성 관념과 남성적 질서, 권위에 도전한다. 또 다른 여성 음악가들은 의도적으로 여성성을 제거하고 남성적이거나 양성적인 이미지를 드러냄으로써 관습적인 여성성의 제약에 맞서기도 한다. 1990년대 이후에는 여성 음악인이 전기 기타를 들고 남성적 음악의 전형으로 되어 있던 록 음악을 새롭게 전유하는 모습을 보여주는 경우도 늘어났다. 최근 한국 대중음악의 주류 신(scene)을 대표하는 걸 그룹의 경우도 세밀히 들여다보면 결코 천편일률적이지 않으며 그 안에 매우 다층적인 성담론을 내포하고 있다. 여성 음악가의 음악적 실천은 단지 젠더나 섹슈얼리티의 측면에서만 작동하는 것이 아니다. 여기에는 음악 자체의 맥락을 포함해 기술적 진보, 음악 신과 공간의 변화 및 발전 등 다양한 요인이 복합적으로 관련된다.

3) 제3부 〈대중음악, 주요 장르와 역사〉

대중음악을 제대로 알기 위해 가장 중요한 부분 중 하나는 대중음악을 구성하는 주요 장르에 대한 이해라 할 수 있다. 적지 않은 세월 동안 대중음악은 다양한 장르를 낳으며 진화해왔다. 흔히 대중음악의 장르 개념은 영미권 팝 음악에서 통용되는 장르 구분에 따르는 게 일반적이지만 그것이 한국의 대중음악 상황에 그대로 적용될 수 있는 건 아니다. 여기서 우리는 한국의 대중음악의 전개 과정에서 다양하게 분화해온 장르의 형성과 발전 과정을 다섯 가지 장르 개념을 중심으로 살펴본다. 각 장르는 공통된 관습과 특성을 가지고 있지만, 이는 시대에 따라 끊임없이 다른 장르와 상호작용하며 변화하고 분화한다. 장르의 역사는 곧 대중음악의 분화와 진화 과정의 역사이다. 물론 장르 간의 경계는 때로 불분명하고 서술된 장르 개념에 포섭되지 않는 부분도 없지 않다. 하지만 한국 대중음악사에서 대중의 사랑을 받으며 변화해온 중요한 흐름을 이해하는 데 큰 무리는 없을 것이다.

이준희는 한국 대중음악사에서 가장 오래된 장르인 트로트와 신민요를 논한다. 한국 대중음악이 근대적인 형태로 모습을 드러낸 것은 일제강점기이고 처음으로 형성된 주류장르는 트로트이다. 이 글의 제목에서 트로트라는 명칭에 따옴표를 붙인 것은 트로트라는 장르가 특정한 양식적 특성으로 정의되기 어려울 만큼 시대에 따라 변화해왔기 때문이다. 이준희는 우선 초창기 대중음악의 시원과 형성과정, 그리고 트로트라는 명칭의 유래에 대해 설명한다. 트로트는 단지 음악적인 양식의 특성뿐 아니라 창법과 기교, 그리고 특유의 정서를 가진 장르였다. 식민지 시대부터 해방 후까지 대중음악 문화를 주도하던 트로트는 1960년대 이후 서구화된 대중음악의 유행과 함께 주도적 위치를 다소간 상실하지만 시대의 변화와 함께 끊임없이 새로운 음악적 요소를 접합시키며 변화해왔다. 이준희는 시대의 전개에 따라 트로트의 양식적 특성이 변화하고 문화적 의미가 달라지는 과정을 풍부하고 세밀한 정보와 함께 서술하고 있다. 트로트라는 장르 명칭은 요즘도 널리 사용되고 있지만 애초에 트로트가 가졌던 음악적 특성은 사라졌으며 사실상 전혀 다른 양식으로 진화했다. 그런 의미에서 트로트라는 장르의 부침과 변화과정은 한국 대중음악의 역사 전반을 반영하는 중요한 일면이라 할 수 있다. 트로트와 함께 초창기 한국 대중음악의 주요 부분으로 존재했던 장르가 신민요이다. 전통 민요를 서양음악과 결합시킨 신민요는 1960년대까지도 대중음악의 주요 장르로 꾸준히 재생산되었으나 1970년대를 거치면서 점차 사라졌다. 신민요의 소멸과정이 우리 대중문화 전반에서 진행된 서구화 과정의 한 단면이었음은 물론이다.

　이영미는 한국식 팝의 형성과 변화를 다룬다. 팝이라는 용어는 흔히 서양 대중음악 일반을 이르는 팝 뮤직 혹은 팝 송이라는 말에서 온 것이지만, 여기서 팝은 일본의 영향 속에 탄생한 트로트와 달리 서양의 음악적 영향을 받은 대중음악, 특히 록 음악과 달리 백인들의 음악 문화와 유사한 성향을 가진 음악이라는 의미에서 사용된다. 한국에서 이런 유형의 음악이 주류를 형성한 것은 1960년대이고 이 시기의 음악을 흔히 스탠더드 팝이라는 용어로 부른다. 이 스탠더드 팝은 이후 다양한 음악적 요소와 결합하면서 사실상 한국 대중음악의 모든 장르에 그 흔적을 남겼다. 특히 1980년대 이후 흔히 발라드라는 명칭으로 불리는 노래들은 1960년대 스탠더드 팝과 가장 친연성을 갖는 음악이라 할 수 있다. 이영미는 한국적 팝의 계보라 할 수 있는 식민지 시대의 재즈송과 1960년대의 스탠더드 팝, 그리고 1980년대 이후의 발라드가 가지고 있는 음악적 특성과 사회적 맥락을 세밀히 검토한다. 식민지 시대의 재즈송이 새로운 문물과 삶에 대한 다소 희화화된 감성을 보여준다면 1960년대의 스탠더드 팝은 도시적인 세련된 삶의 풍경을 보여준다. 1980년대 이후 주류 장르로 자리 잡은 발라드는 팝을 기본으로 하면서 포크와 록 등 다양한 음악적 요소들을 흡수하며 매우 폭넓고 다양한 진폭을 보여준다. 1990년대 서태지 이후 댄스음악이 가장 막강한 시장 지배력을 보여주지만 발라드는 여전히 대중의 사랑을 받는 주류의 지위를 벗어나지 않고 있다.

박애경의 글은 포크(folk)와 록(rock)을 다룬다. 잘 알려져 있다시피 영미 대중음악에서 록은 백인음악인 컨트리 앤드 웨스턴(country & western)과 흑인음악인 블루스(blues)가 접합해 형성된 장르이고 포크는 구전 민요에서 비롯된 담백하고 성찰적인 음악을 이른다. 이 두 음악은 반전·민권운동 시기에 청년 세대를 대변하는 음악적 통로가 되면서 반문화(counter culture)의 상징이 되었다. 1960년대 중후반을 거치면서 영미권 포크와 록의 영향을 받은 음악인들에 의해 포크와 록이 본격 도입되었고 젊은 세대의 적극적 지지를 얻었다. 포크는 젊은 대학생들의 아마추어리즘으로 시작해 대학생층에 절대적인 인기를 모았고 일부 포크 가수들이 주류의 반열에 오르기도 했다. 반면 록은 주로 미8군 무대 출신의 직업적 음악인들에 의해 시작되었고 포크가 표상하는 자유주의적 성찰성보다는 육체적이고 감각적인 성향의 대중음악으로 받아들여졌다. 둘 다 청년 세대의 음악이었지만 좀 더 가치지향적인 청년문화의 의미를 부여받은 것은 포크 쪽이었다. 포크와 록은 음악가의 성격이나 음악적 질감이 여러모로 달랐지만, 당대의 군부독재 정권이 불온한 것으로 간주했다는 점에서는 동일했다. 1975년의 대대적인 가요 정화 조치와 대마초 사건으로 청년 세대 음악이었던 포크와 록은 시장에서 강제 퇴출된다. 박애경은 강제 퇴출 이후 포크와 록이 새로운 방식으로 계승되고 변화해온 과정을 세밀히 살펴준다. 이 글은 포크와 록이 분화하고 계승되고 변화하는 과정이 한국 사회의 사회정치적 변화와 밀접하게 조응하고 있음을 잘 보여준다.

양재영의 글은 한국에서 진행된 흑인음악의 영향을 소울(soul)과 힙합

(hip-hop)이라는 장르를 중심으로 논한다. 한국 대중음악의 장르 역사를 서술하면서 흑인음악을 별도로 다룬다는 것에는 논란이 있을 수 있지만 여기서는 흑인음악을 '미국 아프리칸아메리칸 흑인음악의 직접적인 영향을 받거나 이를 자생적으로 해석한 국내 대중음악'이라는 의미로 규정한다. 소울과 힙합은 여기서 가장 중요한 열쇳말이 된다. 한국 대중음악사에서 흑인음악이 최초로 큰 인기를 끌었던 것은 1960년대 말 소울 풍의 노래로 정상에 올랐던 김추자, 펄시스터즈 등에 의해서다. 이들의 뒤에는 신중현이라는 걸출한 작가가 존재했던바, 흔히 신중현 사단이라 불린 일군의 가수들에 의해 소울 가요는 한때 대단한 위세를 보여주기도 했다. 양재영은 한국의 소울 음악이 미국의 소울과 유사하면서도 분명한 차이 또한 보여주고 있음을 지적한다. 그 차이는 소울의 대부였던 신중현 자신의 음악적 캐리어에서 드러나듯 한국의 소울이 기본적으로 록 밴드의 사이키델릭 사운드와 뒤섞인 혼종적인 성격을 갖고 있다는 데 있다. 이런 혼종성은 또 다른 흑인음악 장르인 힙합에서도 드러난다. 1990년대 초반 폭발적인 인기를 누리면서 한국 힙합의 서막을 연 랩댄스의 경우는 힙합의 요소와 댄스음악의 속성이 혼종적으로 섞인 장르라 할 수 있다. 양재영은 1990년대 초 랩 댄스의 형태로 힙합의 문을 연 때부터 현재에 이르기까지 주요 힙합의 경향과 음악가들을 다루며 지구화 시대 한국에서 흑인음악이 가진 의미를 정리한다.

마지막으로 다루는 장르는 댄스음악이다. 장유정은 한국에서 댄스음악이 어떤 연원을 가지고 있는지 서술한다. 한국 대중음악사에 서양의 다양한 춤곡이 본격적으로 등장한 건 1950년대의 일이지만 지금 한국 대중음악의 주류로 자리 잡은 댄스음악 장르가 형성된 것은 1980년대 후반부터의 일이다. 댄스음악의 주류화에는 당대의 사회적 상황과 미디어의 변화가 연관되어 있다. 컬러TV와 MTV의 등장에 따른 영상 문화의 발전, 민주화의 흐름과 함께 나타난 자유주의적 분위기, 그리고 무엇보다도 10대 청소년 수용층의 급격한 부상 등은 댄스음악의 등장과 성장의 중요한 배경이 된다. 1990년대 초 '서태지와 아이들'이 등장해 신세대 문화 열풍을 몰고 오면서 10대를 대상으로 한 아이돌 그룹의 댄스음악은 한국 대중음악 시장의 가장 강력한 주류를 형성하게 된다. 서태지 이후 대형기획사에 의해 만들어진 아이돌 그룹이 대중음악 시장을 석권하면서 대중음악의 다양성이 축소되었다는 비판이 제기되기도 하지만 아이돌 그룹들은 아시아 권역은 물론 유럽과 남미에까지 한류 열풍을 불러오면서 이른바 케이팝 시대를 연 주역으로 평가되기도 한다. 장유정은 대형기획사에 의해 댄스 아이돌 그룹이 만들어지는 과정과 함께 1990년대 이래 현재에 이르기까지 명멸하고 있는 주요 댄스 아이돌 그룹의 다양한 양상을 보여준다. 댄스음악은 현재 한국 대중음악 시장의 가장 강력한 주류이면서 가장 많은 논란의 대상이 되고 있다. 댄스음악의 열풍에는 사회문화적 가치의 변화, 몸에 대한 담론의 전개, 세대 간의 문화적 차이를 둘러싼 갈등 등 다양한 논쟁적 주제들이 담겨 있다.

4. 좀 더 진지하게, 좀 더 입체적으로

대중음악은 특정 학문 분야의 대상이기보다는 다양한 학문적 관점과 이론이 교차하는 복합적 영역이다. 한국에서도 지금까지 음악학, 경제학, 역사학, 문학, 미학, 미디어학, 문화연구 등에서 다양한 연구자가 대중음악을 연구해왔다. 비록 대중음악 연구자의 수가 많지 않고 모든 학문 분야에서 변방의 위치를 벗어나지 못하지만, 제 나름의 사명감으로 대중음악을 자신의 학문적 장으로 삼는 연구자들이 존재한다. 한국대중음악학회는 이러한 연구자들이 함께 모여 대중음악을 공통의 주제로 삼고 연구하는 모임이다. 한국의 제도 학문 풍토에서 소수의 연구자가 지속적으로 연구 성과를 축적하고 학문적 담론을 발전시키는 것이 쉬운 일은 아니다. 더욱이 현재 한국의 대학에서 대중음악을 진지한 인문사회과학적 주제로 삼아 강의하는 강좌가 개설되어 있는 경우는 극히 드물다. 이는 물론 대중음악에 대한 진지한 지적 관심 자체가 그리 보편적이지 않은 상황 때문이지만, 그와 함께 대중음악의 다양한 주제를 적절하게 서술한 교재용 도서가 부재한 것도 한 가지 이유일 수 있다. 이 책을 기획하게 된 까닭이 거기에 있다. 이 책을 기획하고 주제를 정하면서 가장 중요하게 생각했던 바가 있다면 '좀 더 진지하게, 좀 더 입체적으로'라는 것이다. 다양한 학문적 배경을 가진 필자들이 다양한 관점을 입체적으로 녹여내면서 대중음악이라는 '오락적' 대상을 좀 더 진지한 탐구 대상으로 바라보고자 한 것이 이 책이다. 처음으로 시도된 이 '한국적' 대중음악 교재가 여러 가지 오류와 허점을 배태하고 있으리란 건 충분히 짐작할 수 있는 일이다. 당연하게도 드러나는 잘못과 비어 있는 지점은 차후 성실한 업그레이드를 통해 수정·보완될 것이다. 우리는 이 책과 함께 좀 더 많은 대학에서 대중음악을 중요한 교과목으로 가르치게 되기를 바란다. 좀 더 많은 사람들이 대중음악을 단지 오락적 대상으로가 아니라 성찰적, 혹은 교양적 대상으로 보게 된다면 그만큼 한국의 대중음악 문화가 발전하게 되리라는 생각 때문이다.

생각해볼 문제

1. 도서관에서 대중음악과 관련한 서적이 어떤 것들이 있는지 알아보자.
2. 현재 인터넷에는 다양한 대중음악 관련 웹진이 존재한다. 어떤 것들이 있는지 알아보고 거기 실려 있는 글들을 읽어보자.
3. 스스로 자신이 좋아하는 대중음악에 관해 생각해보고 내가 어떤 경로로 그 음악들을 좋아하게 되었는지 성찰해보자.
4. 내가 관심을 가진 음악가나 음악에 대한 느낌을 글로 정리해보자.

참고 자료

▶‖■ 읽을 거리

김창남. 1991. 『삶의 문화, 희망의 노래』. 도서출판 한울.

1980년대에 노래운동과 민중문화운동의 흐름 속에서 쓰인 글들을 모은 평론집. 지금의 시각에서 보면 많은 한계를 지니고 있지만 대중음악에 대한 진보진영의 1980년대 시각을 보여준다.

셔커, 로이. 1999. 『대중음악 사전』. 이정엽·장호연 옮김. 한나래.

대중음악에 연관된 다양한 용어와 개념을 설명한 사전. 대중음악 관련 글을 읽을 때 만나게 되는 용어들에 대한 기본적인 이해를 제공한다.

롱허스트, 브라이언. 1999. 『대중음악과 사회』. 이호준 옮김. 예영.

대중음악 연구를 위한 입문서. 대중음악을 둘러싼 다양한 주제와 함께 그와 관련된 연구 성과와 이론들을 소개하고 있다.

프리스, 사이먼. 1995. 『록 음악의 사회학: 사운드의 힘』. 권영성·김공수 옮김. 한나래.

사이먼 프리스는 잘 알려진 사회학자이자 록 비평가이다. 이 책은 록 음악의 다양한 측면과 사회적 의미를 분석한 이 분야의 대표적인 저서라 할 수 있다.

프리스, 사이먼 · 윌 스트로 · 존 스트리트. 2005. 『케임브리지 대중 음악의 이해』. 장호연 옮김. 한나래.

케임브리지 대학 출판부가 펴낸 대중음악 개론서. 대중음악의 생산과 소비, 장르와 스타일 등 다양한 주제를 포괄하고 있다. 물론 이 책에서 다루어진 대상은 영미의 팝과 록이다.

신현준. 2003. 「K-pop의 문화정치학」. 성곡언론재단. ≪언론과 사회≫, 13권 3호.

Arnold, Mathew. 1869(reprinted in 1993). *Culture and Anarchy*. Cambridge University [아널드, 매슈. 2006. 『교양과 무질서』. 윤지관 옮김. 한길사.]

Middleton, Richard. 1990. *Studying Popular Music*. Milton Keynes: Open University Press.

02 대중음악과 산업

O2

이정엽(매사추세츠대학교)

주요 개념 및 용어 | 상품화, 산업화, 음반, 음원, 디지털화, 스타 시스템, 저작권, 수직 통합, 인디

1. 대중음악, 일상, 산업적 매개

산업화된 사회에서 음악은 우리의 일상생활에 언제나 존재한다. 텔레비전을 틀면 최첨단의 사운드와 현란한 춤으로 무장한 젊고 예쁜 아이돌 그룹, 걸 그룹의 음악을 보고 듣는다. 거리와 상점에서도 끊이지 않는 음악 소리는 소음으로 들릴 지경이다. MP3 플레이어를 귀에 끼고 지하철에서 음악을 듣는 풍경 또한 일상의 자연스러운 일부다. 또 우리는 종종 친구들과 노래방에서 유행 음악을 즐겨 부르기도 한다. 휴대전화의 벨소리와 미니홈피의 배경 음악을 장식하는 것도 사소해 보이지만 우리가 음악을 접하고 즐기는 매우 중요한 방식 중 하나다.

이렇듯 음악은 일상생활의 중요하고 자연스러운 일부분이고, 이런 일상의 음악은 산업적 과정과 무관한 것이 없다고 해도 과언이 아니다. 우

리가 일상생활에서 음악을 향유하는 과정은 음반과 연예 기획, 음반 제작과 유통, 방송과 통신 등과 같은 산업적 매개를 벗어나서 이루어지는 것이 아니라는 점이 중요하다. 패스트푸드점, 백화점, 쇼핑몰에서 들리는 음악도 계약 관계를 통해 일정한 사용료가 지불된다는 사실을 모르는 사람이 많다. 그러나 우리가 노래방에서, 심지어 샤워할 때 흥얼거리는 노래조차 어떤 미디어를 통해서 우리에게 익숙해졌을 가능성이 높다. 역사적으로 생각해보면 현대의 일상생활처럼 엄청나게 많은 음악(그리고 소음!)으로 둘러싸여 지낸 적은 없었다고 할 수 있다. 이렇듯 우리가 음악으로 가득 찬 현대의 일상생활을 영위하게 되는 것은 음악의 산업적 과정에 힘입은 것이라고 할 수 있다. 그런데 음악이 마치 물이나 전기처럼 일상의 일부가 되었지만 음악이 우리의 일상을 완전히 둘러싸게 되는 과정을 책임지는 산업적인 활동은 상대적으로 잘 드러나지 않는다. 이 장에서는 음악의 산업적 생산이 어떻게 우리의 일상의 환경을 구성하고 우리의 일상적인 음악 소비와 사용을 조건짓는지를 이해하는 것을 목적으로 한다.

이 장에서는 음악 산업의 몇 가지 중요한 측면에 초점을 맞추어 설명하고자 한다. 첫째, 산업화된 현대 사회에서 음악은 경제적 가치를 가지는 상품으로 생산되고 유통된다. 그러나 앞서 설명했듯이 음악은 또한 문화적 가치와 커뮤니케이션으로서 기능을 가진다는 점에서 여느 상품과 다른 복잡성을 갖는다. 음악 산업이 이러한 복잡성(경제학에서는 이런 복잡성을 불확실성, 위험 등으로 표현한다)에 어떻게 대처하면서 음악과 소비자 간의 관계를 틀짓는지를 살펴본다. 둘째, 음반 산업은 엔터테인먼트 미디어의 일부를 이루며, 특히 라디오와 텔레비전과 같은 방송 미디어와 복합적인 산업적 관계를 통해 발전해왔다. 미디어는 단지 음악이 전달되는 통로가 아니라 음악 산업의 홍보 창구이면서 주요한 수입원이기도 하다. 인터넷과 같은 새로운 디지털 미디어의 등장은 이 두 가지 측면 간의 긴장 관계가 새롭게 형성되고 있음을 보여준다. 셋째, 상품으로서의 음악의 산업 생산은 특정한 산업 제도적인 질서 속에서 작동한다. 이에 따라 음악 산업은 소수의 힘에 의해 통제되고 지배되는 독점과 통합의 경향이 강하다. 이른바 메이저와 주류 음악 산업의 시스템은 다양한 전략을 통해 산업적 지배를 강화하고자 한다. 그러나 산업적인 지배가 음악 텍스트와 소비에 대한 지배로 자동적으로 이어지는 것은 아니다. 또한 소규모 인디 음반사의 존재는 음악 생산의 산업적 동학을 설명해준다.

2. 대중음악의 문화경제학

1) 음악의 상품화

음악이 상품으로 거래된다는 사실은 자명해 보인다. 그러나 역사적 시각에서 보면 이는 아주 최근에 벌어진 현상이다. 상품으로서의 음악은 넓게 보면 근대 자본주의의 발전과 음악의 산업적 발전, 더 좁게 보면 음악의 테크놀로지적 발전, 특히 음반이라는 기술적 매체의 발전과 깊이 관련된다.

근대 자본주의가 발전하기 이전에도 음악을 자신의 몸으로 체현한 장인의 노동, 즉 기예로서의 음악을 사고파는 일이 행해졌다. 그 이후에 근대 서양에서 음악은 악보로 고정되어 거래되기 시작했다. 음반이 등장하기 이전에 음악은 현장에서 실연을 통해 면대면으로 전달되고 유통되었다. 음반은 이러한 공연을 통한 음악이 얽매인 시간적·공간적 제한을 뛰어넘었다. 음악이 본격적으로 상품으로 거래된 것은 손에 잡히지 않는 소리를 시간적·공간적으로 고정하는 것을 가능하게 한 현대 테크놀로지의 발전과 직접적으로 관련된다. 즉, 음악은 음반을 통해 시공간적으로 고정됨으로써 실연자의 체현된 노동으로부터 독립된 실체로서 유통이 가능하게 된 것이다. 다른 장에서 살펴보았듯이 음반 또는 '레코드'라고 불리는 음악의 여러 기술적인 매체(medium)는 20세기 또는 적어도 20세기 후반에서 음악의 생산과 유통과 소비의 기본 단위로서 중심적인 지위를 차지해왔다. 이런 맥락에서 음악사회학자 사이먼 프리스는 "대중음악은 20세기의 대중 레코드(popular record)이지, 음악 산업으로부터 독립적으로 존재하는 다른 무언가를 녹음한 기록물(record)이 아니"(Frith, 1992: 52)라고 하면서 현대 음악은 음반과 음악 산업의 매개를 벗어나 존재하지 않는다고 주장했다. 즉, 음반은 이전에 존재하던 음악을 단순히 녹음하고 고정하는 것이 아니라 그 자체가 현대의 음악과 등치되어 독자적인 생명력을 가진 음악의 기본 단위, 음악 상품의 기본 단위가 되었다는 것이다.

음악 산업은 음악을 제작·생산해 소비로 연결짓는 모든 산업적 활동을 포괄한다. 따라서 음악의 기획·제작·생산, 도매상·소매상에서 인터넷 음악 사이트까지 음악의 유통 경로와 체계, 노래방과 같은 일상의 음악 소비 공간, 소규모 클럽에서 대규모 페스티벌에 이르는 음악의 무대 상연, 텔레비전 라디오 인터넷 신문 등을 비롯해 음악과 관련되는 대중 매체의 일부 등을 포함한다. 20세기 음악 산업은 이와 같은 여러 관련 산업이 음반을 중심으로 구조화되었다는 특징이 있다.

최근까지 '음악 산업'이라는 용어보다는 '음반 산업'이라는 용어가 음악 산업을 대표하는 용어로 널리 사용되어온 것도 음악 산업에서 음반의 중심성을 잘 보여주는 사례다. 21세기에 들어 인터넷을 비롯한 디지털 테크놀로지로 인해, 음악은 음반이라는 고정된 실체가 아니라 손에 잡히지 않고 유동적인 디지털화된 '음원'이 되어가고 있다. 이와 같은 음악의 '비물질화'에 따라 음악의 상품화는 새로운 국면으로 접어들고 있다. 음반이든 음원이든 음악을 상품화하는 기본적인 산업적 논리는 유지되고 있다.

2) 음악과 상품 논리

문화산업에 대한 경제학적 접근에서 음악의 산업적 생산의 특징은 흔히 '높은 고정비용과 낮은 변동비용' 또는 '높은 생산비용과 낮은 재생산 비용'이라고 일컬어진다. 즉, 음악을 녹음해서 '마스터 테이프'라고 불리는 원본을 만들어내기 위해서는 악기와 스튜디오 등 시설과 음악가, 엔지니어, 프로듀서 등 적지 않은 자원이 필요할 뿐 아니라 마케팅과 홍보에 많은 비용이 소요되는 반면, 일단 원본이 만들어지고 나면 음반으로 복제해 유통하는 데에는 상대적으로 적은 비용이 들어간다는 것이다. 따라서 일단 손익분기점을 넘어서면 음반 판매의 수입 대부분이 곧 이윤이 된다. 이와 같은 설명은 음반의 제작 생산과 유통에 관해서 익히 알려진 사실이다. 예를 들어 1만 장 판매되는 음반 열 장을 발매한 음반사보다 10만 장 판매되는 음반 한 장을 발매한 음반사가 훨씬 더 많은 수입을 올릴 수 있다. 한국에서 음반 판매량이 급격하게 증가한 1990년대에는 많은 음반 기획 제작자가 이와 같은 논리에 따라 소수의 성공적인 상품, 이른바 '대박'을 목표로 음반의 기획 제작에 활동을 집중했다 (1990년대를 거쳐 음반 판매량이 두 배 이상으로 증가했으며, 1990년대 중반 이후 2000년대 초반까지 판매고가 수백만 장에 이르는 이른바 '밀리언 셀러' 음반이 해마다 등장했다).

물론 이상의 설명은 음반에 한정된 단순화된 공식에 관한 것이며, 실제로는 이보다 상황은 복잡하다. 그렇다면 음악의 디지털화와 관련해 음반 판매가 급격하게 줄어든 2000년대의 상황을 조금 더 구체적으로 살펴보자. 아이돌 그룹의 사례를 생각해보면 이러한 음악 산업의 기본적인 논리는 유지되지만 사정이 훨씬 복잡해진 것을 알 수 있다. 아이돌 그룹은 '음반' 기획사라기보다는 종합 '연예' 기획사로 불리는 회사에서 만들어낸다. 이들 종합 연예 기획사가 아이돌 그룹 하나를 만드는 데는 적지 않은 비용, 노하우, 네트워크가 필요하다. 일단 가능성 있어 보이는 연예인 지망생을 선발해서 오랜 기간 동안 숙식을 제공함은 물론, 춤과 노래뿐 아니라 텔레비전 활동을 위한 '예능감', 해외 진출에 대비한 외국어까지 훈련시켜야 한다. 게다가 음반과 뮤직비디오 또한 첨단의 사운드와 이미지 기법을 바탕으로 공들여 제작해야 하고, 여러 텔레비전 방송에 출연시켜 집중적으로 홍보해야 한다. 따라서 아이돌 그룹을 만들어내는 데에는 단순히 음반을 제작하는 것에 비해 엄청나게 많은 비용이 들어가게 된다. 그러나 일단 성공하게 되면 음반과 인터넷 음원 판매뿐 아니라 광고 계약, 대형 콘서트, 여러 행사 출연, 해외 시장 진출, 노래방을 비롯한 저작권 등을 통해 벌어들이는 수입은 급증하고, 그 반면에 추가적인 비용은 초기 투자비용에 비해 비교적 적게 들어간다. 음악의 디지털화로 인해 음반 자체만으로는 충분한 규모의 수입을 보장받을 수 없게 되었기 때문에 기획사는 음반 판매만이 아니라 더 넓은 연예 엔터테인먼트 미디어에 걸쳐서 폭넓은 활동을 펼침으로써 수입원을 다양화하고 수입 규모를 확대하려고 시도함을 알 수 있다. 이와 같이 음악이 연예 엔터테인먼트 미디어와 결합하는 경향, 음악 산업이 연예 미디어 통신산업의 맥락에 통합되는 경향에 대해서는 뒤에서 더 자세히 다룰 것이다. 여기서는 음악 산업의 기본적인 산업 논리에 대해서 조금 더 살펴보도록 하자.

음악 산업이 '대박 상품'을 만들어내는 데에는 여러 가지 어려움이 따른다. 아이돌 그룹 하나를 키우는 데 수년 동안 상당한 자금과 인력 자원을 투자할 수 있는 연예 기획사의 수는 손에 꼽을 정도로 적다는 점을 들 수 있다. 그러나 그런 대형 기획사의 경우에도 문제가 되는 것은 음악을 비롯한 문화상품이 갖는 '소비의 불확실성'이다. 자본주의 아래서 어떠한 상품 생산에서든 시장 수요를 예측하고 대처하는 데에는 어려움이 존재한다. 그러나 음악과 같은 문화상품의 소비 예측은 더더욱 어렵다. 음악과 같은 문화상품의 소비자는 고전 경제학에서 이야기하듯이 경제적 이익을 합리적으로 계산해 행동하는 '합리적 소비자'와는 거리가 멀다. 복잡한 경제학적 설명이 필요하겠지만 간단히 말하자면, 음악과 같은 문화상품은 단순히 경제적 가치를 지닌 상품으로서 소비되는 것이 아니라 문화적 가치를 가진 상품으로서 사용되기 때문이라고 할 수 있다. 소비자의 문화적 취향과 선호의 유행과 변화를 '과학적으로' 예측하는 것은 예를 들어 전구나 라면의 수요와 소비를 예측하는 것보다 훨씬 어려운 일이다.

미디어와 문화에 대한 정치경제학에서는 문화산업이 이와 같은 문화상품의 시장 위험과 불확실성에 대처하기 위해, 다른 식으로 말하면 문화의 복잡성을 사상(捨象)하고 문화상품이라는 단일한 대상을 중심으로 소비와 시장을 구축하기 위해 여러 가지 전략을 동원한다고 설명한다. 이러한 논의를 몇 가지로 정리해보도록 하자.

3) 음악 산업의 전략

첫째, 포트폴리오 전략이다. 이 전략에 따르면 연예 음악 기획사는 여러 다양한 종류의 상품을 준비하고, 그중에서 성공한 한두 개 상품을 통해 나머지 비용을 충당하게 된다. 시중에 유통되는 음반 중 열에 아홉은 실패하지만 성공한 하나는 나머지 실패를 보상하고도 남을 만큼 수입을 올리는 경향이 있다. 따라서 문화산업은 '과잉생산'을 통해 변덕스러운 소비문화에 대처함으로써 실패한 투자를 보충하려는 경향을 갖는다. 이와 같은 전략은 자본력이 월등하게 높은 이른바 '다국적 메이저' 음반사들(EMI, 소니 - 베텔스만, 유니버설 등)이 의존해온 전략이다. 실제로 포트폴리오 또는 과잉생산 전략은 자본력이 높지 않고서는 구사하기 힘든 전략이며, 문화산업 기업이 대형화하려는 경향과 관계가 깊다. 반면 소규모 음악 연예 기획사는 소수의 프로젝트에 자원을 집중하기 때문에 더 큰 위험에 노출되는 경향이 크다. 이 전략은 한국의 경우에는 잘 적용되기도 하며 그렇지 않기도 하다. 우선 한국의 음악 연예 기획사들은 위험이 큰 소수의 프로젝트에 전력을 기울이는 대신 다른 전략을 동원함으로써 위험과 불확실성에 대처하는 경향이 크다. 반면 규모가 조금 더 큰 미디어·연예·통신 대기업의 경우 직접 제작·생산하기보다는 다양한 제작 프로젝트에 투자하는 방식으로 위험을 분산하고 성공 가능성을 높인다.

둘째, 대중음악 소비에서 존재하는 '반복'과 '차이'라는 문화적 특성과 관련된다. 대중음악은 일상에서 반복적으로 소비·사용되지만 구매는 일회적인 경우가 많다. 다시 말해 소수의 열성 팬을 제외한다면 동방신기나 원더걸스의 음반이나 인터넷 음원을 한 번 이상 구매하는 경우는 거의 없을 것이다(선물로 구매하는 경우 정도가 예외일 것이다). 경제학에서는 이런 상품을 비반복성을 지닌 경험재라고 부른다. 음악 산업은 음악의 경험과 구매 간의 간극을 극복하기 위해 여러 제도적 장치를 이용한다.

우선 기존의 성공 '공식'을 반복하는 전략으로서, 과거에 성공을 거둔 '검증된' 장르나 스타일, 형식 등에 의존하거나 변형한 음악 상품을 제시하는 전략이다. 최신 히트 장르에 기반을 둔 음악이나 비슷한 스타일의 아이돌 그룹과 걸 그룹이 쏟아져 나오는 것은 음악 산업의 기업들이 이러한 전략에 의존하기 때문이다. 요즘 중국이나 동남아에서 한국의 아이돌 그룹을 모방한 그룹이 등장하는 것도 기존의 성공을 답습하려는 동기로 인한 것으로 볼 수 있다. 또 성공을 점치기 힘든 신인보다는 안전하게 기존의 스타에게 의존하는 '스타 시스템'의 경향도 이러한 전략과 관련된다. 일단 스타로서 지위를 얻게 되면 이후에 새로 나오는 음반이나 인터넷 음원을 더 많이 판매할 잠재력이 높아진다. 장르의 경우도 마찬가지다. 특정 장르나 스타일의 팬이 같은 범주에 속하는 음악에 더 끌리는 것은 자연스러운 현상일 것이다. 이처럼 스타와 장르 같은 검증된 '브랜드'에 의존해 음악가와 음악을 집중적으로 홍보·마케팅하는 전략은 문화상품과 연관되는 특정한 문화적 경험과 즐거움에 호소하는 전략이라고 할 수 있다.

반면 소비와 구매의 주기와 양상을 규정하고 조절하는 제도적 장치도 동원된다. 텔레비전 가요 순위 프로그램이나 디지털 음원 차트와 같은 순위와 차트가 그것이다. 음악에 대한 우리의 취향이 일주일 단위로 바뀌어야 하는 이유는 없는데도, 차트는 쏟아져 나오는 음반과 음원을 일주일 단위로 제시함으로써 새로운 히트와 유행의 주기를 만들어낸다. 차트는 끊임없이 변화와 '새로움'을 제시함으로써 시장의 순환을 가속화하며, 나아가 현재성과 대중성(인기)을 지속적으로 재정의한다. 다시 말해 음악 산업이 음악을 상품으로서 유지하는 능력은 사소해 보이는 문화적 차이에 대응하고 그런 차이를 만들어내는 방식에 달려 있다고 할 수 있다.

셋째, 음악의 소비와 사용을 규정하려는 음악 산업의 시도는 음악의 텍스트 차원에 국한되지 않는다. 오히려 가장 효과적인 방법은 음악이 유통되고 순환하는 방식과 통로를 통제하는 것이다. 그 예로서 방송 미디어를 들 수 있다. 음악 산업은 음악상품의 전달 매체에 대한 영향을 집중하는 전략을 구사한다. 방송 미디어는 음악의 유력한 홍보와 마케팅 통로로서, 대중음악의 유행 주기를 조절하고 청중의 음악 소비와 구매 패턴을 형성하는 데에서 중요한 역할을 한다. 음악 기획사는 음악의 방송을 책임지는 간부, 프로듀서, 디제이 등과 좋은 관계를 유지하려고 노력하는데, 이 과정에서 종종 뇌물이나 '성상납' 같은 문제가 불거지기도 한다.

이른바 불법 MP3 음원 유통에 대한 음악 산업의 대응이 그 다른 예다. 일상에서 디지털 음원을 사용하는 데서 불법과 합법이라는 구분은 상당히 모호하다. 블로그에 음악을 소개하고 MP3 파일을 올려놓는 것은 엄격하고 강화된 저작권의 시각에서 보면 불법이겠지만, 일상에서 다른 이들과 취향을 공유하는 것은 지극히 자연스러운 일이다. 기존의 음악 산업의 통제 아래 놓이지 않는 광범위한 음악의 이용과 공유에 대해, 음악 산업은 여러 가지 방식으로 대응했다. 음악 파일에 암호를 걸어 특정한 기계에서만 작동되도록 한 DRM 같은 기술적 장치는 별로 효과도 보지 못하고 이제는 거의 사라져버렸다. 음악 산업의 근시안적 대응을 보여주는 예라고 할 수 있다. 또한 저작권 캠페인이라는 온건한 방식을 벌이는 한편으로 청소년에 대한 법적 고소 위협이라는 극단적인 방식을 동원하기도 했다. 가장 효과적인 대응은 '합법적' 디지털 음악 서비스 자체라고 할 수 있다. 거대 통신회사나 미디어 재벌 계열의 디지털 음악 서비스인 싸이월드 BGM, 멜론, 도시락, 엠넷 등은 싸고 편리한 방식으로 디지털 음악을 이용할 수 있는 방식을 제공했다. 이런 서비스는 무엇보다도 이전에 상품 유통 회로의 외부에 존재해온 음악의 이용과 향유의 방식을 음악의 상품 유통 회로 속으로 흡수했다는 점에서 의미가 있다. 즉, 단지 '불법' 음원 유통을 합법으로 전환했다는 것을 뛰어넘어, 음악을 통한 사회적인 관계 맺기, 정서적 교류 등을 상품 유통 방식과 곧장 연결시켰다는 것이다. 음악 산업은 이처럼 음악의 소비와 사용의 '올바른' 방식을 강제하거나 제시함으로써 음악이 흘러 다니는 유통의 방식과 통로를 통제하고 조절하려고 시도해왔다.

이상의 논의를 요약해보자. 음악 산업이 이윤을 추구하는 경제 활동이라는 사실은 자본주의 아래서 별다른 비밀이 아니다. 즉, 음악은 음악 산업에 의해 경제적 가치를 지닌 상품으로서 교환되고 유통된다. 그렇지만 다른 문화산업과 마찬가지로 음악 산업은 단지 경제적 가치를 담고 있는 상품을 만들어내는 산업에 그치지 않는다는 점이 문제를 복잡하게 한다. 즉, 음악과 같은 문화상품은 사람들 간의 커뮤니케이션 교환을 매개하는 문화적 가치를 지닌다는 점이다. 이렇게 경제적 가치와 문화적 가치의 모순과 충돌이 문화상품으로서 음악의 기본적인 특징을 이루며, 음악 산업의 활동은 이와 같은 모순을 관리 조절 통제하는 데 맞춰져 있음을 논의했다.

지금까지의 논의를 바탕으로 또 다른 논점을 발전시켜보자. 음악의 디지털화에 따라 음반에서 '음원'으로 음악의 상품화 논리의 초점이 옮아가고 있다. 사운드가 음반에 '고정'됨으로써 현대적인 방식의 음악 상품화가 촉진되었지만, 21세기에 접어들어 사운드는 음반으로부터 분리되어 비물질적이고 유동적인 실체로서 여러 미디어를 가로질러 흘러 다니고 있다. 이와 같은 음악의 '비물질화'라는 맥락에서, 음악 상품화의 기저에는 저작권이라는 논리가 깔려 있다. '음원'이라는 모호한 용어는 바로 음악 산업이 저작권 관계를 중심으로 재편되고 있음을 가리킨다. 다음에서는 저작권의 문제를 특히 음악과 미디어 간의 변화하는 관계를 중심으로 더 자세히 검토해보기로 하자.

3. 음악 산업과 미디어

1) 음악의 홍보 창구로서의 미디어, 수입원으로서 미디어

음악과 산업이라는 주제에서 다음으로 살펴볼 논점은 미디어다. 음악이 없는 미디어, 미디어가 없는 음악은 상상하기 힘들다. 서두에서 언급했듯이 음악이 우리의 일상생활을 가득 채우고 있다면 그 가장 큰 이유는 우리가 미디어로 가득 찬 세상을 살고 있기 때문일 것이다. 우리의 음악 경험은 미디어를 통한 경험이 지배적이며, 따라서 음악과 산업을 이분법적으로 나눌 수 없는 것처럼 음악과 미디어 또한 떼어낼 수 없다. 현대 대중음악이 음반을 의미하는 만큼, 현대 대중음악의 역사는 엔터테인먼트 미디어의 역사다(Frith, 2004: 173). 한마디 덧붙여 강조하고 싶은 것은 20세기에는 라디오 텔레비전 등 방송 미디어가 지배적이었던 반면, 21세기에 들어서는 인터넷과 이동통신 등 통신 미디어가 그에 나란히 부상하고 있다는 점이다.

역사적으로 음악 산업과 미디어가 맺는 관계는 이중적이었다. 음악 산업에서 미디어는 음반과 같은 일차적인 음악상품의 홍보 창구로서 역할을 해왔다. 따라서 음악 산업은 앞서 언급했듯이 다양한 전략을 구사해 미디어에 영향을 행사하려고 노력해왔다. 다른 한편 음악은 미디어 자체에서 직접 사용·소비되기도 하며, 따라서 미디어는 음악 산업의 직접적인 수입원이기도 하다. 이와 같은 이중적인 관계는 역사적으로 계속 변화해왔다. 라디오, 텔레비전, 뮤직비디오, 인터넷, 이동 전화통신 등 새로운 미디어가 등장할 때마다 새로운 음악적 스타일과 장르, 음악가에게 새로운 기회가 부여되었던 한편, 음악 산업과 미디어 산업 간에는 새로운 관계를 조정하기 위해 끊임없는 대립과 타협이 이루어졌다.

여기서 특히 주목하는 것은 후자의 측면, 즉 음악 산업의 수입원으로서 미디어에 관한 측면이다. 음악 산업은 대중에게 음악을 직접 판매함으로써 수입을 얻을 뿐 아니라(이를 '일차 시장'이라고 한다), 방송, 광고, 영화와 게임 등의 여러 미디어에 음악이 사용됨으로써 수입을 얻는다(이를 '이차 시장'이라고 한다). 이차 시장은 소비자와 직접 거래가 아니라 회사 간 거래와 같은 방식으로 이루어진다는 점에서 일차 시장에 비해 소비자에게 잘 드러나지 않는다. 그러나 역사적으로 조망해보면 음악 산업과 미디어가 발달함에 따라 이차 시장의 비중이 점점 커지고 있다는 점이 중요하다. 음악은 점점 일상생활을 가득 채우게 되었고, 그에 따라 소비자에 의해 크게 의식되지는 않는 일상성의 저류에서 음악의 거래 관계는 점차 확대되어왔다는 것이다. 일차 시장은 기술적·경제적 맥락에 따라 크게 부침하는 경향을 보였지만, 이차 시장은 꾸준히 확대되었다는 것이 지배적인 견해다. 이와 같은 이차 시장의 확대는 바로 저작권의 강화와 깊이 관련된다.

2) 음악 산업과 저작권

저작권은 매우 복잡한 법적 체계지만 음악과 관련해서 간략하게만 소개해보자. 역사적으로 저작권 개념은 18세기에 인쇄물을 대상으로 생겨나 발전했고, 음악에서는 인쇄물인 악보에 대해 적용되었다. 따라서 19세기에 음악에서 저작권은 가장 기본적으로 악보로 표현된 '음악적 창작물(musical works)'을 공중(公衆)에게 상연할 권리가 핵심적이었다. 그러나 20세기에 들어 음악은 악보보다는 음반과 더 연관되었고, 그로 인해 음악적 창작물을 음반으로 녹음할 권리가 핵심으로 떠올랐다. 음반의 발전으로 인해 저작권은 더욱 복잡해졌다. 녹음할 권리와 더불어, 녹음된 음악을 여러 방식으로 사용하는 데에 따른 권리가 인정받게 되었다. 이런 '여러 방식'에는 라디오·텔레비전 등 대중 매체뿐 아니라, 주크박스·노래방과 같은 일상적인 음악 기기, 공항·백화점·대형 매장에서의 음악 사용, 영화 광고 등에서의 음악 사용 등을 포함한다. 더욱 복잡한 것은 이와 같은 저작권 범위의 확장과 함께, 저작권은 아니지만 그에 버금가는 새로운 권리가 인정되었다는 점이다. 전문적인 용어로 이를 '저작인접권'이라고 하며, 음악적 창작물을 음반 등으로 제작하는 데 참여한 음반 제작자, 가수, 연주자, 방송기관 등이 갖는 권리다.

한국에서 저작권은 두 가지 계기를 통해서 획기적으로 강화되었다. 우선, 미국의 압력으로 1987년에 저작권법이 '국제 기준'에 맞게 개정되었다. 이때부터 초국적 음악기업이 본격적으로 저작권 로열티를 거둬가기 시작했으며, 국내외 음악 산업은 방송에 사용되는 음악에 대해서 저작권 로열티를 받게 되었고, 저작인접권도 규정되는 등 저작권이 체계화되었다. 특히 한국에서는 1990년대를 거쳐 노래방이 크게 증가함에 따라 저작권 로열티도 급증했다. 현재 전국에 3만여 개에 이르는 노래방으로부터 저작권과 저작인접권에 따르는 로열티가 수백억 원씩 징수되고 있다.

다음으로, 음악의 디지털화에 대응해 유무선 디지털 네트워크상에서 음악 유통에 대해 '전송권'을 규정한 것이다. 전송권을 저작권(2000년)과 저작인접권(2004년)에 포함시킴으로써, 디지털 네트워크에서 '음원'과 '음악 데이터베이스' 유통에 대해 저작자, 음반 제작자, 실연자 등이 권

매장 음악

매장 음악 서비스는 백화점, 대형 매장, 프랜차이즈 매장 등에서 흘러 나오는 음악을 제공하고 관리하는 기업형 음악 서비스를 말한다. 서비스 제공회사에서는 서비스 이용 매장을 대신해 저작권 문제를 해결해 줄 뿐 아니라, 매장 내 분위기, 소비자의 성향 등에 맞춰 음악을 제공하는 '음악 마케팅'을 통해 소비를 촉진하는 효과를 노린다. 이와 같은 기능 음악을 공급하는 대표적인 회사로서는 뮤잭(Muzak), 시버그 백그라운드 뮤직 시스템(Seeburg Background Music System) 등이 있으며, 한국에서는 KT, SKT 등 통신 대기업들이 본격적으로 서비스 시장에 뛰어들었다.

공정 이용

공정 이용은 저작권법 상에 저작물로 규정되어 있으나 공공의 이익이 되는 경우 저작권자에게 허락을 받지 않고 사용할 수 있도록 하는 규정을 말한다. 보도, 비영리 교육, 연구, 비평과 인용 등이 이에 해당된다.

리를 주장할 수 있게 되었다. 한국에서 2000년부터 소리바다와 벅스뮤직과 같은 온라인 서비스를 통해 디지털 테크놀로지를 이용해 음악은 기존의 방식을 건너뛰어 '다운로드'되거나 '스트리밍'되는 방식으로 유통되었다. 음악을 디지털로 저장하고 전송하는 음악 미디어 테크놀로지의 등장에 따라 기존의 음악 산업을 대변하는 음반사·기획사 등과 새로운 음악 산업을 대변하는 온라인 서비스와 통신기업 사이의 오랜 다툼과 협상이 이루어졌다. 그 결과 현재는 멜론, 도시락, 엠넷 등과 같은 월정액 온라인 음악 서비스가 정착한 상태다. 여기에 더해 싸이월드 미니홈피의 배경음악인 'BGM'이나 휴대 전화의 '벨소리'나 '컬러링' 등으로 음악이 유통됨에 따라, 음악은 더는 음반에 고정된 것이 아니라 디지털 미디어를 가로질러 흘러 다니는 디지털 정보, 이른바 '콘텐츠' 또는 '음원'이 되었다. 이처럼 인터넷과 이동 통신 네트워크를 통해 소비자에게 음원을 직접 판매하는 소비자형 유료 음악 서비스가 활성화되었을 뿐 아니라, 거대 통신회사들이 전국적 통신망을 이용해 이른바 '매장 음악'을 제공하는 기업형 음악 서비스 또한 본격화했다.

이상에서 검토한 바와 같이 음악에서 저작권은 테크놀로지와 미디어의 발전에 따라 지속적으로 확대 강화되어왔다. 저작권법은 창작자의 경제적 권리를 보장해주는 사적 측면과 더불어 창작물이 사회에 더 널리 전파되어 새로운 창작의 밑거름이 될 수 있도록 한다는 공적 측면 사이의 균형을 핵심적인 원리로 삼아 발전해왔다. 그러나 보호 기간의 지속적인 확대, 보호되는 권리의 종류와 영역의 확장 등으로 인해 전자에 무게가 점점 쏠리게 되었고, 그로 인해 창작물의 공정 이용 등 공공 이익의 측면은 위축되어왔다.

이와 같은 음악 저작권의 확대 강화는 음악 산업의 성격 변화와 깊이 관련된다. 특히 음악의 디지털화와 관련해, 음악 산업은 손에 잡히는 물건을 제조하는 음반 산업에서 무형의 권리를 거래하는 저작권 산업의 성격이 강화되고 있다. 즉, 음악 산업이 제조업에서 서비스업으로, 음반 산업에서 음악 저작권 산업으로 변모하고 있다는 것이다. 다시 말해 음악 산업은 음악이 유형·무형으로 유통 순환되는 방식에 대해 통제를 강화하고 있다.

3) 통신 미디어의 확대와 음악의 지위

이와 같이 저작권을 중심으로 한 음악 산업의 재편 가운데 미디어의 역할은 더욱 확대되고 있다. 변화하는 음악 산업에서 미디어는 새로운 음반과 음원의 홍보 창구, 음악의 권리자에 대한 수입원이라는 기존의 역할을 뛰어넘는다. 우선 음악은 점점 미디어를 '위해서' 만들어지고 있다. 과거에 미디어를 위해 만들어지는 음악은 광고 음악과 영화와 드라마 사운드트랙 정도였다. 이런 음악은 미디어에 종속된 음악으로서, 그 자체로 생명력을 가지는 경우는 드물었다. 그러나 이제 영화와 드라마 사운드트랙 제작이 더 활성화되었을 뿐 아니라 게임 음악 등 미디어를 위한 사운드트랙의 새로운 영역이 확장되는 중이다. 나아가 이제 사운드트랙은 미디어 홍보를 위한 도구를 넘어서서 그 자체로서 새로운 히트를 겨냥해 제작된다. 또한 미디어 자체가 음악의 경험을 규정하는 측면이 강화되고 있다. 〈뮤직뱅크〉(KBS), 〈쇼 음악 중심〉(MBC), 〈인기가요〉(SBS), 〈엠카운트다운〉(엠넷) 등 기존의 최신 가요 중심 프로그램뿐 아니라, 〈슈퍼스타 K〉, 〈나는 가수다〉 등의 새로운 음악 프로그램, 〈무한도전〉과 같은 연예 오락 프로그램 등은 새로운 음악이 기획·제작되는 새로운 장소로 떠오르고 있다. 이와 같이 방송 미디어를 통해 기획·제작된 음악은 통신 미디어를 통해 소비·확산된다.

정리하면, 미디어는 음악의 생산과 소비를 매개하는 통로를 넘어서서 그 자체가 음악의 생산과 소비의 장소가 되고 있다. 과거에는 음반을 시작점으로 해 미디어 쪽으로 음악이 흐르는 선형적인 모델이 지배적이었다면, 이제는 다양한 장소에서 '음원'이 생산되고 순환 소비되는 조금 더 복잡한 모델로 바뀌는 중이다. 이와 같은 모델에서 음악의 경험은 음반이나 미디어에 한정된 경험이 아니라 여러 미디어를 가로지르는 복합적인 경험이 되고 있다.

이와 같은 변화에 대해 음악이 점점 미디어에 대해 부차적인 지위로 떨어졌다는 비판이 제기되기도 한다. 단편적인 예지만, 애초부터 제품 광고를 위해 기획된 이효리의 「애니모션」(2006) 같은 곡은 이와 같은 음악의 부차적이고 부수적인 지위를 상징적으로 보여준다. 이와 같은 음반에서 음원으로의 변화, 음악의 지위의 변화는 음악 산업의 구조적 변화에 수반하는 하나의 징후라고 볼 수 있다. SK와 KT 같은 통신 재벌, CJ와 같은 엔터테인먼트 재벌이 디지털 음악 유통을 독과점할 뿐 아니라, 인수 합병, 투자 제휴 등을 통해 음악 제작에서도 지배적인 영향력을 행사한다. 이와 같은 음악 제작과 음악의 디지털 유통의 '수직 통합'을 통해 음악 산업은 통신산업의 일부인 '콘텐츠 산업'이 되어간다. 이에 따라 음악 산업은 대중에 대한 음반 상품에서 디지털 데이터베이스화된 저작 재산에 대한 접속을 제공하는 산업으로 점점 성격이 변화하고 있다.

이와 같은 통합은 단지 산업 구조의 변화에만 그치지 않고 음악의 일상적 경험, 소비, 향유 방식의 변화와도 연관된다는 점에서 중요하다. 디지털 음원으로 된 음악은 우리의 일상생활에 더더욱 가까이 통합되고 있다. 싸이월드의 배경음악이나 휴대전화의 벨소리나 컬러링의 경우 음악은 개인의 정체성을 표현하고 사회관계를 맺어주는 방식으로 사용되고 있다. 이러한 음악의 개인적·사회적 사용은 디지털 미디어를 통해서 확장되는 한편, 점차 정보통신산업화되고 있는 음악 산업에 의해 매개되고 있다는 것이다. 바로 이러한 음악 산업의 산업 구조가 마지막 절에서 다룰 논점이다. 음악 제작과 유통, 콘텐츠와 플랫폼의 통합 현상 또는 '컨버전스'라고 불리는 현상의 이면에는 산업적 통합과 집중화, 나아가 독과점의 경향이 자리 잡고 있다. 이와 같은 음악 산업의 불균등한 구조에 대해 더 살펴보자.

4. 음악 산업의 소유 구조

1) 음악 산업의 집중, 확장, 통합

서두에서 언급했듯이 음악의 산업적 과정은 우리에게 잘 드러나지 않는다. 그렇지만 음악 비즈니스의 산업적인 과정이 우리에게 드러나는 계기가 종종 있다. 예를 들어 2010년경부터 크게 화제가 된 아이돌 그룹과 연예 기획사 간의 불평등한 계약 관계 같은 것이 그렇다. 대중의 사랑과 선망을 받는 아이돌 그룹의 화려한 겉모습의 이면에 터무니없이 적은 수익 배분, 장기간의 전속 계약, 인격과 개인의 자유의 속박과 같은 내용(예를 들어 전속 기간 동안 연애를 하지 못한다는 조항)을 포함하는 '노예계약'이 존재했다는 사실이 드러났고, 이로 인해 아이돌 그룹과 기획사 간의 분쟁이 끊이지 않고 있다. 또 다른 사례로서 달빛요정역전만루홈런이라는 이름으로 활동하던 한 '인디' 음악가가 생활고에 시달리던 가운데 뇌출혈로 사망한 일을 들 수 있다. 이 사건을 계기로 인터넷 음원의 수익 분배 문제가 불거졌는데, 대부분의 수입이 통신재벌의 손에 들어가는 반면 음악 기획사, 특히 음악가의 손에는 극히 일부만 들어간다는 점이 지적되었다.

이와 같은 사례가 보여주는 것은 그러한 산업과 비즈니스 과정이 매우 불균등한 권력관계로 짜여 있다는 점이다. 위의 사례에서 어떤 산업적 맥락에 따라서 연예 기획사가, 또는 재벌 통신사가 경제적 힘을 바탕으로 권력을 행사한다는 것을 알 수 있다. 이러한 음악의 권력관계로 비추어볼 때, 음악 산업의 초점은 음악을 통해 '어떻게' 돈을 벌 것인가 하는 문제뿐 아니라 '누가' 돈을 벌게 되는가의 문제임을 알 수 있다. 더 나아가 이러한 권력관계는 단지 누가 경제적 이득을 취하는지(전자의 경우 연예 기획사, 후자의 경우 재벌 통신사) 문제뿐 아니라, 우리가 접하는 음악의 다양성, 우리가 음악에 부여하는 문화적 의미에 대해서도 중요한 함

백 카탈로그

백 카탈로그(back catalog)는 음반
회사가 보유하고 있는 과거의 발매
목록으로, 이에 대한 저작권을 바탕
으로 재발매, 라이선싱 등의 사업을
벌인다. 메이저 음반사들은 1990년
대에 걸쳐 과거 발매 음반을 CD로
재발매함으로써 호황을 누릴 수 있
었다. 백 카탈로그는 구매력이 높은
나이 든 세대를 겨냥해 활용되어
왔다.

의를 가진다. 앞의 논지를 다시 반복하자면 음악은 단지 상품일 뿐 아니라 문화와 커뮤니케이션의 가치를 담고 있는 문화적 산물이기 때문이다. 따라서 다음 절의 목적은 음악 생산의 구조적 조건을 이해하고 그러한 조건이 음악 텍스트의 내용에, 또한 우리가 음악을 소비하고 향유하는 방식에 어떻게 규정적인 힘으로서 작용하는가를 이해하는 데 있다.

산업 소유 구조의 측면에서 보면 음악 산업을 비롯한 문화산업에서 소수의 힘에 의해 소유되고 통제되는 경향이 지배적이다. 유니버설, 워너, EMI, 그리고 최근 합병된 소니 - 베텔스만을 포함하는 이른바 4대 '메이저' 음반사는 전 세계에서 유통되는 음반의 80퍼센트가량을 좌우하는 것으로 알려져 있다(물론 여기서 '불법 해적판' CD와 카세트는 제외다). 주로 미국과 서유럽에 기반을 두고 있는 이들 메이저 음반사는 소유관계는 자주 변했지만 대체로 거대 미디어·통신·엔터테인먼트 기업의 일부다. 메이저는 막대한 자금력을 바탕으로 소규모 음반사(이른바 '인디')를 전략적으로 인수 합병함으로써 덩치를 키우고 시장 지분을 확대해왔다. 이들은 또한 장르에 특화된 여러 레이블을 통해 음반을 제작하고 유통할 뿐 아니라, '백 카탈로그'라고 불리는 방대한 과거 발매 목록을 보유하면서 저작권 관리와 라이센싱 등을 통해 돈을 벌어들인다. 앞서 살펴본 음악상품의 경제학에 따르면 소수의 '대박' 히트 상품을 만들어내는 것이 이윤을 극대화하는 데 유리하다. 이에 따르면 거대한 규모를 가진 메이저가 절대적으로 유리하며, 메이저는 규모의 이점을 활용해 막대한 규모의 홍보와 마케팅, 전 세계에 걸치는 유통망 등을 통해 시장의 불확실성에 대처하고 이윤을 극대화하는 데 모든 전략과 활동의 초점을 맞춘다.

한국의 경우 다국적 메이저의 지배는 미미했던 반면, 서구와는 다른 특수한 구조로 발전해왔다. 식민지 시대에는 일본의 레코드 회사들이 지배적인 영향력을 발휘했다가, 일본이 물러간 이후 군소 레코드 회사들이 경쟁하는 상황이었다. 1968년 음반법이 시행되면서 정식으로 등록된 소수의 음반사만이 음반을 제작 배급할 수 있게 되었고, 프로덕션 또는 'PD 메이커'라 불린 소규모 음반 기획사들은 음반사와 도매상에 의존하면서 음반을 기획하는 구조가 지속되었다. 1980년대 말 이후 시장 개방과 저작권법 시행 등으로 다국적 메이저의 직배사와 국내 대기업이 음반 산업에 진출했으나 큰 영향력을 발휘하지 못했고, 결과적으로는 새롭게 부상한 10대 소비층의 취향을 제대로 간파하고 조직한 신흥 기획사가 부상하는 계기가 되었다.

1990년대 이후 JYP, SM, YG, DSP 등 이들 신흥 기획사는 일본의 아이돌 시스템을 참조해 '한국형 아이돌 시스템'을 구축해 현재 한국 대중음악의 기획 제작에서 지배적 지위를 차지하고 있다. 이들은 다국적 메이저처럼 거대 기업은 아니지만, 아이돌 스타의 이미지를 구축하는 노하우와 텔레비전 중심의 미디어 전략을 바탕으로 국내 대중음악에서 지배적인 영향력을 행사한다. 음악의 유통을 지배하고 있는 미디어 통신 재벌과도 긴밀한 제휴 협력 관계를 유지하고 있다. 아시아 여러 지역을 비롯해 세계로 시장 확대를 통해 음악 상품의 이윤 극대화를 꾀하는 활동 또한 문화산업의 시장 확장 논리를 잘 보여준다. 그렇다면 이러한 산업적 집중, 확장, 통합은 음악 텍스트와 문화에 어떤 의미가 있을까?

프랑크푸르트학파의 철학자 아도르노와 호르크하이머(Max Horkheimer)는 '문화산업(The Culture Industry)'이라는 용어를 처음으로, 부정적인 의미를 담아서 사용했다. 이들은 대중음악을 비롯한 상업적 대중문화는 공장의 조립 라인에서 도식적이고 기계적으로 '표준화'되어 만들어진다고 주장했다. 나아가 이런 도식적인 대중문화는 비판적인 의식을 마비시키고 자본주의에 순응해서 살아가도록 만드는 이데올로기적인 기능을 한다고 비판했다. 아도르노는 대중음악의 멜로디와 가사는 엄격한 공식과 패턴, 예를 들어 후렴구나 이른바 '후크(hook)'의 반복 등의 '표준'에 따라 만들어진다고 지적했다. 재즈의 즉흥연주와 같은 경우 역시 자연스럽고 즉흥적인 예술가의 표현으로 보인다고 해도 실제로는 미리 짜여 있는 도식에 따르는 '의사개인화(pseudo-individuality)'에 지나지 않는 다고 폄하했다. 단순히 말하자면, 음악을 통한 상업적 이익의 최대화를 지향할수록 도식적이고 기계적인 방식으로 만들어지는 판에 박힌 음악만 나오게 되고 음악의 독창성, 창의성, 비판성은 상실된다는 것이다. 소녀시대의 노래 「Gee」(2009)로 인해 촉발된 이른바 '후크송(hook song)'에 대한 비판도 이런 논리의 연장선상에 있다고 볼 수 있다. 즉, 청자의 귀를 잡아끌 수 있는 몇 마디 후크를 반복하는 노래만 양산된다는 비판이다. 아도르노의 주장은 자본주의 아래서 문화가 상품으로서 산업적으로 생산되는 것에 대한 본질적인 비판을 담고 있으며, 음악이 독창성·창의성·다양성을 잃고 도식화·동질화·표준화되어가는 경향을 통찰했다고 볼 수 있다. 무엇보다도 비판이론은 문화산업의 구조와 생산되는 텍스트의 특성, 텍스트의 소비의 성격을 연관짓는 의제를 제시했다는 점에서 의미가 있다.

그런데 자본주의 아래서 대중음악의 산업적 생산에 대한 이러한 비판에 따른다면, 대중음악의 변화와 활력, 다양성의 동력은 어디서 나오는 것일까? 대중음악에서 변화로 보이는 것이 표준화된 공식의 반복일 뿐이라는 견해는 지나치게 비관적으로 보인다. 마이클 잭슨, 브리트니 스피어스, 레이디 가가(Lady Gaga)처럼 메이저 음반사에서 만든 음악이 전 세계적으로 인기를 끈다 하더라도, 메이저가 전 세계를 독과점적으로 지배하고 있음에도 각 나라와 지역에서는 그와는 다른 특유의 음악이 여전히 인기를 얻고 있다. 게다가 이런 관점에서만 바라본다면 우리가 대중음악을 통해 얻는 재미와 대중음악을 통해 나누는 문화적 커뮤니케이션적 가치를 이해하기 힘들어진다. 따라서 대중음악을 전체적으로 조망해보면 단일하고 일사불란한 '문화산업'이라는 관념을 곧이곧대로 받아들일 필요는 없어 보인다. 이와 같은 논의를 발전시키기 위해서 미국과 서구의 학술적 논의를 따라가 보기로 하자.

2) 대안으로서 인디

대중음악 연구에서는 문화적·산업적 역동성을 설명하기 위해서 '인디(indie)'라는 개념을 발전시켰다. 대규모 메이저 음반사로부터 재정과 소유관계가 '독립적인(independent)' 소규모 음반사를 뜻하는 말에서 나온 인디는 영미권 음악 산업에서 주류에서 벗어나는 새로운 대중음악 조류의 출현과 유행을 담당하는 산업적 주체로 설명되어왔다. 예를 들어 1940년대 리듬 앤드 블루스(rhythm & blues, 알앤비), 1950년대 로큰롤(rockn'roll), 1970년대 펑크(punk), 1990년대의 그런지(grunge)의 발전 배경에는 인디 음반사가 있었고, 이들이 기존의 메이저 음반사의 획일적인 음악에 반해 독창적이고 창조적인 음악적 활력을 불러왔다는 것이다. 최근 현황에 대한 자료를 보아도 영미와 서유럽에서는 20퍼센트, 일본에서는 대략 10퍼센트의 시장을 소규모 인디 음반사가 점유하고 있는 것으로 알려져 있다(반면 한국의 경우 인디로 분류되는 음악의 점유율은 1퍼센트 정도로 훨씬 미미하다).

이와 같은 논의에 따르면 대규모 메이저는 변화에 둔감하고 상업적 이익에만 열을 올리며 획일적 음악 문화를 조장하는 반면, 소규모 인디는 취향의 변화와 문화적 요구에 민감하고 음악가의 음악적 독창성과 창조성을 보장하는 세력으로서 묘사된다. 따라서 인디의 개념은 단지 산업 경제적인 지위만이 아니라 특정한 문화적인 함의를 담고 있으며, 기만과 진정성, 상업성과 독창성, 획일성과 창조성을 이분법적으로 대조시키는 논리가 바탕에 깔려 있다. 이러한 논리에서 메이저는 일사불란하게 음악의 자본주의 상품 생산으로 나아가는 반면 인디는 음악의 자본주의적 상품 생산으로부터 벗어나서 존재한다고 암묵적으로 가정한다는 점에서 앞서 논의한 아도르노의 문화산업론의 연장선상에 있다고 볼 수 있다.

인디에 관한 최근의 학술적 논의는 이와 같은 이분법적 구분을 의문시하며, 메이저와 인디는 적대적이기보다는 '공생적'이며, 재정이나 유통을 통해 '관계의 망'을 맺는다는 점을 강조하는 경향이 있다. 버넷(Burnett, 1996)은 '공생'이라는 개념을 통해 규모가 다른 메이저와 인디가 상호 공존하는 방식을 설명하고자 했다. 인디는 특정한 장르와 스타일에 특화된 적소 시장(niche market)의 수요에 대응을 하는데, 수요가 급증하지 않는 이상 메이저는 이러한 장르와 스타일에 기반을 둔 시장에 큰 관심을 두지 않는다는 것이다. 따라서 인디는 이로 인해 산업적 지위를 계속 누릴 수 있을 뿐 아니라, 문화적으로 메이저와 주류에 반하는 담론과 이데올로기에 의존해서 존재하게 된다는 것이다. 네거스(Negus, 1999)는 '관계의 망'이라는 개념을 통해, 메이저와 인디가 재정, 유통 등의 계약 관계로 서로 연결되어 있음을 밝히고자 했다. 또한 메이저가 획일적인 관료 조직이라는 관념을 뛰어넘어, 메이저 내부의 여러 부서(예를 들어 음악가를 담당하는 부서와 홍보 마케팅을 담당하는 부서) 사이의 '생산 문화'의 차이가 '문화 생산'의 역동성을 낳는다는 것을 보여주었다.

인디의 개념에 대한 여러 비판이 있기는 하지만, 인디와 메이저는 동일하게 음악의 자본주의적 상품 생산에 따를 뿐이라는 단순한 결론을 내릴 필요는 없다. 인디라는 이데올로기와 담론 자체는 종종 대안적 문화정치적 함의를 띠기 때문이다. 일부의 소규모 인디 음반사와 팬 들이 가지고 있는 대안적 음악에 대한 열정과 반주류적인 정서를 가능하게 해주는 대안적인 담론과 이데올로기로서 인디라는 개념은 음악의 문화적 변화의 동학을 파악하는 데 여전히 의미가 있다는 것이다.

메이저에 관한 논의는 우리가 '선택'하는 음악의 종류와 성격을 규정하고 제한하는 음악 산업의 힘이 무엇인지에 관한 것이라고 할 수 있다. 그러나 메이저를 비롯한 주류 음악 산업 시스템은 막강한 힘과 다양한 전략을 갖고 있다 해도 시장의 위험과 문화적 불확실성을 완전히 통제할 수 없다. 따라서 메이저와 획일성, 인디와 다양성과 창조성을 이분법적으로 나누는 것은 과도하지만, 인디라는 존재는 음악 산업의 산업적 동력을 이해하는 데뿐 아니라 음악 산업과 음악문화가 맺는 복합적인 관계를 이해하는 데서도 중요하다.

인디와 메이저의 구분은 정의에 따른 절대적인 것이 아니라 유동적이고 가변적인 역사적 맥락에 따르는 것이다. 한국에서 인디는 이러한 논점을 잘 보여준다. 한국에서는 1980년대 '신촌 언더그라운드'나 '낙원동 헤비메탈'처럼 지역에 기반을 둔 청년 음악문화가 존재했고, 1970년대 킹, 오리엔트, 1980년대 동아기획, 서라벌레코드, 대성음반 등의 프로덕션은 주류에서 벗어난 음악적 스타일이 발전하는 중심으로서 역할을 했다. 그러나 인디라는 이름은 1990년대 중반 이후 전개된 이른바 '홍대 앞' 클럽 문화에 대해 본격적으로 사용되기 시작했다. 이 시기는 주류 음악 생산 시스템이 음악 산업을 지배하기 시작한 시점과 얼추 일치한다. 주류 대중음악이 아이돌 그룹을 다방면의 연예 스타로 키우는 데 중점을 두고 텔레비전 매체에 적합한 화려한 댄스음악을 내세웠다. 그에 반해 인디는 라이브 연주에 중점을 둔 클럽과 소규모 인디레이블을 중심으로 주류에서 배제된 다양한 장르의 음악을 지향해왔다. 그러나 최근 인디로 분류되는 음악은 스타일과 장르가 다양할 뿐 아니라, 주요한 활동 방식과 지향도 제각각이다. 라이브 클럽과 인디 음반 제작 방식을 고수하는 경우가 있는가 하면, 주류 미디어를 지향하는 음악 스타일과 음반 제작 방식을 마다하지 않은 경우도 있다. 홍대 앞 인디 출신으로 명성을 얻은 요조, 장기하와 얼굴들, 십센치 등의 세련된 음악은 주류 미디어에도 친화적이며, '지하실 클럽에서 울리는 시끄러운 음악'이라는 인디의 고정관념과는 거리가 있다. 이처럼 인디라는 이름 아래 다양한 경향이 분화되고 공존하고 있다. 따라서 인디는 음악에 대한 감성과 태도, 장르와 스타일, 주요 활동 무대, 산업적 활동 방식 등에 따라 어느 정도 구분이 가능하다 하더라도 그러한 기준이 절대적이지 않음을 시사한다.

인디는 한마디로 정의하기는 힘들다. 특히 한국에서 인디는 음악 장르와 스타일이라는 텍스트의 측면, 음악 생산과 유통의 방식이라는 산업적 측면뿐 아니라, 음악에 대한 태도와 지향이라는 문화적 측면을 포괄하는 복합적이고 역동적인 범주라고 할 수 있다. 바로 이러한 측면으로 인해, 시장 점유율이 겨우 1퍼센트에 지나지 않을 만큼 낮음에도 인디는 산업적 문화적으로 계속 주목받을 만한 가치가 있다.

5. 음악의 산업성과 일상성

이 장에서는 산업이라는 관점에서 대중음악을 여러 가지 측면에서 조망해보았다. 음악 산업은 음악을 산업적으로 생산·유통해 음악의 소비자·사용자에게 전달하는 매개 역할을 한다. 그러나 음악 산업의 역할이 소비자/이용자/청중/팬에게 음악을 단순히 전달하는 기술적이고 중립적인 과정은 아니다. 오히려 음악 산업의 활동은 일상생활에서 음악을 소비하고 이용하는 특정한 방식으로 구축하고 틀짓는 전략적 활동으로서 이해해야 한다. 여기서 '특정한 방식'은 다름 아니라 '돈이 되는 방식'을 지칭한다. 즉, 음악 산업의 활동은 소비자가 음악과 맺는 '바람직한' 관계를 설정하고 관리하고 조절하려는 끊임없는 전략적 시도로 이해되어야 한다. 덧붙이면 우리가 어떤 종류의 음악을 듣게 되는지, 어떤 통로를 통해서 듣게 되는지는 크게 음악 산업의 활동에 의해 조건지워진다는 것이다. 바로 이러한 측면이 이 장에서 음악 산업을 설명하는 전제가 된다. 이런 관점에서 보면 소비자의 '선택'이나 소비자 '주권'이라는 말은 마치 대중음악이 소비자의 요구에 의해서 만들어질 뿐이라는 함의를 가진다는 점에서 오해의 여지가 많다.

상품으로서의 음악, 산업 지배로서의 음악, 미디어로서의 음악이라는 여러 측면에 걸쳐, 음악 산업이 우리의 일상적인 음악의 경험을 규정하는 기본적인 물질적 조건을 이룬다는 점이 강조되었다.

마지막 논점은 음악 산업이 우리의 일상적인 음악의 경험을 규정하는 기본적인 물질적 조건을 이룬다는 점에서 중요하지만, 음악 만들기와 듣기와 같은 우리의 일상적인 음악 경험을 산업적 과정으로 모두 환원할 수 없다는 점이다. 단적으로 말해 대부분의 사람들에게 음악 듣기와 향유는 음반 구매, 인터넷에서 음원 구매, 미디어를 통한 음악의 청취 등의 '공식적' 영역으로 환원되지 않는다. 우리가 소비자/이용자/청중/팬으로서 음악과 관계 맺으며 개인적·사회적 의미를 만들어가는 수많은 방식은 음악 산업이 규정한 범위를 뛰어넘는다. 즉, 음악 산업이 음악의 소비를 틀짓고 구축한다는 전제가 곧바로 우리의 음악 소비와 사용이 음악 산업에 의해 전적으로 조작되고 통제된다는 것을 의미하지는 않는다는 것이다.

따라서 이 장의 마지막 논점은 음악의 일상성과 산업성은 긴장 관계를 이룬다는 점이다. 대중음악이 일상적인 맥락에서 향유되고 사용되면서 의미를 얻는다는 사실은 음악 산업으로서는 늘 불확실성과 위험을 내포하는 곤혹스러운 점이다. 음악 산업은 폭넓은 일상생활의 맥락에서 어떤 음악을 어떻게 소비하고 사용할 것인가, 그를 통해 어떤 의미가 생산되는가를 둘러싼 사회적 교섭과 쟁투의 장이라고 볼 수 있다. 이러한 사회적 교섭과 쟁투가 바로 음악 텍스트의 여러 가지 측면, 음악과 수용자의 관계에 관한 논의에서 본격적으로 다루어질 논점이다.

생각해볼 문제

1. 최근 즐겨 들은 음악을 하나 골라 그 음악이 어떠한 산업적 과정을 통해서 우리에게 전해졌는지 추적해보자. 그리고 이런 과정이 음악의 내용과 소비를 어떻게 틀짓는지 생각해보자.
2. 디지털 음원 다운로드 수입이 저작권과 저작인접권에 따라 어떻게 분배되는지 조사해보고, 음악 산업의 권력관계에 대해 논의해보자.
3. 주류 음악과 인디 음악을 골라 산업적 생산 방식의 차이, 음악 텍스트의 차이 등을 비교해보자.

참고 자료

▶‖▪ 읽을 거리

이수범. 2012. 『디지털 시대의 음악 산업』. 도서출판 한울.

현재 한국 음악 산업의 현황을 특히 음악의 디지털화와 관련해 소개하는 책.

셔커, 로이. 1999. 『대중음악사전』. 이정엽·장호연 옮김. 한나래.

대중음악에 관한 학술적인 논의를 소개한 책으로서, 음악 산업, 비즈니스, 미디어와 관련된 여러 항목이 수록되어 있다.

프리스, 사이먼. 2005. 『케임브리지 대중 음악의 이해』. 장호연 옮김. 한나래.

영미권 대학에서 대중음악에 관한 강의에서 교재로 많이 사용되는 책으로서, 한 장을 대중음악 산업에 할애했다.

Burnett, Robert. 1996. *The global jukebox: the international music industry*. London: Routledge.

Frith, Simon. 1992. "The industrialization of popular music". *In Popular music and communication*, ed. James Lull. 2nd ed. Newsbury Park, CA: Sage, pp. 49~74.

Frith, Simon. 2004. "Music and the media". In *Music and copyright*, ed. Simon Frith & Lee Marshall, 2nd ed. New York, NY: Routledge, pp. 171~189.

Negus, Keith. 1999. *Music genres and corporate cultures*. Routledge.

03 대중음악과 테크놀로지
축음기에서 MP3까지

김병오(전주대학교, 100.3MHz_관악FM)

주요 개념 및 용어 | 축음기, 레코드, SP, LP, EP, 카세트테이프, 공테이프, CD, MP3, 기술혁신, 공짜 음악, 저작권

대중음악은 과학기술의 발전과 뗄 수 없는 관계다. 대중음악을 만들고 전파하고 향유할 때, 우리는 100년 가까운 시간을 스튜디오에서 마이크를 통해 녹음하고 공장에서 레코드를 대량으로 복제한 후 가정에서 스피커나 이어폰을 통해 들어왔다. 기술이 매개되지 않은 대중음악을 상상할 수 없는 것은 당연한 일이다. 따라서 음향을 다루는 현대적이고 전기를 이용한 기술이 발명되고 판매된 시기와 대중음악이 등장하고 본격적으로 소비되기 시작하는 시기가 대체로 일치하는 것도 자연스럽다. 이는 우리가 기술적 차원에서 대중음악을 통시적(通時的)으로 살펴볼 수 있도록 도와주는 배경이다. 우리가 알고 있는 적지 않은 음악의 혁신과 변화는 과학기술의 발전에서 비롯된 것이다. 그러나 이러한 관점이 사람들에게는 그다지 익숙하지 않은 듯하다. 음악의 역사를 몇몇 천재들을 중심으로 이해하는 데 매우 익숙해져 있기 때문이다.

이는 대중음악뿐 아니라 오랜 세월 동안 많은 지식이 체계적으로 입력되어왔고 또 곳곳에서 증폭되어 출력되고 있는 서양전통음악[1]의 경우도 마찬가지다. 특히 학교를 중심으로 전파되는 음악 역사에 대한 이해 방식은 대부분 작품의 해석과 주요 인물들의 행적을 중심으로 역사를 서술해왔다. 흥미롭고 매력적이며 계몽적이기도 하지만 몇몇 주요 인물을 천재·영웅으로 미화해 역사를 서술하자면 다수 대중을 '무능력자'로 전락시키게 된다. 물론 개인들의 신체적·정신적 차이가 있을 수는 있지만 차이를 과도하게 부각시키는 것은 윤리적 차원 이전에 사실(史實)적으로 옳지 않다. 우리의 머리에 각인된 적지 않은 영웅·천재들은 '시대가 영웅을 만든다'는 말처럼 그저 시대의 도도한 흐름에 잘 올라탔던, 마침 그때 거기 있던 준비된 사람으로서의 정체성이 더 강하다. 피아노를 위해 개발된 페달들을 활용해 음악적 표현을 극대화한 쇼팽, 스튜디오의 다양한 녹음 기기들을 다채롭게 활용하며 새로운 사운드의 세계를 선도한 비틀스처럼 후대가 칭송하는 지상 최고의 음악인들도 거기에서 예외는 아니다. 그렇다고 해서 기술이 대중음악 발전의 유일한 담지자라는 이야기는 아니다. 매우 복합적인 상호작용을 통해서 대중음악이 발전했다는 것은 분명한데, 다만 현재까지 음악의 역사를 바라보는 관성에 대한 반성적 태도가 이 글에 약간 담겨 있다는 것을 말하고자 함이다.

과학기술의 혁신은 지금 이 순간에도 끊임없이 일어나고 있으며 현대사회 변화의 항시적인 조건이다. 음악 분야에서도 기술혁신의 영역은 그 파급이 미치는 대상을 가리지 않았고 지금도 마찬가지다. 이 글에서는 혁신이 일어난 다양한 영역 가운데 LP, CD, 카세트테이프와 같은 음악 저장매체의 혁신과 변천 과정을 중심적으로 살펴보고자 한다. 오랜 세월 동안 사람들이 음악 산업을 이야기할 때에 레코드 산업이라는 다

---

1   이른바 '클래식'이라고 표현되는 서양의 오래된 음악을 여기서는 '서양전통음악'으로 지칭하고자 한다. 한국의 고전들을 '한국전통음악'이라 이르는 것과 눈높이를 맞추고자 함이다.

른 이름을 사용하기도 했던 것처럼, 저장매체의 역사 속에는 음악 산업 전체를 관통하는 비교적 중요한 역할과 경향이 녹아들어 있다. 그리고 저장매체를 통칭하는 대명사로는 레코드라는 명칭을 위주로 사용하고 자 한다.

1. 레코드의 전사(前史)

1) 레옹 스코트, 포노토그라프

19세기에도 참으로 많은 일들이 있었다. 특히 대중사회와 과학이 만나 오늘날의 삶의 습성의 기초를 이루는 적지 않은 생활의 이기(利器)들을 만들어냈다. 19세기 중반에는 사진술이 발명되었다. 사람들은 시각적 대상을 복제하고 모사하는 데 많은 관심을 기울였다. 감각을 복제하고자 하는 열망은 청각의 영역에서도 마찬가지였다. 사람들은 소리에 관심을 갖고 소리를 분석하고 복제하고자 했다. 프랑스의 발명가 레옹 스코트(Léon Scott, 1817~1879)는 그러한 과학자 가운데 가장 선두에 섰던 사람이었다. 그는 1857년에 떨림막과 바늘이 연결된 나팔통을 만들고 그 속에 사람의 목소리를 불어넣어 목소리의 파형(wave)을 그려내는 데

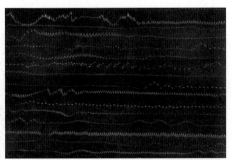

포노토그라프(왼쪽)와 포노토그램(오른쪽).

성공했으며, 이 기계를 포노토그라프라고 이름지었다. 포노토그라프를 통해서 사람의 목소리는 나팔통 → 떨림판 → 바늘의 전달경로를 거치며 시각화되었다. 그런데 만일 경로를 반대로 한다면 사람의 목소리는 시각화된 파형으로부터 나팔통을 통해 다시 목소리로 재현될 수 있을 것임을 쉽게 예측할 수 있다. 따라서 레코드 발명의 역사를 이야기할 때는 포노토그라프를 발명한 레옹 스코트로부터 시작하는 경우가 일반적이다.

2) 에디슨과 샤를 크로

한편, 레옹 스코트가 입력(record)되는 과정만을 수행했다면 미국의 발명가이자 사업가인 토머스 에디슨(Thomas Edison, 1847~1931)은 입력과 함께 출력(play)의 과정까지 구현해내며 레코드 발명의 역사에 자신의 이름을 새겨두었다. 그때가 1877년이었는데, 우리나라의 경우 레코드의 최초 발명 시점을 이때로 기록하고 에디슨을 첫 발명자로 기억하는 것이 일반적이다. 하지만 또 다른 많은 나라들은 최초의 발명에 대해 다른 맥락으로도 설명한다. 앞서 말한 레옹 스코트뿐 아니라 프랑스의 또 다른 발명자가 에디슨보다 먼저 축음기의 원리를 고안하고 축음기의 공식 설계서를 특허와 유사한 문서로 기록해 등록한 사례가 있기 때문이다. 샤를 크로(Charles Cros, 1842~1888)라는 프랑스의 시인이자 과학자

샤를 크로의 사진과 그의 업적을 기리기 위해 발행된 우표. 다른 나라에서는 몰라도 프랑스에서만은 최초의 축음기 발명가로서 그를 기념하고 있다.

1878년 2월에 등록된 에디슨 특허 도면(왼쪽)과 에디슨 축음기 초창기 제품(오른쪽).

샤를 크로와 팰리어폰

샤를 크로는 발명가이자 시인이었다. 에디슨에 한 발 앞서 축음기의 원리를 구체화하고 문서로 공표했지만 사업가로 큰돈을 벌어들인 에디슨과 달리 돈이 없는 가난한 처지였기 때문에 자신의 고안을 실제 발명품으로 만들어내지는 못했다.

에디슨과 포노그래프

흔히 레코드의 등장 시점을 1877년으로 삼는 것은 에디슨의 포노그래프 때문이다. 에디슨은 포노그래프를 최초로 상품으로 등장시킨 것을 비롯해 이후에도 레코드 관련 사업을 지속했으나 끝내는 패배자로 기록되었다. 소비자의 불편을 무릅쓰고 레코드 시장의 대세와 다른 독자적인 기술 개발에 매진했는데, 종진동(縱振動) 방식을 채택한 그의 기술은 결국 표준화 경쟁에서 도태되고 말았다.

는 에디슨보다 8개월 먼저 축음기의 원형을 고안했고, 이것을 팰리어폰 (Paleophone)이라 이름지어 프랑스 과학아카데미에 제출했다. 비록 돈이 없어서 발명품의 제작으로까지 연결시키지는 못했지만 말이다. 그래서 프랑스에서는 샤를 크로를 레코드의 최초 발명자로 간주하고 있으며 프랑스의 가장 권위 있는 레코드 시상식도 샤를 크로를 기념하는 재단에서 주최하고 있다. 따라서 레코드의 초기 역사를 올바로 이해하고자 한다면 이 세 사람의 이름을 함께 기억하는 것이 가장 균형 잡힌 시선일 것이다.

에디슨은 자신의 발명품을 포노그래프라고 명명했다. 처음 발명되었을 때 이 기계의 사용처는 분명하지 않았다. 레코드의 첫 발명품이라 했으니 지금의 레코드와 같은 기능을 했으리라 짐작하기 쉽지만 실상은 그렇지 않았다. 이유는 음질이 매우 열악했고 값은 매우 비쌌기 때문이었다. 에디슨의 축음기는 녹음된 소리를 듣는 것 이상으로 녹음을 하는 것이 주요한 기능이었다. 따라서 핵심 마케팅 요소는 속기사를 대체하는 것이었으며, 음악은 수많은 여러 용도 가운데 하나일 뿐이었다. 따라서 에디슨이 처음 개발했던 원형 제품군은 레코드 생활의 전사(前史)로 보아도 무방할 만큼 지금의 용도와는 거리가 있었다.

에디슨이 개발했던 초기 원통형 레코드의 주요 쓰임새는 무엇이었을까. 에디슨이 판매를 목적으로 잠재 고객들에게 제시한 초기 원통형 레코드의 주요한 쓰임새는 다음과 같았다.

1. 속기사의 대체
2. 맹인을 위한 소리 책자
3. 웅변술 전수
4. 음악의 재생
5. 가족의 추억이나 유언의 기록
6. 오르골과 같은 음악 장난감
7. 퇴근시간, 식사시간 등을 분명한 발음으로 전해주는 장치
8. 정확한 발음 재현에 의한 언어 보호
9. 교육용 녹음
10. 전화와의 접속

플래처(Alice C. Fletcher, 1838~1923)가 미국 인디언을 섭외해 종족 전통의 소리를 녹음하고 있는 모습. 한민족 최초의 음원으로 소개된 음악들도 아마 이런 방식으로 녹음되었을 것이다.

한편, 녹음 기능에 많은 비중이 있었기 때문에 에디슨의 레코드가 수행할 수 있었던 중요한 역할이 있었으니, 그것은 바로 인류학자나 음악학자들이 당대의 진귀한 소리들을 레코드에 녹음한 것이다. 그때 레코드에 담겨진 중요한 음향자료들은 100년이 넘은 오늘날까지 전해질 수 있게 되어 과거에 대한 학문적·문화적 관심을 두루 충족시켜주고 있다.

2. 축음기의 탄생

오늘날 레코드의 원형으로 자리 잡게 되는 새로운 레코드가 1887년에 등장했다. 독일에서 이주한 발명가 에밀 베를리너(Emile Berliner, 1851~1929)가 바로 그 레코드를 만든 주인공이다. 에디슨의 레코드가 원통형(cylinder)으로 제작되었던 것에 반해 베를리너의 레코드는 원반형(disc)으로 등장했다. 원통형과 원반형은 레코드의 표준 규격을 놓고 경쟁을 하게 되었다. 대중음악은 대량 생산을 전제로 하는 것인데 원통형은 원반형에 비해 대량 복제가 매우 까다로웠다. 또한 개발한 지 얼마 지나지 않아, 하나의 레코드에 앞뒷면을 이용해 여러 곡의 음악을 실을 수 있었던 원반형의 장점을 원통형은 도저히 따라갈 수가 없었다. 결국 레코드의 표준화를 둘러싼 경쟁은 어렵지 않게 베를리너의 승리, 에디슨의 완패로 종결되었으며, 이후 원반형 레코드는 LP를 거쳐 CD, DVD의 시대에 이르도록 음악 저장매체의 확고한 표준으로 자리 잡게 되었다.

실린더 레코드 녹음 광경. 한 번에 여러 대의 녹음기를 설치해놓고서 그 앞에서 군악대 차림의 연주자들이 녹음을 하고 있다. 이처럼 실린더는 애당초 대량복제 시대의 음악 혹은 대중음악에 어울리지 않는 발명품이었다. 저렇게 많은 연주자들 가운데 만일 단 한 명이 연주 도중 실수를 한다면? 생각만 해도 아찔하다.

1) 글로벌 스타의 등장

레코드가 등장하고 대량 복제에 용이한 원반형 레코드가 대중화되기
시작하면서 대중음악의 소비 양상은 매우 빠르게 변화했다. 당시의 레
코드는 매우 비싸긴 했지만 음악을 반복해 들을 수 있었고 공연장을 찾
지 않아도 원하는 때에 원하는 음악을 들을 수 있도록 해주었기 때문에
널리 애용될 수 있었다. 또한 지금과 마찬가지로 거리의 상점, 유흥 공
간 등에서 홍보와 고객 유인을 위해 레코드 음악을 널리 사용했기 때문
에 비록 돈이 없다 해도 누구나 쉽게 레코드 문화를 향유할 수 있었다.
레코드의 수요는 날로 확산되었는데, 매체의 특성상 지리적 이동이 손
쉽게 이루어지게 됨에 따라 스타급 음악인들의 영향력은 세계적으로 확
대되었다. 음악 역사상 처음으로 레코드 판매 100만 장을 돌파했다는
이태리 출신 오페라 가수 카루소(Enrico Caruso, 1873~1921)는 20세기 초
반, 자신의 고향인 이태리를 넘어서 유럽 전역을 비롯해 북미·남미 대
륙을 넘나드는 글로벌 스타로 성장할 수 있었다. 심지어는 한국에서도
카루소의 소식을 신문을 통해 접할 수 있었으니, 1910년 ≪황성신문≫
에 카루소의 놀라운 몸값이 소개되었던 것을 비롯해 그의 죽음과 장례
식 등에 관한 소식이 ≪동아일보≫에 연일 기사화되기도 했다. 이처럼
카루소가 20세기 전반기를 평정한 최고의 스타가 될 수 있었던 것은 녹

음악 역사상 처음으로 100만 장 판매를 넘어선 것으로 회자되는
카루소의 음반 〈Vesti La Giubba〉의 라벨. 신문에 실린 다음과
같은 기사에서 당대 카루소의 지위를 알 수 있다(≪황성신문≫
1910년 6월 18일자).

莫大흔 音樂家給料 - 米國의 오베라 演劇場은 有名흔
音樂家十八名을 雇聘ᄒ고 其給料로 每年 三百五十萬馬克을
支出ᄒᄂ딕 其最大흔 者ᄂ 칼소라ᄂ 人이니 給俸이
六十五萬馬克이오 最小흔 者ᄂ 포마라ᄂ 人이니
八萬馬克이라더라.

음을 꺼렸던 당대의 다른 가수들과 달리 레코딩에 매우 적극적이었기 때문이었다.

레코드가 인기를 끌면서 극장 중심의 흥행 산업 시절에는 경험할 수 없었던 놀라운 대중성의 성취가 이루어졌다. 또한 레코드가 팔린다고 해서 극장의 흥행이 감소되기는커녕 오히려 레코드와 동반 성장을 이루게 되면서 극장 흥행이 글로벌하게 펼쳐지는 시대가 다가왔고, 가수들과 음악 산업은 전에 비할 바 없는 많은 돈을 벌어들이기 시작했다. 더 많은 돈을 벌기 시작하게 되면서 가수들은 과거와는 다른 사회적 지위를 얻기 시작했다. 우리나라의 경우에도 이는 마찬가지였다. 초기 가수들은 기생 출신이 많았다. 오래도록 사회적 편견에서 자유롭지 못했고 형식적으로는 천출 신분에 가까웠던 그녀들이 레코드를 통해 계급과 계층을 뛰어넘는 정서적 교감을 이루게 되고 그들의 레코드가 인기 상품이 되어 많은 돈을 손에 넣을 수 있게 되면서, 일부 가수들은 출신 성분과 상관없이 사회적 명사 대접을 받기 시작했다. 그리고 이 모든 것이 돌이켜보면 레코드라는 새로운 발명품의 등장 덕분이었다.

한국에서 레코드를 통해 높은 인기를 누렸던 기생 출신 가수로는 평양 기생학교 출신의 왕수복(王壽福, 1917~ 2003)이 유명하다. 그녀는 당대 신문, 잡지 등에 꾸준히 기사화되었으며 1935년 당시 한 잡지가 진행한 인기 가수 투표에서 1위를 차지하기도 했다. 아직 10대였던 당시 그녀의 수입 (收入)은 연희전문, 보성전문 등을 나와 은행에 취직한 사람들이 받는 봉급의 10배~20배에 달할 정도였다. 레코드가 기생 출신인 그녀에게 전해준 새로운 삶의 조건이었다.

의약품 광고에 모델로 등장한 왕수복. 소화제로 유명한 노루모산(ノルモサン)을 선전하고 있다.

2) 3분의 미학 혹은 제약

한편, 레코드라는 새로운 발명품에는 음악을 확산시키는 것뿐 아니라 제약시키는 요소도 같이 내재해 있었다. 레코드라는 매체는 재생 시간이 대략 3분 전후로 한정되어 있었고 녹음실이라는 특별한 기술적 공간을 통과할 수밖에 없었기 때문이다. 짧은 길이의 음악들이 대중에게 더 쉽게 전파될 수 있었고, 기존에 있던 음악들의 경우 음반으로 발매되면서 레코드 재생 시간에 맞춰 길이가 짧아지기도 했다. 예컨대, 일제강점기 이전의 조선 사회에서 애창되었던 노래들은 대체로 길이가 매우 길었다. 판소리는 말할 것도 없고 계몽시대의 산물인 창가(唱歌) 가사 등도 노래인지 아니면 그냥 문장인지 구별이 안 될 만큼 연주 시간이 길었다. 예컨대 "나가자 동무들아 어깨를 걸고~"로 번안되어 불리는 노래의 선율을 차용한 최남선의 「경부철도가」는 무려 67절이나 되는 엄청난 길이였는데, 이 정도까지는 아니더라도 당시에는 7절, 8절에 이르는 노래가 매우 흔했다. 거기다가 레코드 산업 초기의 음악들은 출시 후 히트 형식보다 히트 후 출시 형식이 많았다. 따라서 대중에게 널리 향유되던 긴 노래들은 레코드로 출시되는 것이 자연스러웠고, 그 과정에서 노래의 긴 부분들은 불가피하게 텍스트에서 제외될 수밖에 없었다. 또한 제한된 시간에 악곡 전체의 길이를 맞추려고 음악의 연주 속도를 원래보다 빠르게 하는 경우도 드물지 않았다. 이러한 경향이 이후로도 지속적이고 반복적으로 작동했는지, 또 양적으로는 어느 정도 수준이었는지에 대해 남겨진 기록들이 충분하지는 않지만, 적지 않은 레코드들이 3분 안에 녹음을 마무리 짓기 위해 원래보다 빠른 속도로 녹음이 되었던 것만은 분명하다.

무엇보다도 3분이라는 기술적 제약은 대중음악에서 매우 전형적인 32마디 형식 혹은 AABA 형식의 노래들을 만들어냈다. 적당한 빠르기의 AABA 형식은 대략 3분 전후의 재생 시간 동안 매우 안정된 형식의 음악을 들려줄 수 있다. 3분의 범위에서 구현되는 이 형식을 통해 대

A	별빛이 흐르는 다리를 건너 / 바람 부는 갈대 숲을 지나 언제나 나를 언제나 나를 / 기다리던 너의 아파트
A	그리운 마음에 전화를 하면 / 아름다운 너의 목소리 언제나 내게 언제나 내게 / 속삭이던 너의 목소리
B	흘러가는 강물처럼 / 흘러가는 구름처럼 머물지 못해 떠나가 버린 / 너를 못 잊어
A	오늘도 바보처럼 미련 때문에 / 다시 또 찾아왔지만 아무도 없는 아무도 없는 / 쓸쓸한 너의 아파트

〈표 3-1〉 1982년에 발표되어 지금까지도 노래방 최고 히트곡으로 군림하고 있는 윤수일밴드의 「아파트」. 전형적인 AABA 형식의 노래다.

중음악 초기의 수많은 명곡이 탄생했다. 1920년대에 확립된 이 어법은 대중음악을 넘어서 동요, 민요, 가곡 등에 걸쳐 매우 광범위하게 사용되어왔으며 오늘날에도 수많은 노래가 이러한 형식에 맞추어 만들어지고 있다. 1939년 영화 주제곡으로 등장했던 주디 갈란드(Judy Garland)의 「Over the rainbow」라든지 1968년 루이 암스트롱의 「What a wonderful world」, 1983년 더폴리스(The police)의 「Every breath you take」 등 세계적으로 유명한 수많은 노래들은 모두 AABA 형식 또는 그것을 약간 변형한 형태의 구성을 취하고 있다. 미국, 일본을 통해 대중음악을 배우고 발전시켰으며 역시 레코드를 통해 대중음악 시대를 발전시킨 한국의 경우에도 이는 마찬가지다. 1938년 김해송의 「청춘계급」, 1982년 윤수일밴드의 「아파트」 등 당대 또는 지금까지 널리 사랑받는 많은 노래가 AABA 형식으로 구성되어 있다.

한편, 레코드 과정에서 생겨난 절차인 녹음이라는 특별한 음악적 행위 역시 새로운 음악적 습성들을 만들어갔다. 『소리를 잡아라』를 쓴 마크 카츠에 의하면 스튜디오에서 음반을 위한 녹음을 진행하면서부터 현악기 연주자들의 비브라토가 매우 요란해졌다. 라이브와 달리 훨씬 섬세하고 완벽한 음악적 연주를 요구하는 스튜디오에서 정확한 음정을 내는 것에 익숙지 않았던 악기 연주자들은 불안한 음고를 감추기 위해 비브라토를 훨씬 요란스럽게 표현했다. 재미있는 것은 레코드가 음악 산업의 중심이 되면서 레코드가 라이브를 충실히 모사하는 것이 아니라 라이브가 레코드를 충실히 모사하는 방향으로 역할 전환이 이루어졌고, 따라서 요란해진 녹음실의 비브라토 테크닉은 오늘날 라이브 테크닉마저 요란한 비브라토를 전형적인 연주로 자리매김하게 만들었다. 지금 우리가 직업 연주자들에게서 종종 발견할 수 있는 현란한 비브라토는 조금 과장해서 말하자면 녹음실에서 연주자가 자신의 실력 부족을 숨기기 위해 고육지책으로 행하던 음악적 실천에 그 뿌리가 닿아 있는 것이다.

3. SP에서 LP로, 레코드의 경쟁

1) LP, 스펙 경쟁의 산물

재생시간이 3분 전후인 과거의 레코드는 대개 SP(Standard Play)라 불렸으며 턴테이블 위에서 1분에 대략 78바퀴 정도를 돌았다. 동종 업계 회사들 사이의 스펙 경쟁은 자본주의 사회에서는 어느 정도 피할 수 없는 것이어서 레코드 회사들도 회전수를 두고 오래도록 스펙 경쟁을 펼쳤다. 최근까지도 소수 애호가들이 향유하고 있으며 최근의 젊은 청중들에게는 디제이들의 스크래칭을 통해 그 향유가 끊임없이 이어지고 있는 LP 레코드 또는 LP라 불리는 새로운 레코드 매체의 등장은 이러한 스펙 경쟁의 결과물이었다.

1948년에 발명된 LP는 롱플레이(Long Play)를 줄인 말이다. 과거의 SP 음반에 비해 음악의 재생시간이 '길어졌다(long)'는 말인데, 과거보다 훨씬 가늘어진 음구(音溝)에 회전수는 33회전으로 두 배 이상 느려졌지만 음질은 매우 좋아졌고, 무엇보다도 재생 시간이 기존 SP 레코드의 10배에 이르게 되었다. LP는 레코드 산업계의 전체 표준이 아니라 미국 콜럼비아레코드사의 독자적인 발명품으로 등장했다. 많은 레코드 회사들은

왼쪽부터 SP, EP, LP 레코드의 모습.

SP는 처음에는 쪽판이었다가 나중에 양면판으로 발전한다. 처음에는 한 곡만 수록되었지만 얼마 지나지 않아 두 곡을 수록할 수 있게 되었다. 따라서 '더블'이란 명칭이 등장하기도 했다. 초기의 회전수는 제각각이었는데 1920년대 중반 이후로 1분당 78회전 빠르기가 표준이 되었으며, 재질은 셸락(shellac)이었다. EP는 SP의 두 배 길이로 대략 4곡 정도를 실었다. 싱글의 범주에 포함되어 유통되기도 했다. 그림에서처럼 가운데가 뻥 뚫린 일명 도너츠판도 있었고 여타의 레코드와 동일한 구멍의 제품도 등장했다. 도너츠판들은 기계장치가 음악을 선곡해서 틀어주는 주크박스에 사용되기에 적절했고, 일반 턴테이블에서 사용할 때는 작은 뚜껑을 씌우는 방법을 사용했다. 1분당 45회전이고 재질은 비닐(vinyl)을 사용했다. LP는 재생시간이 앞뒷면 합해 1시간 전후였다. 오늘날에는 음악매체라기보다 디제이들의 악기로서의 존재감이 더 강하게 느껴지는데, 레코드 표면을 바늘로 긁는 스크래치 효과에 의한 소리는 이제 식상할 정도로 익숙한 소리가 되어 있다. 1분당 33.3rpm(33과 1/3회전)이고 재질은 EP와 마찬가지로 비닐을 사용했다.

콜럼비아의 새로운 포맷을 쫓아갔지만 콜럼비아레코드사의 가장 막강한 경쟁자였던 빅터레코드사는 또 다른 독자적인 표준을 준비하고 있었다. 표준을 선점하는 것은 예나 지금이나 매우 중요했기 때문이다. LP가 등장한 이듬해 빅터레코드사도 새로운 레코드 포맷을 출시했는데, 그것은 EP(Extended Play)라는 이름으로 불렸다. 45회전에 기존 SP레코드보다 대략 두 배 정도 긴 재생 시간이 특징이었다. 이 두 포맷의 경쟁은 오래도록 지속되었다. EP의 경우 우리나라에서는 거의 유통되지 않았으나 해외에서는 매우 활발하게 소비되는 포맷이었다. LP와 EP는 서로를 완전히 극복하는 대신에 각각의 포맷에 맞는 영역을 나누는 것으로 경쟁 국면을 조정해갔다. 한꺼번에 60분이나 되는 많은 곡을 담아야 할 필요가 없는 대중음악에서는 EP가, 교향곡이나 오페라같이 재생 시간이 길어야 하는 서양의 전통음악에서는 LP가 많이 사용되었다. 한국에서는 대부분의 음반이 LP 형식의 앨범 형태로 유통되었기 때문에 EP가 다소 낯설지만, 주크박스 문화가 성행했거나 싱글 음반이 잘 정착되어 있던 나라들에서는 싱글음반과 더불어 EP가 널리 소비되었다.

2) 음악인의 신분상승

소비에서는 양자가 각자의 영역을 일견 평화롭게 나누었지만 음악사
회적 의미로 보자면 LP의 역할이 조금 더 중요했다. LP의 등장이 음악
사회에 가져온 중요한 변화 중 하나로는 본격적인 앨범 체제의 등장을
말할 수 있을 것이다. 음반이 앨범의 외양을 띠고 나타난 것은 SP 시대
에도 존재했지만, SP 시대의 앨범은 조금 특별하고 드문 경우였다. 반면
LP의 등장은 음악가들이 창작을 하는 과정에서 앨범 포맷을 작업의 당
연한 전제로 삼도록 했고, 앨범의 형태로 음악을 창작하는 것은 이제 EP
포맷의 싱글 형식으로 창작하는 것만큼이나, 또는 그 이상으로 상식적
인 일이 되었다. 앨범의 등장은 음악가들의 사회적 지위를 엔터테이너
에서 아티스트, 조금 거칠게 말해자면 딴따라에서 예술가 대접을 받을
수 있도록 도와주었다. 낱장으로 팔려 다니고 흘러 다니던 대중음악과
음악가들에게 앨범 형식을 가능하게 했던 LP의 등장은 이전과 다른 어
떤 무게감, 존재감을 심어주었다. 싱글 음반에서는 가능하지 않았던 콘
셉트 앨범이란 것이 등장하면서 음악가들은 자신들의 음악에 더욱 분명
한 자의식을 담을 수 있게 되었고 작가(作家)로서의 정체성을 담을 수 있
게 되었으며, 그런 과정을 거치면서 대중음악은 진지한 논의의 대상으
로 새롭게 자리매김했다. 이는 훗날 '공인된 청년문화', 즉 1960년대 이
래 영미권에서 꽃피웠던 '저 유명한' 청년문화의 기초이기도 했다.

3) 새로운 음악의 성장

그뿐 아니라 LP의 등장은 새로운 음악 스타일들을 만들어내거나 특정
한 음악의 부흥을 이끌어냈다. 앞서 이야기한 것처럼 음반 전체가 연작

'앨범'의 시작

가수들이 발매하는 레코드를 앨범
이라고 부르는 것은 매우 흔해서 심
지어는 '싱글앨범'이라는 표현이 통
용될 정도다. 그런데 원래 음악시장
에서 앨범은 싱글로 구성되었던 것
이 그 시원이다. SP 음반 한 장에 담
을 수 없을 만큼 연주시간이 매우 긴
판소리나 교향곡 같은 것을 상품화
할 때 작품성을 유지하기 위해서는
여러 장의 세트를 만들어야 했다.
그리고 이것을 포장·유통하기 위해
만들어진 것, 그게 바로 앨범이다.

국내는 물론 전 세계 평론가들이 줄곧 역사상 최고의 음반으로 손꼽는 비틀스의 음반 〈Sgt. Pepper's Lonely Hearts Club Band〉의 표지. 이 음반이 그만큼의 가치를 지닐 수 있었던 것은 비틀스의 창의력 외에도 멀티트랙 레코딩이라는 기술과 LP라는 새로운 매체 덕택이다.

으로 이루어진 콘셉트 앨범들이 대중음악계로 쏟아져 나왔다. 비틀스, 핑크 플로이드(Pink Floyd)를 비롯해 전 세계의 수많은 음악가들이 그 물길에 합류했고 아티스트라는 칭호를 얻어나갔다. 여러 가지 효과와 의미들이 앨범 속에 음악적으로 또 음악 외적으로 녹아들었고, 사람들은 음반이란 매체를 통해 이전보다 훨씬 확장된 음악적 경험들을 누릴 수 있게 되었다. 전통음악 분야에서도 특정한 음악들이 새롭게 혹은 더 손쉽게 대중화되어갔다. 콘서트무대에서는 많은 사람들의 사랑을 받았지만 SP라는 음반 포맷의 한계 때문에 쉽사리 음반화가 되지 못했던 많은 교향곡과 오페라 등이 본격적으로 음반으로 제작되었다. 그렇게 제작된 음반은 유럽을 훌쩍 뛰어넘어 다른 비유럽 여러 나라들의 음악적 취향까지도 잠식할 수 있게 되었다. 이와 같은 작지 않은 음악의 변화, 음악사회의 변화가 모두 플라스틱 기술과 프레스 기술의 발전 위에서 피어난 새로운 발명품, 바로 LP가 아니었다면 등장할 수 없었던 것이란 이야기다.

4. 테이프의 부활

오디오테이프 기술의 시초라 할 수 있는 마그네틱 원리의 소리 재생기가 처음 등장한 것이 1898년, 그러니까 이제는 100년이 훌쩍 넘어간 아주 오래전의 일이다. 그러나 전쟁을 제외하고 오디오테이프가 본격적

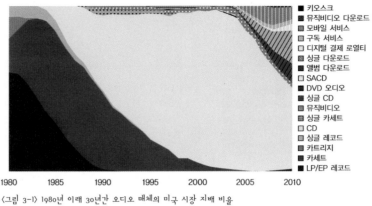

키오스크
뮤직비디오 다운로드
모바일 서비스
구독 서비스
디지털 결제 로열티
싱글 다운로드
앨범 다운로드
SACD
DVD 오디오
싱글 CD
뮤직비디오
싱글 카세트
CD
싱글 레코드
카트리지
카세트
LP/EP 레코드

1980   1985   1990   1995   2000   2005   2010

〈그림 3-1〉 1980년 이래 30년간 오디오 매체의 미국 시장 지배 비율
자료: RIAA.

으로 실생활에 응용되기까지는 약 50년, 그리고 대중의 손아귀에 들어
갈 수 있게 되기까지는 그로부터 또 10년이라는 짧지 않은 세월이 필요
했다. 오디오테이프가 처음으로 상품화된 것은 1947년이지만 대중적으
로 소비되기 시작한 것은 1962년 이후의 일로서, 우리가 잘 알고 있는
바로 그 카세트테이프가 필립스(Philips)사에 의해 컴팩트오디오카세트
라는 이름으로 개발되고 나서부터이다. 그 이전의 테이프 매체들은 음
질은 좋았지만 다루기가 불편했다. 하지만 필립스가 개발한 카세트는
그 누구라도 부담 없이 쉽게 다룰 수 있는 편리한 생김새, 그리고 함부
로 다루어도 전혀 문제가 생기지 않을 만큼 튼튼한 구조 덕분에, 초창기
에는 음질이 아주 저열했는데도 소비자의 응원을 바탕으로 발전을 지속
할 수 있었다. 그리고 돌비 잡음 제거 시스템 개발과 같이 지속적으로
이루어진 음질의 향상은 CD가 등장하기 전까지 십수 년 동안 카세트가
다른 매체를 제치고 가장 영향력 있는 음악 매체의 자리를 차지할 수 있
도록 만들어주었다.

　미국의 경우 1980년 이래 30년간 오디오 매체의 시장 지배 비율은
〈그림 3-1〉과 같이 변화해왔다. 카세트테이프는 1984년에 기존의 레코
드들을 압도하면서 시장의 지배자로 등극했다. 그리고 1991년에 CD에

지배자의 자리를 내어주기까지 가장 대중적인 음악 매체로 사랑받았다. 카세트테이프의 이러한 활약은 미국뿐 아니라 전 세계적 현상이었으며 우리나라를 비롯한 여러 나라에서 카세트의 활약은 미국보다 훨씬 대단했다.

1) 공테이프, 1세대 다운로더

카세트테이프가 지닌 가장 막강한 힘은 누가 뭐래도 '공테이프'의 저렴한 가격과 사적인 녹음 기능에서 비롯된 것이었다. 카세트가 등장하기 전까지 사람들은 대개 음악을 지정된 장소에서 들어야 했을 뿐 아니라 대단한 정성을 기울이지 않는다면 음반사가 제시한 순서에 따라 음악을 듣는 수밖에 없었다. 그리고 레코드를 구매하지 않은 음악들은 듣고 싶어도 들을 수가 없어서 우연히 길을 걷다가 듣게 되거나 라디오에 사연을 보내고 몇 날을 기다려서, 그것도 운이 좋을 경우에 듣게 되거나 하는 수밖에 없었다. 하지만 카세트라는 발명품 덕택에 사람들은 '스트리밍'에 지나지 않던 라디오의 음악을 '다운로드'할 수 있게 되었다. 또한 거실이나 안방의 정중앙에서만 감상할 수 있었던 자신의 소장 음반들을 자동차에서, 그리고 거리에서 들을 수 있게 되었다. 음반에 고정된 음악의 목록을 손대기란 불가능했던 LP와 달리 카세트는 대중에게 음악의 목록에 손을 댈 수 있는 권리를 부여했다. 공테이프의 등장과 함께 내가 원하는 음악만 골라서 내가 원하는 순서대로 배열해 내가 원하는 때에 내가 원하는 곳에서 음악을 들을 수 있는 시대가 온 것이다.

동네 레코드가게 주인아저씨도 이러한 시대를 선도하는 대표적인 인물들이었다. 우리나라의 경우 그렇지 않아도 금지곡이 많아 답답했던 시절, 동네 레코드가게 주인아저씨는 다루기가 간편했던 카세트녹음기를 이용해 고객들을 위한 '수제 맞춤형 앨범'을 제작해 판매했다. 지난 시절 이른바 해적판 음반이 소수 업자에 의해 은밀하게 수행되었다면,

집에서 공테이프로 음악을 녹음하지 말 것을 호소하는 캠페인의 로고와 그를 비꼬는 소비자들의 패러디.
공테이프를 통한 음악과 음반의 복제가 한참 성행하던 1970년대 말, 세계의 많은 나라들은 이란 혁명의 여파로 맞이하게 된 석유 파동으로 심각한 경제 불황을 경험해야 했다. IMF 때 우리도 경험했듯 음악 소비자들은 경제 불황에 매우 민감하게 반응한다. 하지만 1970년대 말의 경제 불황으로 인한 음반 산업의 위축에 대해 음반 업계는 공테이프에 의한 음반 복제 탓으로 그 이유를 돌렸다. 따라서 음반 복제 추방 캠페인이 대대적으로 펼쳐졌는데, 이에 맞서는 소비자들의 재치 넘치는 패러디들 또한 재미있는 볼거리였다. 한편, 재미있는 것은 앞장서 이러한 캠페인을 벌였던 이가 바로 카세트테이프의 발명자였다는 사실이다.

카세트가 대중화된 이후로는 전국 대부분의 레코드가게가 소규모 해적판 음반 제조업을 겸한 셈이다. 1980년대 중반을 넘어서면서 대중화되기 시작한 더블데크 카세트의 등장은 일반 음악 소비자에게도 자유로운 음반 복제의 날개를 달아주었다. 동네 음악 마니아들은 저마다의 수많은 독창적 에디션들을 제작했고, 이는 공테이프에서 공테이프로 옮겨지며 연주되고 변주되었다.

2) 데모테이프의 등장

공테이프의 놀라운 힘은 음악의 생산과 유통의 영역에도 일대 혁신을 가져왔다. 음악인이 되기 위한 복잡한 인간관계와 절차를 생략하고 그저 공테이프 덕택에 음반을 내고 음악인이 될 수 있었던 사람들이 등장하기 시작했다. 우리나라의 경우로 치자면 가수가 되고자 하는 이는 몇 가지 경로를 통해야 했다. 대표적으로는 미군부대 또는 그 인근의 클럽 무대를 거치는 방법이 있었고, 그게 아니면 막연함과 불안함을 간직한 상태로 기성 음악인들을 찾아 나서야 했다. 그것도 아니라면 음악적 동

산울림 데뷔앨범 표지. 산울림의 데뷔에 관한 일화는 공테이프로 인해 어떻게 새로운 흐름이 형성되고 있었는지를 잘 보여준다.

료들과 연줄을 맺을 수 있는 특정한 공동체 무리에 참여하는 것이 필요했다. 그렇지 않으면 자신을 드러낼 기회가 없었기 때문이다.

공테이프의 등장은 이처럼 공간적으로 매우 협소했던 음악인의 배출경로를 크게 넓혔다. 형식적으로 말하자면 지구촌 어느 구석진 곳에서 도를 닦듯 자신의 음악 세계를 연마한 그 누구라도 우편제도를 활용해 음반 기획자의 선택을 받을 수 있게 되었다. 전 세계 곳곳에서 자신만의 색깔을 지닌 독립 음악인들이 성장하기 시작했는데, 이는 음악 시장의 춘추전국시대 혹은 만개를 예고하는 것이었다. 록그룹 산울림의 데뷔에 관한 일화는 마케팅적 속셈도 있었겠지만 그와 무관하게 공테이프로 인해 어떻게 새로운 흐름이 형성되고 있었는지를 잘 보여준다.

어느날의 일이다. 가벼운 녹크 소리와 함께 한 젊은이가 들어섰다. "사장님이시죠?" "예!" "이것 좀 들어봐 주세요." 젊은이가 바로 金昌完君 …… 그러니까 "산울림"의 리드 싱어였던 것이다. 나는 흔히 하듯 녹음기에 카셋트를 꽂고 귀를 기울였다. 그리고는 놀랐다. 마치 AFKN의 한 뮤직 프로에서나 나올듯한 다이나믹한 사운드, 그리고 생동감 넘치는 리듬 터치. 그리고 또 너무도 개성적인 멜로디의 진행과 창법 …… 한마디로 말해서 나는 그만 매혹당하고 말았던 것이다.

— 산울림 1집 앨범 뒷면의 광고문구 중에서

언더그라운드

언더그라운드(Underground)란 말 그대로 지하의 음악을 말한다. 이는 음악 작업실이나 클럽이 주로 지하에 위치한 데에서 착안된 일종의 공간 개념이라 할 수 있다. 여기에서 파생되어 주류(mainstream)와는 다른 감성과 태도를 가진 음악을 통칭 '언더그라운드 음악'이라고 부른다. 즉, 언더그라운드 음악이라 하면 상업주의와 스타덤을 거부하거나 의식하지 않는 음악, 거대 방송사와 자본의 권력에 좌우되지 않는 음악, 창작자의 의식과 태도가 더 자유롭게 드러나는 음악이라는 의미가 은연중에 담겨 있다. 그런데 한국에서 '언더그라운드'라고 하면, 대체로 TV에서 활동하지 않고 라이브 콘서트를 통해 음악활동을 하는 이들을 지칭한다. 말하자면 언더 브로트캐스팅(under-broadcasting)에 (그것도 TV에 한정해서) 가깝다고 할 수 있다.

산울림은 자신들의 음악을 공테이프에 녹음해 음반사에 전했고 그를 통해 공인된 가수로 데뷔할 수 있었다. 이렇게 산울림이 들고 간 녹음된 공테이프, 그것을 우리는 보통 데모테이프라고 부른다. 그리고 데모테이프가 가져다준 새로운 현상과 경향은 실로 의미심장한 것이어서 공테이프를 거의 찾아보기 힘든 21세기에 이르도록 그 이름이 사라지지 않고 있다. 가수지망생에게서 건네받는 음악들은 이제는 카세트테이프가 아니라 CD에 담겨 전달되는데도 여전히 데모테이프로 불리는 경우가 적지 않은 것이다. 물론 이는 전 세계적 현상이었다.

3) 독립 유통의 산파

기술적 차원의 현대화가 더디게 진행되고 있던 많은 나라에서는 LP와 같은 레코드를 생산하는 시설을 세우는 게 쉽지 않은 일이었다. 따라서 레코드라는 매력적인 도구를 통해 음악을 향유하는 이들은 자연스럽게 구미 제국들의 음악을 듣게 되었다. 하지만 카세트라는 새로운 기술이 등장함에 따라 음반 생산 설비의 문턱은 급격히 낮추어졌다. 카세트의 단순한 복제 기술 덕택에 대중들은 이른바 제3세계 음악인 혹은 자국 음악인의 작품을 현대적인 레코드 환경에서도 향유할 수 있게 되었다. 이는 역으로 구미 중심의 음악이 아닌 각 나라의 토착 음악에 숨통을 터준 것이기도 하다. 1980년대 이래로 각 지역의 전통적인 음악과 서구 팝음악을 혼용한 스타일에 대한 대중의 기호가 높아지고 있는데, 지배적인 구미 팝의 질감에서 일정 부분 이탈한 이 음악들의 질감과 원천 재료에 대해 카세트의 등장으로부터 그 연원을 떼어낼 수는 없을 것이다. 그런데 이처럼 카세트가 일종의 세력 불균형을 해소한 것은 국가와 국가 사이에서만 벌어진 것이 아니었다.

카세트는 한 나라 안에 존재하는 세력 불균형과 그로 인해 음악적 다양성이 위협받는 상황을 타개하는 데에도 적지 않은 역할을 담당했다.

메탈리카는 음반 〈Kill 'Em All〉(1983)을 발매하면서 본격적인 데뷔를 알렸다. 하지만 그 이전에도 적지 않은 데모테이프를 제작해 유통한 이력이 있는데, 여기 소개한 데모테이프 〈No Life 'til Leather〉는 그중 가장 유명한 것이다. 클럽과 우편판매, 기타 경로를 통해 상당한 수량이 유통된 것으로 회자되고 있다. 미국에서만 300만 장 이상이 팔려나간 그들의 데뷔음반은 〈No Life 'til Leather〉의 라이센스 음반이나 다름없다.

일군의 언더그라운드 음악인들은 자신이 만든 음악을 카세트에 녹음한 뒤 필요한 수량만큼 직접 복제해 팬들에게 전파했다. 그렇게 해서 팬덤을 만들고 음악적 평판을 얻은 뒤 유행에 굴복하지 않고 자신들의 색채를 유지하면서 오버그라운드로 데뷔해 화려하게 성공하는 음악인들이 등장했다. 예컨대, 메탈리카(Metallica)라는 미국 출신의 초대형 록밴드는 언더그라운드에서 활동하던 시절, 레코드 회사와의 계약이 여의치 않자 자신들이 직접 카세트를 복제해 판매했다. 작품과 연주력이 매우 뛰어났지만 여러 레코드 회사가 음악계의 유행에 맞지 않는다는 이유로 그들과의 계약을 거부했기 때문이다. 공테이프를 이용해 독립 음반을 제작했던 메탈리카는 그를 통해 자신의 음악이 지닌 힘과 매력을 증명해보일 수 있었다. 이들은 마침내 레코드 회사를 통해 정식으로 음반을 발매했고 스래시메탈 혹은 데스메탈이라 불리는 헤비메탈 음악의 새로운 스타일을 세상에 전파했다. 주류 레코드 산업으로부터 외면받다가 데뷔 후 무려 1억 장이 넘는 음반을 팔아치운 메탈리카의 엄청난 성공에는 사실상 공테이프의 숨은 내조가 자리하고 있었다.

한편, 우리나라 대중음악의 경우는 서구권에 비해 언더그라운드 문화가 그다지 활발하거나 체계적이지 않았다. 그런 까닭에 창작자가 중심이 된 독립적인 카세트 음반의 유통은 노래운동이라는 비교적 한정된 영역에서 두드러지게 나타났다. 1978년 김민기가 만든 〈공장의 불빛〉을 필두로 해, 1982년 노동운동가 박기순과 광주 시민군 윤상원의 넋을

MR/AR

OSMU(One Source Multi Use)처럼 한국에서 주로 사용되는 영단어이다. Music Recording, Artist Recording이라 하기도 하고 Music recorded, All recorded라 풀어쓰기도 하는데, 각각의 맥락이 있으니 어느 쪽으로 이해해도 무방하다. MR은 가창 부분이 빠진 반주음악을 말하고 AR은 가창 부분까지 모두 녹음된 상태의 완성본 음악이라고 이해할 수 있다. 영어권에서는 가라오케(karaoke)라는 말을 주로 사용하기도 하고 엔지니어들은 empty track이라 부르기도 한다.

유신의 서슬이 퍼렇던 1978년, 김민기가 〈공장의 불빛〉이란 노래극 음반을 만들었고, 한국교회사회선교협의회는 이를 공테이프에 담아 전국적으로 유통시켰다. 동일방직 사건을 모티브로 했다고 알려진 이 노래극 테이프는 '근로자가 떳떳한 이 나라의 주인으로 행세'할 그날을 앞당기고자 만들어졌으며 안무가 포함된 영상물도 함께 제작·유통되었다. 테이프에는 이른바 MR이 함께 수록되었는데, 이는 노동조합에서 편리하게 활용할 수 있도록 배려한 것이다.

기리고자 제작한 〈빛의 결혼식〉은 테이프를 통한 우리나라 음반 독립유통의 시원이다. 〈빛의 결혼식〉에 수록된 노래 「임을 위한 행진곡」은 이를 통해 한국의 사회운동에서 가장 대표적이고 상징적인 노래로 남았다. 노래운동 진영은 이처럼 1980년대 내내 수많은 노래를 만들고 카세트에 담아서 독자적으로 유통했다. 한편, 제도 바깥에서 생성된 독자적 유통망의 경우 심의를 비롯한 일체의 검열 제도로부터 자유로울 수 있었다는 점도 주목할 만한 일이다. 이처럼 1980년대 이래 민주화운동에 가담했던 사람들은 카세트에 녹음되어 배포된 저항가요를 듣고 부르며 고단한 시대를 이겨냈다. 민주화를 쟁취하기 위해 애쓰던 지난한 시절, 이들을 어루만져주고 격려했던 일등공신은 저항가요였으며, 카세트테이프는 그 음악을 실어 날랐던 유일무이한 음악 매체였다.

5. 디지털의 시대

1) CD의 등장과 퇴장

레코드 산업에서 본격적인 디지털의 시대는 CD와 함께 시작되었다. 이미 카세트의 표준을 만들어내고 시장을 장악한 바 있던 필립스와 또 다른 거대 기업 소니의 합작으로 1980년대의 시작과 함께 세상에 등장

카세트 오디오
1962

컴팩트 디스크
1979

11.5cm

CD 규격이 고안된 원리 혹은 우연. CD는 74분 33초의 재생시간과 지름 12cm의 크기로 개발되고 있다. 이와 같이 정해진 데에는 몇 가지 배경이 있다. 애당초 고안되었던 CD의 크기는 11.5cm였다. 카세트의 대각선 길이가 11.5cm였기 때문이다. 이 크기라면 LP, 테이프 등 기존 레코드의 재생시간을 처리하는 데 거의 문제가 없었다. 그러나 교향곡처럼 연주시간이 매우 긴 음악을 추가로 고려할 필요가 있었다. 결국 세계적으로 가장 유명한 교향곡 중 하나인 베토벤 9번 「합창」이 CD 재생시간을 결정하기 위한 주요한 고려 요소로 등장해, 당시 폴리그램이 출시했던 음반 가운데 가장 길었던 푸르트뱅글러가 지휘한 74분짜리 연주를 근거로 규격이 정해졌다. 한편, CD 가운데 부분에 패인 구멍의 직경은 1.5cm인데, 이는 네덜란드에서 통용되는 조그만 동전의 크기였다. 필립스가 네덜란드 회사였기 때문이다.

했다. CD는 매우 깨끗한 음질과 편리한 외관으로 LP를 대체하는 레코드의 새로운 강자가 되었는데, 그 가격이 LP에 비해서도 상당히 비싼 편이었다. 따라서 CD가 수행한 주요한 역할은 사실 레코드사의 매출을 급격하게 증대시키는 것이었고 CD 플레이어라는 비교적 고가의 가전제품을 세상에 팔아치운 것이었다. 그래서 CD를 둘러싼 사회적 이슈는 대개 과도한 CD 가격에 대한 것이 많았고, 그게 아니라면 음질 측면에서 아날로그와 디지털의 우열을 가리는 사례로 사용되는 정도에 그치고 있다. 가정용 컴퓨터에 CD 라이터(writer)의 장착이 보편화되기 전까지는 카세트를 통해 일부 빼앗겼던 음악 목록 편집의 권리를 레코드 업자들이 다시 되찾아오는 효과도 있었다. 대체로 업자들의 이익에 복무한 측면이 크고 소비자들의 이익 향상이나 구조의 혁신과는 별다른 상관관계가 없는 매체가 바로 CD였다. 특히 CD는 매체의 영구성과 음질을 명분으로 높은 가격을 책정하고 대중의 소비를 설득했는데, 지금 돌이켜보면 이는 그다지 정당한 주장은 아니었다. 여전히 논란이 끊이지 않고 있는 음질 논란은 차치하고라고 영구성의 경우는 실질적으로 그 의미가 부정되고 있다. 디지털 음원의 시대가 도래함에 따라 MP3 플레이어 혹은 그것이 장착된 각종 기기를 통해 음악을 듣는 경우가 이미 대세로 자리 잡고 있으며, 새로이 시장에 진입하는 세대들이 CD를 통해 음악에 입문하는 것은 드문 일이 되었다. 이미 마련해두었던 CD 플레이어들 역시 기계고장이라는 암초를 만날 경우 비용과 효과를 고려할 때 그것을 수리해서 재사용하는 것은 합리적인 선택이 아니다. 따라서 비록 CD 자체는 매우 오래도록 보존할 수 있는 매체일지 몰라도 그것을 재생하는 환경이 소멸되어감에 따라 CD는 영구적 특성이 없는 매체로 전락하고 있다. 어쩌면 CD는 카세트나 레코드에 비해 수명이 더욱 짧은 매체였다 해도 과언이 아니다.

2) 냅스터와 소리바다, 유통의 핵폭발

레코드의 역사에서 디지털 시대의 혁신을 이야기하려 한다면 그 누구라도 MP3를 먼저 떠올리게 되어 있다. MP3의 출현은 과거의 다른 혁신에 비해 훨씬 역동적인 파급력을 선보였다. 또한 10여 년 동안 충분히 세상을 들썩였음에도 출발 자체가 온라인을 전제로 한 측면이 강해서 온라인의 습속이 변화할 때마다 레코드 산업계를 들썩거리게 만들 만큼의 잠재력을 반복적으로 보여주고 있다. 흔한 이야기지만 MP3는 놀라운 압축률을 통해 오디오CD의 10분의 1의 정보량으로 동일한 음질을 재현하는 것을 특징으로 한다. 음질을 섬세하게 따지기 시작하면 이런 수사가 꼭 옳은 것은 아니지만 평범한 오디오 기기를 통해 음악생활을 영위하는 사람들에게는 큰 무리 없는 해설이다.

MP3와 관련된 가장 극적인 사건은 P2P(Peer to Peer)라는 인터넷의 기본 성격이 MP3와 접속하면서부터 시작되었다. 한국에서는 소리바다를 통해서, 세계적으로는 냅스터를 통해서 업계를 뒤흔드는 사건들이 시작되었고 음악사회의 굵직한 변화가 뒤따랐다. 소리바다와 냅스터는 모두 P2P라는 파일공유 시스템을 통해 온라인 접속자들이 서로서로 음악을 나누는 서비스였다. 온라인에서 사람들은 자신의 음악을 많은 사람과 제한 없이 공유했는데, 이것은 동네 친구들과 음악을 나눠 듣는 것과는 전혀 다른 것이어서 양적 측면에만 집중해서 이야기하자면 유통의 핵폭발과 같았다. 유사 이래 이렇게 많은 음악이 유통되고 소비된 것은 처음이었다. 사용자들은 하룻밤 사이에 앨범 수십 장을 수집하고 또 수백 명에게 자신의 앨범을 복제해서 나누어주었다. 버스와 전철에서 이어폰을 꽂은 사람들의 숫자는 기하급수적으로 늘어났고, P2P는 최신 음악뿐 아니라 더는 구입할 수도 감상할 수도 없었던 수십 년 묵혀 있던 청장년 세대의 음악까지 모두 길어 올렸다.

문제는 돈이었다. 유통에서 이익을 남기는 것은 산업의 생리이다. 하지만 냅스터나 소리바다와 같은 P2P 시스템 그리고 그곳에서 흘러 다니는 MP3 음악은 엄청난 유통을 일으키면서도 업자들의 몫을 배려하지 않았다. 결국 이해 관계자들 사이의 오랜 다툼이 시작되었고 다툼이 지속되는 동안 레코드 산업은 레코딩 산업으로 완전히 변모해갔는데, 이제는 음반 패키지 상품 판매 사업에서 저작권 관리 사업으로 완전히 변신·정착해가는 모습이다. 문제는 저작권 사업으로 변모하고 디지털 전송 환경을 주요한 유통 경로로 채택하게 되면서 통신 관련 회사들이 레코드 산업을 좌지우지하는 주체가 되었다는 사실이며, 이로 인해 또 다른 양상의 변화 혹은 부작용이 새롭게 노출되기 시작했다.

3) 저작권자의 행복, 올드보이의 귀환

재미있는 것은 P2P와 MP3 유통을 둘러싼 논쟁이 불법다운로드 논쟁으로 비화하고 결국 음악 산업의 토대를 무너뜨린다는 논리로 이동하는 동안 음악 창작자들의 속내는 매우 복잡해지기 시작했다는 점이다. 냅스터와 소리바다가 활약했던 2000년 이래 음악 창작자들의 저작권 수입 총량은 가파르게 상승세를 지속했다. 게다가 이렇게 성장하는 돈, 즉 저작권료의 성격은 패키지 판매 수익에 비해 상대적으로 안정성이 더 큰 편이다. 따라서 과거에 비해 한결 안정되고 향상된 삶의 방식을 누릴 수 있는 조건이 형성되는 것으로 변화의 흐름을 이해할 수 있다. 가령 2000년대 초반 소리바다와 벅스뮤직 등이 사회적 논란이 되었을 때 저작권 관련 단체들은 레코드 회사 및 유통 업체와는 다른 태도를 보여주었다. 비교적 부지런히 물밑협상을 진행했고 레코드 및 유통 업체들보다 한참 앞서 서비스에 대한 합의에 도달했다. 세간의 인식과 달리 새로운 환경의 도래가 이들에게 결코 불리하지 않았기 때문이다. 2001년의 경우 300억 원에 미치지 못했던 저작권 협회의 총 징수액은 2010년 기준으로 1,000억 원을 돌파했다. 거의 매년 두 자릿수 이상의 고성장을 쉼 없이 기록한 셈이다. 21세기 초반 10년간 일어났던 돈을 둘러싼 음악 사회의 거센 논란의 실상은 이와 같았다.

한편, 인터넷이 생활화된 사람들이 컴퓨터라는 새로운 음악재생기에서 검색 엔진을 통해 음악을 찾아듣게 되자 창고 깊숙한 곳에 수십 년 동안 잠들어 있던 노래에도 사람들의 손길이 다가오기 시작했다. 올드보이들의 노래들이 재발굴되었고 향수 상품으로 빠르게 전파되었다. MP3의 등장과 함께 과거의 노래들은 모두 현재형으로 재림했고 이에 발맞추어 흘러간 가수들이 TV를 통해 컴백 무대를 갖기 시작했다. 이들이 나오는 음악 프로그램의 시청률은 미디어의 이슈를 독점하며 요란스럽게 TV를 장악하고 있는 아이돌 중심의 순위제 인기가요 프로그램과 비교해서 전혀 뒤지지 않고 있다. 이러한 음악적 상황이 가능해진 것은 속절없이 흘러가고 망각될 뻔했던 옛 유행가들이 MP3의 등장에 힘입어 온라인 공간에 영생의 기회를 제공받게 된 덕분이라 할 만하다. 결과적으로 보았을 때 MP3의 등장은 총론적 차원에서 음악 창작자들의 사회적 지위를 상승시키는 데 매우 중요한 역할을 담당했다. 알고 보면, 대

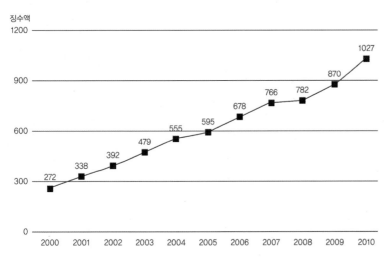

징수액

<그림 3-2> 2ooo~2o1o년 저작권협회 저작권수입 징수액 추이(단위: 연도, 억 원)

중의 음악 향수 기회를 늘려주었던 신기술들은 등장할 때마다 매번 논란을 일으켰지만 궁극적으로 음악 창작자의 사회적 지위를 후퇴시킨 역사가 없다.

4) 플레이어의 변화, 업계의 지각 변동

MP3와 P2P를 둘러싼 논란들이 어디로 흘러갔든 어떤 결론을 내리고 사업을 강화했든 접었든 간에 상관없이 이 과정을 거치면서 도드라진 또 하나의 도도한 변화는 오디오 재생기의 변화이다. 신기술의 등장과 함께 소년과 소녀의 방에 놓여 있던 자그마한 오디오는 컴퓨터에게 자리를 내주고 슬그머니 자취를 감추어야 했다. MP3를 만난 사람들은 이제 카세트는 물론 CD로도 음악을 들으려 하지 않았다. 합법이든 불법이든 그건 알 바가 아니었다. 사람들에게 MP3 플레이어는 그 무엇보다도 편안한 음악 재생기였고 컴퓨터는 늘 곁에 있는, 역시 매우 편리한 음악 재생기였다. CD를 수납장에서 꺼낸 후, 열고 꺼내고 열고 넣고 닫고 누르고 누르고 열고 빼고 열고 넣고 닫고, 그리고 나서 수납장 정리까지 하면서 이루어지던 음악 감상 과정은 MP3의 재생 환경에서 보면 매우 거추장스러웠다. MP3의 등장 이래 CD의 판매가 급감한 것은 불법다운로드를 논하기 이전에 이미 새롭게 형성된 강력한 환경의 불가피한 산물이기도 했다. 재미있는 것은 이러한 소용돌이 속에서 과거의 전통을 고수하던 산업의 주체들이 쇠퇴하고 기술적 환경을 가장 잘 이해하는 새로운 주체들이 시장을 장악해갔다는 점이다.

전통적인 레코드 산업은 소프트웨어와 하드웨어 산업이 한 덩어리로 묶여 있는 사업적 구조를 선호했다. 소니는 소니레코드, 필립스는 폴리그램, 삼성전자는 삼성뮤직과 같은 구조를 갖추었거나 갖추고자 했다. 전통적으로 하드웨어와 소프트웨어가 '쌍끌이'로 기능했기 때문이다. 레코드가 잘 팔리면 관련 하드웨어들도 잘 팔리게 마련이었고, 레코드 포맷이 바뀌면 기기교체 바람을 타고 하드웨어 회사들은 커다란 이익을 남길 수 있었다. 하지만 MP3의 등장은 이 쌍끌이의 연결 사슬을 확 끊어버렸다. 이제 음악의 유통과 재생을 이야기하려면 통신, 네트워크, 속도, 저장 공간, 이메일, 메신저, 펌웨어, 업데이트, UI, 컨버전스 등 아주 많은 것을 동시에 고려해야 하는 시대가 되었다. MP3 플레이어의 초창기에는 소니와 같은 전 세계적 최상위 브랜드의 부진과 MP3 플레이어를 세계에서 처음으로 발명했던 한국 중소기업의 약진이 눈에 띄었다. 하지만 MP3의 잠재력과 활동 반경은 좀 더 다채로웠다. 결국, 2000년대 중반을 거치면서 아이팟과 아이폰의 생산자인 미국의 애플사가 워크맨의 시대를 완전히 마감시키며 MP3 재생기 혹은 오디오 재생기 세계시장을 석권하는 데 성공했다. 세상은 MP3라는 신기술의 등장을 통해 중견 컴퓨터 회사가 일순간에 세계 최대 오디오가전 업체로 진화하는 모습을 목격했다. 알다시피 애플사는 MP3 플레이어를 기반으로 세계 최고의 휴대전화 회사로도 성장했는데, MP3와 동영상 등을 재생하는 데 특화된 단일기기 생산자들이 이러한 흐름을 되돌리기에는 융합과 변화

아이폰이 등장하기 전까지 '미디어 컨버전스'라는 말은 유행어로만 존재하고 시장에서는 사실 애물단지에 지나지 않은 경우가 많았다. 한 기기 안에 여러 가지 기능을 넣으려다보니 무리수도 많았다. 소비자의 편의를 고려하기 위해서는 가격과 규격 차원에서 일정한 제약을 피할 수가 없었다. 그러한 제약 속에서 절충적으로 개발된 기기가 선보이는 복합 기능은 대체로 역부족인 경우가 많았고, 사람들은 결국 다시 개별 기능의 미디어기기를 구입하게 되는 경우가 다반사였다. 하지만 아이폰은 이러한 경험들을 일거에 혁신하면서 세상에 등장했고, 사람들은 아이폰에 열광적 지지를 보냈다.

의 속도가 너무 빨라 보인다. 반복되는 이야기지만 이러한 급변의 조타수는 바로 MP3라는 새로운 오디오 기술이었고, 신진세력들은 그를 미리 알아보았으며 그러한 혜안 덕택에 새로운 시대의 주역이 되었다.

지금까지 살펴본 것처럼 음악의 저장매체가 시대에 따라 변하면서 참으로 많은 변화가 이루어졌다. 물론 특정한 과학기술이 그 본성 자체로 사회적 변화에 대한 일방적 규정력을 발휘하는 것은 아닐 것이다. 과학기술을 누가 어떻게 사용하는가에 따라 그 성격이 결정되고 의미가 결정되기 때문이다. 마찬가지로 음악에서도 새로운 기술이 등장할 때 그 기술의 성격과 의미를 결정해온 매우 중요한 인물과 사회적 사건이이 있다. 그러나 분명한 것은 그 모든 개입과 결정과 판단은 기술적 상상력 안에서 구현된다는 사실이다.

생각해볼 문제

1. 과거 아버지, 할아버지 세대와 지금 우리 세대가 음악을 감상하는 방법의 차이와 그 음악적·산업적 의미에 대해 생각해보자.
2. 녹음기술과 저장매체가 변화함에 따라 시장에서 활약하는 음악의 스타일이나 음악인들의 사회적 지위가 어떻게 바뀌어갔는지 생각해보자.
3. 라디오와 공테이프가 처음 등장했을 당시의 사회적 논란·갈등과 인터넷, 스트리밍, MP3가 음악감상의 주요 매체로 자리 잡은 오늘날의 사회적 갈등 양상의 같은 점과 다른 점에 대해서 생각해보자.
4. 유튜브 및 UCC 문화로 대표되는 새로운 음악 감상의 풍속도가 음악상품의 생산, 유통, 소비 방식에 어떤 변화를 가져왔을지 생각해보자.

참고 자료

▶❙❙■ 읽을 거리

김태훈·양정환. 2010. 『소리바다는 왜?』. 현실문화연구.

MP3의 등장 및 P2P 기술의 대중화와 더불어 격렬하게 요동쳤던 국내 음악 산업에 대한 이야기를 담고 있다. 21세기 우리나라 인터넷 역사상 최고의 이슈로 기록될 만한 격렬한 전투에서 패자로 남은 소리바다. 그들의 시각에서 정리한 전투의 기억이 수록되어 있다.

김토일. 2005. 『소리의 문화사』. 살림.

19세기 말 축음기의 등장부터 21세기 MP3의 대중화에 이르기까지 그 기술적 성격과 대중화 과정에 대해 간략하게 정리한 입문서이다. MP3의 등장으로 야기되었던 음악사회적 갈등을 해결하기 위해 필요한 역사적 경험들을 보여준다.

야마다 쇼지. 2011. 『해적판 스캔들 ― 저작권과 해적판의 문화사』. 송태욱 옮김. 사계절출판사.

21세기 음악사회 기술혁신의 꽃은 MP3가 등장한 사건이다. 이를 통해 저작권법은 음악과 가장 친밀한 존재가 되었고 음악을 벗 삼았던 음악 청중에게도 그것은 마찬가지가 되었다. 문제는 소비자의 권익을 배제한 채 업자, 권리자 중심의 법적용이 강화되고 있다는 점이다. 이 책은 저작권 개념이 형성된 역사적 연원을 상세하게 설명해준다. 또한 최근 들어 권리자와 업자에게 일방적으로 유리하도록 법 해석이 이루어지는 경향에 대해 의문을 제기한다.

카츠, 마크. 2006.『소리를 잡아라』. 허진 옮김. 마티.

우리나라에서는 음반 문화의 등장을 대중음악의 역사적 시발점으로 인식하는 관점이 일반적이다. 음반의 등장은 소리를 녹음하는 기술이 등장했다는 것이기도 하다. 이 책 속에는 녹음 기술의 등장이 우리가 음악을 듣는 방식, 연주자들이 연주하는 방식, 작곡가들이 작곡하는 방식 등에 미친 영향을 두루 살피고 있다.

▶Ⅱ■ 들을 거리

〈한민족 최초의 음원〉. 1896/2007(녹음/복각). (주)화음.

비틀스(The Beatles). 〈Sgt. Pepper's Lonely Hearts Club Band〉. 1967. Parlophone.

산울림. 〈아니 벌써〉. 1977. 서라벌레코드.

대중음악과 수용자

이동연(한국예술종합학교)

주요 개념 및 용어 | 음악수용자, 팬덤, 마니아, 뮤티즌, 문화자본, 구별짓기

1. 대중음악 수용자의 정의와 분류

1) 대중음악 수용의 다양성

아마도 대중문화의 장에서 대중음악 수용자만큼 다양하고 적극적인 문화소비자를 찾기란 불가능할 것이다. 물론 영화, 드라마, 만화, 게임을 좋아하는 수용자들도 적극적인 소비성향을 드러내고, 문화적 취향과 몰입의 정도, 세대에 따라 그 선호 방식이 대단히 다양하게 분류될 수 있긴 하겠다. 그러나 문화를 소비하는 방식의 다양함과 문화생산에 직접적으로 개입하는 영향력의 관점에서 보면 대중음악의 수용자들이 다른 영역에 비해 훨씬 능동적이다. 대중음악을 수용하는 방식은 다른 대중문화 장르에 비해 다양하다. 대중음악은 음반이나 디지털 음원, 온라

인 스트리밍 서비스를 통해서 노래를 들을 수 있을 뿐 아니라 음악가들의 콘서트를 통해서 소비할 수 있고, 공중파와 케이블 방송에서 제작한 음악 프로그램을 보거나 인터넷 포털 사이트를 이용해서 음악과 관련된 각종 동영상을 찾아서도 손쉽게 듣거나 볼 수 있다. 또한 대중음악의 소비방식의 특성상 음악을 전문적으로 들을 수 있는 공간과 장소가 아니어도 축제에서, 쇼핑몰에서, 거리에서 쉽게 음악을 접할 수 있다. 대중음악은 다른 문화콘텐츠와는 다르게 굳이 특정한 매체를 제한된 공간과 장소에서 직접적으로 조작하지 않아도 수용할 수 있는 거의 유일한 매체이다.

대중음악의 수용은 다른 어떤 대중 매체보다도 개인들의 일상적인 놀거리로 재생산된다. 대중음악은 동시대의 문화유행을 주도하는 경우가 많기 때문에 춤이나 패션스타일로 확산되는 경우가 많다. 시대별로 유행했던 대중의 생활방식의 특성들은 대체로 그 시대를 주도했던 가수들의 패션과 언어, 춤에서 시작된다. 또한 1970년대 음악다방과 고고장, 1980년대 롤러스케이트장과 나이트클럽, 그리고 1990년대 노래방과 레이브 클럽처럼, 대중의 유흥문화에서 빼놓을 수 없는 것이 바로 대중음악이다. 대중음악의 수용은 시대의 문화적 유행을 수용하는 것이나 마찬가지다.

또한 대중음악의 수용자들은 다른 매체와는 달리 음반이나 음원으로 재생된 노래를 소비할 뿐 아니라 그 노래를 부른 음악가들과 관련된 파생 상품들을 더 적극적으로 소비한다는 점에서 그 상호작용의 폭과 다양성이 각별하다. 특히 대중음악의 적극적인 수용자 층이라 할 수 있는 '팬덤'은 영화, 드라마, 게임의 수용자들에 비해 몰입의 수준과 반응의 강도가 훨씬 강하다. 이재용 감독의 영화 〈여배우들〉에서 한국의 어느 톱 여배우가 '원더걸스'의 막내 소희와 함께 행사에 참여했다가 팬들의 환호 때문에 굴욕을 당했다고 고백하는 장면은 대중음악에서 수용자의 특별함을 엿보게 해준다.

대중음악이 생산되고 유통되는 방식이 다양한 만큼 음악 수용자들의 소비 방식도 다양하고, 그래서 그들을 정의하고 분류하는 것도 다양하다. 대중음악은 생산과 재생산의 특성상 노래, 퍼포먼스, 스타일, 엔터테인먼트의 영역에서 다양한 수용자를 보유할 수 있기 때문이다. 따라서 음악 수용자를 정의할 때 몇 가지 층위를 나누어서 정의하는 것이 필요하다. 이 장에서는 수용자의 정의와 분류, 음악 기술의 발전과 수용자의 일상문화와의 관계, 팬덤문화의 특성들을 다루면서 대중음악의 수용자를 다양하게 논의해보도록 하겠다.

2) 뮤직 리스너, 마니아, 팬덤, 그리고 뮤티즌

대중음악 수용자를 정의하는 많은 용어 중에서 가장 일반적인 것이 음악청취자, 즉 '리스너(listener)'가 아닐까 싶다. 음악은 기본적으로 청각 매체이고 음악을 수용하는 출발은 바로 노래를 귀로 듣는 것이기 때문에 리스너라는 용어는 대중음악 수용자를 분류하는 데서 가장 본질적이라 할 수 있다. 그러나 대중음악이 1980년대 'MTV'로 대변되는 영상 매체 시대로 접어들면서 리스너라는 용어는 복고적이고 잔여적인 의미로 간주되었다.

초창기 대중음악의 중요한 대량 전달 매체는 '라디오'였다. 라디오에서 흘러나오는 노래를 듣고 많은 청취자가 유행가를 따라 부르기 시작했고, 그래서 음악 수용의 중요한 역할은 거의 대개가 노래를 듣고 따라 부르는 것이었다. TV가 대중적으로 보급되고 뮤직비디오가 등장하면서 음악 수용자는 이제 듣는 것에만 그치지 않고 보는 것에 더 만족하기 시작했다. 멀티미디어 시대에 음악 수용자는 전통적인 리스너로 한정할 수 없을 정도로 음악의 시각적 효과에 관심을 갖게 되었다. 오히려 가장 보편적인 정의라 할 수 있는 리스너는 지금에는 시각적인 효과를 배제하고 오로지 청각적인 감상을 즐기는 음악 전문가 집단, 혹은 소수의 고

전적인 음악 수용자로 변용되고 있다.

일반적인 음악 수용과는 다르게 대중음악에서 특별한 분야를 전문적으로 듣는 사람들을 일컬어 '음악 마니아(music mania)'라고 부른다. 음악 마니아는 대개 특정한 음악 장르를 선호하는 경향이 두드러진다. 예컨대 록 음악을 좋아하는 사람들은 록 마니아, 힙합 음악을 좋아하는 사람들은 힙합 마니아, 재즈를 좋아하는 사람들은 재즈 마니아로 부른다. 음악 장르별로 마니아를 부르는 속어와 파생어들도 다양한데, 예컨대 1960년대 영국 록 그룹을 비틀스를 광적으로 좋아했던 팬들을 '비틀마니아'로 불렸고, 록 스타들을 따라다니면서 사적인 친밀감을 과시했던 여성 팬들을 '그루피(groupie)'로 부르기도 했다. 1940년대 재즈 광을 표현하는 용어로 '힙스터(hipster)'라고 불렀고, 일렉트로닉이나 라운지 음악을 좋아하는 그룹들을 '클러버(cluber)'라고 부르기도 한다.

음악 마니아는 특정한 음악 장르나 분야를 전문적으로 좋아하기 때문에 자신의 문화적인 취향을 드러내는 경우가 많다. 해당 음악 장르에 대한 지식이 풍부하고 관련 문화생산물들을 집중적으로 수집하고 동일한 취향을 가지고 있는 사람들과 정보를 교환하기 위한 커뮤니티를 만들기도 한다. 음악 마니아들의 문화적 취향은 자신들이 보유하고 있는 문화자본, 예컨대 해당 음악 장르에 대한 전문지식, 음반, 출판물, 액세서리 등에 대한 권위를 중시하며 그런 점에서 배타적이고 소수자적인 태도를 취하는 경우가 많다.

음악 마니아가 주로 음악 장르를 선호하는 집단으로 정의할 수 있다면, 음악 팬덤(music fandom)은 장르보다는 개별 가수와 그룹을 좋아하는 집단을 의미한다. 팬덤은 물론 대중음악이 아닌 영화배우, 스포츠 스타, 유명 문화예술인을 좋아하는 사람들의 집단으로 볼 수 있지만, 대부분 대중음악 스타를 좋아하는 집단들이 지배적이어서 예외적인 경우를 제외하고는 그 자체로 음악 팬덤을 지칭한다. 팬덤은 팬클럽이란 용어와 크게 다르진 않지만, 좀 더 적극적으로 자신들이 특정한 가수와 그룹

비틀마니아

비틀마니아(Beatlemaina)는 주로 비틀스 초기 활동의 성공에 열광하는 팬들의 기이한 문화현상을 통칭한다. 원래 이 조어는 헝가리 출신의 피아니스트 리스트의 콘서트에 열광하는 팬들을 리스트마니아(Lisztomania)라고 부른 데서 비롯되었다고 한다. 비틀마니아는 과거에는 흔치 않았던 록 스타를 광적으로 따라다니는 팬들을 의미하는데, 콘서트에서 열광적인 반응뿐 아니라 콘서트 투어를 따라다니며 숙소에서도 진을 치는 기현상을 낳았다. 이 용어는 나중에 스코틀랜드 밴드 베이시티 롤러(Bay City Roller)를 추종하는 롤러마니아(Rollermania), 1980년대 라틴 아메리카 남성 음악가를 좋아하는 메뉴도마니아(Menudomania), 1990년대 영국의 걸 그룹 스파이스 걸스를 좋아하는 스파이스마니아(Spicemania)로 파생되었다(위키피디아 참고).

을 선호하는 감정들이나 행동을 세력화한다는 차이를 가지고 있다. 팬덤은 열광적인 뜻을 가진 '파나틱(fanatic)'이란 용어와 세력권을 의미하는 '덤(dom)'이라는 의미가 합쳐진 말로, 특정한 가수나 그룹을 열성적으로 좋아하는 집단을 말한다. 팬덤은 동시대 음악 수용자 중에서 특별하면서도 동시에 보편적인 집단이다. 일반적인 음악 수용자들보다 특정한 가수들을 유별나게 좋아한다는 점에서 특별할 수 있지만, 그것이 이제는 아주 소수의 집단의 사례가 아니라 그 관심이 아주 일반화되어 있다는 점에서 보편적이다. 팬덤이 음악수용자로서 갖는 특별한 지위는 이들의 강력한 세력권과 문화적 파급효과 때문이다. 통상 음악 마니아는 자신들이 좋아하는 음악 장르를 남들보다 특별하게 좋아하는 집단으로 분류할 수 있는 반면, 팬덤은 가수나 그룹을 매개로 집단적인 세력을 중시하고, 적극적인 활동을 선호한다. 한국에서 팬덤은 대중음악의 생산과 소비에 일정한 영향력을 행사하는 적극적인 문화소비자 역할을 담당한다.

3) 뮤티즌의 등장

팬덤이 대중음악의 수용자가 얼마나 열정적일 수 있는가를 보여주는 용어라고 한다면, '뮤티즌(mutizen)'은 그 수용자가 기술의 변화에 따라 어떻게 변화하는가를 잘 보여주는 용어라 할 수 있다. 주지하듯이 대중음악이 디지털 온라인 문화 환경 안으로 진입하면서 음악을 수용하는 방식도 크게 변했는데, 이 과정에서 음반을 중심으로 음악을 듣는 주체와 음원을 중심으로 음악을 듣는 주체 사이에 분열이 생겨났다. 하위문화사적인 관점에서 그러한 변화를 감지할 수 있는 음반 중심의 음악 수용자들을 통상 'LP 플레이어 세대', '워크맨 세대', 혹은 잠깐 등장했다 사라졌던 'LD(Laser Disc) 세대'로 부르기도 한다. 더 세속적으로는 이른바 판돌이가 있는 1970~1980년대 음악다방에서 메모지에 음악을 신청했던

'죽돌이', '죽순이'이라는 용어가 있었는데, 이러한 용어는 모두 플라스틱 음반을 소비하던 음악 세대들을 가리키던 말이다.

그러나 디지털 음원으로 음악을 듣는 것이 보편적인 요즘 세대에게 가장 적합한 이름은 바로 '뮤티즌'이다. 뮤티즌은 음악과 네티즌의 합성 어로서 인터넷과 온라인을 통해 음악을 다운로드하는 네티즌을 말한다. 뮤티즌은 2000년대 초반 '소리바다'가 인터넷 문화의 트렌드로 등장하고 MP3 플레이어가 보편화되지 않았을 때에는 새로운 형태의 음악 수용자 로 분류되긴 했지만, 지금은 어떤 특정한 문화적 취향이나 성향을 드러 내는 집단보다는 온라인 음악 수용 환경을 일반적으로 지시하는 용어로 사용된다. 물론 예외적으로 이 용어가 디지털 음악을 무료로 다운로드 하는 집단이라든지, 음악을 MP3나 스트리밍 서비스로 듣는 성향이 강 한 집단으로 정의할 수 있지만, 뮤티즌은 통상적으로는 음악을 수용하 는 테크놀로지의 변화에 따른 음악 소비자를 지칭한다.

대중음악을 소비하는 수용자들은 이렇듯 다양한 용어로 설명할 수 있 다. 음악 수용자는 시대와 취향에 따라 다양하게 정의된다는 점에서 통 시적이고 공시적인 문화적 환경에 따라 영향을 받는다. 그렇다면 음악 수용자의 문화를 설명하는 데 어떤 토픽들이 필요할까? 먼저 음악 수용 자들이 역사적으로 어떻게 변화했는지를 검토해보자.

2. 대중음악 수용자의 변천과 생활방식

대중음악은 어떤 음악을 듣는가도 중요하지만, 어떻게 듣는가도 중요 하다. 음악을 듣는 방법, 혹은 장치들은 음악 재생 매체의 기술적인 진 화에 따라 달라졌다. 이는 단순히 음악을 재생하는 도구적인 차원에서 머무르지 않고 음악을 수용하는 생활방식의 변화에 결정적인 영향을 미 쳤다. 여기에서는 대중음악을 들려주는 매체의 기술변화에 따라 음악을 수용하는 대중의 생활방식이 어떻게 변화했는가를 검토하도록 하겠다.

1) 축음기와 턴테이블 시대

음악 재생 매체가 대중의 음악 수용 문화에 상당한 변화를 주었던 시기는 크게 네 단계로 구분할 수 있다. 첫 번째 단계는 축음기의 시대이다. 축음기는 원반에 홈을 파서 소리를 녹음하고 바늘을 사용해서 이것을 소리로 재생시키는 장치로서, 초기 대중음악의 수용자들이 사용했던 기기이다. 1900년대 초기에서 중기 전까지 주로 사용했던 축음기는 음의 재생이 크지 않아서 나팔관의 확성기 스피커를 사용했다. 식민지 시대 초기에 축음기는 대단히 귀한 서양의 기기였기 때문에 쉽게 들을 수 있는 것이 아니었고, 간혹 거리에서 돈을 받고 축음기에 노래를 재생시켜 노래를 들려주곤 했다(김진송, 1999). 미국에서는 1948년 콜럼비아사가 최초로 개발한 LP 레코드가 대중에게 판매되었는데, 재생 시간이 늘어나고, 회전수를 매분 33으로 줄여 음질이 개량된 LP는 대중음악의 대중적 확산에 크게 기여했다. 한국에서 LP판으로 음악을 들었던 1970년대 청년 세대는 대부분 가정에서 듣기보다는 음악다방이나 클럽에서 음악을 들었다. 당시에 집에 LP판을 재생할 수 있는 턴테이블을 보유하고 있던 가정이 그리 많지 않았기 때문이다.

1960~1970년대는 이른바 음악다방의 전성시대였다. 식민지 시대부터 1950년대까지 음악다방은 주로 문화예술인들이 중심이 된 인텔리 지식인들이 주로 서양의 클래식 음악을 들으면서 자신들의 신세를 한탄하던 제한적이고 배타적인 지적 유희의 공간[1]이었다면 1960년대 이후 음

---

1 "다방도 바도 폐쇄당하고 또 이곳의 애인들도 행방 불명이 되고 막걸리조차 배급제로 바뀌었다. 이젠 완전히 마지막 고비로 들어서자 명동거리도 황량해졌다. 아는 얼굴로 하나 둘 날이 갈수록 사라져갔다. 학병, 징용, 보국단, 강제공출, 예비 검속으로 팔도강산은 경각에 달려 있다. …… 1945년 8월 15일, 조국 광복 속에 명동거리는 해방되었고 해방과 더불어 새로운 명동의 역사가 시작되었다. 이름부터가 일정 때의 메이지마치가 아니고 우리들의 옛 이름 그대로 '명동'이라고 부르게 된 것이다.

악다방은 대중의 중요한 여가문화 공간으로 등장했다. 음악다방에 가면 집에서 들을 수 없었던 미국의 최신 팝음악을 들을 수 있었고, 자신이 좋아하는 음악을 메모지에 적어서 내면 디제이들이 음악을 들려주기도 했다. '세시봉', '쉘부르' 등이 1970년대 음악다방으로 명성을 떨치던 곳이었고 이 다방에서는 단지 음악만 들려주었던 것이 아니라, 송창식과 윤형주의 '트윈폴리오', 임창재의 '어니언스' 등 당시 최고로 인기 있던 가수들의 라이브 공연, 유명 디제이들의 진행, 관객 대상 즉석 노래자랑 등 다양한 이벤트가 열렸다.

음악다방은 LP 세대들의 가장 중요한 소비 문화공간이었다. LP 판으로 음악을 들었던 세대는 또한 한국의 대중음악보다는 미국의 팝음악 혹은 록 음악을 주로 많이 들었다. 이러한 음악 수용은 1980년대까지 이어졌는데, 당시 서양의 록과 메탈 음악의 가사들이 저속하다는 이유로 정식으로 발매되기 어려웠고, 정식으로 발매되더라도 문제의 곡들은 삭제된 채로 발매되었기 때문에 록 마니아들은 검열을 받지 않은 음반을 사기 위해 청계천 등지에서 불법적으로 유통되는 값싼 '백판'을 구입해서 듣기도 했다. 축음기 혹은 턴테이블의 시대에 음악 수용자는 일반적이고 평범한 사람들이었다기보다는 음악적 취향을 어느 정도 가지고 있던 사람들이었다.

2) 카세트와 워크맨 세대

대중음악의 수용자가 대량화·보편화되기 시작한 것은 1980년대 카세트테이프가 보급되고 나서부터다. 카세트테이프는 대량제작이 가능하고 그것을 재생할 수 있는 매체를 사람들이 쉽게 가지고 다닐 수 있었기 때문에 대중음악이 양적으로 확산되는 데 결정적인 기여를 했다. 기

이곳에 오랜만에 처음으로 다방이 문을 열었다. 봉선화라는 다방이었다"(이봉구, 2004, 24~29쪽).

존의 턴테이블은 음악 재생을 위한 하드웨어 시스템이 무거워 집이나 음악다방과 같은 장소에서 고정될 수밖에 없었지만, 카세트 플레이어 (cassette player)와 테이프는 휴대하기가 편해서 야외에서 음악을 들을 수 있는 계기를 마련해주었다. 1980년대에 대학생활을 했던 세대들은 대부분 야외로 MT를 갈 때 이 카세트 플레이어를 휴대하고 다녔고, 카세트테이프를 틀고 야외에서 댄스파티를 즐겼다.

개인들이 쉽게 음악을 들을 수 있도록 만들었던 카세트 기계 역시 두 가지 변화를 겪었다. 하나는 라디오 겸용으로 손으로 휴대할 수는 있었지만, 크기가 제법 커서 일생생활에서 개인들이 항상 휴대하기가 불편했던 이른바 '카세트 플레이어'다. 1980년대 초반 금성전자에서 나온 금성 카세트의 광고 선전을 보면 '젊음의 파트너 금성 카세트'라는 자막을 배경으로 젊은이들이 양쪽에 데크가 두 개 있는 금성 카세트를 들고 야외에 놀러가서 즐겁게 시간을 보내는 장면이 나온다. 광고의 이미지는 휴대용 카세트가 야유회의 필수품이라는 것을 강조하고, 그것이 젊은 세대의 앞서 가는 생활방식임을 상징한다. 카세트는 턴테이블과 비교하면 야외 휴대용으로서 강점이 있지만, 모든 개인이 휴대하기에는 불편했다. 단체 야외 휴대용 카세트에서 개인 휴대용 카세트로의 전환은 대중음악 수용의 일대 전기를 마련했다. 1980년대 일본 소니사가 개발한 워크맨은 1인용 휴대 카세트의 효시로서 휴대하기 편하도록 작은 크기로 제작되었을 뿐 아니라 양질의 스테레오 사운드 시스템이 장착되어 있어 음악을 감상하는 데 최적의 조건을 갖추었다. 워크맨과 같은 카세트는 이어폰을 끼고 음악을 듣기 때문에 일상에서 길을 걷거나 버스나 전철을 탈 때 주위에 불편함을 주지 않고 완벽하게 개인적으로 들을 수 있다는 점에서 음악 수용의 개인화 현상을 가중시켰다. 당시에 이어폰을 끼고 워크맨 카세트로 음악을 듣는 것은 1980년대 말 새로운 세대의 생활방식으로 인식되곤 했다.

3) CD 플레이어와 대중음악 소비의 황금기

1980년대가 휴대용 카세트로 음악을 듣던 시대라면 1990년대는 CD 플레이어로 음악을 듣던 시대라 할 수 있다. 물론 최초의 CDP는 1982년에 소니사 개발한 'CDP-502es' 시리즈이지만 적어도 한국에서는 1990년대에 CD 플레이어의 대중화가 이뤄졌다고 할 수 있다. 워크맨 플레이어에서 CD 플레이어로의 전환은 음악 수용자의 관점에서는 큰 변화가 일어난 것은 아니지만 재생 방식에서 차이가 있었고, 테이프에서 원형 디스크로 전환되면서 반복재생에서 음질의 개선을 이루었으며, 버튼 기능으로 원하는 트랙을 곧바로 들을 수 있었기 때문에 테이프의 리버스(reverse) 기능을 따로 필요로 하지 않았다. CD 플레이어는 디지털 음원이 등장하기 전까지 대중음악을 듣는 가장 보편적인 방식이었다.

흥미로운 점은 CD 플레이어의 보급으로 많은 리스너들이 양질의 음으로 음악을 편리하게 들을 수 있다는 장점 때문에 음반 산업의 성장에 큰 역할을 했다는 점이다(Krasilovsky, M. & Sidney Shemel, 2007: 419). 음반 산업 전성기를 이끌었던 세대는 LP 세대가 아니라 CD 세대라 할 수 있다. CD로 음악을 들었던 세대들은 1990년대 신세대들로서, 특히 한국 대중음악에서 이는 CD로 음악을 들었던 세대, 혹은 리스너가 대중적으로는 가장 많은 음악을 수용했다는 것을 예증하는 것이다.

4) MP3와 디지털 마인드

2000년대 디지털 기술의 발전으로 음악을 수용하는 방식에 또 한 번의 커다란 변화가 있었다. 음악의 제작 기술이 디지털화되면서 물리적인 형태의 음반이 사라지고 음악 수용자들 간 상호 접속이 가능한 디지털 음원이 등장했다. 이 과정에서 음악 수용자의 정체성과 수용방식에 변화가 일어날 수밖에 없게 되었다. 디지털 음원으로 음악을 듣는 수용자는 독립된 문화수용자가 아니라 인터넷을 사용하는 네티즌의 한 유형으로 분류되기 시작했다. 심지어는 1990년대 말에서 2000년대 초반 냅스터와 소리바다 같은 P2P 방식의 음원 서비스 사이트가 활성화되었을 때, 음원의 저작권을 지불하지 않고 마음대로 다운로드하는 불법 침해자로 낙인찍히기도 했다. 디지털 음악 생산과 유통 소비가 보편화되는 시대에 음악 수용자는 이용은 편리해졌지만 오히려 자신들의 문화적 정체성이 불분명해지는 상황에 이르렀고, 적어도 온라인 기술 환경에서는 음악을 듣는 것은 이제 독립적인 문화향유가 아닌 부수적인 활동으로 그 의미가 축소되는 위기를 맞고 있다. 디지털 음원의 대중화로 CD 플레이어를 대체한 MP3 플레이어와 수많은 애플리케이션 사용이 가능한 스마트 폰 시대에 음악의 수용 양상은 오히려 다른 문화 매체 소비의 액세서리 정도로 인식하는 방향으로 가고 있다.

음악의 청각적인 특성을 고려해보면, 음악이 영상 매체의 부속물로 사용되는 상황은 1980년대 MTV가 출현했을 때의 위기보다 더 심각하다는 것을 알려준다. MTV가 등장했던 1980년대에 많은 전문가들은 음악이 영상 매체에 종속될 것에 많은 우려를 표명했다면, 디지털 온라인 환경에서 대중음악의 위기는 음악을 듣는 수용자의 정체성 자체가 사라질지도 모른다는 점에서 근본적이다. 전자의 음악 수용은 오히려 듣는 음악에서 보는 음악으로 확대하는 데 기여했지만, 후자는 음악이 기능이 다른 매체로 흡수되는 하나의 도구로 전환될 가능성이 높다는 점에서 순수한 의미에서의 음악수용자라는 정체성이 소멸될 수 있는 상황을 예고할지도 모른다. 왜냐하면 온라인 음원은 우선 플라스틱 음반이 아니라 디지털 파일로 존재하기 때문이고, 주로 음악을 독립적으로 들을 수 없고 인터넷과 모바일 매체와 연계되어 들을 수밖에 없기 때문이다. 요즘 10대 청소년 중에서 CD를 음반으로 인식하는 경우가 많지 않은 데다, 음악을 듣는 일반적인 관행도 스트리밍 서비스를 이용하거나 파일을 내려받아서 듣는 것이 일반적인 경우이다.

음악	시대	특징
유성기/SP 음반	1950년대 이전	소수 상류층 계급 소비, 소수 다방에서 감상
LP	1960~1970년대	음악감상실의 대중화, 미국 팝의 인기
카세트테이프	1980년대	음악감상의 대중화, 스테레오 감상
CD	1990년대	고급 음질 감상, 휴대용 음악감상, 가요의 인기
MP3	2000년대	대용량 파일, 음악감상 테크놀로지의 다원화

〈표 4-1〉 기술 발전에 따른 음악수용자의 변화 양상

물론 플라스틱 음반의 종말이 곧바로 대중음악의 종말을 의미하지는 않는다. 어떤 사람들은 이러한 변화들은 처음에는 심각하게 받아들일지 몰라도 시간이 지나면 단지 음악을 수용하고 즐기는 방식과 스타일의 변화일 뿐이라고 말하기도 한다. 그런 점에서 음악의 수용에 변화를 주는 테크놀로지의 진화는 단지 기술적인 변화만을 의미하지 않는다. 그것은 음악을 수용하는 생활방식의 변화를 동시에 이끈다. 그렇다면 지금까지 언급한 기술의 변화와 그에 따른 대중음악 수용의 변화를 종합해볼 때 그 과정에서 어떤 문화적인 의미들이 발견될 수 있을까?

가장 먼저 언급할 것은 대중음악을 수용하는 방식의 변화에 결정적인 역할을 하는 것은 기술이지만, 그렇다고 모든 것을 기술이 결정하지는 않는다는 점이다. 대중음악을 수용하는 대중들의 정서에는 기술의 변화로 설명할 수 없는 대중들 스스로 형성하는 생활방식이 존재한다. 가령 1970년대 LP 레코드의 시대는 음악다방의 붐을 일으켰는데, 음악다방을 중심으로 형성된 통기타, 포크송으로 대변되는 청년문화의 스타일은 대중음악을 라디오나 TV 매체로부터 분리시켜 제한적이지만 음악다방과 같은 현장에서 즐기도록 만들었다. LP 레코드의 시대는 청년문화의 자유와 낭만의 중요한 소재였던 것이다. 1980년대 유행했던 워크맨은 음악을 듣는 기술적 편리함을 가져다준 것만이 아닌 개인의 문화적 취향을 중시하는 소비자본주의 생활방식의 본격 도래를 암시하는 것이었다.

귀에 리시버를 끼고 워크맨으로 음악을 들으며 도심을 걷는 개인들은 당시로서는 '쿨'한 스타일의 전형을 표상했다. 왜 요즘 청소년들이 워크맨이나 CD로 음악을 듣지 않을까? 그것은 물론 카세트테이프나 CD를 구하기가 어렵기 때문이기도 하겠지만, 정작 중요한 이유는 그것이 이제 더는 쿨하지 않기 때문이다. 음악 수용자들에게 음악을 듣는 기술적 방식은 기술 그 자체만이 아닌 개인들의 생활방식과 긴밀하게 연결되어 있다.

다음으로 언급할 것은 음악을 수용을 위한 기술적 발전이 개인들을 갈수록 편리하게 만들면서 대중음악을 소비하는 대중들이 다양하게 참여할 수 있는 기회를 많이 열어주었다는 점이다. 과거 음악다방 시절이나 라디오 FM 음악 방송이 인기가 있었을 때 대중들이 대중음악 신에 참여할 수 있었던 방식은 주로 사연이 적힌 신청곡을 보내는 것이었다. TV에 음악 프로그램이 많이 신설되었던 1980년대에도 대중들이 주로 할 수 있었던 참여방식은 공개방송 참가나 전화 신청이 전부였다. 그러나 디지털 문화 환경이 본격화되기 시작한 2000년대 이후에 대중들이 대중음악 신에 참여하는 방식은 훨씬 다양해졌다. 인터넷을 통해 투표를 하든지, 블로그, 미니홈피, 트위터를 통해 실시간으로 음악 감상에 대한 소견과 특정한 음악가를 위한 적극적인 홍보를 하기도 한다. 또한 컴퓨터 음악의 발전으로 전문적인 음악교육을 받지 않아도 스스로 음악을 만들 수 있는 기회가 많아졌다. 기술의 발전으로 대중음악을 수용하는 대중들이 음악 생산에 개입할 수 있는 여지가 훨씬 늘어났다는 점에서 음악과 기술의 관계는 음악 수용자의 문화를 형성하는 데 가장 중요한 주제라 할 수 있다. 이제 대중음악 수용에서 대중들이 차지하는 적극적인 역할을 논의하기 위해 팬덤의 문화를 언급하도록 하겠다.

3. 팬덤의 문화세계

1) '언제나 이미' 팬덤

한국에서 팬덤의 역사는 대중가요가 생겨나기 시작한 1900년대 초반부터 있었다고 한다. 당시에는 물론 팬덤이라는 말이 사용되지는 않았지만, 가수들을 좋아하는 대중의 관심과 열정은 예나 지금이나 상상을 초월한다. 1930년대 식민지 시대 한국 대중가수들은 지금처럼 대중에게 엄청난 인기를 얻었는데, 일례로 김복희는 팬이 제공해준 비행기로 서울과 평양을 오가며 음반 녹음을 했고, 고복수의 극성팬은 손수건에 사랑 애(愛)자를 혈서로 써서 그에게 보내주었다고 한다(장유정, 2010). 또한 해방 전후 가장 인기를 끌었던 가수 중 한 사람이었던 남인수는 권번출신의 여성 극성팬들에 납치당해 함께 동거할 것을 강요받았다고 한다. 1960년대 한국 대중음악의 황금기를 열었던 신중현, 김추자, 윤복희, 1970년대 남진, 나훈아를 위시해, 그룹 트윈폴리오, 산울림, 이미자 등의 가수도 극성팬들의 성화로 정상적인 일상 활동을 하기기 어려웠다. 1980년대의 가수라 할 만한 조용필은 이른바 오빠부대라는 신조어를 낳았는데, 지금의 남산 하얏트 호텔에서 정기적으로 진행되었던 그의 무대의상 바겐세일 행사에는 항상 수많은 팬이 모여들어 순식간에 옷들이 팔렸다고 한다. 1990년대 혜성과 같이 등장한 서태지와 아이들을 추종하는 다수의 팬들은 당시 신세대 문화의 출현이라고 이름이 붙을 정도로 대단한 문화현상을 낳았다. 그들은 서태지와 아이들의 의상과 스타일을 따르하고, 춤을 완벽하게 모사하며, 팀의 숙소와 개인 집에 집단적으로 몰려와 밤을 새기도 했다. 서태지 팬덤은 다른 그룹의 팬덤과는 다르게 그룹이 해체된 후에도 서태지기념사업회를 만들어 팬덤 활동을 왕성하게 할 정도로 자생성이 강했다. 1990년대 아이돌 그룹의 시대가 도래하면서 팬덤은 훨씬 더 조직적이고, 강력한 힘을 행사하기 시작했다. 팬덤은 경쟁적으로 세력을 확대하고, 문화생산과 유통 과정에 직간접적으로 개입하는 여론 집단이 되기도 했다. 따라서 대중음악의 수용자를 언급할 때, 팬덤 문화는 필수적인 검토 대상이다.

2) 팬덤과 스타덤

팬덤에게 가장 중요한 것이 무엇일까? 당연히 자신이 좋아하는 스타일 것이다. 스타의 모든 것을 사랑하는 팬덤에게 스타에 관한 것을 빼면 과연 무엇이 남을 수 있을까? 그러나 팬덤 문화를 좀 더 깊숙하게 들여다보면, 그들이 정말로 중요하게 생각하는 것은 스타 그 자체라기보다는 스타에 의해서 생산되고 재생산되는 문화현상과 문화기호들이라는 것을 알게 된다. 팬덤은 자연인으로서 스타를 좋아할 수 있지만, 대부분 스타에게 부여되거나 그가 스스로 부여하는 상징적 행위와 스타일을 좋아한다. 팬덤이 실제로 스타를 좋아하게 되는 것은 스타가 무대에서 퍼포먼스를 한다거나 독특한 스타일을 유행시킬 때, 혹은 미디어가 스타의 이미지를 생산할 때이다. 스타는 자연인이 아닌 상징적인 인간으로 존재하는데, 이 상징적 인간의 재현은 다양한 기호들을 통해서 이루어진다. 스타의 닉네임, 패션, 언어, 가창, 몸짓과 같은 상징적인 재현 행위들은 팬덤에게 기호적 가치를 갖는다.

이 때 스타의 기호를 향유하는 팬덤의 문화는 자연인으로서 스타가 아닌 상징적 기호로서 스타를 상상한다는 점에서 '스타덤(stardom)'의 문화와 구별된다. 팬덤에서 스타는 하나의 구성요소이지 본질은 아니다. 스타덤은 스타 자신이 연예인(celebrity)으로서 생산하는 유행이나 생활방식, 혹은 사회적 신드롬과 스캔들과 관련된 것이라면, 팬덤은 전적으로 팬들의 문화와 관련된 것들이다. 팬덤과 스타덤은 상호 영향 관계에 있지만 서로 문화적 층위가 다르다. 팬덤은 스타를 배제할 수는 없지만, 그렇다고 스타의 문화와 동일시될 수 있는 것이 아니다. 팬덤이 생산하는 문화와 스타덤이 생산하는 문화는 생산하는 주체가 다르다는 점에서 동일한 사건이라도 별개의 현상들을 만들어낸다. 예컨대 '동방신기'의 해체 사건에서 동방신기의 멤버들이 생산하는 사건과 동방신기의 팬들이 생산하는 사건은 다른 시점과 이슈 들을 만들어낸다. 스타덤의 사건으로서 동방신기의 해체 사건의 국면은 해체의 원인이 무엇이고 앞으로 이들이 어떻게 활동할 것인가를 전망하는 것을 중심으로 쟁점이 형성되지만, 팬덤의 사건으로서 그것은 동방신기와 팬덤 공동체의 관계 속에서 쟁점이 형성된다. 전자는 실질적이고 물리적인 문제로 전환되는 반면, 후자는 상징적이고 화학적인 문제로 전환된다.

3) 팬덤의 욕망과 문화자본

팬덤은 스타의 상징적 기호에 의해 지배를 받으면서도 스타에 관한 기호들을 끊임없이 재생산할 수 있다는 점에서 자생성을 보유한다. 스타들에 관련된 수많은 담론들을 생산해내는 팬덤은 스타와 관련된 문화자본의 생산과 재생산을 놓고 그 내부와 외부에서 치열한 경합을 벌인다. 이러한 실증적인 경합의 사례들을 이론적으로 일반화할 수 있는 개념이 바로 '문화자본'과 '구별짓기'이다.

팬덤의 문화자본을 어떻게 정의할 수 있을까? 아마도 그것은 팬덤과 관련된 다양한 지식과 정보, 소비활동, 감정의 총체를 의미할 것이다. 팬덤의 문화자본은 소비와 생산의 양 측면을 모두 가지고 있다. 팬덤이 되기 위해 팬이 지불하는 자본, 즉 음반 구매, 공연 관람, 공개방송 참여, 각종 광고상품 구매와 같은 반복적이고 일상적인 행동을 통해서 다른 사람들이 근접할 수 없는 문화자산들을 취득하는 것이 있다. 미국의 문화연구자 존 피스크(John Fiske)는 이를 '공식적인 문화자본'으로 불렀다. 공식적인 문화자본은 대량의 소비구매 욕구를 가진 팬덤 주체들에 의해 주도적으로 형성되는 것이다(피스크, 1996: 190). 가령 새로운 음반이나

문화자본과 구별짓기

프랑스 사회학자 피에르 부르디외가 사용한 개념이다. 부르디외는 화폐로 환산하는 자본이나 학력이나 혈연으로 형성되는 사회적 자본과 다르게 개인 혹은 집단의 문화적 취향과 능력을 '문화자본'으로 명명했다. 부르디외는 문화자본을 객관적 문화자본, 제도화된 문화자본, 상징적 문화자본으로 구별했다. 문화자본을 얼마나 어떻게 보유하고 있는가에 따라 개인 혹은 집단들은 다른 문화적 취향을 행사하고, 이는 사회 내에서 개인들을 구별 짓는 중요한 기준이 된다.

디지털 싱글이 발매되거나 단독 콘서트가 개최되면 팬덤은 자신들이 좋아하는 스타들의 가치를 높이기 위해 집단적이고 조직적으로 상품들을 구매한다. 아이돌 그룹들이 주로 출연하는 공개방송 음악 프로그램의 방청석 구입을 놓고, 팬덤들 간에 치열한 경쟁이 벌어진다. 공개방송의 좌석권은 팬덤의 세력권을 실질적으로 보여줄 수 있는 것이기 때문이다. 팬덤의 공식적 문화자본은 내가 얼마나 스타와 관련된 생산물들을 획득하고, 얼마나 많은 시간을 투여했는지에 대한 물리적인 행위와 관련된다. 팬덤의 공식적인 문화자본 취득은 연예기획사로 대변되는 엔터테인먼트 산업, 방송·미디어 산업, 광고 산업의 경제적 자본의 재생산에 기여한다는 점에서 소비적이고 수동적인 구성요소가 될 수 있다. 팬덤이 필사적으로 스타의 모든 것을 자신의 문화자본으로 전화하려는 과정에서 팬덤이 연예기획사, 방송사와 갈등을 빚는 것은 이런 이유 때문이다. 팬덤의 권리에 대한 주장들은 대체로 소비자, 이용자로서의 불편부당한 대우를 받았을 때 나타난다.

그러나 팬덤의 문화자본 중에는 비공식적이고 상징적인 문화자본이 동시에 존재한다. 팬덤의 문화자본은 돈을 지불하고 취득하는 것만 있는 것이 아니다. 그것은 자발적이고 헌신적인 행동을 통해서 이익을 서로 나누고, 감정을 공유하는 친밀한 형태로 만들어질 수 있다. 팬덤이 자신의 문화적 결속감을 위해 비공식적인 문화기호들을 생산하고 사회적 서비스에 기여하는 행위들은 비록 그것이 궁극적으로는 스타와 관련된 것이긴 하지만, 자생적인 문화자본을 만들어낸다. 특정한 아이돌 그룹을 중심으로 형성되는 거대한 팬덤 조직 안에는 다양한 형태의 작은 집단들이 자생적으로 생겨나는데, 이들은 공식적인 문화자본을 취득하는 과정에서는 공통의 성향을 보이지만, 비공식적인 문화자본을 생산할 때는 상이한 미학적 태도를 취한다. 이는 팬덤이 공식적인 문화자본의 소비자가 아니라 자생적인 문화자본의 생산자 위치에 있음을 말해주는 것이다. 상징적인 문화자본은 항상 화폐자본으로 완전히 계량화되는 것은 아니다. 그 안에는 동시대 문화적 파급효과를 생산해내는 감성적인 힘이 작용하기도 한다. 팬덤이 이러한 문화자본을 취득하는 과정은 팬덤이 스타와 동일시하려는 과정이면서, 나아가 자신의 문화적 취향을 형성하는 이중적 과정이기도 하다. 팬덤의 문화자본은 스타와 팬의 관계, 화폐적 문화자본과 감성적 문화자본의 관계가 일방적으로 종속적이지 않게 만든다. 그것은 오히려 스타를 통한 독자적인 팬들 스스로의 문화적 위용이면서 동시에 화폐자본을 거스르는 비자본적 행위이기도 하다(이동연, 2002).

4) 팬덤의 스타일과 구별짓기

팬덤의 문화자본은 공식적이든 비공식적이든, 실제적이든 상징적이든 필연적으로 문화적 구별짓기를 시도한다. 팬덤의 문화자본은 자연스럽게 팬덤과 팬덤이 아닌 것을 구별하고, 자기 팬덤과 다른 팬덤을 구별한다. 팬덤은 자신이 좋아하는 스타에 따라 선호하는 기호와 취향이 다르며, 설령 동일한 스타를 좋아하는 팬덤이라도 연령과 성별에 따라 다른 선호도를 보일 수 있다. 존 피스크는 팬덤과 팬덤 외부의 관계를 '차별(discrimination)'로, 팬덤과 팬덤 사이의 관계를 '구별(distinction)'이라는 개념으로 설명하려 한다. 그는 팬들은 예민한 차별성을 갖고 있어 팬덤의 안과 바깥 사이의 경계선을 명확하게 긋는 경향이 있다고 지적한다(피스크, 1996: 192). 그는 팬덤의 차별에는 스타를 통해 자신들의 "사회적 정체성과 체험들을 의미화하는"(193쪽) '사회적 차별'이 있는가 하면, 자신들이 좋아하는 작품들을 다른 작품들과 위계화해서 차별화하려는 '미학적인 차별'이 존재한다고 말한다. '차별'이 팬덤의 내부와 외부를 구획하려는 전략이라면, '구별'은 팬덤 내부의 차이를 구별짓는 전략이라고 볼 수 있다.

존 피스크의 이러한 구분은 팬덤의 정체성을 정의할 때, 사회적 성격

사생팬덤

스타들의 사생활을 집요하게 따라
다니는 팬덤을 말하며, '죽기 살기
로' 따라다닌다는 뜻도 담고 있다.
주로 자신들이 좋아하는 스타들의
숙소에서 밤을 새거나, 스타들의 일
정을 사전에 알아내서 그들의 일정
대로 따라다니는 일들을 한다.

과 문화적 취향을 구별해서 고려할 필요가 있다는 점을 강조한 것이라
할 수 있지만, 팬덤의 사회적 차별 행위들은 일반적으로 팬덤의 구별짓
기의 한 유형으로 간주할 수 있다. 먼저 사회적 차별행위로서 팬덤의
구별짓기는 팬덤의 특별한 행위가 어떤 사회적 맥락과 연관되는가를
중시한다. 예컨대 그러한 해석은 일반인들의 관점에서는 상상하기 어
려운 행동들, 예컨대 자신이 좋아하는 스타의 콘서트를 전회 예매한다
거나, 스타의 간식이나 도시락을 정기적으로 준비해서 방송 녹화 장소
에 배달을 시킨다거나, 학교를 자퇴하고 가출해서 스타의 모든 활동을
24시간 쫓아다닌다거나 하는 행동들의 원인을 모두 사회적 맥락 속에
서 찾고자 한다. 팬덤이 스스로 자신이 속한 사회적 관계로부터 차별화
하려는 시도들은 팬덤 내부의 문제가 아니라 사회적 관계의 문제라는
것이다.

　팬덤 집단 중에서 가장 배타적인 그룹들이라 할 수 있는 이른바 사생
팬덤 현상은 궁극적으로는 스타에 관한 개인감정의 비정상적인 몰입 때
문이 아니라 사회 환경의 차별화 때문이라는 주장은 사회적 차별론의
관점이다. 가출해서 아이돌 그룹들의 기획사와 숙소에서 밤을 새우든
지, 휴대폰 정보를 도청해서 이들의 하루 일정을 모두 확인해서 동행한
다든지 하는 차별적인 행위들은 실제로는 스스로를 아주 특별하게 차별
화해서 자신들이 얼마나 사회적으로 차별당하고 있는지를 역설적으로
보여주는 것이라 할 수 있다. 사생팬덤 현상은 정신의학적인 문제가 아
니라 전적으로 사회적 소외의 문제인 것이다. 자신의 극단적인 행위를
통해 사회적 관계로부터 이탈하려는 하드코어 팬덤, 특히 배타적인 청
소년 팬덤은 부모세대와 자녀세대와의 갈등, 입시경쟁과 서열주의의 고
착화, 사회적 양극화에 따른 경제적 궁핍이라는 사회적 차별의 파생 효
과로 볼 수 있다. 사생팬덤의 극단적인 차별화는 사회적 차별화의 반작
용인 셈이다.

　이와는 다르게 팬덤의 내적인 구별짓기는 팬덤의 욕망, 팬덤의 문화

적 취향을 중시한다. 팬덤은 자신들이 선호하는 음악 양식, 패션 스타일, 시각물을 통해서 자신들의 특별함을 드러내고자 한다. 이러한 행위들은 자연스럽게 다른 팬덤과 구별짓기를 시도한다. 예컨대 팬덤들은 자신들이 선호하는 색깔을 보유한다. 예를 들어 서태지 팬덤은 노랑, GOD 팬덤은 하늘, 동방신기 팬덤은 펄 레드, 슈퍼주니어 팬덤은 펄 블루, 소녀시대 팬덤은 파스텔 로즈, 샤이니 팬덤은 펄 아쿠아 색을 선호한다. 팬덤의 색상은 팬덤의 결속감을 다지고, 자신의 정체성을 드러내며, 집단적인 세력을 과시하는 데 사용된다. 여러 아이돌 그룹이 출연하는 방송 녹화장이나 대형 콘서트 이벤트 현장에서 팬덤의 색상은 단순한 응원 기호가 아니라 자신들의 세력을 과시하는 권력의 기호로 사용된다. 팬덤들은 색상만으로 그 팬덤이 어떤 아이돌을 좋아하는 팬덤인지를 드러내고, 경쟁 팬덤에 지지 않기 위해, 더 압도적인 응원을 펼치기 위해 '색의 전쟁'을 벌인다.

팬덤의 구별짓기는 단지 응원의 기호들만으로 결정되지는 않는다. 그것은 음악 장르, 생활방식, 성정체성과 젠더, 세대와 연령, 때로는 계급적인 정체성에 의해서 결정된다. 아이돌 그룹 팬덤들 내부에서는 이러한 구별짓기가 분명하게 드러나지 않지만, 대중음악의 팬덤 일반으로 확대하면 팬덤의 취향이 다양하게 분화되어 있음을 알 수 있다. 록 음악을 좋아하는 팬덤, 힙합이나 재즈를 좋아하는 팬덤, 남성아이돌 그룹을 좋아하는 팬덤, 걸 그룹을 좋아하는 팬덤, 홍대 인디음악을 좋아하는 팬덤, 성인가요를 좋아하는 팬덤은 각자 자신의 문화적 취향에 따라 고유한 행동을 한다. 또한 팬덤의 몰입 상태에 따라 일반 팬덤에서 하드코어 팬덤까지 그 층위가 다양하게 포진되어 있다. 같은 동방신기를 좋아하는 팬덤이라도 그 안에서 '사생팬덤', '조공팬덤', '일코팬덤'으로 분화되어 있다. 동일한 팬덤이라도 그들이 가입되어 있는 팬카페에 따라서 태도와 활동이 다를 수 있고, 때로는 이러한 온라인 커뮤니티들의 경쟁이 팬덤 내부의 차이와 모순을 생산한다. 일례로 동방신기의 불공

조공팬덤, 일코팬덤
조공팬덤은 스타에게 값비싼 선물을 제공하는 팬덤을, 일코팬덤은 '일반인 코스프레 팬덤'의 약어로서 개인적으로 특정한 스타를 열성적으로 좋아하지만 다른 사람들 앞에서는 모른 척하거나 확실하게 티를 내지 않는 팬덤을 말한다.

정 계약파문과 팀 분리 사건을 바라보는 동방신기 팬덤들은 분리를 반대하는 데는 의견이 일치하지만, 분리를 막기 위해서 어떤 행동을 해야 하는가에 관해서는 서로 의견이 다르다. 그리고 실제로 동방신기의 멤버들이 분리된 후에, 멤버 개인들을 별도로 좋아하는 팬덤들은 비록 동방신기라는 기호를 공유하고는 있지만, 팀을 탈퇴해서 'JYJ'를 결성한 세 명의 멤버와 SM 엔터테인먼트에 남아 동일한 이름으로 활동하고 있는 두 명의 멤버(윤호윤호, 최강창민)에 관해서는 다른 친밀감을 가지고 있다.

5) 새로운 문화소비자로서 팬덤

한국에서 팬덤문화는 이기적이고 배타적인 문화세력을 형성하지만, 반대로 새로운 문화운동 그룹으로 등장하기도 했다. 물론 외국에도 스타의 마인드를 지지하면서 적극적인 문화운동 그룹으로 동참한 사례들[2]이 없는 것은 아니지만, 한국의 팬덤만큼 적극적인 문화소비자로서 구체적인 집단행동을 하는 그룹들도 없다.

적극적인 문화소비자로서 팬덤의 운동은 2000년 초 시민단체인 문화연대가 주도한 가요 순위 프로그램 폐지운동에 팬덤이 적극적으로 참여하면서부터였다. 2000년 2월 국회에서 열린 가요 순위 프로그램 관련 공청회가 끝난 후 자리를 가득 메운 서태지 팬덤에서 폐지운동에 적극 동참하겠다는 의사를 표명했다. 곧이어 이승환 팬덤, 블랙홀 팬덤의 참여가 이어졌고, 이후 연예오락 프로그램 개혁운동으로 확대되었을 때에는 지오디 팬덤도 동참했다. 이들은 가요 순위 프로그램 폐지를 요구하는 서명운동, 방송사 앞 1인 시위, 연예오락 프로그램 모니터링, 한국 라

---

2   일례로 시애틀 얼터너티브 록의 대표적인 밴드 중 하나인 펄 잼(Pearl Jam)이 미국의 공연 티켓대행을 독점하고 있는 '티켓 마스터'사의 부당힘을 고빌할 때 펜들의 적극적인 지지와 연대가 있었다.

이브문화 보고서 작성에 열정적으로 참여하면서, 새로운 대중문화운동의 주체로 등장했다. 이들의 정성이 하늘에 닿았을까, 지상파 방송의 가요 순위 프로그램은 차례로 폐지되었다. 전 세계 대중음악의 장에서 일찍이 볼 수 없었던 '팬덤의 난'이 결실을 맺은 순간이었다.

평소 오빠들이나 졸졸 따라다니는 철부지 아이들로 간주되던 팬덤은 특정한 상황이 되면 가장 역동적인 문화소비자 집단으로 변한다. 지오디 팬덤은 기획사의 일방적인 공연장 변경에 항의해 결국 대대적인 음향시설 보완을 이끌어냈고, 서태지 팬덤은 아직도 한국음악저작권협회와 기나긴 싸움을 벌이고 있다. '동방신기'의 부당한 전속계약에 항의하는 팬들의 신문광고와 12만 명의 서명자가 포함된 국가인권위원회 진정서 운동이 이어졌다. 이렇듯 팬덤의 문화운동은 구체적인 문화적 제도를 바꾸는 것에서 연예기획사의 불합리한 계약관행을 고치는 데 이르기까지 다양하게 펼쳐 있다.

팬덤의 문화운동이 어떤 점에서는 자신들이 좋아하는 가수들과 관련된 문화적 이슈들에 적극적으로 개입한 것이기는 하지만, 불공정한 문화적 관행들을 집단적인 힘으로 바꾸어나갈 수 있는 잠재력을 가지고 있다는 점에서 팬덤은 대안적인 문화주체의 구성원이 될 수 있다.

4. 대중음악 수용자의 미래

대중음악의 수용자는 시대를 따라 변화를 거듭해왔다. 유성기 시대의 대중음악 수용자와 라디오 시대의 수용자, 영상매체 시대의 수용자, 그리고 디지털 음원이 지배하는 온라인 시대의 음악 수용자는 서로 다른 생활방식을 향유한다. 대중음악의 대표적인 수용자 주체라 할 수 있는 팬덤 역시 과거에는 존재하지 않았던 새로운 팬덤 집단들을 만들어 내기도 한다. 예컨대 새로운 팬덤의 주체라 할 수 있는 '삼촌팬덤' 혹은 '이

모팬덤'은 새로운 음악 애호가 집단의 출현을 가리키는 것으로서, 한국 사회에서 남성과 여성의 지위 변화를 반영하기도 한다. 2000년대 후반부터 남성 아이돌 그룹과 여성 아이돌 그룹은 과거와는 다른 스타일을 만들어내기 시작했다. 소년의 이미지는 사라지고 그 대신 근육질의 메트로섹슈얼한 성인 남성의 이미지가 등장했고, 소녀의 이미지 대신 섹시하고 관능적인 쇼걸의 이미지가 등장했다. 이른바 '짐승돌', '섹시돌'의 출현은 10대 소녀 팬덤의 열광만을 이끌어낸 것이 아니라, 이들의 이미지를 소비하고 싶은 30대 여성과 남성 팬덤을 등장시켰다.

이모팬덤과 삼촌팬덤의 등장은 아이돌 그룹의 변화 때문만은 아니다. 그것은 한국의 젠더문화의 지형변화를 함축하기도 한다. 우리가 주목할 것은 제1세대 아이돌 그룹을 좋아하는 성인 남성과 여성이 없었던 것은 아니라는 점이다. 당시에는 이들이 아이돌 그룹을 공개적으로 좋아한다고 선언하기에는 우리 사회의 젠더문화가 남성문화이건 여성문화이건 모두 배타적이고 제한적인 상황이었다. 그러나 최근에 등장한 이모팬덤과 삼촌팬덤은 아이돌 그룹의 스타일 변화 때문에 새롭게 생성된 것일 수도 있지만 성인들도 아이돌 그룹을 공개적으로 좋아할 수 있는 젠더문화의 진화 덕분일 수도 있다. 이모팬덤과 삼촌팬덤의 '커밍아웃'은 처음부터 부재했던 것이 아니라 억압된 것이 비로소 수면위로 분출된 것이라 할 수 있다.

팬덤 집단의 변화가 동시대 문화지형의 변화를 반영하듯이 대중음악 수용자들의 생활방식도 동시대 사회변화를 반영한다. 앞서 설명했듯이 대중음악의 수용자들의 생활방식을 변화시키는 가장 중요한 조건이 바로 대중음악의 생산과 소비에 영향을 미치는 기술적 변화이다. 대중음악의 생산과 소비의 기술적 변화가 앞으로 어떻게 변하는가에 따라 대중음악의 수용자들의 생활방식도 그에 맞게 변화할 것이다.

현재 대중음악 수용자의 지배적인 집단들은 디지털 음악을 수용하는 집단들이다. 음악을 대부분 디지털 음원으로 듣고 있는 10대 음악 수용자들은 LP 음반은 물론이고 CD 음반의 개념도 거의 알고 있지 못하다. 그들은 대부분 온라인 스트리밍 사이트에서 음원을 내려받아 음악을 듣거나 스마트폰의 애플리케이션 프로그램을 통해서 음악을 듣는다.

　미래의 대중음악 수용자의 모습이 어떻게 될지는 모르겠지만, 당분간은 디지털 음원이 지배적인 음악 수용 양식이 될 것이다. 미래에 대중음악은 플라스틱 형태의 음반은 사라지고 디지털 음원이 음반을 대체할 뿐 아니라 모든 음악의 수용 기회들이 온라인을 통해서 이루어질 것이다. 특히 유비쿼터스 시대가 본격 도래하면서 대중음악을 수용하는 많은 수용자들은 가상공간에서 음악을 소비하는 기회를 더 많이 갖게 될 것이다. 또한 시간이 지날수록 음악을 감상을 위한 독립적인 소비행위로 즐기는 수용자들은 점차 자취를 감추게 될 것이다. 오디오의 시대에서 영상의 시대, 영상의 시대에서 멀티미디어의 시대로 진입했을 때 많은 음악 수용자들은 음악을 단지 듣는 것에만 만족하지 않았다. 음악의 소비 대상에 시각적인 장치들이 개입되기 시작한 것이다. 디지털 음원의 시대, 홀로그램의 시대, 가상공간의 시대에 대중음악의 수용자들은 좀 더 종합 감각적인 경험을 통해서 대중음악을 즐기지 않을까 싶다.

생각해볼 문제

1. 대중음악 수용자와 음악 테크놀로지의 변화 사이의 관계에 대해 생각해보자. 음악을 듣는 방식이 음악 플레이어와 변화에 따라 어떻게 달라졌을까?
2. 음악수용자로 팬덤은 어떤 문화적인 특성이 있을지 생각해보자.

참고 자료

▶Ⅱ■ 읽을 거리

김진송. 1999. 『서울에 딴스 홀을 허하라』. 현실문화연구.

식민지 근대시대 일본을 통해 들어온 서구 문화 양식들이 대중들의 일상에 어떤 영향을 미쳤는지 분석한 책.

부르디외, 피에르. 2005. 『구별짓기』. 최종철 옮김. 새물결.

문화를 즐기는 대중들의 취향은 그냥 형성되는 것이 아니라 계급, 학력, 혈통에 따라 구별된다는 것을 실제 통계를 활용하여 총체적으로 분석한 책.

이동연. 2002. 「팬덤의 기호와 문화정치」. 『대중문화연구와 문화비평』. 문화과학사.

팬덤에 대한 다양한 문화분석을 시도한 글.

이봉구. 2004. 『명동백작』. 일빛.

해방 전후 시기 명동을 일대로 여흥을 즐긴 문인들의 일상을 다룬 일기 형식의 책.

장유정. 2010. 「이 땅에서 '별'로 산다는 것은 ― 대중가수의 탄생에서 귀환까지」, ≪역사비평≫, 2010 봄호 90호.

근대시대 한국 대중가요에 새로 등장한 스타들이 대중들에게 어떻게 수용되었는가를 다룬 글.

피스크, 존. 1996. 「팬덤의 문화경제학」. 『문화, 일상, 대중』. 박명진 외 편역. 한나래.

팬덤문화에 대한 문화연구적 시각이 들어가 있는 본격적인 팬덤 문화분석 글.

Krasilovsky, M. William & Sidney Shemel, 2007. *This Business of Music*, 10th edition. Watson-Guptill Publishers.

대중음악의 산업구조와 상업적 이슈들을 정리한 책.

제2부 **대중음악과 사회, 주요 논점들**

05 대중음악과 지리, 공간, 장소

신현준(성공회대학교 HK교수)

주요 개념 및 용어 | 초국적 음악기업, 탈중심, 다방향, 리저널, 유로팝, 월드 뮤직, 아시안 팝, 케이팝

1. 대중음악과 지리

'대중음악과 지리(geography)'라는 주제는 낯설어 보인다. 그렇지만 '지리'라는 단어를 딱딱하게 생각하지 않는다면, 대중음악에서 지리적인 것은 일상의 용어법에서도 매우 익숙한 주제다. 이 점에 대해 일단 우리 주변에서의 세 가지 예를 들어서 생각해보자.

첫째, 음반 매장 혹은 온라인 음악숍에 들어가면 다종다양한 음악들이 진열되어 있는데, 이 진열은 단순하게 '가나다순'이거나 'ABC순'이 아니다. 음악은 여러 가지 범주, 이른바 '장르'로 분류되어 있는데, 그 장르 분류법들 가운데 하나는 명시적으로 지리적이다. '팝'이라는 범주에는

* 이 글은 2007년 정부(교육과학기술부)의 재원으로 한국학술진흥재단의 지원을 받아 수행되었음(KRF-2007-361-AM0005).

주로 미국과 영국에서 생산된 음악이, '가요' 혹은 '케이팝(K-pop)'이라는 범주에는 한국에서 생산된 음악이 진열되어 있다. 그 외에도 '일본 음악(J-pop)', '중국 음악', '월드 뮤직' 등의 아시아 및 그 외 문화권의 대중음악이 별도의 범주로 구분되어 있다. 각 범주에 대한 상세한 설명은 뒤에 이루어질 것이므로, 여기서는 음악의 산지(産地)라는 단어 자체가 지리적 개념에 기반을 두고 있다는 점만을 확인해두자. 실제로 음악 산업의 마케팅은 지리적 분류에 민감하고, 팬들의 음악 소비는 지리적 분류에 익숙하다. 이런 지리적 분류에 대한 논의가 이 장에서 다룰 주제들 가운데 하나다.

둘째, 음악의 지리적 분류는 언뜻 자연스러워 보이지만 실제로는 문화적으로 구성된 것이고 따라서 이 분류는 결코 고정적이지 않고 매우 가변적이다. 한국이라는 지리적 공간에서 한국인으로 살아가는 사람이 한국산 가요 혹은 케이팝만 듣고 사는 것은 아니라는 점은 자명하다. 실제로 한국에서 살아가는 사람들 가운데 자국에서 생산된 음악보다 외국에서 생산된 음악을 즐겨듣는 사람들이 꽤 많을 것이고, 1980년대 이전 일부의 사람들은 자국산 음악보다 외국산 음악을 더 많이 들을 것이다. 또한 한국이라는 공간에는 여러 지리적 장소(이른바 '지방')가 존재하고 있고, 이때 각 지방에 거주하는 사람들이 다른 지방에 거주하는 사람들과 동일한 음악을 듣고 있다고 단정할 수는 없을 것이다. 달리 말해 한국이라는 지리적 공간은 반드시 동질적인 것은 아니고, 따라서 그 공간들은 상이한 지역들로 세분될 수 있다.

셋째, 대중음악에 관한 담론들에서는 어떤 음악이 '어디에서 나왔다'는 말들이 풍성하다. 예를 들어 '재즈는 뉴올리언스(New Orleans)에서 탄생했다'라는 말은 재즈라는 장르의 서사(narrative)에서 제일 처음 등장하는 말이다. 사람들이 이력서를 쓸 때 생년월일 다음에 출생지와 거주지를 적는 것과 비슷하다. 또한 '어떤 아티스트가 어디 출신이다'는 서사도 풍부하게 존재한다. 비틀스의 음악을 좋아하는 사람이라면, 비틀스가

리버풀(Liverpool) 출신이라는 것을 모르는 사람은 드물 것이다. 1980~ 1990년대 영미 음악을 많이 듣는 사람이라면 '맨체스터 사운드'라든가 '시애틀 사운드'라는 용어도 익숙할 것이다. 즉, 대중음악과 연관된 서사와 담론은 지리적 장소(place)와 밀접하게 연관되어 전개되어왔다. 미국이나 영국 같은 대중음악의 '종주국'의 사례가 아니더라도, 샹송은 파리, 탱고는 부에노스아이레스, 엔카는 도쿄라는 지리적 장소들을 각각 연상시킨다. 이렇듯 음악과 지역적 장소(local place)의 관계는 긴밀하다.

이상의 논의는 아래 세 가지로 요약할 수 있다. 1) 음악을 지리적으로 분류하는 것은 대중음악의 오랜 관습이다. 2) 지구화의 현실은 한 나라의 음악 공간을 복잡화하고 있다. 3) 대중음악과 장소(place)라는 주제는 여전히 중요하다. 이하에서는 이 세 가지 주제에 대해 더 깊이 들어가볼 것이다.

2. 음악의 지리적 분류 및 불평등

'세계 각지에는 그곳 고유의 음악이 생산되고 있고, 그곳의 사람들은 주로 그 음악을 즐긴다'라고 생각하는 것은 언뜻 자명해 보이지만, 현실은 이와는 거리가 있다. 특정한 나라 혹은 지역에서 생산되는 음악과 그곳에서 소비되는 음악은 동일하지 않을 수 있다. 한 예로 이탈리아에 사는 사람들이 칸초네(canzone)를 주로 들을 것이라는 예상, 혹은 브라질에 사는 사람들이 삼바(samba)를 주로 들을 것이라는 예상은 실제로 그곳을 방문하면 여지없이 깨질 것이다. 물론 이탈리아인은 아직도 칸초네를, 브라질인은 아직도 삼바를 사랑하겠지만, 이곳의 복잡한 음악 문화를 칸초네나 삼바로 환원할 수는 없다.

정도의 차이는 있겠지만, 외국을 여행하다 보면 세계 어디서나 미국과 영국에서 생산된 팝 음악이 들려오는 것을 실감하게 된다. 이는 대중음악에서 '앵글로아메리칸(Anglo-American) 헤게모니'라고 부르는 것의 한 단면일 것이다. '영미(英美)'라고 표현하면 무리가 없을 '앵글로아메리칸 팝'은 단지 미국과 영국에서 사랑하는 '국민적' 음악이 아니라 전 세계의 사람들이 익숙한 '국제적' 음악이 되었다. 이를 이론적으로 말하면 영미 팝의 지구적 패권(global hegemony)라고 부를 수 있다. 패권이라는 단어에는 지구의 일부와 나머지 일부 사이에 불평등이 존재한다는 뜻이 함축되어 있다. 그 불평등의 구체적 내용은 무엇일까?

앵글로아메리칸 헤게모니에는 여러 차원이 있는데, 그 가운데 가장 많이 언급되는 것은 초국적 음악기업(transnational music conglomerates)이 자신들이 권리(보통 '판권' 혹은 '저작권'의 형태를 취한다)를 보유한 음악을 세계 각지에 배급해, 그 나라의 시장을 경제적으로 지배하고 있다는 사실일 것이다. 초국적 음악기업들은 이른바 빅 파이브(Big 5)[1]라고 불리는데, 워너(Warner), EMI, 유니버설(Universal), BMG, 소니(Sony)가 그들이다(이들 가운데 BMG와 소니는 합병한 뒤 'Sony BMG'가 되었지만, 나라와 지역에 따라서는 별도로 분리되어 경영되고 있다). 한국에서 '직배사'라고 불리는 기업체들은 이들 초국적 음악기업의 지구적 네트워크에 형식적으로 소속된 조직들이다. 1980년대의 복잡한 인수·합병을 거친 뒤 확립된 'Big 5 체제'는 아직 건재하고, 이들 '다섯밖에 안 되는' 회사가 전 세계에서 생산되는 음악의 60~70퍼센트를 배급하고 있다는 수량적 증거들이 다수 존재한다. 이런 초국적 음악기업의 시장지배가 종종 영미 팝의 헤게모니와 등치되곤 한다.

이런 사실은 1970~1980년대 문화 제국주의론에 의해 이론적으로 다듬어졌다. 논자마다 조금씩 편차가 있지만, 문화 제국주의론은 대체로 세 가지 주장을 담고 있다. 첫째는 서양의 문화상품이 비서양에 부과(imposition)된다는 점, 둘째는 세계 각지의 문화가 동질화(homogeni-

---

1   2012년 7월 EMI가 소니에 인수되면서 국제적 음악 산업은 실질적으로 '빅 3'기 지배하는 체제가 되었다.

zation)된다는 점, 셋째는 토착 전통문화가 파괴된다는 점이 그것이다. 부연한다면 문화제국주의론은 문화적 흐름(flow)이 서양이라는 단일한 중심(center)으로부터 비서양으로 일방향적으로 이루어진다고 전제하고 있다.

이런 주장이 대단히 그릇된 것은 아니다. 대중음악의 경우 실제로 초국적 음악기업들은 시장의 확대를 위해 분투해 왔고 지금도 그러고 있다. 그럼에도 이런 주장이 아무런 흠결 없이 타당한 것은 아니다. 무엇보다도 초국적 음악기업들이 배급하는 음악이 영미 팝 중심이라는 것은 사실이지만, 초국적 음악기업들의 소유구조를 살펴보면 그들 모두가 미국과 영국에 기반을 두고 있는 것은 아니다. 빅5 가운데 워너는 미국에, EMI는 영국에 각각 기반(이른바, 본사)을 두고 있지만, 유니버설은 캐나다, 소니는 일본, BMG는 독일에 각각 기반을 두고 있다. 그렇다면 순수하게 경제적 차원에서 초국적 음악기업의 시장지배와 영미 팝의 헤게모니를 등치시킬 수는 없는 것이다. 따라서 '북아메리카, 서유럽, 일본의 세계 다른 지역에 대한 경제적 지배'라고 표현하는 것이 정확할 것이다. '서양의 비서양에 대한 경제적 지배'라는 현실에는 변함이 없지만 그 지배의 방식, 특히 소유와 통제는 지리적으로 분산되어 있다.

여기서 국제적 음악 산업의 관례적 용어법 하나를 다시 정리해둘 필요가 있다. 다름 아니라 '국제(인터내셔널)'와 '국내(도메스틱)'의 구분이다. 초국적 음악기업에게 '국제 레퍼토리'란 영어 가사로 노래하는 관습적인 팝 음악을 말하는데, 이들에게는 막대한 투자가 이루어지고 이들의 음반은 '전 세계 동시 발매'라는 형태로 마케팅된다. 반면 '국내 레퍼토리'란 한정된 국가적 영토(국토)의 경계 내에서 자국의 언어로 된 가사로 노래하고 연주하는 음악을 말한다. 그렇다면 문화 제국주의의 현실은 국제 레퍼토리와 국내 레퍼토리 사이의 불평등이라고 다시 정의할 수 있을 것이다. 한국의 경우를 예로 들어 말한다면, 국제 레퍼토리이란 대체로 '영미 팝'을 말하고, 국내 레퍼토리이란 '가요'를 말할 것이다. 따

	1991	1996	2000
북미	83.6	85.0	89.2
남미	52.3	54.2	53.7
유럽	n.a	n.a	40.4
중동	72.9	57.8	65.1
아시아	67.6	70.5	75.2
오스트랄라시아	23.4	11.6	24.8
세계 평균	58.3	62.4	68.2

〈표 5-1〉 1991년부터 2000년까지 세계 각 권역*에서 '국내' 레퍼토리의 비중(단위: 퍼센트)
주: * 몇 곳은 일부 국가만 포함됨. 자세한 내용은 IFPI(2001a) 참조.

라서 문화 제국주의론을 지지하기 위해서는, 세계 각지에서 국제 레퍼토리과 국내적 레퍼토리의 양적 비중을 통해 '제1세계의 제3세계 지배'의 경험적 증거를 확보할 필요가 있다. 〈표 5-1〉이 그 한 예다.

이 표는 약 10년 전의 통계이지만, 의도적으로 오래된 것을 선택했다. 그 이유는 2000년의 시점이 음악의 디지털 배급이 본격적으로 진행되기 이전이므로 음반의 판매량이라는 수치만으로 음악 산업의 양적 상태를 비교적 투명하게 보여줄 수 있을 것이라고 판단했기 때문이다. 한 가지 지적할 것은 '국제' 음악이 '국내' 기업에 의해 배급될 수도 있고, '국내' 음악이 '국제' 기업에 의해 배급될 수도 있다는 점이다. 그렇지만 이 점까지 고려한다고 해도 양적 차이에 지나지 않을 것이므로 무시해도 좋을 것이다.

이 표에 따르면 우선 북아메리카는 '국내' 음악의 비중이 압도적으로 높다. 북아메리카에서 생산되는 '국내' 음악 가운데 상당 부분이 '국제' 음악이라는 점을 감안한다면, 이는 이상한 일이 아니다. 그런데 유럽이나 오스트랄라시아('오세아니아'를 말한다) 같은 '선진국'들이 대부분인 권역의 경우 이와는 반대로 '국내' 음악의 비중이 낮은 편이다. 반면 비서양에 해당되는 중동, 아시아, 라틴 아메리카에서 국내 레퍼토리의 비중은 적게는 50퍼센트에서 많게는 75퍼센트에 이른다. 또한 1991년부터 2000년 사이 약 10년 동안 세계 전체적으로 국내 레퍼토리가 평균 10퍼센트가량 늘어났다는 것도 관찰된다.

이상의 통계적 수치를 보고 '선진국'(예를 들어 프랑스)이 '개발도상국'(예를 들어 인도)보다 문화 제국주의에 의해 더 많이 침투당하고 있다고 해석할 수도 있을까? 또한 후자의 경우 국내 레퍼토리가 평균적으로 늘어났으므로 문화 제국주의의 효과가 그만큼 감소했다고 해석할 수 있을까? 이에 대해 균형 있는 답변을 내리는 일은 생각보다 쉽지 않다.

무엇보다도 위 표가 보여주는 정보는 제한적이라는 점을 지적해야 한다. 이 표는 각 권역에서 국제 레퍼토리와 국내 레퍼토리의 상대적 비율만을 보여줄 뿐, 시장의 절대적 규모라든가 경제적 이윤의 크기를 보여주지는 않는다. 예를 들어 국제 레퍼토리은 추가적 투자와 비용을 최소화해 수출되므로 수입국에서의 시장 지분이 낮더라도 추가적 이윤을 획득할 수 있는 반면, 국내 레퍼토리는 상당한 투자와 비용을 통해 판매되어야 하므로 시장지분이 높다고 하더라도 이윤의 크기는 높지 않을 수 있다. 예를 들어 초국적 음악기업인 유니버설은 레이디 가가의 음악을 유럽, 라틴 아메리카, 아시아, 중동 등지에서 배급하면서 추가적 비용과 수고를 많이 들이지 않고 이윤을 벌어들일 수 있지만, 이효리와 그녀의 소속사가 해외 시장에 진출하기 위해서는 많은 비용을 들여야 하므로 당장은 이윤이 그리 높지 않을 것이다. 한국 시장에서의 경쟁이라는 각도에서 본다면, 레이디 가가와 유니버설은 한국에 와서 마케팅과 프로모션을 하지 않아도 어느 정도 이윤을 획득할 수 있지만, 이효리와 그녀의 소속사는 음반 발매, 방송 출연, 공연 및 행사 등으로 바쁘게 활동해야 이윤을 누릴 수 있다. 국제 레퍼토리와 국내 레퍼토리의 불평등을 보여주는 한 예다.

초국적 음악기업의 국제적 이윤 획득으로는 또 하나의 중요한 경로가 있는데 바로 저작권과 판권에 기초한 이윤이다. 초국적 음악기업은 음반·음원의 물리적 복제본(physical copy)의 배급과 더불어 음악에 대한 권리를 소유하고 이로부터 수입을 올리는 사업을 발전시켜왔다. 저작권 비즈니스의 비중은 점차 늘고 있으며 한 나라의 국경을 넘어 국제적 범위에서 이루어지고 있다. 2007년 히트한 영화 〈미녀는 괴로워〉에서 김아중이 한국어로 불러 인기를 끈 「Maria」라는 곡을 예로 들어보자. 이곡의 원곡은 미국 밴드인 블론디(The Blondie)의 것이고 음악에 대한 권리는 소니BMG가 보유하고 있다. 영화가 흥행에 성공하면서 블론디가 부른 원곡의 디지털 음원 매출은 0원에서 2,000만원으로 증가했고, 이곡을 영화에 사용하는 조건으로 이미 2만 달러가 지출된 상태였다(≪씨네 21≫의 한 기사를 따른 것이다, 김수경, 2007.1.26) 소니BMG와 블론디는 저작권 관련된 계약을 하는 일 외에 특별한 비즈니스 없이 4,000만 원 이상의 이윤을 올린 셈이다. 이 경우는 극적인 예라서 일반화할 수 없을지 모른다. 하지만 그 반대의 경우, 즉 한국의 노래가 미국시장에서 이런 저작권 수입을 올린 뉴스는 아직 들려오지 않고 있으므로, 지리적 불평등을 논하는 사례로는 부족함이 없다.

따라서 영미 팝의 헤게모니와 이에 따른 지리적 불평등은 여러 각도를 통해 종합적으로 판단되어야 한다. 또한 단지 경제적·시장적 측면에서의 양적 성과뿐 아니라 문화적·미학적 측면에서의 질적 영향을 살펴보는 것이 필요하다. 앞서 문화 제국주의론이 '서양의 문화상품이 비서양의 문화를 동질화하고 토착 문화를 파괴한다'고 주장한다는 사실을 소개한 바 있다. 그렇다면 이제까지 '국내 레퍼토리'라고 표현한 범주는 '파괴되고 있는' 토착 문화에 속할까? 그렇다고 하기에 국내 레퍼토리(혹은 '자국 레퍼토리'로 불러도 좋을 것이다)는 서양의 문화에 완전히 동질화된 것도, 그렇다고 토착적인 것도 아닌 경우가 대부분이다. 나라마다 편차는 있겠지만 '국내' 레퍼토리는 영미 팝의 어법을 수용해서 이를 자국어 가사와 결합시켜서 국산화(domestication)한 경우가 대부분이다. 동아시아에서의 실례를 들어본다면, 일본 인디, 중국 힙합, 태국 록 등의 등은 이제 더는 생경한 범주가 아니다.

간단히 말해서 영미 팝은 현대 대중음악의 보편적 어법(universal idiom)으로 성립했고, 이런 보편성이야말로 지리적 불평등의 핵심일 것이다. 일상의 용어법에서 굳이 '영미 팝'이라고 하지 않고 그냥 '팝'이라고 부르는 것이 영미 팝의 '보편적'인 면을 잘 보여준다. 팝의 여러 하위장르, 예를 들어, 재즈, 록, R&B, 힙합, 일렉트로니카 등도 마찬가지다. 각 지역의 '국내' 레퍼토리의 음악적 형식은 영미 팝을 표준으로 해 제작되고 있고, 가사에서도 부분적이든 전면적이든 영어 가사의 사용이 늘고 있다. 그 밖에도 미학적 코드와 시각적 패션 등을 고려한다면 영미 팝의 헤게모니란 단순한 경제적 지배를 넘어서는 문화적 매혹이라는 시각에서 접근하는 것이 적절할 것이다. 이런 보편성으로 인해 팝은 '장소 없는(placeless)' 음악이며, 종종 '하나의 세계(One World)'라는 이데올로기적 효과를 낳는다.

시장에서의 국내산 음악의 비중이 증가하는 것에 비례해 영미 팝의 문화적 형식의 지배는 더 확고해진다는 역설은 주변에서 쉽게 발견할 수 있다. 실제로 미국이나 영국의 대중음악(팝 음악)이 한국의 대중음악보다 '발전되었다', '수준 높다'는 인식은 한국인들, 특히 음악가에게는 보편적인 상상이다. 현재 자국 대중음악이 시장 전체의 70~80퍼센트를 차지하고 있는 상황에서도 영미 팝의 헤게모니는 미학적·문화적으로 지속되고 있는 것이다. 반복해서 말하자면, 이 점은 국내시장에서 (국내 음반사가 배급한) 김건모의 음반이 (초국적 음악기업이 배급한) 마이클 잭슨의 음반보다 많이 팔렸다는 사실과는 별개의 문제다. 이렇듯 대중음악에서 지리적 불평등은 경제적인 차원을 넘어서 문화적인 차원을 띠고 있는 것이다. 한국 대중음악이 '발전'한다고 해서 영미 팝의 헤게모니에 대한 '대안'을 제시하고 있다고 말하기는 그리 쉽지 않다는 뜻이다.

3. 글로벌과 로컬, 그리고 리저널(regional)

모든 것이 그렇듯, 영미 팝의 헤게모니가 영원하지는 않을 것이다. 그 헤게모니가 성립한 것은 대체로 1960년대, 시기를 더 올려 잡아도 1950년대 정도다. 그렇다면 이 철옹성 같아 보이는 헤게모니의 역사는 이제 60년 정도밖에 되지 않은 셈이다. 이 헤게모니가 이렇게 역사적인 것이라면, 시간이 흐르면 쇠퇴해 다른 무언가로 대체될 것이라고 전망하는 것은 충분히 가능하다. 이런 전망은 1990년대 이후 지구화라는 담론이 등장하면서 구체화되고 있다. 오해를 피하기 위해 결론부터 미리 말하자면, 현재의 상황은 영미 팝의 헤게모니가 다른 무엇으로 대체되고 있다는 것이 아니라, 그 헤게모니가 작동하는 과정에서 조금의 균열이 나타나고 있다는 것에 가깝다.

2000년대 이후 한국 사회에서는 '글로벌'이라는 용어가 별다른 번역 없이 그대로 사용되고 있다. 그렇지만 지구화(globalization)에 대한 학술적 정의와 논쟁은 매우 복잡해서 여기서 이를 모두 소개할 수는 없을 정도다. 최소한의 합의는 지구상에 존재하는 각 지방(local)이 상호접속되어 있다(interconnected)는 점, 그리고 이렇게 상호접속된 세계에서 문화적 흐름(cultural flow)이 탈중심적이고 다방향적으로 이루어지고 있다는 것이다. 부연한다면, 지구화 담론은 문화적 흐름이 단일한 중심으로부터 다수의 주변들로 일방향적으로만 이루어지는 것은 아니라는 것을 내포하고 있다.

지구화 담론은 영미 팝의 헤게모니에 대한 사고의 전환을 낳음과 동시에 격렬한 논쟁을 야기했다. 유력한 하나의 주장은 이제 '패권적 중심(hegemonic center)'은 더는 존재하지 않으며 '글로벌 네트워크(global network)'가 그것을 대체했다는 것이다. 이를 상세히 설명한다면, 대중음악에서의 패권은 이제는 '미국'이나 '영국' 같은 지리적 실체를 가진 곳에 중심을 둔 것이 아니라 전 지구를 휘감고 있는 이들의 네트워크에 의해 수행되고 있다는 것이다. 앞서 빅5 가운데 영국과 미국에 기반을 두고 있는 경우는 절반 이하고, 이들 경우조차도 그 활동 반경은 문자 그대로 '초국적'이고 어느 한 나라의 이해에만 충실하다고 말할 수 없을지 모른다. 따라서 지구화 담론은 1990년대 이후의 변화된 현실에 대해 일정한 설명력을 갖는다.

그렇지만 지구화 담론에서 미심쩍은 것은 앞 절에서 언급한 지리적 불평등이 마치 완전히 해소되었다는 인상을 줄 수 있다는 점이다. 문화적 흐름이 탈중심적이고 다방향적이라고 해도 그 규모, 방식, 성격, 패턴에 대한 구체적 언급 없이 일반론만을 주장한다면 공허하고 추상적인 결론을 내리기 쉽다. 그래서 이 절은 영미 팝과는 상이하면서 국제적 파급력을 가졌던 사례 두 가지를 언급하면서 이 주제에 접근하고자 한다. 하나는 유로팝(Europop)이고, 다른 하나는 월드 뮤직(World Music)이다.

1) 유로팝

유로팝은 1970년대 중반 아바(Abba)와 보니 엠(Boney M), 그 외에 유럽, 정확히 말하면 영국을 제외한 대륙 유럽(continental Europe)에 기반을 둔 일군의 그룹들에 의해 국제적으로 널리 알려졌다. 아바는 스웨덴 출신이고, 보니 엠은 독일 출신으로 그 구성원들은 영어가 모국어가 아니었지만, 영어 가사로 노래를 불렀다. 그 영어 가사의 문학적 수준은 영어권에서 '고등학교 영어(highschool English)'라는 다소 비아냥거리는 용어로 불렸듯 그리 복잡하고 세련된 것은 아니었다. 유로팝은 영어 가사로 노래를 부르지만 미국과 영국 등 영어권 나라들의 시장을 대상으로 생산된 것이 아니라, 비영어권 유럽을 타깃으로 해서 제작된 음악이었다. '후크'가 강한 멜로디, 복잡하지 않은 리듬, '댄서블'한 전자 음향 등을 통해 유로팝은 한국을 포함한 아시아권에서도 음반 산업계와 나이트클럽 신(scene)을 중심으로 인기를 누렸다.

유로팝이라는 용어는 1970~1980년대에 뿌리를 둔 특정한 스타일을 지칭하기 때문에 1990년대 이후에는 점차 사용 빈도가 줄어들게 되었지만, 사회주의의 붕괴 이후 동유럽이 유럽에 통합된 이후 '유로비존 송 컨테스트(Eurovision Song Contest)'가 활성화되면서 '유럽에서의 팝 음악'은 새로운 전기를 맞이했다. 유럽 각국에서 참가하는 대부분의 아티스트가 영어로 노래를 부르는 것이 일반화되면서 '영어 가창'은 유럽권을 기반으로 '국제적 아티스트'로 도약하기 위한 실천으로 자연화되었다. '유로비전 송 콘테스트'에 '나라를 대표해' 참여하는 아티스트들뿐 아니라 상업적 팝 음악과 거리를 두는 인디 밴드들의 경우도 그 미학적 지향은 다르지만 영어 가사가 표준이 되고 있다는 점은 공통적이다.

그 가운데 유럽에 기반을 둔 작곡가로서 영어로 만들어진 곡을 만들고 이를 영미권의 아티스트가 연주해 명실상부한 국제적 레퍼토리로 만든 경우도 있다. 오래된 경우로는 도나 서머(Donna Summer)의 「I Feel Love」 등을 작곡한 이탈리아 출신 조르지오 모로더(Giorgio Moroder)가 있고[한국인들에게는 서울올림픽 주제가 「손에 손 잡고(Hand in Hand)」의 작곡가로 더 유명할 것이다], 최근의 경우로는 브리트니 스피어스의 「…Baby One More Time」과 백스트리트 보이스(The Backstreet Boys)의 「I Want It That Way」 등의 히트곡을 작곡한 맥스 마틴(Max Martin)이 있다. 이런 작품들이 영미 팝에 속하는지, 유로 팝에 속하는지는 이것저것 차분히 따져보아야 할 정도로 단순하지 않다.

이상에서 보듯 유로팝은 앞 절에서 본 '국제 레퍼토리'와 '국내 레퍼토리' 사이에 또 하나의 범주로서 '리저널 레퍼토리(regional repertoire)'가 존재한다는 것을 보여준다. '리전(region)'이란 유럽권, 라틴 아메리카권, 동남아시아권 등에서 접미어로 붙는 '권'에 해당하는 용어이고, 이에 대한 번역어로는 '권역(圈域)'이라는 용어를 제안하고 싶다. 용어법이 무엇이든, 리저널 레퍼토리란 자국을 넘어 다른 지리적 영토에서도 인기를 누릴 수 있는 아티스트들에 의해 연주된다. 유럽권 외에도 라틴 아메리카권과 아랍어권 등 공통된 언어적 매개가 있는 곳에서도 리저널 레퍼토리가 존재한다. 예를 들어 멕시코의 음반 매장에서 아르헨티나의 유명 아티스트[예를 들어 찰리 가르시아(Charly Garcia)]의 음악을 발견하기는 쉽고, 레바논의 라디오에서 이집트의 유명 아티스트, 예를 들어 아무르 디아브(Amr Diab)의 음악을 듣는 일은 어렵지 않다.

유로팝으로 표상되는 유럽의 팝 음악은, 대륙 유럽 외부에 있는 나라들의 언어인 영어에 의해 매개된다는 점에서 라틴 아메리카권이나 아랍어권과는 상이하다. 실제로 유럽의 각국에는 자국의 언어로 부르는 '국내' 레퍼토리와 영어로 유로팝을 부르는 '권역' 레퍼토리가 공존하고 있고, 때로는 한 아티스트가 자국어와 영어 모두로 노래를 부르는 경우도 있고, 그 가운데 일부는 국제적 아티스트의 지위를 얻는 경우도 있다. 스웨덴 출신인 아바의 경우 문자 그대로 '국제적' 아티스트이고, 그 밖에 국제적으로 이름이 널리 알려진 예를 들자면 아하(A-ha)는 노르웨이 출신이고, 비요크(Björk)는 아이슬란드 출신이고, (가사가 거의 없거나 중요하지 않지만) 다프트 펑크(Daft Punk)는 프랑스 출신이다. 이들 국제적 스타의 경우 대체로 초국적 음악기업의 제어를 통해 국제적으로 음악이 전파된다. 더 정치한 설명이 필요하지만, 유럽의 경우 초국적 음악기업에 의한 '통합'이 어느 정도 진전되었다고 해도 크게 틀린 말은 아닐 것이다.

그런데 유로팝에서 상상되는 장소로서의 유럽은 어떤 것일까. 유로팝 혹은 유럽에서의 '권역 레퍼토리'도 이제는 다수의 하위장르를 거느리고 있어서 단순하게 말하기는 곤란하다. 그럼에도 유로팝이라는 단어에서 사람들이 기대하는 것은 상큼한 대중적('팝적') 멜로디와 비트가 강한 전자 음향일 것이다. 영미 팝과 비교한다면, 재즈, 블루스, 컨트리 등 미국 대중음악의 뿌리를 이루는 끈적끈적한 요소나 12음계에서 벗어나는 모호한 음표(예를 들어 블루 노트) 등은 잘 사용하지 않는다. 그 점에서 유로팝은 영미 팝과는 다르지만 넓은 의미에서 '서양 팝'에 속하고 영미 팝의

블루 노트

블루스와 재즈 등 미국 흑인음악의 음계(scale)는 장음계의 제3도와 제7도(때로는 제 5도)의 음보다 조금 낮은 음을 사용하는데, 이를 '블루 노트', 즉, 우울한 음표라고 부른다. 블루 노트의 사용은 백인 음악(혹은 유럽 음악)과 구분되는 흑인 음악(혹은 아프리카 음악)의 고유한 특징 가운데 하나이다. 블루 노트는 뉴욕 그린위치 빌리지에 소재한 저명한 재즈 클럽의 이름으로 사용되고 있다.

보편적 음악 어법에서 벗어나 있는 정도는 크지 않다.

한 가지 더 지적할 점은, 유로팝, 혹은 유럽의 팝도 '유럽'이라는 고정된 장소에 계박되어 있는 것은 아니다. 한 예로 유로팝의 한 갈래인 유로비트(Eurobeat)라는 용어가 있다. 한국어판 위키피디아에서 유로비트의 정의를 살펴보면 '전자악기를 이용해 제작한 댄스곡의 일종으로 주로 이탈리아에서 제작되며 일본에서 출시된다'라는 간략한 설명이 등장한다. 영어판 위키피디아를 보면 '이탈로 디스코의 영국 버전'이고 미국에서는 '하이 에너지(Hi-NRG)'로 불리며, '일본에 많은 추종자가 있다'는 설명이 나온다. 유럽의 한 장소(이탈리아)에서 출생한 음악 장르는 영국과 미국과 일본으로 건너가 변종을 낳으면서 지구를 '여행'하고 있는 것이다.

그렇다면 유로비트, 넓게 보아 유로팝은 영미 팝과 더불어 또 하나의 장소 없는 음악의 한 예로 간주해야 할까. 이 장르의 음악이 클럽 댄스음악이라고 할 때 그 비트가 흘러나오는 곳은 실제의 유럽이 아니라고 해도 '유럽풍'으로 치장된 나이트클럽일 것이다. 음악과 지리적 장소의 관계는 이렇게 유동적(fluid)이지만 그 유동성이 지리적 장소에 대한 상징과 기억을 완전히 삭제하지는 않는다. 유로비트를 즐기는 사람들은 그 문화적 실천을 통해 유럽의 한 측면을 소비하는 것이다.

마지막으로 유로팝이 영미 팝의 글로벌 헤게모니에 대한 도전 혹은 대안이 될 수 있을 것인가라는 질문을 던져보자. 유럽인이라는 정체성이 강한 사람들은 '어느 정도는 그렇다'고 말할 것이다. 실제로 1980년대를 거치면서 음악 산업에서 유로팝의 위세는 무시할 수 없을 만큼 강력해졌고, 유로 '팝'은 앵글로아메리칸 '록'에 대한 대안적 미학을 제공한다는 신념을 형성하기도 했다. 그렇지만 아바를 넘어서는 국제적 존중과 인정을 동시에 받은 유로팝 아티스트가 출현한 것 같지는 않다. 영국의 대중음악 연구자인 데이비드 랭(David Laing)은 한때 "차세대의 유투(U2)는 (폴란드의) 브로츨라브나 (슬로바키아의) 브라티슬라바에서 나올 것이다"라고 말했지만, 그의 예언은 아직 충분히 실현되지 않고 있다. 유로 팝을 '서양 팝의 2중대' 정도로 폄하하는 것은 부당하겠지만, 영미 팝의 유력한 대안이라고 말하는 것은 아직은 그리 현실적이지 않다.

2) 월드 뮤직

영미 팝의 헤게모니에 대한 또 하나의 도전은 이른바 월드 뮤직 혹은 월드 비트다. 월드 뮤직은 영미 팝, 나아가 서양 팝의 어법이 아닌 음악적 어법을 사용하는 음악을 느슨하게 통칭하는 용어로 탄생했다. 즉, 이 범주는 '세계 각지에 다양하게 존재하는 음악들을 어떻게 마케팅할 것일까'라는 딜레마를 해결하기 위해 고안된 것이었다. 1987년 영국, 미국, 프랑스, 독일 등 월드 뮤직 전문 음반사(이른바 '레이블')이 회합을 가지고 월드 뮤직이라는 용어를 음악 산업의 새로운 범주로 선언했고, 초국적 음악기업들도 월드 뮤직 전문 레이블을 한두 개 설립해서 '월드 뮤직 웨이브'에 동참했고, 1990년에는 빌보드에 월드 뮤직 차트가, 1991년에는 그래미 시상식에서 월드 뮤직 부문이 탄생하면서 이제는 하나의 장르로 정착되었다. 음악 산업에서 용어법이 확립되기 이전 1982년 WOMAD (World Of Music And Dance)라는 페스티벌이 처음 개최되어 이후 20개국을 순회하는 제도로 발전한 것도 월드 뮤직과 관련된 실천에서 빼놓을 수 없다.

초기 월드 뮤직의 주요 레퍼토리는 아프리카인들, 그리고 세계 각지에 흩어져 있는 아프리카인의 후손들, 이른바 '아프리칸 디아스포라(African diaspora)'의 음악 문화에 기반을 둔 것이었다. 월드 뮤직을 가리킬 때 종종 등장하는 단어들, 예를 들어 부족적(tribal), 열대적(tropical), 민속적(ethnic)이라는 수사들이 이 점을 드러내준다. 그래서 아프리카 대륙의 각 나라 및 대서양과

2007년 싱가포르에서 개최된 월드 뮤직 페스티벌 WOMAD의 포스터.

세자리아 에보라

세자리아 에보라(Cesaria Evora, 1941~2011)는 카부베르드의 가수로 '맨발의 디바'라는 별명으로 유명하고, 카부베르드산(産) 월드 뮤직인 모르나를 전 세계에 알려 '모르나의 여왕'이라고 불린다. 고아원에서 자라나 16살 때부터 여기저기를 전전하면서 노래를 부르다가 1988년 파리에서 첫 앨범 〈La Diva Aux Pieds Nus(맨발의 디바)〉를 발표하면서 국제적 성공을 거두었고, 1992년 앨범 〈Miss Perfumado〉에 실린 「Sodade」가 그녀의 대표곡이 되었다. 그 뒤로 왕성하게 음반을 발표하고 공연을 하다가 2011년 사망했다.

카리브해의 섬나라 들이 월드 뮤직과 1차적으로 연관되었던 지리적 실체와 상상이었다. 월드 뮤직 웨이브(World Music Wave)가 크지 않았던 한국에서는 생소한 이름이 많겠지만, 아프리카의 음악으로는 말리의 그리오(griot), 가나의 하이라이프(highlife), 나이지리아의 주주(juju)와 아프로비트(afrobeat), 세네갈의 음발라(mbalax), 짐바브웨의 치무렝가(chimurenga), 남아프리카공화국의 음바쾅가(mbaquanga), 카부베르드(Cabo Verde)의 모르나(morna) 등이, 그리고 카리브의 음악으로는 자메이카의 레게(reggae), 쿠바의 손(son), 트리니다드의 칼립소(calypso), 아이티의 콤파스(compas), 과달루프와 마르티니크(Guadeloupe and Martinique)의 주크(zouk) 등이 월드 뮤직(혹은 '월드 비트')으로 열거되는 음악들이다.

월드 뮤직은 음악 산업의 글로벌 네트워크와 어떤 관계를 맺고 있는 것일까? 한 가지 분명한 것은 월드 뮤직의 생산 장소는 '제3세계'지만 소비 장소는 '제1세계'라는 점이다. 더 정확하게 말한다면 파리, 런던, 뉴욕, 베를린 등 서양의 주요 메트로폴리스들인데, 이곳에서는 여름마다 대규모 월드 뮤직 페스티벌들이 개최되고, 월드 뮤직을 배급하는 주요 레이블들도 이곳에 소재하고 있다. 어떤 경우든, 월드 뮤직은 과거의 제국주의와 식민지 사이의 후식민적(postcolonial) 관계에 기초해서 생산되고 소비되는 음악인 셈이다. 그 가운데서도 프랑스의 파리는 월드 뮤직의 중심 혹은 허브(hub)로서 월드 뮤직 아티스트들이 자국을 벗어나 국제적으로 이름을 알리는 데 가장 중요한 장소로 자리 잡았다. 월드 뮤직이 영미 팝의 헤게모니에 대한 대안으로 출발한 사실과 잘 어울리는 현상이다.

월드 뮤직이 음악 산업에서 차지하는 비중은 2퍼센트 정도로 그리 크지는 않다. 그렇지만 월드 뮤직 아티스트 가운데 일부는 월드 뮤직의 범주에서 '벗어나' 국제적 아티스트로 성장한 경우도 있다. 쿠바의 부에나 비스타 소셜 클럽(Buena Vista Social Club)과 카부베르드의 세자리아 에보라의 경우 한국에까지 월드 뮤직의 파장이 전해져 올 정도의 지위에 오른 경우다. 만약 서양에서 여름에 오래 체류한 경험이 있는 사람이라면, 세네갈의 유쑨두나 나이지리아의 펠라 쿠티의 이름을 모르기는 힘들다.

최근의 월드 뮤직은 대체로 두 가지 방향으로 전개되고 있다. 하나는 아프리카나 아프리칸 디아스포라 외에도 중동, 아시아, 오세아니아, 라틴 아메리카, 심지어 유럽과 북아메리카까지도 지리적 확장을 기도해 영미 팝의 어법과는 다른 음악을 발굴하는 것이다. 다른 하나는 현지의 음악문화를 팝, 록, 힙합, 테크노 등 더 첨단적인 음악과 혼합하는 음악적 실천들을 월드 뮤직의 새로운 트렌드로 포괄하는 것이다. 이는 이른바 '진품성(authenticity)이냐, 혼종성(hybridity)이냐'는 논쟁을 낳고 있다. 지구화의 진행 가운데 음악적 '오지(奧地)'가 점차 세상에 알려지기 시작하면서 월드 뮤직도 새로운 단계에 접어들고 있는 것이다.

월드 뮤직과 연관된 제도와 실천이 영미 팝 외에도 세상에 여러 가지 다양한 음악이 존재한다는 것을 보여주는 데 크게 기여했다는 점에는 논란의 여지가 없다. 그 점에서 월드 뮤직은 앞서 말한 지구화 담론에서 '탈중심적이고 다방향적인 문화적 흐름'의 하나의 예에 해당한다고 말할 수 있다. 그렇지만 월드 뮤직이 영미 팝, 넓게는 서양 팝 음악의 헤게모니에 도전하고 이를 전복했는가에 대해서는 논란이 있다. 월드 뮤직의 주요 청중은 대체로 연배가 많고 잘 교육받은 '중간계급 백인들'이고, 이들이 월드 뮤직에서 찾으려고 하는 정서는 '이국적' 느낌이다. 이 '이국성'이야말로 월드 뮤직 아티스트들이 자기 음악을 사랑하는 청중에게 제공해야 할 지리문화적 상상이다. 그래서 월드 뮤직은 '대중' 음악으로 인식되고 있지 않으며, 그 결과 월드 뮤직은 '서양 팝이 아닌 나머지'를 지칭하게 되고 그 결과 국제적 대중음악으로부터 배제된다. 앞서 음악의 분류법을 원용한다면, 월드 뮤직의 자리는 국제, 권역, 국내 다음의 '나머지'가 된다.

물론 월드 뮤직이라는 범주에 묶여 있다가 그것을 넘어서 국제 아티

유쑨두

유쑨두(Youssou N'Dour, 1959~)는 세네갈의 음악인으로 현존하는 아프리카 가수 가운데 가장 유명한 인물 가운데 한 명이다. 자신의 밴드인 슈퍼 에트왈 드 다카르(Super Etoile de Dakar: 다카르의 초성)와 함께 그는 세네갈의 전통 음악인 음발라(mbalax)에 기초하면서도 재즈, 룸바, 소울 등을 도입한 창의적 스타일을 만들어냈다. 피터 개브리얼, 폴 사이먼, 스팅 등 영미의 유수한 팝/록 음악인과 협연했고, 국제 사면위원회(Amnesty International)을 비롯한 여러 자선단체가 주관하는 행사에도 적극 참여했다. 2012년 그는 세네갈 새 정부의 문화관광부 장관으로 임명되었다.

펠라 쿠티

길게는 펠라 아니쿨라포 쿠티(Fela Anikulapo Kuti), 짧게는 펠라(Fela)라고 불리는 펠라 쿠티(Fela Kuti, 1938~1997)는 나이지리아의 뮤지션으로 아프로비트라고 불리는 스타일의 창시자다. 1960년대 영국과 미국에 체류하면서 얻은 음악적·정치적 경험을 바탕으로 나이지리아로 돌아온 1970년대 이후 레코딩 스튜디오이자 공동체인 칼라쿠타 공화국(Kalakuta Republic)을 건설한 뒤 사회정치적 메시지를 주술적 리듬과 섞은 음악을 창작하고 연주했다. 군부정권의 공격을 받고 때로 투옥되는 고초를 겪으면서도 1970~1980년대 내내 정력적으로 활동하다 1997년 AIDS로 사망했다. 아들인 페미 쿠티(Femi Kuti, 1962~)와 세웅 쿠티(Seun Kuti, 1983~)는 음악인으로서 성공적 경력을 이어가고 있다.

스트의 지위를 확보한 경우도 있다. 자메이카 출신의 '레게의 왕' 밥 말리(Bob Marley), 나이지리아 출신의 '아프로비트의 왕' 펠라 쿠티 등이 그들이다. 이들은 각각 레게, 펑크(funk), 힙합 등 '팝' 음악에 큰 영향을 준 존재들이다. 하지만 이들이 불멸의 업적을 세웠음에도 대체로 '영어 가창'을 했다는 점을 지적할 수밖에 없다. 영어 가창은 월드 뮤직을 벗어나기 위해서도 필요한 조건인 셈이다. 서양의 아티스트들이 비서양(이른바 '월드')의 아티스트들보다 '더' 평등하듯이, 영어권(및 프랑스어권) 월드 뮤직 아티스트들은 비영어권 월드 뮤직 아티스트들보다 '더' 평등하다.

마지막으로 언급할 점은 월드 뮤직이라는 이름표로 알려진 음악들과 실제 그 장소에서 사랑받는 음악 사이에는 괴리가 존재한다는 점이다. 월드 뮤직은 '그때 그곳'의 음악이 되어야만 시장에서 지분을 확보할 수 있는 음악이기 때문에, '지금 여기'의 음악이 아닌 경우가 많다. 예를 들어 쿠바에서 현재 대중적이고 영향력 있는 음악은 부에나 비스타 소셜 클럽의 유구한 음악은 아닐 것이다. 월드 뮤직에 의해 매개되는 심상 지리(지리적 상상)는 그 장소에서 실제로 일어나고 있는 것과는 차이가 있는 것이다.

4. 아시안 팝과 케이팝

1) 아시안 팝: 일본의 권역 헤게모니와 중화 팝의 권역 블록

먼저 짚고 넘어갈 점은 동아시아산(産) 음악으로 월드 뮤직으로 성공하거나 인정받은 음악은 상대적으로 작다는 점이다. 잡종화와 문화변환을 통한 교차풍부화(cross-fertilization)의 사례로 거론되는 나라(및 지역)들은 대체로 아프리카, 라틴 아메리카(및 카리브), 중동과 남아시아 등이다. 즉, 북아메리카와 유럽을 한편으로 하고, 아프리카, 라틴 아메리카,

중동과 남아시아를 다른 한편으로 하는 월드 뮤직의 지구적 연계(nexus)에서 동아시아는 대체로 배제되었다. 월드 뮤직의 지구적 연계는 실질적으로는 대서양횡단적(transatlantic) 연계라고 말할 수 있다.

따라서 아시아에서 대중음악의 지배적 발전은 '아시아의 월드 뮤직'이라기보다는 '아시안 팝'의 형성이다. 물론 아시안 팝이라는 범주는 영미 팝은 물론 유로팝이나 월드 뮤직과도 달리 음악 산업에 의해 확고한 마케팅 범주로 성립되지 않았다. 따라서 그 용법도 다분히 임의적이고 가변적이다. 여기에는 여러 이유가 있을 것이다. 한편으로 아시안 팝은 영어 가사의 사용이 일반적이지 않고 따라서 유로팝만큼 '서양적'으로 들리지 않는다. 다른 한편으로 아시안 팝은 팝 음악의 한 종류로 들리고 월드 뮤직만큼 '이국적'으로 들리지 않는다.

그럼에도, 아시안 팝이 1980년대 이래 일본의 음악 산업의 주도로 하나의 범주로 성립되어온 것은 사실이다. 일본인 청자들에게 아시아의 다른 지역의 대중음악이 알려지기 시작했고, ≪Pop Asia≫와 ≪Asian Pops Magazine≫이라는 두 개의 전문지도 발간되었다. 지금도 도쿄나 오사카 등지의 대형 음반매장에 가면 '아시안 팝' 코너가 마련되어 있다. 그렇지만 이 아시안 팝은 아시아 지역의 모든 나라가 즐겨 듣는 범(凡)아시아적 팝 음악이라기보다는 아시아 각지에 존재하는 다양한 형태의 팝 음악(대중음악)이라고 보는 것이 타당하다. 따라서 아시안 팝의 섹션은 나라와 지역에 따라 하위섹션으로 분류되어 있다. (영어로 부르는) 유로 팝이나 (스페인어로 부르는) 라틴팝처럼 '권역 레퍼토리'라고 부르기에는 아시안 팝에는 국가적 · 민족적 · 언어적 장벽들은 아직 강한 편이다.

이런 현실에는 이 권역에서 식민화와 냉전이라는 복잡한 역사적 문제가 가로놓여 있다. 일본은 아시아에 속해 있음에도 경제적으로는 서양의 지위에 올라서 있다. 음악 산업의 경우에도 미국에 이어 세계 제2위의 시장규모를 오랫동안 기록하고 있고, 앞서 말했듯 소니의 경우 초국적 음악기업 빅5 가운데 하나다. 그 결과 영미 팝의 국제 아티스트의 경

팝 아시아주의

팝 아시아주의(pop Asianism)는 대중문화(팝 문화)에 의한 아시아의 재구성을 지칭하는 포괄적 개념이고, 1990년대까지는 일본 문화산업의 주도로 이루어진 성격이 강하다. 대중음악에서 팝 아시아주의의 한 예로는 '팍스 뮤지카(Pax Musica)'라는 행사를 들 수 있다. 이 행사는 일본의 다니무라 신지(谷村新司), 홍콩의 앨런 탐(Alan Tam: 譚詠麟), 한국의 조용필 등이 주축이 되어 1984년 고라쿠엔 구장에서의 공연을 시작으로 1994년까지 개최된 아시아의 국제적 음악공연이었고, 후지TV의 후원을 받았다. 1985년 도쿄의 부도칸, 1986년 홍콩 콜리세움을 거쳐 한국에서는 1987년에 서울의 88체육관에서 개최되었다. 이 행사는 1994년까지 지속되었다가 중단된 후 2004년 상하이에서 재개되기도 했다.

우 일본시장을 경시하는 일은 없다. 그런데 1945년 이전 일본 제국주의의 식민지배에 대한 역사적 기억이 강한 이 권역의 나라들에서는 일본의 문화적 침략에 대한 강한 거부감이 존재해왔다. 또한 냉전구조가 강력하게 남아 있던 1980년대까지 사회주의권 나라들(중국, 베트남, 북한)과 자본주의권 나라들(일본, 남한, 타이완, 홍콩) 사이의 문화적 흐름에는 상당한 정치적·이데올로기적 장벽이 설치되어 있었다.

그럼에도 일본 대중음악은 1980년대 이래 아시아 각 나라에 전파되기 시작했고, 공식적으로 일본문화를 금지했던 한국과 타이완 등에서도 일본 대중음악이 불법복제 음반을 통해 음성적으로 소비되어왔다. 이렇게 아시아에서 일본 대중음악, 나아가 일본 대중문화 전반에 대한 소비는 식민지배에 대한 반감과 현대성, 이른바 모더니티(modernity)에 대한 매혹이 모순적으로 결합하는 미묘한 형태로 발전되어왔다. 일본 대중음악은 애니메이션, 망가(만화), TV 드라마 등과 더불어 '팝 아시아주의'의 한 요소였고, 1980년대 이래 일본 대중문화의 아시아 지배는 하나의 움직일 수 없는 현실이 되었다.

1990년대 이후에도 일본 대중음악의 아시아 '지배'는 확고해 보였다. 1990년대 중반 일본 대중음악은 '일본 가요'라는 구닥다리 이름이 아니라 '제이팝(J-pop)'이라는 상큼한 이름으로 개명되었다. 이는 자국의 대중음악의 수준과 질(quality)이 영미 팝 못지않다는 자신감의 반영이었다. 이 무렵부터 일본 대중음악은 '영미 팝 스타일과 일본어 가사의 어설픈 잡종'이라는 단계를 넘어서 영미 팝에 필적하는 현대적이고 첨단적인 사운드로 인식되기 시작했고, 서양의 현대성으로 환원될 수 없는 아시아 현대성의 상징이 되었다. 1990년대 내내 한국 대중음악계가 '일본곡 표절'로 시끄러웠던 것은 아시아권에서 제이팝의 문화적 매혹을 역설적으로 보여주는 예다. 그 전까지 일본에 대한 지리적 상상의 대상이 무표정한 회사원이 오가고 이들을 위한 유흥업소가 늘어서 있는 장소였다면, 언젠가부터 그 상상은 첨단적이고 엽기적인 스타일로 치장한 젊은 이들이 거닐고 이들을 위한 문화공간이 있는 '쿨'한 장소로 뒤바뀌었다.

　도쿄의 한 구역인 시부야, 하라주쿠, 시모기타자와 등은 아시아의 하위문화의 상징적 장소가 되었다. 이와 더불어 제이팝의 몇몇 아티스트는 국제적으로도 알려지기 시작했다. 마쓰다 세이코, 퍼피, 우타다 히카루 등 일본 내에서 정상급의 아티스트들은 영어 앨범을 발매해 글로벌 시장의 문을 두드렸고, 쇼넨 나이프, 코넬리우스, 피치카토 파이브 등은 서양의 인디 음악계에서 환영받으면서 '쿨 저팬(Cool Japan)'의 상징이 되었다. 이들 가운데 후자는 이른바 '시부야게 사운드'라고 불리면서 1990~2000년대의 글로벌 하위문화에서 빼놓을 수 없는 한 요소가 되었다.

　아시아에서 '권역적'인 지위를 확보하고 있는 음악으로 제이팝만 존재했던 것은 아니다. 홍콩의 대중음악, 이른바 칸토팝(cantopop)은 지리적 장소에 따라서는 제이팝보다 먼저 국경을 넘는 성공을 거두었다. 1970년대의 쉬관제(허관걸)과 찬차우하(진추하)에서 시작되어 1980년대 말 이른바 4대천왕[장쉐여우(장학우), 류더화(유덕화), 리밍(여명), 궈푸칭(곽부성)]에 이르러 절정을 이룬 홍콩 팝의 아시아 패권은 1997년 홍콩이 중국에 반환될 때까지 절정기를 구가했다. 특히 가수와 연기자를 겸하는 칸토팝 스타의 모델은 다른 아시아 나라들의 스타 시스템의 참고 대상이 되었다.

　홍콩은 19세기 중반 영국의 식민지로 개척되어 1970~1980년대 자유무역 항구로 발전한 역사로 인해 다언어적 사회다. 그 결과 칸토팝은 영어와 중국어, 그리고 중국어 가운데 표준어(만다린)와 방언(광동어) 모두에 능한 아티스트와 스태프에 의해 제작되었고, 그들이 부르는 노래는 여러 언어의 버전으로 발표되었다. 그 결과 홍콩, 타이완, 싱가포르는 물론 동남아시아와 중국 대륙까지 폭넓게 전파되면서 팝 음악의 탈영토화된 중화 권역 블록(regional bloc)을 구성했다. 이를 간단히 팝 중화블록이라고 부를 수 있고, 이 중화 블록에서 칸토팝은 1990년대 말까지 '권역 레퍼토리'에 가까운 지위를 획득했다. 한 통계에 따르면 1990년대 어떤 순간 전 세계에서 음반을 가장 많이 판매한 아티스트는 장쉐여우였다는 것은 뜻밖의 사실이지만, 중화권의 인구 규모를 고려하다면 놀랄 만한 것은 아니다.

1990년대 말 이후 홍콩의 칸토팝이 쇠퇴한 뒤에는 타이완의 만다린팝이 그 자리를 대체하고 있다. 칸토팝과 만다린팝의 지리적 표상은 1960년대 이래의 고도성장으로 현대적 마천루, 이른바 스카이스크래퍼(sky-scraper)가 늘어선 동아시아의 메트로폴리스의 도시 공간, 그리고 이곳에서의 동아시아형 소비주의와 연관된 문화적 실천들이다. 즉, 팝 중화 블록(pop China bloc)은 유교나 불교 등 중국 및 동아시아의 전통적인 가치와 신념보다는 자본주의적 근대성이 형성한 새로운 가치 및 신념과 더 밀접하다. 한편, 추이잰(崔健)으로 대표되는 '베이징 록'은 전통적 및 현대적 가치와 신념 모두에 대한 날카로운 비판의 목소리를 담은 독특한 스타일을 창조해 1980~1990년대 대륙 중국을 풍미했을 뿐 아니라 전 세계에 흩어진 화인(華人) 사회에 영향을 주었다.

1990년대 이후 대륙 중국의 경제개발이 추진되면서 팝 중화 블록은 지리적으로 급속하게 확산되고 있다. 만다린팝은 대륙 중국과 타이완, 홍콩, 싱가포르 사이의 정치적·이데올로기적 장애가 있음에도 하나의 통합된 시장을 창출하고 있는 것이다. 나아가 중국인이 거주하고 있는 곳은 세계 어디에서나 칸토팝과 만다린팝이 화인(華人)의 네트워크를 정서적으로 매개하는 연계가 되고 있다. 일종의 '네트워크 파워'다.

중화블록을 넘어서는 칸토팝과 만다린팝의 힘은 중국과 중국인(혹은 화인)의 정치적 - 문화적 위상의 변화와 연관해 변화될 것이다. 현재로서 중화권 대중음악에 대한 국제적 인상은 현대적이거나 첨단적이라는 단어와는 다소 거리가 있다. 그렇지만 미래에 이런 인상에 대한 변화의 속도는 중국 사회의 변화만큼 급속할지도 모른다.

2) 케이팝

1990년대 중반까지 아시아의 다른 나라들에서 한국 대중음악에 대한 인지도가 그리 높았던 것은 아니다. 1980년대까지 한국에 대한 이미지가 식민지, 냉전, 독재 등과 연관되는 것은 불가피했고, 그 결과 비(非)한국인들의 한국에 대한 지리적 상상은 무겁고 어둡고 심각한 경우가 지배적이었다. 1980년대까지 한국가요가 아시아에 수출된 경우가 없지는 않았지만 이런 지배적 표상을 넘어서는 경우는 드물었다.

사정이 바뀐 것은 1980년대 말의 정치적 민주화와 문화적 자유화가 단행되고 1990년대 중반 이후 본격적으로 아이돌이 체계적으로 대량생산되면서부터다. 공식적으로 세계화가 추진된 1992년부터 한국 대중음악도 '지구화'의 길을 밟기 시작한 것이다. 여기에는 몇 가지 단계가 존재하고, 이를 도식적으로 네 단계로 구분해서 설명해보고자 한다. 물론 각 단계는 동일 시점에서 서로 중첩되기도 할 것이다.

1992년부터 1997년 사이 한국 대중음악에서 지구화는 영미 팝, 특히 댄스음악의 최신 트렌드를 유행의 시차를 최소화한 채 국산화하는 것으로 나타났다. 이 시기 랩, 레게, 하우스, 레이브, 테크노, 정글 등으로 장르가 숨 가쁘게 교대했던 현상이 한국 대중음악계에서 '지구화'가 추진·수행되는 방식이었다. 그 뒤 1998년부터 2002년의 시기는 일부의 한국 대중음악이 아시아의 다른 지역에 수출되어 인기를 누리는 단계였다. 한국 대중음악은 이른바 '한류'의 한 부분이었는데, 이 시기에는 주로 중국, 몽골, 베트남 등 자본주의 연예산업이 발전하지 않은 사회주의권 나라에서 한류가 촉발되었다. 그 다음의 시기는 2003년에서 2006년의 시기인데, 일본, 타이완, 홍콩, 싱가포르 등 아시아의 발전된 나라들까지 한류가 전파된 시기다. 대중음악에서는 국제 합작이나 현지화(relocation)의 전략이 나타난 것이 이 단계의 현상이다. 동방신기나 슈퍼주니어처럼 활동무대를 아시아의 다른 나라들로 옮기거나 비, 보아, 세븐

하우스

하우스 음악(house music)은 1980년대 태동한 일렉트로닉 댄스 음악의 장르를 총괄하는 장르 이름이다. 1980년대 초 시카고에서 디제이이자 프로듀서인 프랭키 너클스(Frankie Knuckles)가 탄생시켰다는 설이 유력하고, 당시의 하우스는 드럼 머신으로 만든 반복적인 4/4박자의 비트와 리듬을 기초로 신서사이저의 베이스라인과 싱코페이션된 심벌 사운드가 전형적 특징이었다. 그러나 하우스 음악은 그 뒤로 무수한 하위장르로 분화되었고, 그 가운데 하나인 애시드 하우스(acid house)는 1980년대 후반 영국과 유럽에서 청년문화를 낳았다. 레이브는 음악 장르라기보다는 애시드 하우스 음악을 비롯한 일렉트로닉 댄스 음악이 연주되는 파티를 지칭하고, 화려하고 감각적인 라이트 쇼(light show)를 동반한다. 한국에서는 1990년대 중반 레이브를 음악 장르처럼 소개한 일이 있다.

2000년대 초 일본 한 대형음악매장의 월드 뮤직/아시아 섹션(왼쪽)과 2011년의 케이팝 섹션(오른쪽). 오른쪽 사진은 2011년 6월 26일 방영된 KBS 다큐멘터리 〈K-pop, 세계를 춤추게 하다〉에서 갈무리한 것이다.

처럼 미국 진출을 시도한 경우도 있다. 최근 케이팝의 선구자들은 아시아의 다른 나라들, 특히 중국에서 탤런트를 스카우트해 한국인 멤버와 결합시키는 실험을 하고 있다. 태국인 멤버가 있는 투피엠(2PM), 중국인 멤버가 두 명인 미스에이(miss A), 중국인 멤버가 하나, 타이완계 미국인 멤버가 하나인 에프엑스[f(x)]가 몇몇 예다.

케이팝이라는 용어가 등장해 확립된 것은 대략 2000년대 초의 일이다. 처음에는 일본의 음악 산업에서 제이팝과 유사한 조어법을 통해 편의적으로 만들어진 이 명칭은 영문으로 이루어진 언론에 의해 사용되다가 이제는 일반적 용어로 정착했다. 한국에서는 '가요'라는 관습적 용어법이 지배하고 있지만 이제는 한국인들도 새로운 용어법에 점차 익숙해지고 있다. 새로운 용어법은 한류/케이팝이 아시아 대중문화의 하나의 요소로 통합되었다는 점을 보여준다.

한류/케이팝에 대해 한국 내에서의 담론은 국위(國威)와 연관되어 자부심을 느끼거나 찬양하는 것이 지배적이다. 반면 2000년대 중반 이후 중화권에서는 한류가 '문화 제국주의'라든가 '문화 침략'이라는 담론들이 실제로 등장했고, 이 담론에 기초해서 한국 문화상품을 수입을 규제하는 실천이 등장했다. 일본에서는 한류로부터 '위협당한다'는 담론이 등장하지는 않았지만, 한류를 혐오하는, 이른바 '혐한류'의 담론이 등장한 바 있다.

이런 경합되는 담론들에서 무엇이 옳고 그른가를 따지는 것은 결코 생산적이지 않다. 중요한 것은 케이팝의 어떤 특징이 일부로부터 환대 받고, 다른 일부로부터는 홀대받는지에 대해 설명하는 것이다. 무엇보다도 케이팝은 한국 대중음악의 전체라기보다는 통상 '아이돌'이라고 불리는 주체들에 의해 연주되는 일부의 음악이다. 잘생긴 젊은 남자나 예쁘장한 젊은 여자로 이루어진 그룹이 화려한 의상을 입고 따라 부르기 좋은 멜로디와 경쾌한 리듬을 가진 '댄스 가요'를 부르면서 잘 훈련된 힘 있는 춤을 집단적으로 추는 '퍼포먼스'를 선보이는 음악이다. 따라서 케이팝을 통해 상상되는 한국의 표상이 경제적으로 발전되고 현대화된 대도시 공간이라는 점은 제이팝이나 만다린팝과 크게 다르지는 않다. 케이팝에서 독특한 것은, 아이돌 그룹들이 어린 나이부터 성실하게 오랜 훈련을 거친 뒤 연예산업계에서 열심히 일한다는 표상을 가지고 있다는 점이다. 한국 음악 산업계를 지배하고 있는 3대 엔터테인먼트사(SM, JYP, YG) 등은 이런 지침 아래 유연하고 기동력 있게 적절한 시점과 장소에 아이돌들을 공급해오고 있다.

케이팝이라는 용어의 정착은 한국 대중음악도 이제 '국내 레퍼토리', 이른바 '가요'를 넘어 권역 '팝'의 하나로 변환되고 있다는 것을 시사한다. 물론 '일부의' 대중음악이겠지만, 그 일부가 가장 지배적이라는 것은 분명하다. 그 하나의 결과는 케이팝 이전의 '가요'의 지배적 형식과는 달리 케이팝이라는 형식은 팝의 보편적 어법에 조금 더 충실해지고 있다는 점이다. 미국시장 진출을 시도할 때 보아가 '한국의 브리트니 스피어스'로, 세븐이 '한국의 저스틴 팀버레이크'라고 불렸던 것은 그리 이상한 일은 아니다. 이 점에 대해 '좋다, 나쁘다'는 가치판단과는 무관하게 영미 팝과 비슷하게 케이팝이 '장소 없는' 보편적인 음악이 되어가고 있다는 점은 상대적으로 사실이다. 한국 대중음악의 '수준이 높아졌다'라고 생각하는 사람이라면, 그 수준 상승의 기준은 영미 팝과의 근접 정도다.

한 가지 짚고 넘어가야 할 점은 케이팝의 음악적 어법이 '백인음악'보다는 '흑인음악'에 가깝다는 점이다. 엄밀하게 이론적으로 검증된 것은 아닌데도 케이팝은 '아시아의 흑인음악' 같은 '전형'으로 인식되고 있는 것이 사실이다. 동시대에 아시아권에서 스타의 지위를 누린 비와 쩌우지에룬(Jay Chou)을 비교해보거나, 보아와 우타다 히카루를 비교해보면 이런 말이 아무 근거가 없는 것은 아니다. 실제로 SM엔터테인먼트의 대주주 이수만은 "일본은 록 위주로 대중음악이 재편돼 있다. 반면 한국은 흑인음악을 아시아에서 가장 잘 소화한다. 흑인음악을 우리 나름의 방식으로 소화해서 케이팝을 만들었다. 일본이 미국의 록을 일본 방식으로 소화해서 제이팝을 만든 것처럼"(《한겨레21》, 2004.10.21)이라고 말한 바 있다.

이런 일련의 담론과 상상은 한국 대중음악의 역사에서 미국의 흑인음악이 차지했던 역할을 반추할 필요성을 제기한다. 한국에서 미국의 팝음악의 대량 유입이 한국전쟁을 전후하면서 대량 주둔한 미군 부대를 경유해서 이루어졌다는 점은 아시아의 다른 나라들에 비해 독특한 점이 분명하다. 이른바 '미8군 쇼'를 통해 유입되고 학습된 재즈, 알앤비, 소울, 펑크 등 미국 흑인음악의 장르들이 한국 대중음악에 끼친 영향이 지대했다는 사실에 대한 경험적 증거는 부족하지 않다. 물론 1950~1960년대의 현실과 1990년대 이후의 현실 사이에 직접적 연계를 설정하는 것은 무리일 것이다. 그렇지만 케이팝의 아이돌 가운데 상당수가 재미 한인, 이른바 코리안 - 아메리칸이라는 사실, 그리고 이들 대부분이 힙합이나 알앤비 등 미국 흑인음악을 습득해 국내로 역이주했다는 점도 '미국문화의 압도적 영향'을 보여주는 또 하나의 예일 것이다.

이런 원인들에 대해서는 더 깊고 넓게 연구되어야 할 것이다. 그렇지만 한국 대중음악이 아시아에서 인기를 얻은 복합적 원인들 가운데 하나가 '미국 흑인음악의 지구화'라는 주제와 밀접하다는 점은 쉽게 합의

될 수 있을 것이다. 외국인들의 한국에 대한 음악적 상상이 1950~1960
년대 미군 부대가 주둔한 지역, 이른바 '기지촌'을 중심으로 이루어졌다
면, 반세기가 지난 지금에는 캘리포니아의 어떤 도시(예를 들어 로스엔젤
리스)의 코리아타운들, 그리고 이를 닮은 서울 강남의 지역적 장소를 중
심으로 이루어지고 있는 것이다. 실제로 한국의 연예기획사들은 이 장
소에 기반을 두고 있고, 이 지역은 두말할 필요 없는 서울의, 나아가 한
국 전체의 '중심'이다. 점차 장소 없는 음악처럼 들리지만, 케이팝의 장
소성은 이렇게 역사적으로, 그리고 문화적으로 부단히 구성, 재구성되
고 있는 것이다.

5. 대중음악의 지역적 장소감

이제까지의 설명을 한마디로 요약하자면, 대중음악에서 장소는 완전
히 고정된 것도 아니고 완전히 유동적인 것도 아니라는 것이다. 즉, 장
소는 '문화적으로 구성된다'는 것이 여기까지 애써 설명한 것이다. 유로
팝은 유럽에 대한 공간감(sense of space)과 떼려야 뗄 수 없지만, 그것은
유럽이라는 실제의 지리적 장소(place)와는 다를 수 있고, 이때의 유럽
은 복합적인 문화적 코드들(가치, 상징, 신념)을 통해 구성 혹은 건축
(construction)된다는 것이 이제까지의 주장의 핵심이다.

이 장을 마무리하면서 추가할 논점이 있다. 이제까지 지역적 장소의
예들은 '일국(national)'이나 '권역(region)'을 예로 들었다는 점이다. 그런
데 글 중간 중간에 일국 이하의(sub-national) 지리적 장소를 언급한 것들
도 있다. 예를 들어 시부야게 사운드나 칸토팝이 그 예들이다. 상세히
설명하지는 않았지만, 샌프란시스코 사운드, 맨체스터 사운드, 시애틀
사운드, 브리스톨 사운드 등도 그 주요한 예들이다. 아마도 '지역 사운
드'라고 말할 때는 이렇게 일국 이하의 지역과 연관되는 경우가 보통이

다. 이때 지역 사운드는 어떤 형태로든 '진정한(authentic)' 혹은 '대안적 (alternative)'으로 간주되는 경우에 사용된다. 예를 들어 맨체스터 사운드는 런던의 '중심'에 대항한다는 기호가, 시애틀 사운드는 뉴욕의 '중심'에 대항한다는 기호가 덧붙어 있다.

그렇지만 현대 대중문화에서 '로컬'은 그 지역의 역사적 전통이라기보다는 '글로벌'하게 매개되는 경우가 많다. 지역 사운드란 지구를 지리적으로 순환하는 음악적 사운드들이 특정한 장소의 매듭(nod)에서 독특한 형태로 창조된 생산물에 가깝다. 이 말은 '지역'의 의미가 이제는 전통, 진정, 공동체와는 멀어진다는 것을 의미한다. 한 예로, 한국에서 CF음악으로 알려진 모카(Mocca)는 인도네시아 반둥(Bandung)이라는 '지역'에서 활동하는 밴드가 분명하지만, 이들의 귀여운 팝 음악은 '글로벌'하게 들린다.

전반적으로 볼 때, 한국이나 아시아에서는 이런 '지역 사운드'에 대한 담론이 풍부하지는 않고, 지방의 특수한 사운드가 전국적인 보편적 사운드에 압도당한다는 인상이 강하다. 1960~1970년대의 '명동'과 '종로 (무교동)', 1980년대의 '신촌'과 '대학로(동숭동)', 1990년대 중반 이후의 '홍대(앞)', 2000년대의 '청담동' 등이 음악과 연관된 대중음악의 장소성으로 잠시 주목을 받은 적은 있지만, 담론과 실천 양면 모두에서 외국의 경우보다는 성과가 풍부하지 못하다. 이상의 예들도 서울의 여러 지역에 해당되는 사례들이고, 서울 외부의 지방에서 로컬 사운드의 실천과 담론은 활발하게 전개되지는 않았다. 이 점들은 추후 대중음악의 연구에서 철저히 보완되어야 할 것이다.

이런 현실에 대해서 서양의 상황을 이상화하고 한국의 상황을 주변화하는 것이 그다지 바람직해 보이지 않는다. 그래서 '왜 그랬을까'라는 상상으로 마무리하는 것이 더 적절할 것 같다. '관악'에서 아마추어 음악활동을 시작해서 '홍대(앞)'으로 활동무대를 옮긴 뒤 전국적 라디오 방송에서도 꽤 방송된 준(準)히트곡도 몇 개 가지고 있는 브로콜리 너마저라는 인디 밴드가 있다. 이들의 정규 1집 앨범에 실린 「보편적인 노래」라는 곡의 중반부에는 "함께한 시간도 장소도 마음도 기억나지 않는 보편적인 사랑의 노래, 보편적인 이별의 노래"라는 가사가 등장한다. 대중음악의 대부분은 이런 보편적인 사랑과 이별의 노래들인 것이 사실이고, 노래 속에서 시간과 장소와 마음은 보편화된다. 팝(혹은 가요)의 보편성이다. 그렇지만 그 뒤의 가사는 "문득 선명하게 떠오르는 그때, 그때의 그때"로 반전되고서야 마무리된다. 이 글에서의 논점을 위해서 이 가사를 "그때, 그곳의 그 마음"으로 잠시 바꿔보는 것을 창작자가 허락해주기 바란다. 이 음악을 들으면서 청자들 각자는 자신이 경험했던 장소를 다양하게 떠올릴 것이다. 이 음악을 들으면서 '관악'과 '홍대'에서 일상생활과 사회적 관계를 많이 경험한 사람일수록 음악에 대한 공감의 정도나 장소들에 대한 기억이 더 강렬할 것이라고 생각한다.

이런 설명이 '음악에서의 장소성은 문화적으로 구성된다'는 다소 불친절해 보이는 주장에 대한 하나의 구체적 실례가 되기를 바란다. 음악은 아주 보편적으로 보여서 시간도 장소도 삭제하는 것처럼 보이지만, 때로 이처럼 생생한 장소감을 선사하기도 한다. 어떤 사람에게는 더 많이, 다른 사람에게는 더 적게. 그래서 이 장의 최종적 결론은 '음악은 지리적으로 모바일(mobile)하다. 그렇지만 음악은 하나의 장소에 완전히 고정될 수도 없고, 완전히 유동적일 수도 없다'다. 이 점은 문화적 지구화의 과정이 가속화되고 있는 21세기의 현실에서도 당분간 계속 적용될 것이라고 믿는다.

생각해볼 문제

1. 대중음악과 지리적 장소 사이의 관련성의 성격과 유형에 대해 생각해보자.
2. 영미 팝에서 '영미', 유로팝에서 '유럽', 월드 뮤직에서 '월드'가 갖는 문화적 의미가 무엇인지를 생각해보자.
3. 제이팝이나 케이팝 등 아시아의 대중음악을 '팝'이라고 부르게 된 역사적 과정과 문화적 배경에 대해 생각해보자.
4. 언더그라운드나 인디 음악의 경우 'ㅇㅇㅇ 사운드'라고 부르는 경우가 많은 점에 대해 그 이유를 생각해보자.

참고 자료

▶▮■ 읽을 거리

셔커, 로이. 1999. 『대중음악 사전』. 이정엽·장호연 옮김. 한나래.

사전 형식을 취하는 이 책은 대중음악의 주요 개념을 간명하게 해설해놓고 있는데, 각 항목들에서 이 장(章)에 나오는 음악 장르와 개념(예: '글로벌', '로컬')에 대한 간략한 소개를 찾을 수 있다.

신현준. 2003. 『월드 뮤직 속으로』. 웅진닷컴.

학술서 형식보다는 입문서 형식의 책으로 월드 뮤직을 다루고 있다. 유럽, 아프리카, 중남미 등 세계의 각 권역별로 소개하면서 그 역사적 배경과 맥락을 다루고 있다.

신현준·이용우·최지선. 2005. 『한국 팝의 고고학 1960』, 『한국 팝의 고고학 1970』. 한길아트.

1945년 이후 1970년대까지 한국의 대중음악의 역사를 다룬 책으로, 상이한 음악적 경향이 한국의 상이한 장소들, 예를 들어 이태원, 명동, 종로, 신촌, 대학로 등의 장소들과 어떤 연관을 맺고 있는가를 보여준다.

프리스, 사이먼 외. 2005. 『케임브리지 대중음악의 이해』. 장호연 옮김. 한나래.

영어권 대중음악 연구자들이 대중음악의 다양한 장르들을 비교적 읽기 편하게 해설한 책이다. 특히 사이먼 프리스가 저술한 '팝 음악' 장은 영미 팝을 중심으로 유로팝에 대한 간결하면서도 깊이 있는 해설이고, 조슬린 길볼트('길보'가 정확한 표기로 보인다)의 '월드 뮤직' 장은 월드 뮤직의 산업적·제도적 배경과 맥락에 대한 통찰력 있는 연구다.

▶Ⅱ■ 들을 거리

러프 가이드 시리즈

여행 전문 출판사 러프 가이드(Rough Guide)가 음반 레이블인 월드 뮤직 네트워크(World Music Network)와 제휴해 발매하는 월드 뮤직 시리즈. "Rough Guide to …"라는 타이틀을 달고 발표되고 있다.

푸투마요 시리즈

뉴욕에 기반을 둔 푸투마요(Putumayo)에서 발표하는 월드 뮤직 시리즈. "Putumayo Presents …"라는 타이틀을 달고 연작으로 발표되고 있다.

대중음악과 세대

차우진(문화평론가)

주요 개념 및 용어 | 청년문화, 하위문화, 미디어, 세대, 취향, 공간문화, 대중문화 정책

1. 어떤 음악은 왜 쉽게 잊히지 않을까

대중음악과 세대를 연결하려는 시도는 오랫동안 진행되었다. '록은 젊음의 음악' 혹은 '아이돌 팝은 소녀의 취향' 혹은 '트로트는 중년의 음악'이라는 식의 말은 세대에 따라 특정 음악 장르나 스타일이 존재할 것이라는 추측을 강하게 드러낸다. 하지만 이것은 일종의 편견이다. 청년 세대가 대중음악을 가장 활발히 소비하는 계층이지만 그렇다고 다른 세대가 음악 산업과 동떨어진 것은 아니기 때문이다. 이에 대해 윌 스트로는 '1980년대 후반 이전까지 대중음악 시장과 세대에 대한 분석은 대부분 순환논리에 머물렀다'고 분석한다(프리스 외, 2005: 120). 음악 산업이 계속해서 청년 세대가 사고 싶은 음악을 만들어내므로 그들이 음반을 더 많이 구입한다는 식의 논리다. 하지만 이런 통념은, 적어도 서양에서

록을 듣고 자란 세대가 중년이 된 1980년대와 1990년대 내내 위협받을 수밖에 없었다. 이때에는 1960년대에 등장한 록 음악이 섹시하고 열정적인 비트로 젊은 세대를 유혹하던 것을 두고 '악마의 유혹'이라 혐오하던 중년 세대 대신, 바로 그런 음악을 듣고 자란 세대들이 중년층이 되었던 것이다.

이것은 그들을 위한 음악이 달라져야 함을, 다시 말해 새로 발견되어야 한다는 사실을 뜻했다. 1980년대 이후 (라디오를 포함한) 음악 산업이 나이 든 구매자들을 유혹하고 또한 새로운 구매층으로 등장하는 세대를 사로잡으려고 노력하는 것, 다시 말해 '세계적인 밴드의 장장 12개월에 걸친 월드 투어'라든지 '15년 만에 발매한 록 레전드의 새 앨범'이라든지 '추억의 음악 리퀘스트' 같은 기획이 등장하는 것은 대중음악 산업이 청년 세대뿐 아니라 다른 세대들의 관심을 유지하기 위해 애써온 결과이다.

한편 이런 현상과 연관해 매우 근원적이면서 매혹적인 질문, '어째서 사람들은 10대 시절에 들은 음악을 평생 기억할까'에 대한 과학적인 모색도 있었다. 그중 최근 것은 뇌 과학 영역에서 제기되었다. 인지 심리학자이자 신경과학자이면서 또한 음악가인 레비틴(Daniel J. Levitin)은 편도체와 신경전달물질의 작용으로 특정 기억에 '꼬리표'가 붙고, 또한 음악적 뇌의 배선이 어른의 수준으로 완성되는 14세 무렵의 음악적 기억이 이후의 음악 취향을 형성하는 데 지배적인 영향력을 행사한다고 말한다(2008: 288). 레비틴의 논지는 한 세대가 등장하고 저물고 다른 세대가 등장하는 과정에 음악 산업이 '본능적으로' 어떻게 개입하고 동시에 개인의 취향이 어떻게 형성되고 작동하는지에 대한 단서를 제공한다.

이때 기억해야 할 것은 이 모든 논의가 인간이 음악과 맺는 관계의 단면을 드러낸다는 점이다. 세대와 대중음악의 관계는 생물학적이면서도 산업적이고, 동시에 사회적이다. 특히 한국에서는 본격적인 청년문화가 등장한 1970년대 이후로부터 점점 복잡해지고 있는데, 한국의 대중음악과 세대는 각각의 정치·사회·경제적 배경과 음악 산업의 맥락에서 이해되어야 할 것이다. 이후의 글은 (편의상 분류할 수밖에 없는) 시대별로, 특히 대량 소비가 일어났던 대중음악의 특징을 살펴보고, 그것이 특정 음악 스타일을 소비하고 향유한 세대와 어떻게 관계 맺고 어떤 사회 현상과 효과를 불러왔는지를 압축적으로 살펴볼 것이다. 먼저 한국에서 '청년문화'가 처음으로 정의되었던 1970년대부터 살펴보자.

2. 1970년대: 청년문화의 위기와 포크

1970년대 청년문화가 형성되는 사회적 맥락에는 근대화와 동시에 진행된 매스미디어의 확대, 국가권력의 생활세계 식민화, 소비주체로서의 대학생 증가, 미국과 서구의 '1960년대 청년문화'의 영향력 등이 존재한다(주창윤, 2006). 1968년 가수 윤복희는 미니스커트를 입고 TV에 등장했고 1969년 클리프 리처드 내한공연에서는 어느 열성 관객이 속옷을 던졌다는 소문(≪한국일보≫, 2008.7.1)이 횡행했으며 대학가를 중심으로 통기타와 생맥주가 유행했다. 청년문화의 태동은 각각 맥락은 달랐으나 기성세대의 가치관에 저항하는 반문화적 성격을 내포한다는 점에서 동시대적으로 진행된 현상으로 볼 수 있을 것이다. 이런 배경에서 1974년 3월 29일, ≪동아일보≫ 김병익 기자의 특집기사 "오늘날의 젊은 우상들"은 소설가 최인호와 가수 이장희, 양희은, 김민기 등을 청년세대의 우상으로 다루며 청년문화 담론에 불을 지폈는데, 1974년 4월부터 7월 사이에 걸쳐 기자와 비평가, 학자뿐 아니라 소설가 최인호와 음악가 양희은의 발언도 중요하게 다뤄지며 청년문화의 실체가 집중적으로 논의되었다. 이 과정에서 ≪대학신문≫과 ≪연세춘추≫, ≪고대신문≫ 등당시 사회적인 영향력을 발휘한 대학언론을 비롯해 ≪조선일보≫와 ≪한국일보≫ 등의 기성언론이 치열한 논쟁을 벌였다.

이때 포크 음악은 청년문화 담론의 중심에 있었다. 흔히 1970년대 초반이라고 알려진 청년문화 시대의 개막은 트윈폴리오와 한대수가 데뷔하고 신중현이 펄시스터즈의 「커피 한 잔」으로 인기를 얻기 시작한 1968년 즈음으로 보는 것이 타당하다(이영미, 1998: 187). 하지만 이 시기의 포크 음악은 1960년대 미국의 반문화운동의 성격과는 달리 유행가로서의 면모가 두드러졌는데, 청년문화 논쟁도 '서양의 유흥문화에 잠식당한 대학문화'라는 관점에 대한 동의와 반박의 구조를 핵심으로 했다. 이런 맥락은 1970년대의 청년문화를 주도한 세대가 전후에 태어나 10대 시절 내내 미국문화의 영향권 아래에 있었다는 점으로 유추할 수 있다. 어린 시절부터 미국식 민주주의와 개인주의, 대중문화를 경험한 세대가 일제 강점기를 경험한 세대와 많은 면에서, 특히 생활방식과 취향에서 충돌한 결과를 청년문화 논쟁으로 볼 수 있는 것이다. 물론 이들이 주로 명문대학생들이었고 경제적 기반과 사회적 지위를 바탕으로 다분히 군부독재라는 암울한 현실을 비껴갔다는 비판적 관점을 가질 수 있지만, 한편 같은 이유로 동시대 청소년들에 대한 영향력이 높았다는 점에서 1970년대를 통틀어 세대와 대중음악의 관계를 상징하는 것일 수 있다. 이런 맥락에서 1970년대 초반에 대중적인 인기를 얻은 포크 음악의 가장 큰 특징은 '소리'였다.

1960년대의 가요는 빅밴드 스타일로 편곡된 트로트 양식에서 자유롭지 못했지만 1970년대 초반의 포크 음악은 통기타 연주를 중심으로 단조로운 멜로디와 복잡한 화성으로 기존 가요와 차별화되었다. 양희은의 「이루어질 수 없는 사랑」이나 이장희의 「애인」, 김민기의 「친구」 같은 곡들은 보컬이 밟아가는 주 멜로디를 에워싼 화성학적 반주로 완성되는 곡들이다. 그뿐 아니라 발성과 창법에서도 기존 곡과는 상이한 양식을 강조했는데, 가수들은 반주에 방해되지 않을 만큼 낮은 목소리로 노래하거나 말하듯이 읊조리는 형식을 취했다. 이런 형식적 차이는 기성세대와 다른 감수성을 가졌거나, 의식적으로 차별화하려는 청년 세대의 공감과 지지를 얻었다. 또한 내용적으로 산업화로 잃어버린 순수함과

긴급조치

긴급조치란 원래 천재지변이나 내전과 같은 국가의 안전이 위협받을 때 대통령이 내리는 특별한 조치를 뜻하지만, 박정희 정권 하에서는 유신헌법(제 4공화국 헌법) 제53조에 의해 단순한 행정명령 하나로도 국민의 자유와 권리에 무제한 제약을 가할 수 있는 초헌법적 권한으로 규정되었다. 단적으로 비상사태에 관한 판단은 대통령이 독자적으로 내릴 수 있도록 되어 사실상 반유신세력에 대한 탄압과 의견을 말하고 토론하는 등의 기본권을 제한하는 도구로 악용되었다.

대마초 사건

1974년 12월부터 시작된 '대마초 연예인' 구속 수사는 당시 막 자생하기 시작한 한국적 포크와 록 음악의 텃밭을 갈아엎었다. 1975년 6월에는 가요 정화 조치란 명목으로 '불신 풍조 조장', '창법 미숙' 같은 어이없는 이유로 금지곡과 판매금지 음반이 양산되었다. 12월 24일에는 금지곡을 수록한 음반을 제작/배포했다는 이유로 전체 10개 음반사 중 7개사에 영업정지 처분이 내려지기도 했다.

낭만을 지향하고 드러내면서 상처받은 자아를 그려냈는데, 이 모든 요소는 결과적으로 포크 음악이 기성세대의 트로트와 결별하고 1970년대 전후 세대의 정체성을 상징하는 음악이 되는 데 기여했다.

한편 이 시대의 록은 포크 음악에 비해 변방에 있었다. 한국 최초의 록그룹은 1962년부터 1966년까지 활동한 에드 훠(신중현이 속해 있었다)로 알려졌는데, 당시 한국에서는 클리프 리처드와 비틀스가 큰 인기를 얻고 있었던 것과도 일맥상통한다. 그럼에도 록은 포크와 달리 청년 세대와 직접적으로 연결되지 못했다. 대부분 대학생이었던 포크 음악가들이 생계와 무관하게 음악을 시작했던 것과는 달리 록 음악가들은 미8군 무대에서 직업적으로 음악을 시작했던 것이 그 차이다. 이런 태생적 거리감은 이 시기의 록이 포크와 달리 기성세대의 음악 요소를 수용하는 데 적극적(혹은 전략적)이었음을 의미한다. 이것은 독보적이라고 해도 좋을 만큼 독특한 신중현의 음악에서도 마찬가지로 발견되는 특징이다. 「커피 한 잔」과 「님은 먼 곳에」는 개성적인 멜로디가 강조된 곡임에도 기존의 트로트풍 가요의 감수성을 이어받았다. 이 곡들에 비해 상대적으로 강렬하고 직설적인 「미인」이 신중현의 대표작으로 꼽히는 것도 그런 맥락이다. '한국에서의 록은 처음부터, 감각과 형식에서는 저항적이었으나 사회적 맥락과 내용에서는 기성가요와 타협적이었다'(이영미, 1998: 231)는 언급은 이후 한국 록의 흐름을 이해하는 데 중요한 단서일 것이다.

그러나 더 큰 위기는 탄압의 형태로 외부에서 왔다. 청년문화와 포크의 강세가 정점에 달한 1974년은 박정희 군부독재의 긴급조치가 발효된 시기기도 했다. 정치적 변화를 요구하던 청년세대를 탄압하기 위해 대중문화를 압박한 독재정권은 미니스커트와 장발 단속에 이어 대마초 사건으로 젊은 포크 음악가들과 영화감독, 배우들을 구속하고 방송 출연과 창작활동을 금지시켰다. 박정희 군부독재 정권에 이런 '퇴폐적이고 향락적인' 변화의 조짐은 전쟁위협과 위기상황을 기반으로 삼은 정치권력에 충분히 위협적이었다. 하지만 실제로 당시 유행하던 포크와 록 음악이 체제전복적이었던 것은 아니었다. 당시 정치권력이 청년문화를 탄압한 배경에는 이데올로기가 아니라 아버지의 권위가 위협당한다는 불안감에 가까웠다. 전 국민이 하나로 단합해 조국 근대화에 박차를 가해도 모자랄 판에 예비 고급인력인 대학생들은 통기타를 들고 농촌과 시골 풍경을 그리워하거나 낭만적 감수성에 도취되어 비생산적인 행태를 고수한다는 판단이 청년세대(뿐 아니라 국민 자체)를 '말 안 듣는 자식' 취급을 하도록 종용했다고 볼 수도 있을 것이다. 요컨대 1970년대의 청년문화의 흥망성쇠가 세대적 갈등으로 전화된 근거에는 당시 기성세대와 청년세대의 태생적 차이와 경험의 차이로부터 축적된 감수성의 간격도 작동했지만, 무엇보다 그 차이가 정치적 탄압의 형태로 드러났다는 점이 인상적이다.

3. 1980년대: 슈퍼스타 조용필, 그리고 도시적 삶

1980년대는 대중적 취향이 본격적으로 태동한 시대였다. 동시에 박정희가 암살당한 비상체제에서 전두환의 신군부가 광주민주항쟁을 토대로 권력을 장악한 시대기도 했다. 경제적으로도 위기상황이었음에도 1980년대 중반부터 후반까지 이어진 3저 호황(저금리, 저달러, 저유가)으로 경제적 이득을 취할 수 있었다. 여기에 정치적 목적으로 방송사가 강제 통폐합되고 여의도로 이전되었고 서울의 과밀화 현상이 가속되며 강남 재개발과 지하철 2호선 개통으로 도시화가 이루어졌다. 86아시안게임과 88서울올림픽이라는 국제행사를 유치하며 국제관계에서 두각을 내보인 한편 부동산 투기와 주식시장 개시로 계층 간 격차는 더욱 심화했다. 조용필은 이런 시대의 슈퍼스타로 등장해 거의 모든 세대를 아우르는 음악을 선보였다.

「창밖의 여자」, 「돌아와요 부산항에」 등이 수록된 조용필의 앨범. 젊은 세대 시청자가 좋아하는 프로그램에서는 「단발머리」를 부르고 중장년 취향의 가요 프로그램에서는 「돌아와요 부산항에」를 부르는 식으로 활동한 그는 세대의 경계를 관통한 유일무이한 슈퍼스타였다.

조용필의 대중적 성공은 1980년대의 대중음악이 분화된 맥락과도 연관된다. 「창밖의 여자」나 「물망초」, 「꽃바람」과 같은 초기의 곡은 모두 1960년대 가요의 양식을 기반으로 당시 청년세대로부터 인기를 얻은 록의 특성을 결합한 곡들이다. 특히 조용필이 대중적으로 성공하는 데 기여한 「창밖의 여자」의 전반부는 기존 가요의 특성을 따라간 반면 후반부에서는 록의 양식을 반영하며 강렬한 인상을 남긴다. 그렇다고 조용필의 음악이 특정 장르에 국한된 것도 아니었다. 그는 록, 트로트, 민요에 이르기까지 다양한 장르를 포섭했고 그를 통해 10대부터 장년층까지의 팬덤을 아울렀다. 특히 1980년대에 TV방송의 영향력이 확대되고 경제력이 늘어나면서 도시 중산층 가정의 10대들은 최초의 개인미디어라고 할 수 있는 카세트 플레이어를 소유하고 용돈으로 카세트테이프를 구매할 수 있게 되었다. '오빠부대'라고 불리던 팬클럽이 본격적으로 등장한 것도 이 시기였는데, 조용필의 국민적 인기는 미디어 환경의 변화에 적절히 적응한 결과이기도 했다. 그의 레퍼토리들은 10대 취향의 음악 프로그램과 장년층 오락프로그램 모두에 출연할 수 있을 만큼 다양했다. 젊은 세대 시청자가 좋아하는 프로그램에서는 「단발머리」를 부르고 중장년 취향의 가요 프로그램에서는 「돌아와요 부산항에」를 부르는 식으로 활동한 그는 세대의 경계를 관통한 유일무이한 슈퍼스타였다.

한편 1970년대 말, 긴급조치로 사멸되다시피 한 포크의 명맥을 유지하고 새로운 유행을 반영하기 위해 방송사들이 주관한 강변가요제, 대학가요제를 통해 등장한 록은 1980년대 초반에 매스미디어의 주류 음악으로 자리 잡았다. 이 시기의 록은 포크가 대학생들의 여가생활처럼 여겨진 것과 비슷했지만 가요제로 데뷔한 '캠퍼스 그룹사운드'들은 포크 가수들보다 더 빨리 음악시장에 진입했고 전업가수로서의 경력도 곧바로 시작되었다. 포크가 등장한 1960년대 말과 1970년대 초반에 비해 미디어 산업이 1970년대 말과 1980년대 초에 이르러 급속도로 변화한 결과였다. 항공대의 활주로와 홍익대의 블랙 테트라의 멤버들이 결성한 송골매와 서울대 출신 형제 밴드 산울림이 대표적이다. 이들은 〈영 일레븐〉이나 〈젊음의 행진〉 같은 프로그램에 출연하며 1970년대 말에 등장한 청소년 잡지를 읽으며 일종의 취향의 공동체를 형성하며 하위문화를 향유한 청소년 집단과 공명했다. 한편 캠퍼스 그룹사운드와는 달리 생계형 그룹사운드로 경력을 쌓아온 이들은 '언더그라운드'에서 활동하며 기량을 닦았다. 1985년 들국화의 1집이 30만 장 팔린 상징적 순간은 1980년대 말에 김현식과 김광석, 신촌블루스가 대중적 인기를 형성한 것과 비슷한 맥락을 유지했다.

사실 1980년대의 대중문화 지형도는 결코 단순하지 않다. 이 시기에는 대중문화의 대표자라고 할 만한 영화와 스포츠가 본격적으로 시장을 형성하기 시작한 때였고, 대중매체들도 월간지와 주간지로 분화되기 시작한 때였다. 동시에 민주화에 대한 열망이 최고조로 치닫던 때기도 했는데, 1970년대 학생운동은 1980년대로 이어져 전국대학생대표자협의회(전대협)를 결성하기에 이른다. 이런 분위기에서 1970년대의 포크는 정치적 탄압과 대학생의 자의식이라는 맥락으로 민중가요로 분화되었지만, 록은 미디어 산업에 포섭되며 대학 내부로 진입하지 못했다. 이런 차이는 1980년대의 20대와 10대가 향유하던 음악의 차이이자 1990년대 신세대가 등장하는 배경으로도 작동했다. 게다가 이것은 단지 포크/민중가요와 록에 국한되지도 않았다. 1980년대에 비약적으로 발전한 발라드와 댄스음악은 록과 경쟁하거나 혼합되며 상업적 성과를 거두기 시작했고, 반자본 반독재 투쟁을 기치로 삼은 대학 문화운동 진영과 대치하게 된다. 1987년 6월 항쟁과 1989년 전교조 투쟁, 1991년 문민정부 수립 이후에도 이런 대중문화와 상업문화의 이분법은 지속되었다.

이런 맥락에서 대학과 방송가, 언더그라운드, 나이트클럽 등으로 분화된 시장이 형성되었다. 대학 내에서도 결연한 정치적 언어를 획득하지 못한 부류는 언더그라운드의 다소 낭만적인 사운드와 공명했고, 정치적 관심이 덜했던 10대들은 방송에 등장하는 발라드, 댄스 가수에 열광했다. 도시 노동계급 청년들의 여가 공간으로 자리 잡은 나이트클럽(밤무대)은 언더그라운드 밴드와 디제이의 생계의 터전이자 1980년대 대도시 하위문화의 상징으로 자리 잡았다. 특히 할리우드의 지배력 아래에서 10대를 중심으로 팝 음악의 비중이 높아졌는데, 이것은 1980년대 말 유아이피(UIP) 직배 이후 본격적으로 미국 영화와 음악을 일상적으로 듣고 자란 세대가 전면에 등장하는 배경이 되기도 했다. 요컨대 이 시기를 기점으로 10대와 20대의 취향이 비교적 명확히 구분되기 시작했으며, 또한 20대 내부에서도 그 차이가 가시화되었다.

1980년대 대중음악의 가장 큰 특징은 10대 취향 가수(하이틴 가수)의 등장이었다. 1986년 데뷔한 김완선은 산울림의 김창훈이 전곡을 작사 작곡한 1집 〈오늘밤〉으로 큰 반향을 일으켰는데, 브레이크 댄스, 허슬, 로봇춤 등을 선보이고, 빼어난 외모로 각종 잡지의 표지 모델을 장식했을 뿐 아니라 그해 신인상을 휩쓸었다. 또한 그녀는 다른 하이틴 가수들과는 달리 싱어송라이터로 유명한, 그럼에도 1975년 대마초 파동의 여파로 활동에 제약이 컸던 작곡가들의 음악으로 활동했는데, 1987년에 발표한 「리듬 속의 그 춤을」은 신중현의 곡이었고 1988년의 「이젠 잊기로 해요」는 이장희의 곡이었다. 1989년 4집에서는 손무현과 윤상이 참여한 백밴드를 구성하기도 했고, 1990년 5집에서는 손무현의 「삐에로는 우릴 보고 웃지」로 100만 장 판매를 기록하기도 했다. 김완선 이후 가요계에 하이틴 스타들이 대거 늘어난 것도 상징적이다. 김승진, 박혜성, 소방차, 문희옥, 박남정, 이지연 등은 1986년부터 1989년 사이에 데뷔한 이들로서, 1990년대 댄스가요의 열풍을 주도하거나 그 기반을 닦았던 가수들이었다.

한편 1980년대의 중장년층은 대중음악이 10대를 겨냥하며 변해가는 과정을 지켜보았다. 1970년대에는 포크와 록이, 1980년대에는 발라드와 댄스음악이 등장하는 것을 본 1960년대의 청년 세대는 충분히 소외감을 느꼈을 법하다. '한강의 기적'으로 일컬어진 경제발전의 주체이자 평균 4인 가족의 가장인 이들은 젊은 시절에 고향을 떠나 도시 거주 중산층이 되고자 애써왔다. 부동산과 주식으로 빠른 신분상승의 욕구와 그에 실현 가능성이 커진 상황에서 이들에게 여가는 휴식과 위로보다는 쾌락과 유흥에 가까웠다. 1984년 주현미의 「쌍쌍파티」가 큰 인기를 얻은 것이 상징적인데, 이 빠르게 반복되는 메들리 앨범의 히트는 트로트를 비극적인 세계의 배경음악이 아닌 산업사회의 부속품으로 살아가는 세대의 잉여시간을 위한 배경음악으로 자리 잡게 했다. 또한 이 세대들에게는 1987년 6월항쟁만큼 1988년 서울올림픽 개최도 감격적인 순간이었는데, 1988년에 발표한 조용필의 「서울 서울 서울」에 등장한 공간은 이전 시대 나훈아와 이미자의 노래에 등장한 서울과는 다른 질감을 선사했다. 고향을 떠나 타지에서 고생하는 설움의 공간이 아닌 미적으로 깔끔한 고층빌딩과 아파트가 늘어선 대도시 서울을 위한 찬가는 전두환 정권의 선전 이데올로기와 비슷하면서도 다른 맥락에서 도시 중장년층의 감수성을 자극했다. 무엇보다 이런 중장년층 가요와 트로트의 변화는 1990년대 기성세대의 음악이 조금 더 적극적으로 장르와 세대를 수용하는 방향으로 변화하는 단서이기도 했다.

4. 1990년대: '신인류'의 탄생과 취향의 공동체

　1990년대는 세대가 향유하던 문화의 차이가 비교적 선명하게 드러났을 뿐 아니라 문화적 경험의 차이가 짧아진 시대였다. 1970년대와 1980년대의 대중문화를 향유하던 청년 세대가 대학생과 고등학생 정도로 구분된 것에 비해 1990년대에는 초등학생과 중학생, 고등학생과 대학생이 향유하는 문화가 모두 달랐다. 특히 1987년 전교조 설립을 경험한 당시 중고등학생들은 〈행복은 성적순이 아니잖아요〉(1989)를 히트시키는 데 일조하며 자의식 강한 10대로 자리 잡았다.

　1961년부터 32년간 지속되어온 군부독재 정권은 1992년 12월 대통령 직선제를 통해 문민정부 수립으로 종결되었다. 이후 1990년대의 중요한 변화들은 문민정부와 함께 시작되었는데, 먼저 방송법 개정으로 민영방송 설립이 가능하게 되었고, 이에 따라 서울방송(SBS)이 1991년 3월 20일에 개국했다. 또한 1991년부터 케이블 방송이 시험 방송되었고 1995년부터 본격적인 방송을 시작했다. 또한 일본문화 개방에 대한 논의도 지속적으로 이뤄졌는데, 우선 1990년 출판부문에서 부분 개방이 가능해지며 1987년 이후 불법 유통되던 『드래곤볼』을 필두로 일본 출판 만화들이 정식으로 출간되었다. 이를 토대로 일본의 애니메이션과 만화 동인지 등이 10대 하위문화로 자리 잡기 시작했는데, 이 하위문화 공동체는 사이버 공간을 토대로 확산될 수 있었다. 1980년대 후반부터 가속화된 개인 컴퓨터의 보급률은 이미 그 당시 게시판 등을 제공한 천리안과 하이텔 서비스를 보편화시켰고, 1994년에는 나우누리, 1996년에는 유니텔이 가세하며 본격적인 피시(PC)통신 시대를 열었다. 사이버 공간에서 구축된 취향의 공동체는 영화와 음악을 비롯해 만화, 애니메이션, 게임, SF소설 등의 대중문화의 하위 장르를 공유하고 향유할 뿐 아니라 창작과 비평이 자생적으로 이뤄질 수 있는 토대를 제공했다. 이것은 적어도 IMF 체제로 전환되기 전까지, 1990년부터 1996년까지 한국의 대중문화

밀리언셀러를 기록한 015B 3집(1992)의 표지. 하우스 음악을 시도한 타이틀곡인 「아주 오래된 연인들」은 솔직하고 냉소적인 가사로 큰 인기를 얻었고, 비슷한 시기에 개봉한 영화 〈결혼 이야기〉와 함께 신세대 연애관에 대한 담론을 촉발시키기도 했다.

뉴잭스윙

뉴잭스윙(new jack swing)은 1980년대 후반에 프로듀서 테디 라일리(Teddy Riley)가 창시해 크게 유행한 댄스풍의 알앤비다.

를 이해하는 데 중요한 배경일 것이다.

1990년대의 시작과 함께 대중음악계는 두 가지 중요한 사건을 겪었다. 1992년 뉴키즈온더블록의 내한공연과 같은 해 데뷔한 서태지와 아이들이다. 잠실올림픽체조경기장에서 열린 뉴키즈온더블록의 내한공연에는 1만 6,000여 명의 10대들이 몰렸고, 안전장치도 없이 수용인원을 몇 배나 초과한 탓에 일대 혼란이 일었다. 그 와중에 한 명이 압사하는 사고가 벌어졌고, 당시 언론은 '광란'이라는 말까지 써가며 10대들을 엄중히 꾸짖는 분위기가 형성되었다. 그에 대한 반박과 비판이 거듭되며 이른바 '신세대' 논쟁이 벌어졌는데, 그 와중에 서태지와 아이들이 혜성같이 등장했다. 서태지와 아이들의 「난 알아요」는 당시 미국 음악계의 최신 조류라고 할 수 있는 뉴잭스윙 스타일의 흑인음악을 기반으로 하면서도 록 기타와 한국어 랩이 자유롭게 뒤섞이는 파격을 선보였다. 자유분방한 이미지와 직설적인 무대 매너와 그에 대한 열광적 호응이 신세대의 사고방식에 대한 사회적 논의를 야기했다면, 이미 1990년에 데뷔한 015B의 3집 〈The Third Wave〉(1992)의 타이틀곡 「아주 오래된 연인들」의 히트는 비슷한 시기에 개봉한 〈결혼 이야기〉와 함께 신세대 연애관에 대한 담론을 촉발시키기도 했다. 개인적이고 탈정치적이며 소비지향적인 세대로 규정된 '신세대'는 이후 한국의 세대론에 중요한 기점으로 작용했다.

애초에 신세대란 말은 X세대와 혼용되던 말이었다. 캐나다 작가 더글러스 쿠플랜드가 1991년에 발표한 소설 『Generation X: Tales for an Accelerated Culture』에서 처음 사용된 이 말은 '정의할 수 없는 세대', 즉 이전 세대의 가치관과 문화를 거부하는 이질적 집단을 의미했다. 한국에서는 1990년대 초반에 대학을 다녔거나 졸업한 사람 혹은 1990년대에 등장한 새로운 문화적 경험과 감수성을 지닌 20대를 가리키는 용어로 사용되었다. 마케팅에서도 중요하게 다뤄지며 '주위의 눈치를 보지 않는 개성파, 경제적 풍요 속에 성장했던 세대로 경제적으로 원하는 것은 무엇이든 얻을 수 있었던 세대'로 정의된(제일기획, 2006) X세대는 1993년 아모레 화장품의 남성 전용 화장품 광고에서 처음 공식적으로 등장한 이후 1994년부터 신문기사와 인터뷰 등에서 신세대라는 용어를 대체할 정도로 늘어났다. 이들은 1989년 해외여행 자율화 정책의 실제 수혜자로서 배낭여행과 어학연수를 본격적으로 경험했을 뿐 아니라 1990년 이후 대중화된 개인무선호출기(삐삐)를 통해 타인과 소통하던 세대였다. 또한 TV드라마 〈질투〉와 〈마지막 승부〉, 이노우에 다케히코의 『슬램덩크』와 왕가위의 〈중경삼림〉을 동시대적으로 소비하며 새로운 대중문화의 감수성을 환영하고 확산시킨 주체기도 했다. 이런 세대들에게 서태지와 아이들은 음악을 통해 자신들의 정체성을 대변하는 존재로서의 성격이 강했다. 특히 서태지가 고교를 중퇴했다는 점, 헤비메탈 그룹 시나위의 멤버였다는 점, 그리고 「교실 이데아」나 「필승」, 「시대유감」 등의 곡을 통해 사회와 체제 비판적인 메시지를 전달했다는 점에서 서태지는 '문화 대통령'이라고 불리며 막대한 영향력을 행사할 수 있었다.

이런 배경에서 서태지와 아이들이 뒤를 이어 1993년에 발표한 듀스(Deux)의 데뷔곡 「나를 돌아봐」와 015B 4집의 타이틀곡 「신인류의 사랑」이 1990년대가 신세대의 시대임을 선언하는 곡이었다면, 1996년 서태지와 아이들의 은퇴 이후 가요계는 그나마 장르별로 세대의 여러 취향이 각축을 벌이던 장이 무너지고 10대 청중을 겨냥한 댄스음악이 다른 장르를 잠식하거나 지배하는 양상을 보이게 된다. 1990년에 이미 뉴 잭스윙을 표방한 현진영 1집을 발표하며 시대의 변화를 감지했던 SM기획은 1996년과 1997년 H.O.T.와 S.E.S.를 연속으로 데뷔시키며 '아이돌'이라는 말을 등장시켰고 10대 중심의 가요계를 주도했다.

장년층의 음악도 바뀌었다. 1990년부터 '뉴트로트'로 불리던 태진아의 「옥경이」, 김지애의 「얄미운 사랑」 등은 1993년 이무송의 「사는 게 뭔지」로 맥을 이으며 청년 세대의 호응을 얻었고, 1994년 드라마 〈서울의 달〉에 삽입되어 대중적 인기를 얻은 김혜연의 「서울, 대전, 대구, 부산 찍고」는 댄스 트로트를 표방하기도 했는데, 1996년에 이르러서는 아예 '신세대 트로트'라는 명칭으로 불리며 댄스 리듬과 트로트를 결합하는 방향으로 변화했다. 김혜연, 진시몬 등의 젊은 가수들이 트로트 가수로 전향하거나 진입한 것도 영향을 줬는데, 이런 경향은 이후 장윤정과 박현빈의 등장으로 이어지기도 했다.

하지만 1990년대 가요계에서 빼놓을 수 없는 것은 신승훈과 김건모다. 1990년 11월 「미소 속에 비친 그대」로 데뷔한 신승훈은 1991년 2집의 타이틀곡인 「보이지 않는 사랑」으로 SBS 〈인기가요〉에서 총 14주 동안 1위를 기록[1]해 한국 기네스북에 올랐다. 1998년에 발표한 6집은 발표 당시 밀리언셀러를 기록했을 뿐 아니라 6년 동안 누적 판매량 1,000만 장을 기록하며 아시아 최단기간이라는 기록을 세워 빌보드 인터내셔널에 실리기도 했다. 한국 최초로 정규앨범 연속 일곱 장의 밀리언셀러를 기록한 신승훈은 조용필과 마찬가지로 모든 세대를 아우르는 싱어송라이터로 자리 잡았다. 그와 경쟁구도를 형성한 김건모는 1992년에 「잠 못 드는 밤 비는 내리고」로 데뷔해 26세의 나이로 신인가수상을 수상했으며, 1993년에 「핑계」와 1995년 「잘못된 만남」으로 신세대 가요의 선두주자로 자리 잡았다. 서태지와 아이들이 파격적이었다면 신승훈과 김

---

1   1992년 1월 28일부터 4월 28일까지

건모는 1980년대에 형성된 클래시컬한 스타일의 발라드와 댄스음악의 형식을 기반으로 다양한 장르를 적절하게 선보이며 대중적 인기를 얻을 수 있었다. 「보이지 않는 사랑」은 신승훈의 미성을 더욱 돋보이게 하는 화성이 주로 사용되면서도 독일어 인트로를 삽입해 이국적인 분위기가 물씬 풍기는 발라드였다. 비극적 사랑의 감정에 취한 자기연민이 강조된다는 점에서 1980년대의 변진섭이 유행시킨 발라드의 연장에 있기도 했다. 김건모의 「핑계」는 댄스음악이면서도 당시 서태지와 아이들이 유행시킨 과격한 록 비트를 배제하고 레게를 도입해 중장년층도 쉽게 감정이입할 수 있는 음악을 선보였다. 여기에 김건모의 독특한 음색과 코믹한 외모와 언변은 기존 가요, 가수와의 차별성을 강조하는 데 기여했다. 두 사람은 1990년대를 통틀어 발라드와 댄스음악의 지분을 나눠가졌는데, 2000년 이후 본격적으로 분화되고 특화된 음악 산업과 유리되고, 또 신승훈의 경우 국내보다 해외 활동의 비중을 높이며 국내 시장의 주도권을 잃게 되었다.

물론 1990년대가 10대 중심의 음악시장으로 재편되었다고 해도 중장년층을 위한 음악은 소극장과 방송가를 중심으로 존재했다. 1980년대 언더그라운드를 대표하던 김광석, 신촌블루스를 비롯해 민중가요와 언더그라운드의 경계에 위치한 안치환 등은 대학로의 소극장과 대학 축제를 중심으로 활동했고, KBS에서는 1990년에 이런 흐름을 수용한 라이브 음악방송 〈노영심의 작은 음악회〉를 제작했다. 이 프로그램은 2012년 현재 〈유희열의 스케치북〉으로 맥을 잇고 있는데, 1970년대에 포크음악을 접하고 1980년대에 발라드를 듣고 자란 세대와 공명하며 10대 중심의 댄스음악과는 다른, 어쿠스틱 라이브 중심의 음악을 제공했다. 한영애, 신효범, 김광석, 정경화, 동물원, 전인권, 봄여름가을겨울 등이 주로 출연한 이 프로그램은 주류 가요들과 뚜렷하게 선을 그으며 '어쿠스틱 사운드의 진정성'이라고 할 만한 것을 만들어냈다. 요컨대 댄스음악은 삶의 진정성이 부족하고 가벼운 음악이라는 이데올로기 형성에 기여했는데, 이는 결과적으로 당시 댄스음악을 바라보는 기성세대의 관점과 거의 동일했다.

한편 1990년대의 댄스가요 열풍은 갈수록 높아지는 BPM을 견딜 수 있는 물리적 조건으로 대중음악의 수용자를 구분하도록 만들었다. 특정 연령대의 수용자들이 피로해서 듣지 못하는 음악이 나타나게 된 것이다. 하지만 갈수록 빨라지는 댄스음악에 피로감을 느낀 이 시기의 30대는 트로트가 아닌 포크와 록의 구매고객으로 다시금 부상했다. 이는 1996년 IMF 이후 찾아온 음반시장의 침체기에 '7080' 시리즈로 명명된 편집앨범의 시장이 형성된 배경이기도 하다. 1995년 팝송 시장에서 가장 많이 팔린 앨범은 팝송 편집앨범인 〈NOW〉 1집이었다. 이후 등장한 〈MAX〉 시리즈와 함께 포크와 고고, 캠퍼스 록을 아우르는 대학가요제 수상 곡들과 1980년대 발라드를 총망라한 〈명작〉 시리즈가 등장했고, 이어서 〈걸작〉, 〈보석〉, 〈추억 만들기〉, 〈고고박스〉 등의 시리즈가 연달아 발매되었다. 이 편집앨범들은 1990년대 후반 높은 판매량을 기록하며 2002년의 〈연가〉 시리즈의 성공으로 이어졌다. 한국 대중음악사에서 1990년대는 서태지와 아이들의 등장과 10대 구매층의 발견이라는 점에서도 중요하지만, 한편 1970년대 포크와 록을 경험한 세대가 구매력을 가진 중장년층으로 성장하며 기존의 음악적 세대를 구분 짓던 트로트 시장과 결별하게 되었음을 증명했다는 점에서도 중요할 것이다. 요컨대 대중음악과 세대를 이해하기 위해서는, 문화적 경험은 단절적이지 않고 연속적이며 또한 음악 산업이 새롭게 부상한 구매층의 노스탤지어를 자극하며 구매력을 유지할 수단을 찾는다는 관점이 필요하다. 이 관점은 2010년을 전후로 불기 시작한 '세시봉 열풍'과 '1990년대 가요'의 유행, 그리고 오디션 프로그램과 리메이크 제작의 유행과도 연관될 수 있다.

BPM

BPM이란 'Beats Per Minute'의 약어로 1분당 음악의 속도를 숫자로 표시한 것이다. 그 수가 높을수록 빠른 속도를 가리킨다. 100BPM 정도를 보통빠르기(모데라토)로 보는데, 최근의 한국 아이돌 팝은 대개 150BPM 이상이다.

디시인사이드

디시인사이드란 '디지털카메라 인사이드'의 줄임말로 2000년, 각종 디지털카메라와 주변 기기의 리뷰 사이트로 출발했다. 점차 게시판의 영향력이 커져 현재는 인터넷 하위문화를 대표하는 커뮤니티로 자리 잡았다. 장기하의 경우 2008년 10월에 '코미디프로그램 갤러리'와 '합성 갤러리'에서 등장한 「달이 차오른다 가자」의 안무를 활용한 '움짤'(게시물이 삭제되지 않도록 하려고 올리는 '움직이는 짤림방지용 이미지나 플래시 이미지'를 뜻한다)이 큰 반향을 일으켰는데, 이 인기를 토대로 12월에는 인디 밴드 최초로 단독 갤러리가 만들어졌다.

5. 2000년대: 미디어 영향력의 증대와 취향의 순환구조

1990년대 이전까지의 세대론이 이데올로기에 천착했다면, 2000년 이후의 세대론은 경제문제로 수렴된다. '88만 원 세대'가 대표적이다. 이 표현은 2007년 경제학자 우석훈과 ≪월간 말≫ 기자 출신 블로거 박권일이 쓴 책『88만 원 세대』에서 시작되었다. 이 책에서는 한국 비정규직의 평균 임금인 119만 원에 20대의 평균 소득 비율 74퍼센트를 곱해서 산출한 금액인 88만 원을, 대학 졸업 후에도 비정규직으로 일하는 20대의 평균 소득이라고 설명했다. 이런 조건에 놓인 20대는 구조적으로 자기 삶에 대한 결정권을 박탈당했다는 논지를 이어나갔다. 88만 원 세대론의 배경에는 1990년대 이후 신자유주의 정책의 흐름 아래 대학과 대학생이 양적으로 늘어났음에도 지속된 경제 불황과 고용 불안이 존재한다. 상업 자본에 길들여지고 소비계층으로만 전락한 이들은 기성세대로부터 경제적 빈곤만을 물려받은 채 경제적 자립이 불가능한 상태로 성인이 되는 세대였다. 물론 이 책은 그런 그들에게 이 문제는 개인의 탓이 아니라고 말하고 싶어했다. 하지만 결과적으로 2007년 이후 청년 세대는 '88만 원 세대'라는 말을 부정하고자 하는 욕망을 수시로 드러냈다. 장기하가 「싸구려 커피」로 데뷔하고 대중적 돌파를 이뤄낸 2009년의 상황은 그에 대한 단면을 보여준다.

이 노래는 등장했을 당시에는 큰 반향을 얻지 못했다. CD 500장만을 제작해 인디 음반을 전문으로 다루는 단 한 개의 음반점과 붕가붕가레코드의 홈페이지를 통해서만 판매했기 때문이다. 하지만 장기하가 EBS 〈스페이스 공감〉에 등장하고, 그 무대에서 「달이 차오른다, 가자」의 키치적인 안무를 선보이자 관련 영상이 인터넷사이트 디시인사이드를 통해 광범위하게 유통되며 대중적으로 큰 인기를 얻었다. 정작 「싸구려 커피」는 그 후에 화제가 되었지만 주류 언론과 비평은 「싸구려 커피」의 정서를 '88만 원 세대의 송가'라는 관점과 연관지었다. 이 노래는 미래에 대한 불안과 가난한 20대의 무기력함을 해학적인 창법으로 승화시키며 '싸구려 커피'와 '발이 쩍 붙었다 떨어지는 장판'에 빗댔다고 평가받았지만 장기하 본인을 비롯해 20대 당사자 대부분은 그런 식의 해석을 거부하는 경향이 강했다. 이것은 '88만 원 세대'라는 용어에 대한 거부감과 위트와 유머를 '정치적으로' 확대해석하는 기성세대에 대한 반감이 '쿨'하게 결합한 결과라고 볼 수 있다. 이때 21세기 한국의 10대와 20대에게는 자조적인 위트가 그 어느 때보다 중요한 키워드가 될 수 있을 것이다.

1990년대 중반, 서태지와 아이들의 팬덤은 '마니아'라는 이름을 부여받았다. 마침 유행한 애니메이션 〈에반게리온〉과 함께 제작사 가이낙스와 안노 히데아키 감독에 대해서도 마니아란 칭호가 따라붙었다. '열정적으로 한 우물을 파는 인물' 정도로 해석된 이 말은 국제적으로 경쟁력 있는 대중문화를 생산할 만한 인적 자원으로도 이해되었다. 2000년 일본에서 소기의 성과를 거둔 보아에 대해서도 마찬가지 시선이 존재했다. 그녀는 정규교육을 포기한 채 자신의 재능에 '올인'한 신세대 가수였고 SM엔터테인먼트는 삼성처럼 세계 시장을 정복한 기업이었다. 음악 마니아, 만화 마니아, 영화 마니아라는 말이 1990년대 후반의 청년들 사이에서 유행처럼 번졌다. 그러나 2000년 이후 상황은 바뀌었다. 인터넷이 보편화되고 디시인사이드를 필두로 '엽기' 문화가 광범위하게 퍼지면서 '마니아'는 '오타쿠'로 대체되었다. 그리고 '오타쿠'는 '오덕'으로 바뀌었다. '오덕'은 경우에 따라 '잉여'의 다른 표현으로도 쓰이는데 둘 다 비생산적이거나 반사회적인 인물들을 의미한다. 한마디로 '사람 구실 못하는 존재'인 셈이다.

하지만 이 호칭이 대부분의 경우 자조나 자학의 형태로 드러났다는 게 중요하다. 2000년 이후의 세대는 스스로를 '잉여'라고 부르고 또래 공동체와 조금만 다른 취향을 가져도 '오덕'이라고 불리는 세대다. 자학과 혐오를 자기정체성의 기반으로 삼았다는 점에서 한편 폐쇄적으로 보일 수도 있는데, 우선은 장기하의 「싸구려 커피」의 대중성이 바로 그 맥락

오타쿠

오타쿠(オタク)란 '한 가지 분야에 몰입하는 사람'을 뜻하는 일본어로, 상대의 높임말인 '미야케'(귀댁, 御宅)에서 유래했다. 초기에는 '애니메이션, SF영화 같은 특정 취미에는 통달했으나 사교성이 결여된 인물'이라는 뜻으로 쓰이다가 1990년대 이후부터 '특정 취미에 강한 사람이나 전문가'라는 의미도 가지게 되었다. 일본에서는 1983년 칼럼니스트 나카모리 아키오(中森明夫)가 잡지 로리콘만가(ロリコンマンガ)에 연재한 칼럼에서 처음 사용된 후에 대중화되었고 현재는 하위문화의 대표적인 용어로 자리 잡았다. 한국에서는 '오타쿠'를 변형해서 '오덕후'라고 쓰기도 한다. 일본 애니메이션 팬을 비하하는 뜻이 더 크다. '오덕후'를 줄여 '덕후'라고도 하는데, 그럴 경우 볼품없는 외모나 외골수적인 성격, 남다른 취향을 가진 사람을 모두 아우르기도 한다.

인터넷을 통해 입소문을 타며 큰 인기를 얻은 「싸구려 커피」
가 담긴 장기하의 EP. 이 앨범은 발매사인 붕가붕가레코드에
서 직접 컴퓨터로 CD를 구워 포장해 판매하는 '수공업 소형
음반' 형태로 화제가 되었다.

에서 이해될 수 있다는 걸 언급해야 할 것 같다. 「싸구려 커피」의 유머
는 물론 다분히 사회비판적이지만 동시에 자학개그로서 기능했고, 그
점에서 동시대 청년들의 공감을 얻었다. 그와 동시에 장기하가 사실 서
울대생이며 노랫말과 같은 상황은 경험하지 못했다는 사실도 공개되었
지만 오히려 그 덕에 장기하는 더 큰 화제가 될 수 있었고, 1970년대 산
울림과 토킹헤즈의 사운드를 탐구한 음악, 다시 말해 '지금의 것처럼 들
리지 않는 음악'으로 대중적 기반을 얻었다. 시간이 갈수록 장기하는 '엉
뚱한 인디 음악가'에서 '성공한 인디 음악가'로 이해되었는데, 그의 정체
성과 음악이 현재진행형이라는 점에서 이후 그가 어떤 지위와 영향력을
얻게 될지 무척 궁금해지는 대목이다.

한편 2000년대는 장기하로 대변되는 인디 신(scene)의 분화가 가시적
으로 드러난 시기이기도 하다. 1996년을 전후로 홍대 앞에서 촉발된 인
디 신은 펑크와 모던록, 포스트록과 일렉트로니카, 애시드 하우스와 하
드코어 등이 뒤섞여 존재했고 크라잉넛, 노브레인, 델리스파이스, 언니
네이발관 등과 같은 밴드들이 등장해 기존 가요와는 상당히 다른 지점
의 음악을 선보였다. 밴드와 팬덤, 레이블과 마켓이 혼재한 신은 2002년
월드컵을 기점으로 서서히 변화했는데, 홍대 앞이라는 공간은 인디 록
뿐 아니라 세대와 취향이 충돌하거나 안락하게 보호되는 공간으로 자리
잡기 시작했다. 1980년대 말부터 1990년대 초반까지 홍대를 드나들던

세대와 1996년 이후에 홍대에 유입된 세대, 그리고 2002년 이후에 홍대로 유입되고 또 2007년 이후에 홍대 앞의 향유자가 된 이들은 모두 다른 위치와 처지에서 인디 록과 주류 음악을 소비했는데, 2010년을 전후로 '홍대 앞 상업화'에 대한 토론회나 담론이 자주 등장한 것에는 이런 배경이 존재할 것이다.

2000년대는 공간을 중심으로 세대구분이 시작된 시대이기도 하다. 물리적으로는 홍대 앞이, 사이버공간에서는 소리바다가 각각 그 맥락을 반영했다. 소리바다는 사용자들이 프로그램에 접속하는 것만으로 MP3 포맷의 음악파일을 직접 교환할 수 있게 고안된 서비스였는데, 2000년 이후의 음악 시장을 지배한 용어들, 요컨대 P2P 프로그램, 저작권, 음원 시장, 유통업체의 복잡하게 얽힌 상황을 상징하는 이름이기도 했다. 2006년 전면 유료화를 선언하기 전까지 소리바다는 법적 분쟁에 시달렸지만, 서비스의 개발자이자 소리바다의 이사로 재직 중인 양정환은 '이전에는 없던 음악 커뮤니티를 꿈꿨다'고 고백한다(양정환·김태훈, 2011). 그것은 전 세대가 음악으로 소통하고 취향의 공동체를 발견하며 독자적인 수익모델을 통해 생산자와 소비자가 직접 만날 수 있는 이상적인 공동체에 가까웠다. 이런 이상향은, 그것이 실제든 아니든 사이버공간이 음악을 토대로 세대 간의 소통에 기여할 수 있으리라는 인터넷 초기의 믿음을 환기한다. 2000년대는 1990년대의 문화적 감수성을 체득한 이들이 청장년층이 되어 실제로 산업구조 안에서 자신의 이상을 실험해보려는 시기였다고 볼 수 있을 것이다.

이것은 또한 감수성과 취향의 영역에서 물리적 공간과도 연관된다. 홍대 앞이라는 공간이 형성된 지 10여 년이 지나자 이 공간을 향유하는 계층에 차이가 생겼고, 더 크게는 취향에 차이가 생기면서 라이브 클럽과 댄스 클럽의 경쟁 구도나 상업적 위협으로부터 기존의 가치를 지키려는 견해도 발생했다. 홍대 앞을 거점으로 내부자와 외부자를 나누는 태도는 인디 록 내부에 대해서도 마찬가지였는데, 그런 관점에서 상업적인 인디 록(대표적으로 요조와 같은 파스텔 뮤직 소속의 음악가들)과 비상업적 인디 록(대표적으로 네눈박이나무밑쑤시기 같은 비트볼 뮤직의 밴드들)이 구분되고 향유되기도 했다. 물론 이런 관점보다 유연한 태도가 더 일반적이었는데, 그들은 대부분 1990년대의 주류 아이돌 음악을 경험하며 팬클럽 활동을 해보기까지 한 세대와 직간접적으로 연관되어 있었다. 그들은 인디 록과 메이저 댄스음악을 동시에 소비하는 삼촌/이모 세대로서 20대 후반과 30대 중반에 걸쳐진 연령대에도 아이돌 음악을 소비하거나 '팬질'을 하는 데 거리낌이 없다는 특징을 가진다. 이때 중요하게 다뤄볼 만한 것은 원더걸스와 소녀시대로 대변되는 주류 댄스음악의 비약적 발전이다.

2007년 「다시 만난 세계」로 데뷔한 소녀시대는 SM엔터테인먼트의 걸 그룹으로 JYP의 원더걸스, DSP미디어의 카라와 YG엔터테인먼트의 2NE1, 내가네트워크의 브라운아이드걸스와 함께 걸 그룹 전성시대를 견인했다. 이들은 기존의 아이돌과 달리 음악적 완성도와 훈련된 안무로 광범위한 대중성을 얻었다. 각각의 차이가 있지만 대부분 음악적 기반이 단단하다는 점이 1990년대의 아이돌 그룹과는 가장 큰 차이였다. 특히 원더걸스의 「Tell Me」와 소녀시대의 「Gee」, 카라의 「미스터」와 2NE1의 「Fire」, 브라운아이드걸스의 「아브라카다브라」는 이트라이브, 히치하이커(롤러코스터의 지누), 스윗튠, 세인트바이너리, 신사동호랭이와 용감한형제 등 신진 작곡가, 프로듀서와 인디 신의 일렉트로니카 음악가들을 포섭하며 음악적 완성도를 이뤘다. 이런 특성 때문에 그전까지 아이돌 음악을 도외시한 20대 이상의 관심을 붙잡을 수 있었는데, 그것은 1980년대와 1990년대에 팝송을 듣고 자랐을 뿐 아니라 서태지와 아이들, 듀스, 신해철, 넥스트, 윤상 등을 통해 새로운 경향의 음악을 동시대적으로 소비했던 세대의 취향이 음악 산업에서 중요해졌음을 상징하는 것이기도 하다. 요컨대 2000년 이후의 전반적인 변화는 1990년대를 경험한 세대들이 기성세대로 자리 잡으면서 발생한 변화이기도 하

다. 아이돌 음악과 함께 인디 록의 생태계가 어느 정도 형성되었을 뿐
아니라 유희열, 김동률, 윤종신 등 1990년대에 등장한 작곡가, 프로듀
서, 가수들이 2000년대 들어 더욱 활발하게 활동하는 현상은 2000년대
의 음악적 기반이 여전히 1990년대 세대에게 상당히 기대고 있음을 시
사하기도 한다.

한편 이 시기의 중장년층은 아이돌 음악과 인디 록에서도 소외된 반
면, TV를 중심으로 재구성되기도 했다. 앞서 언급했듯 1970년대 포크를
경험한 세대는 장년층이 되어서도 트로트를 세대적 기반으로 삼지 않았
다. 오히려 '고급하고 예술적으로' 들리는 발라드의 수요층이 되기도 했
는데, 2000년대의 이들은 오디션과 리얼리티 쇼가 오락 프로그램의 지
배적 양식으로 재현되는 음악 프로그램의 주 시청자로 자리 잡았다. 이
맥락에서 2011년 KBS2의 〈불후의 명곡 2〉나 MBC의 〈나는 가수다〉가
1980년대의 〈가요무대〉의 역할을 대신한다고 볼 수도 있을 것이다. 특
히 〈불후의 명곡 2〉는 1950년대부터 1980년대까지 활동한 작곡가, 싱어
송라이터의 곡들을 레퍼토리로 삼아 2011년 현재 활동하는 젊은 가수들
이 경합을 벌이는 프로그램으로, 가창력이 뛰어나다고 평가받는 가수들
이 기존의 명곡을 편곡해서 부르는 형식의 〈나는 가수다〉와 마찬가지로
리메이크 붐을 일으키기도 했다. 이런 현상은 온라인 음원 시장과 미디
어 산업의 결합으로 아이돌 댄스음악 중심으로 재편된 가요시장에 일종
의 균열을 내기도 했다.

요컨대 2000년대의 음악 시장은 10대와 20대의 취향이 1990년대의
청년 하위문화를 경험한 30대의 취향과 뒤섞이는 한편 포크와 록을 취
향의 토대로 삼은 장년층의 취향이 동시대적으로 순환하는 맥락에 존재
한다. 이런 세대 간 취향의 혼합은 음악시장이 세대별로 어느 정도 구분
되던 이전 시대와는 달라졌음을 의미하기도 한다. 다시 말해 40대 남성
의 음악 다운로드 목록이 30대 여성과 크게 다르지 않을 수 있다는 이야
기다. 〈불후의 명곡 2〉에서 알리가 「킬리만자로의 표범」을 부른 다음날

조용필의 「킬리만자로의 표범」이 음원 차트 상위권에 오르고, 〈나는 가수다〉에서 임재범이 「내가 만약」을 부른 다음날 음원 차트에 윤복희의 「내가 만약」과 임재범의 「내가 만약」이 높은 순위에 오르는 것은 그리 낯설지 않은 일이다. 물론 이 음악을 구매한 계층은 동시에 소녀시대의 신곡이나 티아라의 신곡을 구매할 수도 있다. 음악을 듣고 구입하는 행위에 미디어의 영향력이 더욱 커진다는 점에서 2000년대의 세대와 대중음악과의 관계는 이전과는 다른 방식의 관점을 요구한다.

생각해볼 문제

1. 10년 후에 현재의 대중음악은 어떻게 기억될까?
2. 같은 음악에 대해 왜 20대와 40대의 반응은 차이가 날까?
3. 〈나는 가수다〉와 〈TOP밴드〉, 〈슈퍼스타K〉 같은 서바이벌 형식의 음악 프로그램이 유행하는 현상에 세대의 문제는 어떻게 개입하고 있을까?
4. 지금 좋아하는 음악을 과연 20년 후에도 좋아할 수 있을까?
5. 음악과 세대의 문제에 음악을 듣는 방식 변화는 얼마나 영향을 미칠까? 요컨대 주로 CD로 음악을 듣는 사람과 MP3로 음악을 듣는 사람은 어떤 차이가 있을까?

참고 자료

▶❚■ 읽을 거리

레비틴, 대니얼 J.. 2008. 『뇌의 왈츠』. 장호연 옮김. 마티.

대중음악에 관련된 여러 의문들을 뇌 과학으로 분석한 책.

비케, 페터. 2010.『록 음악: 매스미디어의 미학과 사회학』. 남정우 옮김. 예솔.

록 음악에 대한 대표적인 사회학적 비평서.

셔커, 로이. 1999.『대중음악사전』. 이정엽·장호연 옮김. 한나래.

대중음악에 대한 여러 개념을 쉽게 설명해놓은 책.

신현준·이용우·최지선. 2005.『한국 팝의 고고학 1960』,『한국 팝의 고고학 1970』. 한길아트.

1960/1970년대 한국 팝의 작곡자, 연주자 인터뷰를 통해 당시 한국 대중음악을 통사적으로 분석한 책.

이동연·차우진·최지선 외. 2011.『아이돌: H.O.T.부터 소녀시대까지, 아이돌 문화보고서』. 이매진.

아이돌의 음악적 특징을 비롯해 팬덤, 젠더, 산업 등을 통해 아이돌 팝을 분석하는 비평서.

이영미. 1998.『한국대중가요사』. 시공사.

해방 이후부터 1990년대 말까지 한국 대중가요의 역사를 음악적, 사회적, 역사적 맥락에서 분석한 책.
본문에 인용된 책은 절판되고 2006년에 민속원에서 새로 나왔다.

이영미. 2011.『세시봉, 서태지와 트로트를 부르다』. 두리미디어.

1990년대 이후 한국 대중음악을 세대론적인 관점에서 정리한 책.

프리스, 사이먼 외. 2005.『케임브리지 대중음악의 이해』. 장호연 옮김. 한나래.

산업, 세대, 취향과 젠더 등 대중음악에 대한 여러 이론들을 묶은 책.

▶∥■ 들을 거리

「미인」. 1974. 신중현 작사·작곡, 신중현과 엽전들 노래.

「창밖의 여자」. 1980. 배명숙 작사, 조용필 작곡, 조용필 노래.

「단발머리」. 1980. 박건호 작사, 조용필 작곡, 조용필 노래.

「리듬 속의 그 춤을」. 1987. 신중현 작사·작곡, 김완선 노래.

「어젯밤 이야기」. 1987. 박건호 작사, 이호준 작곡, 소방차 노래.

「미소 속에 비친 그대」. 1991. 신승훈 작사·작곡, 신승훈 노래.

「난 알아요」. 1992. 서태지 작사·작곡, 서태지와 아이들 노래.

「신인류의 사랑」. 1993. 정석원 작사·작곡, 015B 노래.

「싸구려 커피」. 2008. 장기하 작사·작곡, 장기하와 얼굴들 노래.

「Gee」. 2009. 이트라이브 작사·작곡, 소녀시대 노래.

「좋은 날」. 2010. 김이나 작사, 이민수 작곡, 아이유 노래.

대중음악과 정치

서정민갑(대중음악의견가)

주요 개념 및 용어 | 정치, 포크 음악, 민중문화, 이데올로기, 민중가요, 표현의 자유, 검열, 금지곡, 문화부

1. 들어가며

대중음악은 만화, 문학, 미술, 연극, 영화, 춤 같은 예술장르와 마찬가지로 다양한 소재를 빌려 다양한 주제를 각각의 예술 언어로 자유롭게 표현한다. 대중음악 안에는 사랑도 있고 이별도 있으며 일상의 즐거움과 슬픔도 있다. 대중음악은 이처럼 인간이 경험하는 사적이거나 사회적인 사건들을 소재로 창작자의 감정과 세계관을 폭넓게 표현한다. 대중음악이 표현하는 소재와 주제는 대개 미시적이고 일상적이다. 하지만 사회적이고 정치적인 소재와 주제라는 거시적 담론을 표현한 경우도 적지 않다.

100여 년에 이르는 대중음악의 역사는 한두 소재와 주제, 장르가 강력하게 지배하며 단일하게 구성되지 않았다. 다른 예술장르와 마찬가지로 대중음악의 역사 역시 다양한 소재와 주제, 장르가 광범위하게 생산

되고 복잡하게 교차하며 구성되었다. 예술이 기본적으로 인간의 삶을 직간접적으로 반영하는 양식이기 때문이다. 인간의 삶에는 감성적인 반응만이 존재하는 것이 아니다. 인간의 삶에는 정치와 경제, 사회, 과학 같은 사회적 구조들이 기본 토대로 작동해야만 한다. 그래서 예술 속에는 한 사회를 운영하는 기초로서 인간의 삶 속에 존재할 수밖에 없는 정치, 경제, 사회 같은 요소들이 투영되고 반영되어 표현된다. 예술을 통해 현실의 구조와 사건을 기록하고 형상화하며, 작품이 수용자를 통해 확산되는 과정을 통해 정치와 사회 등의 현실과 담론은 인간의 삶 속에서 더욱 생생해지고 의미를 부여받게 된다. 피카소의 〈게르니카〉와 조정래의 『태백산맥』을 통해 특정한 역사적 사건이 훨씬 많은 이들에게 알려지고 의미화되었던 것을 예로 들 수 있다. 예술이 정치와 밀접한 경우는 많다. 예술이 예술가 개인의 독립적인 창작물이라고 보는 견해도 있지만 예술가 자신이 사회 밖에서 고립되어 살아가는 존재가 아닌 이상 모든 예술가의 창작 속에 사회적 현실과 정치적인 상황은 직간접적으로 반영될 수밖에 없다.

하지만 정치와 예술이 연계되는 것은 정치적 현상과 사건이 작품으로 창작되고 향유되는 것만을 일컫는 것이 아니다. 정치와 예술이 작품으로 반영되는 것이 한 축이라면 문화 예술에 대해 국가가 개입하는 것은 정치와 예술이 만나는 또 다른 축이다. 한 국가를 운영하는 국가와 시민사회는 국가의 문화적 역량과 시민의 문화적 향유 등을 위해 다양한 제도와 지원으로 문화예술에 개입한다. 교육과 방송, 창작 등에 대한 직간접적 지원을 통해 문화예술 활동을 북돋우는 것이다. 또한 특정한 국가의 통치 이데올로기를 실현하기 위해 지배 권력이 직간접적으로 문화예술을 강제하기도 하고 금지하고 억압하기도 한다. 억압적 사회일수록 문화예술에 대한 개입은 강력하다. 정반대의 개입에서도 문화예술과 정치의 관계는 긴밀하다.

이러한 사실을 바탕으로 대중음악과 정치가 밀접하게 연결되는 지점들을 살펴보며 대중음악과 정치의 상관관계를 파악해보자. 대중음악 작품에 대한 분석에만 그치지 않고 대중음악 환경에 국가가 영향을 미치는 정책적인 개입까지 포괄함으로써 대중음악과 정치의 상관관계를 종합적으로 인식해보자.

2. 대중음악, 정치를 표현하다

1) 국외의 사례

주요 대중음악 장르가 탄생하고 대중음악의 흐름을 주도하고 있는 국가는 영국과 미국이다. 그러므로 음악과 정치에 대한 상관관계를 정리하는 국외의 대상을 영국과 미국의 대중음악으로 집중한다. 영미권 대중음악 작품들을 통해 음악 속에 당대의 정치적 현실이 어떻게 반영되고 표현되었는지를 확인할 수 있다.

(1) 포크 음악

대중음악 가운데 가장 적극적으로 정치적인 메시지를 표현하고 정치적인 행동에 참여한 장르는 포크이다. 미국에서 시작된 포크 음악은 아메리칸 포크(American folk)라고 불린다. 포크 음악의 원뜻이 민요라는 뜻이라는 점을 감안하면 미국에 원래부터 거주하던 원주민인 인디언들이 부르는 노래가 진정한 아메리칸 포크일 것이다. 하지만 인디언들을 내쫓고 북미의 주인이 된 백인들이 영국에서 가져온 노래들이 아메리칸 포크라는 이름으로 불리게 되었다. 영국에서 건너온 백인들의 포크는 주로 기타와 밴조(banjo)로 연주되었으며 애팔래치아 산맥 부근 지역, 그러니까 뉴욕부터 웨스트버지니아 사이 지역에서 불렸다. 그래서 16~17세기의 엘리자베스 여왕 시절의 잉글리시, 스코티시, 아이리시 민요들이 비교적 순수한 형태로 남아 있었다.

민중이 자신들의 삶을 담아 소박하게 불렀던 포크 음악이 사회적으로 주목받기 시작한 것은 1930년대부터이다. 1929년에 시작된 미국의 경제 대공황 이후 찰스 시거(Charles Seeger), 존 로맥스(John Lomax), 앨런 로맥스(Alan Lomax) 부자 같은 미국의 급진주의자들이 불황과 실업으로 인한 빈곤에 대한 문화적 저항의 일환으로 구전문화와 민중문화를 탐구했기 때문이다. 이러한 움직임은 당시 경제 대공황으로 인해 미국의 산업화가 얼마나 허약하고 비인간적인지를 확인하고 이에 대한 대안을 모색하는 과정에서 일어났다. 영국의 문화주의자들이 1930년대 영국 노동자 계급의 문화를 긍정적인 대안으로 가치를 부여하고 1950년대 대량 생산된 대중문화를 부정적으로 평가한 것처럼 미국의 급진적인 문화연구자들도 1930년대 이전에 전통으로 형성된 구전 민속·민중문화를 대안으로 평가한 것이다. 그래서 대공황이라는 엄청난 사회적 위기 사태가 벌어진 당시 미국의 산업화된 현실에서 사회적 대안을 찾지 않고 산업화 이전의 공동체적인 문화에서 대안적인 가치를 발견하고자 했다.

그 결과 과거의 음악이었던 포크 음악은 과거의 건강하고 공동체적인 문화적 가치를 담고 있는 음악이며 현재에도 계승되고 현재화되고 확산되어야 할 음악적 가치를 지닌 것으로 재평가되었다. 당시의 급진주의자들이 자본주의가 급격하게 발전하고 대중문화가 대량문화로 본격화되고 있는 상황에서 대중문화에 대한 가치를 대중문화와 민중문화로 양분했기 때문이다. 그들은 대중문화는 상업적이고 개인적인 데 반해 민중문화는 비상업적이고 공동체적인 음악으로서의 가치를 지니고 있다고 보았다. 특히 포크는 이러한 민중문화를 대표하는 음악문화라는 평가를 받았다. 지식인들에 의해 포크 음악의 가치가 새롭게 부여된 것이다.

초기 포크 음악에 정치적으로 올바른 가치를 부여하고 대변한 음악가가 우디 거스리(Woody Guthrie)와 피트 시거(Pete Seeger)이다. 우디 거스리와 피트 시거는 과거의 포크를 수집하고 정리해서 현대화했을 뿐 아니라 포크 음악에 현실에 대한 풍자와 저항이라는 가치를 불어넣음으로써 음악과 정치를 밀접하게 연결했다. 우디 거스리는 일생 동안 미국을 돌아다니며 과거의 포크 음악을 수집해서 정리했다. 그리고 이에 그치지 않고 많은 포크 곡을 썼다. 또한 둘은 앨머낵 싱어스(The Almanac Singers)라는 팀을 결성해서 포크 음악을 통해 정치적 실천을 진행했다. 그 결과 포크 음악은 전통음악, 민속음악이라는 과거의 가치에서 벗어나 현실적이고 정치적인 음악으로 재창조되었다. 미국 대공황기의 비참한 삶을 다룬 우디 거스리의 「This Land Is Your Land」 같은 곡이 이들을 대표하는 곡이다. 이 곡의 가사를 직접 쓴 우디 거스리는 "높은 벽이 날 가로막았죠, 개인 땅이라고 써 있었죠, 뒤에는 아무것도 쓰여 있지 않았죠, 이 땅은 당신과 날 위해 만들어졌죠"라고 노래함으로써 소수에게 부가 집중되는 현실을 강하게 비판했다. 포크 음악을 소비하는 민중들의 비참한 현실을 반영하는 포크 음악을 만들어냄으로써 포크 음악을 민중 자신의 노래로 만들고자 한 것이다. 음악을 통해 현실에서 가장 큰 영향을 미치는 정치·경제적 상황을 표현한 것이다.

그러나 1940년대 말 매카시(Joseph McCarthy) 의원이 주도한 매카시즘이 미국 사회를 지배하며 사상 검증과 추방이 횡행하게 되자 이러한 정치적인 표현은 모습을 감췄다. 현실에 대한 강한 비판을 담은 포크 음악 운동 역시 위축될 수밖에 없었다. 피트 시거가 주도했던 더 위버스(The Weavers)는 정부 기관으로부터 조사를 받았고 1953년 공식적인 음악활동을 중단하게 되었다. 음악을 통해서 정치를 표현함으로써 음악과 정치의 상관관계를 드러냈던 음악이 정치적으로 억압되면서 다시 음악과 정치의 관계를 드러낸 것이다. 음악과 정치가 서로 순항하기가 쉽지 않다는 것은 이처럼 오래전에 증명된 사실이다.

그리하여 포크운동은 한동안 뉴욕과 보스턴 등 포크 클럽을 중심으로 겨우 명맥을 유지해왔다. 하지만 시대는 다시 달라졌다. 1960년대 미국 사회는 미국이 주도한 베트남전에 반대하는 반전운동이 폭발적으로 등

매카시즘

매카시즘은 1950년 당시 미국 공화당 소속 상원의원이었던 J. R. 매카시 의원이 주도한 반공산주의운동이다. 증거도 없는 광기가 지배한 마녀사냥으로 당시 미국의 정치, 사회, 문화계의 진보적인 인사들이 매카시에 의해 공산주의자로 몰리며 매우 곤혹을 치렀다.

장했고 흑인민권운동 역시 활발하게 벌어지며 미국 사회 전체를 엄청난 소용돌이 속으로 끌고 갔다. 많은 이들이 정치적 의견을 표현하고 시위에 참여하는 상황에서 포크 음악은 사회적 변화를 바라는 이들의 언어와 행동을 대변하는 음악이 되었다. 당시 사회적 이슈를 담은 시위가 문화적인 프로그램들과 함께 진행되는 경우가 많았고, 포크 음악은 가사를 중시하는 음악이었기 때문에 사회 현실과 저항의 목소리를 표현하기에 적절했다. 또한 어쿠스틱 기타만으로 충분히 연주될 수 있어 누구나 어디서든 쉽게 연주할 수 있는 장점이 있었다. 포크 음악은 상대적으로 기계음을 덜 사용함으로써 더욱 순수하고 숭고한 느낌을 주기도 했다. 피트 시거가 결성한 킹스턴 트리오(Kingston Trio), 조안 바에즈, 피터 폴 앤드 메리(Peter, Paul and Mary)가 주축을 이뤄 포크의 시대를 열었다. 밥 딜런, 조안 바에즈, 필 옥스(Phil Ochs), 톰 팩스턴(Tom Paxton), 팀 하딘(Tim Hardin), 주디 콜린스(Judy Collins) 등의 포크 음악가들은 정치적 의미를 담은 노래를 발표했을 뿐 아니라 당시의 정치적 행동에도 적극 결합함으로써 포크 음악에 강한 정치성을 불어넣었고, 정치성과 예술성이 결합될 수 있는 가능성을 열었다. 그 결과 정치적 행동에 사용될 수 있는 실천적 수단으로서의 음악의 가치를 발견하게 만들었다.

당시 여러 포크 음악가가 불렀던 「We Shall Overcome」, 「Where Have All The Flowers Gone」, 밥 딜런의 「Blowin' In the Wind」, 「Flower」는 반전과 평화, 인권의 가치를 담은 은유적인 표현과 아름다운 멜로디로 미국 사회 전역에서 불렸다. 또한 이 시기에 밥 딜런이 불렀던 다른 노래들도 같은 역할을 담당했다. 밥 딜런의 「Oxford Town」은 1962년 9월 미국 옥스퍼드 미시시피 대학에 등록한 흑인 병사 제임스 메레데스를 통해 확인된 흑백 간의 불평등한 현실을 담은 노래이고, 「Master Of War」는 군산복합체와 이에 결탁해 전쟁을 주도하는 정치인을 비판하는 곡이다. 「A Hard Rain's a-gonna Fall」은 쿠바 미사일 위기로 확인된 핵전쟁에 대한 공포와 경고를 담은 노래이다. 초기 밥 딜런의 음악에서는 정치적인 메시지의 비중이 컸고 밥 딜런의 음악적·사회적 영향력도 컸다.

이 같은 노래들이 창작된 것은 포크 음악의 전통과 시대의 흐름에 영향을 받은 음악가 개인의 창작 욕구 때문이었다. 하지만 이러한 노래들이 널리 불린 것은 당시 미국이 사회운동이 광범위하고 폭발적으로 일어난 급진적인 시기였으며, 히피운동 같은 대안적 운동들이 문화적인 접근과 방법론을 중시했기 때문이다. 이 과정에서 음악은 정치 언어만큼의 위상을 가진 것으로 평가받았고, 결과적으로는 더 큰 영향력을 확보하기도 했다. 영미권의 대중음악 역사에서 정치적으로 밀접하게 결합된 음악 가운데 이 시기의 포크 음악만큼 대중적인 파급력과 영향력을 확보한 음악은 전무후무하다. 포크 음악은 대중음악의 흐름을 주도하는 영미권 음악 가운데서도 가장 정치적으로 큰 힘을 발휘함으로써 음악과 정치를 대표하는 상징성을 확보하게 되었다. 2000년대 미국의 반전평화운동 현장에서도 1960~1970년대의 포크송이 불릴 정도로 오랜 생명력을 가졌다. 포크 음악은 정치적인 음악을 대표하는 음악이 된 것이다.

(2) 다른 장르의 사례

하지만 정치적인 의견을 표현한 대중음악이 포크에만 있는 것은 아니다. 1960년대의 격변하는 정치적 상황과 포크 음악이 만나 포크 음악이 가장 큰 영향력을 갖게 되었지만, 다른 장르에도 정치적인 메시지를 담은 음악들은 존재한다. 시대의 변화를 따라 다른 대중음악 장르에서도 정치적인 표현이 이어졌다. 다른 장르의 경우를 살펴보자.

초기 대중음악에서는 대표적인 여성 재즈 보컬리스트 빌리 홀리데이(Billie Holiday)의 「Strange Fruit」가 대표적이다. 이 곡에서 말하는 '이상한 열매'는 흑인의 시체이다. 미국에서 백인우월주의자들에 의한 흑인 린치 사망 사건이 흔하게 벌어지던 시대에 백인우월주의자들이 때리고 목 매달아 죽게 만든 흑인의 시신을 '이상한 열매'라고 표현한 것이다. 이 곡은 노래를 통해 비인간적이고 잔인한 흑백 차별의 실상을 폭로했을 뿐 아니라 미국 사회의 실체와 흑인들의 비극적인 운명을 고발했다. 미국에서는 인종 차별의 문제가 워낙 심각했던 탓에 불평등한 흑인들의 현실을 담은 노래가 적지 않다. 루이 암스트롱(Louis Armstrong)이 부른 「Black And Blue」나 어빙 벌린(Irving Berlin)이 부른 「Suppertime」도 예로 들 수 있을 것이다. 오티스 레딩(Otis Redding)과 아레사 프랭클린(Aretha Franklin)이 불렀던 「Respect」도 흑인민권운동을 대표하는 곡이다.

그리고 존 레넌은 1960년대 밥 딜런 이후의 정치적인 음악을 주도했다. 존 레넌은 비틀스의 멤버로 활동했던 시절에는 정치적 의식을 표현하는 음악가로서 존재감을 드러내지 못했지만 비틀스가 해체한 이후에는 음악과 행동을 통해 급진적인 의식을 강하게 드러냈다. 그의 정치적 의식은 자신의 솔로 앨범을 통해 표현되었다. 솔로 앨범 〈Plastic Ono Band〉에서 존 레넌은 「Working Class Hero」라는 곡으로 민중을 억압하는 사회적 현실을 고발했으며 다른 노래들을 통해서도 자본주의 체제 자체가 문제라는 인식을 드러냈다. 전쟁과 국가가 없는 세상을 상상해보자고 호소하는 노래 「Imagine」은 존 레넌의 정치의식이 가장 집약적으로 담긴 곡이라고 할 수 있다. 음악 창작뿐 아니라 침대 시위를 비롯한 급진적인 의식과 행동 때문에 존 레넌은 정보기관으로부터 미행과 감시를 당했고, 비자 연장 신청이 기각될 정도였다.

소울(Soul)에서는 마빈 게이(Marvin Gaye)가 대표적이다. 그의 히트곡 「What's Going On」 역시 당시 미국 사회의 현실을 고발하는 곡이다. 이 곡은 당시 켄트 주립대학 학생들이 반전시위를 하는 과정에서 정부 군인들에게 총격을 받아 죽은 사건이 발생한 이후에 나온 곡이다. 마빈 게이는 다른 곡에서도 전쟁을 반대하는 메시지를 던지고 사랑을 호소했다. 「What's Happening」은 베트남전에 대해 이야기하고 「Inner City Blues」를 통해서는 도시 빈민으로 살아가는 흑인들의 가난한 현실을 노래했다. 「Mercy Mercy Me」에서는 환경 파괴를 노래했다. 흑인들이 민요처럼 불렀던 소울이 현실을 반영하는 성격을 고스란히 재현한 것이다.

펑크 음악 역시 대중음악과 정치가 만난 중요한 사례이다. 섹스 피스톨스(Sex Pistols)가 내놓은 펑크 음반 〈Anarchy In The UK〉에서 섹스 피스톨스는 영국 왕실과 여왕을 이죽거리는 「God Save The Queen」과 실업자가 넘치는 현실을 담은 「Holidays In The Sun」, 「Pretty And Vacant」를 불렀다. 그리고 「EMI」에서는 거대 기업에 대한 직설적인 비판을 담아 펑크의 비판정신을 드러냈다. 포크 음악을 통해 드러난 비판정신이 펑크라는 장르를 통해 다시 강하게 드러난 것이다. 섹스 피스톨스와 함께 펑크를 대표하는 클래쉬(The Clash) 역시 당시 영국 사회의 현실을 비판하고 행동의 중요성을 강조했다. 「London Calling」, 「Clampdown」, 「Spanish Bombs」, 「The Guns Of Brixton」 같은 곡이 모두 정치적 메시지를 담은 곡이었다. '법이 유린당했을 때 너희는 어떻게 할 것인가. 도로에서 총 맞아 죽을 건가, 아니면 사형수로 대기할 것인가'라는 가사를 통해 클래쉬의 비판정신을 확인할 수 있다. 펑크는 포크와 마찬가지로 음악뿐 아니라 하위문화로도 확장되었다.

1970년대 크리던스 클리어워터 리바이벌(Creedence Clearwater Revival)의 앨범 〈Cosmo's Factory〉에 실린 「Who'll Stop The Rain」이나 「Run Through The Jungle」도 마찬가지다. 밥 말리도 레게 음악을 통해 자메이카 흑인의 현실을 드러내고 서구사회의 문제점을 노래했다. 미국 노동계급을 대표하는 밴드 브루스 스프링스틴(Bruce Springsteen)도 빠트릴 수 없다. 브루스 스프링스틴은 「Born In The USA」를 통해서 비판적인 정신을 드러냈다.

음악가가 정치적인 메시지를 표현하는 경우는 여기서 그치지 않는다. 자본주의 체제가 발전하면서 더 근본적인 정치적 메시지를 담는 음악가들이 늘어났다. 록 밴드 핑크 플로이드가 더블 앨범 〈The Wall〉을 통해 비판한 것은 현대 자본주의 사회의 문제점이었다. 핑크 플로이드는 「Another Brick In The Wall — Part 2」를 통해 획일적인 교육을 받으며 의식이 통제되어야 하는 현대 사회의 현실을 비판했다. 「The

하위문화

하위문화(subculture)는 한 사회의 일부 집단에게만 나타나는 문화를 가리킨다. 연령, 성별, 계급, 인종, 종교, 지역 등이 중요한 요인이 된다. 생활방식과 이어지는 경우가 많다.

에이전트 오렌지는 1960년대 베트남전에서 미군이 사용한 고엽제이다. 고엽제의 이름은 고엽제가 담긴 55갤론 드럼통을 두른 띠 색깔에 따라 에이전트 오렌지, 에이전트 화이트, 에이전트 블루 등으로 불렸다. 이 중 에이전트 오렌지가 가장 많이 살포되면서 고엽제의 대명사로 불리게 되었다. 고엽제에 포함된 다이옥신은 심각한 후유증을 일으켰다.

Happiest Days Of Our Lives」라는 곡을 통해서는 학교 폭력을 비판하는 메시지를 전했다. 이들의 메시지는 이 노래를 담은 앨런 파커(Alan Parker) 감독의 영화를 통해 더욱 부각되었다. 영화 속에서 아이들이 모두 소시지가 되어 나오는 장면은 많은 이들에게 충격을 주었다.

1980년대에 유투가 대표적이다. 아일랜드의 록 밴드로 출발한 유투는 신자유주의가 전면화 되어 사회적인 참여가 줄어든 1980년대 영미권 사회에서 음악의 비판정신을 지킨 밴드이며 록 음악에 사회성을 불어넣은 음악가이다. 유투의 노래 「Sunday Bloody Sunday」는 아일랜드 독립투쟁 과정에서 벌어진 참상을 노래한 대표적인 노래이다. 「Bullet The Blue Sky」를 통해 미국의 제국주의적인 모습을 다룬 노래를 발표하는 등 유투는 저항하고 고뇌하는 음악가의 이미지로 대중음악을 통한 정치적 표현이라는 가치를 이어나갔다.

1980년대에 포크 음악의 정치성을 재현한 트레이시 채프먼(Tracy Chapman)도 있다. 1970년대 이후에는 주류음악이 되지 못한 포크 음악을 빌려 트레이시 채프먼은 사회의 그늘진 곳에서 살아가야 하는 계급의 삶을 담아냈다. 「Fast Car」, 「Behind The Wall」이 대표적이다. 그녀는 현실을 증언하는 데 그치지 않고 「Talkin 'bout A Revolution」 같은 곡을 통해 혁명에 대해 언급하기도 했다. 또한 대표적인 얼터너티브 밴드 알이엠(R.E.M)은 「Orange Crush」라는 곡을 통해 제초제 에이전트 오렌지를 노래했다.

특히 1980년대에 등장한 힙합은 특유의 비판정신으로 채워진 음악이다. 가난하고 불우한 흑인들의 길거리 음악이라는 속성을 안고 태어난 랩(rap)은 불만과 불평, 분노를 담기 좋은 음악이었다. 본능적인 저항정신을 담은 대표적인 힙합 음악가가 퍼블릭 에너미(Public Enemy)이다. '공공의 적'이라는 팀 이름에서부터 도전정신을 드러내는 퍼블릭 에너미는 흑인들의 저항정신을 랩으로 표현했고, 스스로 '리얼리즘을 표출한 마빈 게이의 앨범 〈What's Going On〉을 힙합으로 해석하려고 했다'고

밝힐 정도로 억눌린 흑인정신을 표출하려고 애썼다.

비판정신은 스팅(Sting)으로 이어진다. 국제사면위원회 공연에 자주 참여할 정도로 사회 참여적인 모습을 보인 스팅은 「They Dance Alone」에서 칠레의 피노체트 대통령에 대한 비판을 노래했다. '기계에 대한 분노'라는 이름으로 앨범마다 좌파적인 메시지를 강하게 담은 밴드 알에이티엠(RATM: Rage Against The Machine)과 첨바움바(Chumbawamba)도 있다. 특히 알에이티엠은 급진적인 사회과학적 인식을 바탕으로 근본적이고 좌파적인 메시지를 노래에 담았다. 두 밴드는 1990년대 이후 대중음악이 어떻게 정치와 만나고 표현하는지를 보여주는 중요한 사례이다. 포크가 주도하던 대중음악의 정치적 표현은 시간이 흐르며 당대의 주류 음악이나 팝 스타뿐 아니라 새롭게 태어나는 음악 장르나 헤비메탈 같은 하위 장르를 통해서도 표현될 만큼 다양해졌다. 장르와 관계없이 정치적이고 급진적인 메시지를 담은 대중음악들은 음악가 개인의 세계관과 의지에 의해 좌우되었으며, 음악을 통해 정치적인 견해를 표출하는 방식도 함께 변화하고 발전해왔다.

한편 영미권 이외에 아프리카와 남미 지역에서도 외세에 의한 침략과 독재 정권의 전횡으로 인한 민중들의 고통을 극복하기 위한 음악운동이 활발하게 벌어졌다. 누에바 칸시온을 비롯한 중남미의 음악운동은 자신들의 전통음악 양식과 정치적 상황을 결합시켜 표현하고자 했다. 일종의 정치적인 현대 민속음악운동인 것이다. 메르세데스 소사(Mercedes Sosa)나 유팡키(Atahualpa Yupanqui), 빅토르 하라 등이 대표적이다. 유팡키의 노래 「Basta! Ya!(이제 충분해)」는 미국을 반대하는 메시지가 담긴 곡이고 빅토르 하라의 노래 「Preguntas por Puerto Montt」는 가난한 농민의 학살을 비판했다. 그러나 유례를 찾아보기 어려울 만큼 강력했던 남미의 독재 정권 치하에서 저항음악을 발표한 음악가들은 국외로 망명하거나 추방되기도 했고 빅토르 하라처럼 학살되기도 했다.

이와 같은 역사는 정치적 현실과 대중음악이 긴밀하게 조응하며 대중

누에바 칸시온

누에바 칸시온(Nueva Cancion)은 1960년대부터 시작된 라틴 아메리카의 음악운동이다. 새 노래운동이라는 뜻을 담고 있는 누에바 칸시온은 1970년대까지 이어지며 당시의 사회 변혁운동과 결합해 큰 영향력을 발휘했다. 그러나 메르세데스 소사, 빅토르 하라 등의 누에바 칸시온 뮤지션들은 학살당하거나 오랜 망명 생활을 해야만 했다.

빅토르 하라

빅토르 하라(Victor Jara)는 칠레의 연극 연출가이며 음악가이다. 연극 연출가로 활동하다가 뒤늦게 음악 활동을 시작한 그는 당시 칠레의 좌파운동과 밀접하게 결합해서 활동하며 누에바 칸시온 운동을 이끄는 대표적인 뮤지션이 되었다. 칠레의 민속음악을 잘 살린 그의 음악은 스팅을 비롯한 많은 뮤지션들에 의해서도 불리어졌다. 그러나 1973년 군부가 쿠데타를 일으킨 이후 그는 처형당했다.

음악을 구성해왔다는 것을 보여준다. 또한 정치적인 메시지를 담은 음악이 장르와 지역을 가리지 않고 다양하게 만들어졌고 각 나라의 음악 역사와 환경의 영향을 받아 다양한 장르와 어법, 형식으로 표현되어왔다는 것을 증명한다. 정치적 메시지를 담은 음악은 창작자의 생각을 표현하는 예술 작품이기도 했지만 정치적인 변화와 행동과 맞물리며 수용자들에게 음악 이상의 의미와 방식으로 향유되어 예술이 사회적인 파급력을 만들어가는 의미 있는 예술 실천 사례가 되었다. 또한 영미권에서 만들어진 작품과 활동들은 다른 나라의 정치적인 음악과 활동에서 중요한 모델이 되었고 서로 영향을 주고받았다.

2) 한국의 사례

한국에서도 정치적인 메시지를 담은 음악이 꾸준히 창작되었고 음악운동도 활발하게 벌어졌다. 하지만 이러한 활동은 많은 억압과 굴곡을 거쳐야 했다. 한국이 36년간 일본 제국주의의 식민 통치를 거쳐야 했고, 1945년 일제 식민 치하에서 해방된 이후에는 한국전쟁을 치루고 1987년까지 군사 파시즘 정권의 통치를 받아야 했기 때문이다.

한국 사회에서는 일제 식민 치하 전부터 창가나 군가 등의 형태로 애국정신과 부국강병을 담은 노래들이 발표되었고 식민 치하에서는 독립정신을 표현한 노래와 식민통치를 정당화하는 노래가 발표되었다. 의병들의 노래로는 「의병창의가」, 「의병격중가」, 「의병대가」, 「의병군가」 등이 있고, 애국계몽운동과 관련된 노래로는 「독립문」, 「국채보상가」, 「물산장려가」 등을 들 수 있다. 교육을 권장하는 「계명의숙창가」, 「권학가」, 「학도가」, 「대한청년학도가」 등도 불렸다. 문화계몽운동 과정에서는 「금주가」, 「월진회가」, 「일하러 가세」, 「흥사단가」, 「수양동우회가」 등이 불렸다. 독립군가로는 「독립군가」, 「독립운동가」, 「압록강 행진곡」, 「용진가」 등이 대표적이다. 이러한 노래는 음악을 통해 대중에

게 효과적으로 애국심과 독립정신을 알리기 위해 만들어졌으며, 대한제
국 시기부터 해방 전까지 학교나 단체 등을 통해 보급되었다.

정치적인 이념은 완전히 다르지만 친일가요 역시 정치적인 메시지를
음악으로 표현한 노래이다. 친일가요로는 「결사대의 아내」(조명암 작사,
박시춘 작곡, 이화자 노래), 「복지만리」(김영수 작사, 이재호 작곡, 백년설 노
래), 「아들의 혈서」(조명암 작사, 박시춘 작곡, 백년설 노래), 「이 몸이 죽고
죽어」(조명암 작사, 김해송 작곡, 백년설 노래), 「이천오백만 감격」(조명암 작
사, 김해송 작곡, 남인수 노래), 「혈서지원」(조명암 작사, 박시춘 작곡, 백년설
노래) 등이 대표적이다. 이 중 「아들의 혈서」의 1절 가사는 다음과 같다.

어머님 전에 이 글월을 쓰옵노니
병정이 되온 것도 어머님 은혜
나라에 바친 목숨 환고향 하올 적에
쏟아지는 적탄 아래 죽어서 가오리다.

일제시대에는 많은 음악인들이 자발적으로나 강제적으로 일본의 통
치를 정당화하고 대동아전쟁 참여를 독려하는 노래를 만들었으며, 친일
가요들은 식민 통치의 수단으로 사용되었다.

1945년 해방 이후 분단 과정에서는 좌우익이 격렬하게 대립하면서 각
각의 이념을 담은 노래들이 발표되었다. 김순남이 작곡한 「인민항쟁
가」, 「해방의 노래」 등이 해방 직후의 대표적인 정치적 노래이다. 「해방
의 노래」의 가사는 다음과 같다.

조선의 대중들아 들어보아라
우렁차게 들려오는 해방의 날을
시위자가 울리는 발굽 소리와
미래를 고하는 아우성 소리

노동자와 농민들은 힘을 다하여

놈들에게 빼앗겼던 토지와 공장

정의의 손으로 탈환하여라

제놈들의 힘이야 그 무엇이랴

그러나 정치적인 메시지를 담은 노래 가운데 남한 정부와 미국에 대해 비판적인 메시지를 담은 노래들은 한국전쟁을 거치면서 남한 사회에서는 결코 부를 수 없는 절대 금지곡이 되었다. 한국전쟁을 거치며 한국 사회에서 좌파는 소멸되었고 북한과 좌파에 대한 증오와 금기가 국가적 통치 이데올로기가 될 만큼 철저해졌기 때문이다. 그래서 1987년 6월 항쟁 이전까지는 정부에 비판적인 메시지를 담은 노래를 공개적으로 발표하거나 과거의 좌파적 음악을 만든 음악인의 음악들을 소개하거나 평가하기는 불가능했다. 정치적 상황에 음악 창작과 활동이 철저하게 종속되고 통제된 것이다.

한국전쟁 이후부터 1980년대 초반까지 한국 사회에서 허용된 정치적 음악은 오직 정권을 잡고 있는 통치 세력의 이데올로기가 반영된 음악 뿐이었다. 한국 전쟁 직후에는 '전우의 시체를 넘고 넘어 앞으로 앞으로 / 낙동강아 잘 있거라 우리는 전진한다 / 원한이야 피에 맺힌 적군을 무찌르고서 / 꽃잎처럼 떨어져 간 전우야 잘자라'라는 가사가 잘 알려진 「전우야 잘자라」 같은 군가가 널리 불렸다. 그리고 이승만 대통령 집권 시기에는 이승만을 찬양하는 노래 「우리 대통령」이나 「여든넷 돌맞이」 같은 노래가 불리고 박정희 정권 시기에는 재건과 새마을운동, 반공, 근대화에 대한 노래들이 건전가요라는 명목으로 국민가요처럼 보급되었다. 박정희가 직접 만들었다는 「새마을 노래」와 「나의 조국」이 대표적이다. 「나의 조국」의 가사는 다음과 같다.

1. 백두산의 푸른 정기 이 땅을 수호하고 / 한라산의 높은 기상 이 겨레

지켜왔네 / 무궁화꽃 피고 져도 유구한 우리역사 / 굳세게도 살아왔네 슬기로운 우리겨레

2. 영롱한 아침해가 동해에 떠오르면 / 우람할 손 금수강산 여기는 나의 조국 / 조상들의 피땀 어린 빛나는 문화유산 / 우리 모두 정성 다해 길이길이 보전하세

3. 삼국통일 이룩한 화랑의 옛 정신을 / 오늘에 이어받아 새마을 정신으로 / 영광된 새 조국에 새 역사 창조하여 / 영원토록 후손에게 유산으로 물려주세

1980년대에는 정수라가 부른 「아! 대한민국」을 예로 들 수 있다. 이러한 노래들은 국가적 통치 이데올로기를 선전하고 독재를 미화하는 수단으로 사용되어 각급 국가 기구와 학교, 방송 등을 통해 의무적으로 보급되었다. 또한 모든 음반에 의무적으로 건전가요를 한 곡씩 실어야 했고, 국가 기구에서 금지곡을 지정했던 일도 대중음악에 대한 정치적 개입의 핵심적인 사례이다.

이 같은 상황이었기 때문에 4·19 혁명이나 박정희 정권에 반대하는 운동 과정에서 불린 노래들도 정치적인 지향이나 이념을 구체적으로 담은 노래들이 아니라 동요, 가곡, 복음 성가, 포크송 같은 노래가 대부분이었다. 한국전쟁을 거치며 비판적 음악운동의 맥이 끊어져 전문적인 창작자가 등장하지 못했고, 강한 비판의식을 드러내는 노래를 만들거나 부르기도 어려웠기 때문이다.

국가가 개입하지 않고 통치 이념에 반하는 정치적인 음악이 본격적으로 등장하고 대중화된 것은 1980년대 이후부터이다. 1980년 5·18 광주민중항쟁을 거치면서 한국 사회에서는 급진적인 사회 변화를 꿈꾸는 세력이 등장하기 시작했다. 이른바 운동권이라고 불리는 이들이다. 이

가운데 전문적인 음악 창작자들이 함께 활동하면서 '민중가요'라고 불리는 음악이 많이 창작되었다. 민중가요는 당시 군부독재라는 정치 상황과 민중의 삶을 대변하는 노래를 만들어야 한다는 목적의식을 가진 노래였다. 장르적으로는 포크와 서정가요, 행진곡의 형태를 띠고 있었으며, 대학가와 지식인을 중심으로 퍼져나갔다. 대학과 종교계에 민중가요 노래패가 여럿 생겨났고 '노래모임 새벽' 같은 전문 창작집단이 활동하기 시작했다. 1980년대 초반에는 「전진가」, 「임을 위한 행진곡」, 「청산이 소리쳐 부르거든」, 「타는 목마름으로」, 「광주 출전가」 등의 노래들이 대표적으로 알려졌다. 암울한 시대를 반영하듯 비장한 정서와 비감한 결단을 내포하고 있는 노래들은 다시 한국 사회에서 본격적으로 정치적인 노래의 시대를 열었다. 이는 당시 이른바 운동권이라고 불리는 집단이 급격히 늘어난 것과 무관하지 않다. 특히 학생운동이 활성화된 시기에 대학 운동권을 중심으로 비판적인 의식을 담은 노래들을 만들어 부름으로써 주류 대중음악계에서는 시도조차 하기 어려운 정치성과 사회성을 담은 노래를 많이 내놓았고 본격적인 정치 음악의 시대를 열어나갔다.

민중가요운동은 1980년대 중반을 거치며 크게 성장했다. 대학가에서는 물론이고 종교계와 지역에서도 노래운동을 펼치는 이들이 늘어났다. 노래운동 집단들은 민중가요 노래책과 테이프를 만들어서 배포하고 유통시켰으며, 독자적인 공연을 계속 펼치며 노래를 알렸다. 대학가에서는 민중가요가 대학문화의 상징이 될 만큼 널리 퍼져나갔고 불법으로 제작 유통된 민중가요 테이프들이 많이 팔릴 정도로 민중가요가 세를 확장해나갔다. 이 시기에는 「벗이여 해방이 온다」, 「그날이 오면」 같은 서정적인 노래들이 나올 만큼 음악적으로 발전하는 모습을 보였다.

그 후 1987년 6월 항쟁을 거치며 민중가요는 더욱 많은 이들에게 불리게 된다. 1987년 6월 항쟁 이후, 「아침이슬」뿐 아니라 「그건 너」, 「미인」 등 정치적인 메시지를 담고 있지 않음에도 금지곡으로 묶여 있던 대

1989년에 발매된 노래를 찾는 사람들 2집. 진보적 노래운동 집단이 대중가요 음반 시장에서 성공적으로 자리 잡은 기념비적 음반으로, 발매 1년 만에 50만 장이 팔렸다.

중가요들이 해금되는 등 표현의 자유가 확장되면서 대학가를 중심으로 불렸던 민중가요들이 대중에게 소개되고 확산되었다. 그뿐 아니라 1987년 이후 노동조합 결성 과정에서 불렸던 노동가요들도 노동자들에게 널리 알려졌다. 김호철이 만든 「파업가」, 「노동조합가」 등의 노래는 한국 사회에서 노동자들이 감당해야 했던 억압과 불평등을 생생하게 형상화했을 뿐 아니라 노동자가 스스로를 노동자 계급으로 인식하고 주체화한 노래가 없는 현실을 극복하고 본격적인 노동가요의 시대를 열었다. 특히 '노래를 찾는 사람들' 같은 민중가요 노래운동 집단의 2집 음반이 50만 장이나 팔려나갈 정도로 민중가요는 대중적으로 큰 호응을 얻었다. 억눌렸던 민주주의에 대한 염원과 사회적 현실에 대한 문제점을 담은 노래들이 다양하게 창작되었고 활발하게 불렸다.

민중가요운동을 통해 한국전쟁 이후 한국 사회에서도 비로소 정부 권력에 의거하지 않은 자발적이고 자유로운 정치적 음악활동이 재개되고 활발해졌다. 정부 권력을 과감하게 비판하는 민중가요를 창작·보급하는 활동을 통해 예술 표현의 자유가 확대되었을 뿐 아니라 예술과 사회의 관계에 대한 사유와 실천도 더욱 다양해질 수 있게 되었다. 이러한 움직임이 대중에게 큰 호응을 얻었고 대중 속에서 향유되었다는 점도 민중가요운동의 중요한 성과이다.

1990년대에 들어오며 사회 민주화의 진행에 따라 민중가요는 이전만큼 강한 메시지를 담지는 않았지만 대학가와 노동계를 중심으로 꾸준히 활동을 이어나갔다. 장르적으로도 더 다양한 창작이 진행되어 「누가 나에게 이 길을」, 「민들레처럼」, 「전화 카드 한 장」, 「창살 아래 사랑아」 같은 차분한 노래와 함께 발랄한 감수성이 돋보이는 「바위처럼」 같은 곡이 나왔다. 이전과는 다른 록 어법을 시도한 「청계천 8가」, 「청소부 김씨 그를 만날 때」, 「청년시대」, 「장산곶매」 등의 노래가 나오며 1980년대와는 확연하게 달라진 민중가요의 변화를 보여주었다. 직설적인 어법으로 구호적인 노래를 하는 흐름은 여전히 공존하고 있었지만 좀 더 서정적이고 젊은 감각을 보여주는 노래들이 등장함으로써 변화된 시기에 조응하려는 노력이 이어진 것이다.

또한 1990년대에는 강산에, 015B, 서태지, 신해철 등 민중가요와 무관하게 활동하는 음악가들이 현실에 대해 비판적인 메시지를 담은 노래를 다수 발표했다. 서태지와 아이들의 「교실 이데아」는 획일적인 학교교육에 대한 저항을 호소하는 메시지를 담아 큰 화제가 되었고, 「발해를 꿈꾸며」 같은 곡은 통일에 대한 메시지를 노래함으로써 사회적인 주제에 관심이 없는 청소년들에게 큰 호소력을 발휘했을 뿐 아니라 대중가요의 사회성을 확대하는 노래로 주목을 받았다. 자유로운 록커의 이미지였던 강산에는 「…라구요」를 통해서 실향민의 분단에 대한 설움을 드러내며 좋은 반응을 얻었고, 「태극기」 등의 노래로 당시 삼풍백화점이 무너지는 등 급격한 경제 개발의 후유증을 감당하고 있던 1990년대 중반 한국사회를 강하게 비판했다. 이러한 노래들이 등장한 것은 한국사회가 민주화되었으며 다양한 표현을 하고자 하는 음악인들의 의지가 드러난 결과였다. 또한 해외의 팝 음악을 접하며 음악을 통해 얼마든지 사회에 대한 메시지를 담을 수 있다는 것을 인식하고 있기 때문이기도 했다. 대중음악인들의 비판적 음악은 민중가요보다는 강하지 않은 어법으로 한국 사회 현실의 문제점을 드러냄으로써 한국 대중음악의 사회성을 함께 확장하는 역할을 했다. 또한 음악이 발표되는 과정에서 다시 확인된 음반사전심의제도 문제는 이후 사전검열을 철폐하고자 하는 음악인들의 행동을 촉발시키기도 했다.

그러나 1990년대 후반 대학과 노동현장에서 활동하던 조직적 사회운동이 침체하고 인문사회과학 전문 서점들이 차례로 문을 닫는 위기를 맞으며 민중가요는 예전의 대중적 영향력을 잃었다. 기존의 민중가요 창작 집단에서 활동하던 음악인들은 다수 솔로로 독립하면서 훨씬 다양한 장르와 메시지를 담은 노래를 내놓았다. 과거에는 금기시되었던 록 음악을 추구하는 음악인들도 등장했고, 포크 음악 스타일에 기반을 두고 있으면서도 개인적인 생각을 뚜렷하게 드러내며 노래하는 변화가 일어났다. 당연히 행진곡이나 서정가요 스타일과는 다른 노래들이 다수 창작되었다. 이러한 노력은 주류 대중음악계에서는 거의 창작하지 않는 사회적이고 정치적인 메시지를 꾸준하게 만들어내는 데 그치지 않고 훨씬 다양한 정치적 음악을 창작해내는 성과로 이어졌다. 물론 이러한 음악들이 1980년대나 1990년대 초반만큼 큰 호응을 받지는 못했지만 한국 대중음악의 주제의식과 어법을 꾸준히 확장했다는 점은 부정할 수 없다.

2000년대로 들어오면서부터는 한국의 인디 음악계에서도 촛불시위를 비롯한 정치적인 현장에 다수 참여하며 자신만의 어법으로 정치적인 메시지를 담은 곡을 발표하는 현상이 이어졌다. 이 같은 변화는 1987년 이후 민주화가 꾸준히 진행된 결과이다. 그 결과 2000년대 후반부터는 민중가요계에서만 정치적인 메시지를 담은 노래를 창작하는 것이 아니라 뜻 있는 음악인 가운데 상당수가 정치적 메시지를 담은 노래를 내놓고 사회적 이슈의 현장에 함께했다. 그 결과 한국 대중음악에서 정치적인 메시지를 담은 곡은 더욱 늘어났고 전 장르에 이를 만큼 다양해지며 일상화되고 있다.

3. 정치, 대중음악에 개입하다

1) 검열

　지배권력은 노예제 시대 이후 자본주의 사회이건 공산주의 사회이건 각각의 체제나 정부가 지향하는 지배 이념, 주류적 통념에 맞는 작품을 생산하도록 직간접적으로 개입했다. 또한 이에 반하거나 문화적 금기에 어긋나는 작품이 발표될 경우에는 작품을 발표, 유통, 소비하는 행위를 권력과 법 등을 동원해 봉쇄하고 억압하는 정책을 펴왔다. 정치권력의 개입은 대중음악에만 국한되지 않는다. 문학, 미술, 영화 등 거의 모든 예술 분야에서 통제는 계속되어왔다. 예술 표현의 자유는 처음부터 보장된 것이 아니라 검열을 둘러싼 치열한 논쟁과 공방 속에서 형성되고 확장된 것이다.

　특히 대한민국처럼 오랜 정치적 억압을 거쳐야 했던 국가에서는 표현의 자유를 억압하는 검열의 역사도 매우 길었다. 현대 한국 사회의 음악 검열의 역사는 대한민국 건국 이전인 일제 강점기 시대로 거슬러 올라간다. 1908년 9월 학부령 제16호 「교과용도서검정규정」을 통해 음악교과서가 통제되었으며, 1909년 2월 법률 제6호 「출판법」을 통해 일반 노래책이 검열되었다. 일제시대 한국을 지배하던 조선총독부는 1933년 5월 「레코드취체규칙」을 발표해 음반 발매를 규제하기 시작했다. 풍속을 어지럽히고 치안을 방해한다는 이유로 음반 발매를 금지시켰다는 사실은 당시의 검열이 일제 식민 지배에 대해 문제의식을 표현하거나 민족의식, 계급의식을 고취시키는 작품을 철저하게 걸러냈음을 드러낸다. 대중음악 산업이 본격화되고 대중가요가 출현하던 시기에 음악을 통해 대중의 의식이 비판적으로 계몽될 수 있음을 인식하고 이를 통제한 것이다. 일제에 의한 식민 통치가 어떠한 방식으로도 흔들리지 않도록 문화적인 영역에서도 감시와 억압을 유지한 것이다. 그래서 일제시대에는 민족적인 정서를 담거나 식민 체제에 반하는 노래는 불리기 어려웠다. 「레코드취체규칙」이 시행된 1933년 6월 15일 이후 9월 초까지 3개월 만에 처분된 것이 2,000장에 달하며, 다음 해인 1934년 2월 초까지는 44종 7,000장이 행정 처분되었고, 1935년 8월에는 78종 1,000장이 압수될 정도였다. 1941년 태평양전쟁 이후에는 군가풍의 노래를 제외하고는 사랑과 이별, 눈물을 담은 노래도 금지되어 오후 5시가 되기 전 다방이나 식당, 카페에서 회상적이고 감상적인 유행가를 걸어서는 안 되었다. 1938년에는 「기독교에 대한 지도방침」을 통해 찬송가를 단속했고, 1943년부터는 영미권의 음악을 적성음악이라는 이유로 금지시켰다.

이 같은 검열의 틀은 일제시대가 끝나고 난 이후에도 이어졌다. 해방 이후에는 일본 음반의 사용이 금지되고 단속되었다. 검열은 해방 이후 한국 사회를 송두리째 뒤흔들어놓았던 한국전쟁으로 더욱 막강해졌다. 남과 북이 엄청난 피해를 입으며 이데올로기 대립을 벌였던 전쟁 이후 반공이라는 명제는 남한 사회 전체를 지배하는 가치가 되었다. 공산주의를 지지하거나 찬양하는 어떠한 주장도 허용되지 않았고 공산주의와 북한에 대한 긍정적인 언급도 철저히 봉쇄되었다. 김순남, 조명암 등 북한으로 건너간 음악가들의 작품은 부를 수 없었다. 조명암의 「고향설」, 「무정천리」, 「황포돛대」와 박영호의 「물방아 사랑」은 대표적인 금지곡이었다. 공산권 국가의 작품들 역시 금기시되었다. 이러한 상황에서는 정치적으로 비판적인 태도를 취하는 것이 위축되거나 조심스러워질 수밖에 없었다. 예술가들 역시 반공의식을 내면화하고 비판의식을 주저하게 되었다. 검열은 결국 예술가의 자유로운 상상력을 억압하고 스스로 창작의 금기를 작동하게 만들었다.

특히 박정희 정권은 방송윤리위원회, 가요자문위원회, 신문윤리위원회, 도서잡지 주간신문윤리위원회, 공연윤리위원회 등의 검열기구와 제도를 통해 훨씬 자세하고 세밀한 검열을 진행했다. 대중음악에 대한 검열을 담당했던 부서는 1962년에 만들어진 한국방송윤리위원회(방윤)와

1966년에 만들어진 한국예술문화윤리위원회(예륜)였다. 방윤은 방송음악에 대해, 예륜은 영화·무대예술·음악·음반 등에 대해 포괄적인 심의를 맡았다. 1967년 3월에는 「음반법」을 통해 가요 음반에 대한 심의가 이루어졌다. 1976년에는 「공연법」이 개정되면서 예륜이 사라지고 한국공연윤리위원회가 발족하며 음반에 대한 사전심의제가 시작되었다. 당시에는 정치적인 이유의 검열뿐 아니라 왜색, 외설, 퇴폐, 폭력적인 표현을 걸러낸다는 명분으로 검열이 진행되었다. 검열은 사상과 표현의 자유를 억압했을 뿐 아니라 자의적으로 행해진다는 점에서 문제가 적지 않았다. 정치적이지 않은 음악에도 개입한 국가 권력은 국가 권력의 폭력성과 정치적 상관관계를 단적으로 보여준다.

대표적인 대중음악 검열 사례는 1975년 6월 한국예술문화예술윤리위원회가 발표한 「공연활동의 정화대책」으로 진행된 대중가요 심의 기준과 금지곡 목록이다. 국가안보와 국민총화에 악영향을 줄 수 있는 것, 외래 풍조의 무분별한 도입과 모방, 패배적·자학적·비탄적 작품, 선정적·퇴폐적인 작품을 금지한다고 밝힌 것이다. 그 결과 1차 130곡, 2차 44곡, 3차 48곡이 금지곡이 되었다. 신중현의 「거짓말이야」, 이장희의 「그건 너」, 김민기의 「아침이슬」 등 222곡의 노래가 금지곡이 되었다. 신중현의 「미인」은 가사저속과 퇴폐, 이장희의 「그건 너」는 가사저속과 퇴폐를 이유로 금지곡이 되었다. 신중현의 「거짓말이야」는 창법저속과 불신감 조장을 이유로 금지되었다. 송창식의 「왜 불러」는 영화 〈바보들의 행진〉에 쓰일 때 경찰의 장발단속에 저항하는 것으로 해석되어 금지곡이 되었다. 신중현의 「담배꽁초」는 치졸하다고 금지곡이 되었다.

또한 국외의 음악들도 가사의 저속성과 퇴폐성을 기준으로 방송과 음반 발매를 금지했으며, 51곡의 작사가와 작곡가, 가수가 좌익이라는 이유로 금지되었다. 밥 딜런의 「Blowin' In the Wind」는 정치적인 이유로 금지곡이 되었고 「House Of Rising Sun」은 노래가 비탄적이라는 이유로 금지되는 등 납득하기 어려운 경우가 많았다. 이렇게 금지곡이 된 노래

음반사전심의제도가 철폐된 후 1997년 CD로 재발매된 정태춘의 〈아, 대한민국〉의 표지. 정태춘은 자신의 앨범을 검열을 거치지 않고 내는 방식으로 제도 자체에 대한 문제제기를 하고 1993년 11월 문화관광부에 의해 고발된 이후 위헌심판을 통해 1996년 10월 법을 철폐시켰다.

들은 방송을 할 수 없을뿐더러 음반 자체를 만들고 판매·유통할 수 없게 되어 음악활동 자체가 불가능해져버렸다. 클래식 음악의 경우에도 소련이나 동구권 작곡가와 연주가의 음악은 어떤 경우에도 공연과 음반 판매가 불가능했다. 냉전 시대의 정치 논리가 예술 논리를 압도한 것이다.

검열은 1987년 6월항쟁 때까지 이어졌다. 그 결과 방송금지곡의 경우 1976년 9월 30일까지 771곡, 1981년 9월 30일까지 787곡, 1983년 11월 30일까지 834곡에 이르렀다. 1987년 6월항쟁 이후 문화공보부의 「가요금지곡 해금지침」에 따라 1987년 「거짓말이야」, 「고래사냥」, 「아침이슬」 등 186곡이 해금되는 등 다수의 금지곡이 해금되고 정치적인 이유로 금지되는 곡이 줄어들기는 했지만, 이후에도 외설이나 퇴폐 등을 이유로 방송이 금지되는 현상은 꾸준히 이어지고 있다. 최근에는 노래 가사에서 '술'이나 '담배'를 거론할 경우 청소년 유해 매체로 지정되는 등 새로운 형태의 검열이 등장해 검열에 대한 논란이 재현되기도 했다.

검열에 대한 음악인의 대응으로는 1990년대 후반 가수 정태춘이 음반사전심의제도에 대해 위헌 신청을 제기해서 이 제도를 철폐시킨 사례가 대표적이다. 음반사전심의제도는 예술가의 자유로운 창작 의도를 봉쇄하는 악법이었다. 정태춘은 자신의 〈아, 대한민국〉과 〈92년 장마, 종로에서〉 앨범을 검열을 거치지 않고 출반하는 방식으로 제도 자체에 대한 문제제기를 하고 1993년 11월 문화관광부에 의해 고발된 이후 위헌심판을 통해 1996년 10월 법을 철폐시켰다. 정태춘의 행동은 대중음악의 자율권을 신장시키는 데 크게 기여했다.

2) 지원

국가는 대중음악에 대해 검열과 같은 통제 조치만을 시행하지는 않는다. 국가 권력은 대중음악을 예술 장르로 인정함과 동시에 문화 산업의 분야로 파악하고 창작과 지원을 위한 정책적 지원을 실시한다. 한국의 경우 해방 이후에는 공보처 산하 공보국, 출판국과 방송국이 대중음악에 대한 지원 업무를 담당했다. 이후 해당 업무는 문화교육부로 이관되기도 했고 문화교육부와 공보부가 함께 담당하다가 문화공보부로 통합되기도 했다. 그러나 박정희 정권까지의 대중음악 관련 정책은 검열과 건전 가요 육성 등의 통제 위주의 정책으로 한정되었다.

노태우 정권은 1990년 문화부를 별도로 신설하고 문화발전 10개년 계획을 수립했고 「음반및비디오물에관한법률」을 개정해서 음반제작자의 자격 요건을 완화했다. 그 결과 해외 메이저 음반 제작사와 배급사가 한국 시장에 진출했고, 국내의 제작사가 늘어나게 되었다. 김영삼 정권 시기에는 해외 음악에 대한 수입 허가제가 추천제로 전환되었고 불법 음반제작자에 대한 처벌 기준이 명시되었다. 1997년 문화체육부의 게임음반과는 홍콩에서 열린 국제음반박람회에 참가하는 국내 음반업체에 4,200만 원을 후원하기도 했다.

가장 큰 변화가 일어난 것은 김대중 정권 시기이다. 김대중 정권 시기에는 간섭보다는 지원을 중점으로 문화정책이 집행되었으며 「문화산업진흥기본법」, 「문화산업진흥 5개년 계획」이 수립되고 한국문화콘텐츠진흥원이 설립되어 문화산업에 대해 대폭적인 지원이 진행되었다. 대중음악에 대해서는 음반제작업 등록 시 시설 기준이 폐지되었고, 음반판매업의 등록제가 폐지되었다. 사후 직권 심의제도 폐지되었다. 그리고 외국 음반 수입 시 공연예술진흥협의회의 추천제도 원칙적으로 폐지하고 청소년 유해물에 한정해 추천하도록 개선했다. 공연법을 규제 중심에서 육성 중심으로 개편해 공연장 설치허가제를 등록제로 전환하고 공공 공연장 민간 위탁 및 지원제를 도입해 세금 감면 범위를 확대한 것, 라이브 클럽에 대한 식품위생법이 개정된 것도 의미가 깊다.

노무현 정권 시기 2003년 문화부는 「음악산업진흥 5개년 계획」을 수립해 음악 산업구조 기반의 정비 및 확립, 음악 산업구조의 정착을 도모했다. 4,043억 원의 예산을 투입해 내수시장 활성화, 해외진출 역량 강화, 불법 단속 및 저작권 인식 제고, 디지털 음악 기반 구축을 목표로 한 계획은 대중음악 산업에 대한 최초의 독립적 정책이라는 점에서 큰 의미가 있다. 또한 '인디레이블 육성지원 사업'이 진행되어 어디에서도 지원을 받지 못했던 인디 음악가들에게 실질적으로 큰 도움이 되었으나 꾸준히 진행되지는 못했다. 이명박 정권은 2009년 「음악 산업진흥 중기 계획」을 발표하며 1,275억 원을 투입해 대중음악전용관을 설립하고 한국의 그래미상과 빌보드 차트를 만들겠다고 밝혔다. 또한 한류에 대한 지원에도 많은 관심을 기울였다.

이처럼 대중음악에 대한 지원은 문화관광부, 한국문화예술위원회, 한국문화콘텐츠진흥원을 통한 지원 등이 병행되고 있다. 정부는 대중음악 산업의 발전을 위한 여러 지원 정책을 펼치고 있지만 다른 장르의 지원액에 비해 차이가 클 뿐 아니라 실질적인 지원은 산업적 규모가 크고 상업적 효과가 큰 일부 음악인에게 집중되어 있다. 그리고 졸속으로 계획이 수립되고 정책의 변동이 잦아 꾸준히 진행되지 않는 경우도 많다. 결과적으로 정부가 대중음악 산업 전반을 고르게 발전시키지는 못하고 있는 현실이다. '인디레이블 육성지원 사업'이 한시적으로 진행되었지만 실질적으로 효과가 있었던 점을 감안하면 제대로 준비된 대중음악 지원 정책의 필요성은 절실하다. 또한 음악관련 신탁단체들의 전송사용료 징수규정 개정과 같은 중요한 정책을 결정하는 데서도 정부의 역할은 지대하다. 다른 분야의 국가 정책과 마찬가지로 대중음악에 대해서도 근본적이고 실질적이며 지속적인 지원 정책이 마련되고 집행되어야 한다는 숙제는 여전히 남아 있다.

생각해볼 문제

1. 음악의 정치성을 보여준 국내외 사례를 좀 더 조사해보자.
2. 이른바 건전가요가 가진 정치적 성격은 어떤 것일까?
3. 1980년대 민중가요가 1990년대 이후 한국에서는 별다른 관심 대상이 되지 못하는 이유는 무엇일까?
4. 대중음악 문화와 산업을 좀 더 다양하게 발전시키기 위해서는 어떤 정책이 필요한지 조사해보자.
5. 대중음악에 대한 검열을 막기 위해서는 어떠한 정책과 활동이 필요한지 생각해보자.

참고 자료

▶Ⅱ■ 읽을 거리

김창남. 2010. 『대중문화의 이해』. 도서출판 한울.

대중문화에 대한 입문적 교양서. 대중문화를 둘러싼 다양한 관점을 이해할 수 있다. 한국 대중문화의 역사를 서술한 부분에서 다양한 정치적 사건과 쟁점이 다루어진다.

문옥배. 2003. 『한국 금지곡의 사회사』. 예솔.

한국 대중음악의 역사 속에 지속적으로 나타났던 금지곡의 역사를 다룬다.

신현준. 2003. 『신현준의 월드 뮤직 속으로』. 웅진닷컴.

아일랜드에서 동유럽, 아프리카와 라틴아메리카에 이르는 다양한 월드 뮤직의 문화적·역사적·사회적 배경과 함께 그 지역 특유의 문화적 정체성을 살핀다.

임진모. 1994.『시대를 빛낸 정상의 앨범』. 창공사.

팝 음악사의 걸작으로 인정받는 앨범 100장에 대한 해설이 담겨 있다. 다양한 앨범의 의미와 뒷얘기, 아티스트에 대한 평가 속에 음악의 정치적 관련에 대한 비평가의 시선을 읽을 수 있다.

『대중음악 Sound Vol. 4 대중음악과 정치』. 2012. Phono.

대중음악을 주제로 한 부정기간행물(mook). 4호의 특집이 '대중음악과 정치'다. 한국 대중음악사에서 드러난 여러 정치적 이슈와 사건, 그리고 대중음악 정책의 변화와 전망이 담겨 있다.

▶∥■ 들을 거리

밥 딜런(Bob Dylan). 〈The Freewheelin' Bob Dylan〉. 1963.

존 레넌(John Lennon). 〈Imagine〉. 1971.

섹스 피스톨스(The Sex Pistols). 〈Never Mind the Bollocks, Here's the Sex Pistols〉. 1977.

클래시(The Clash). 〈London Calling〉. 1979.

핑크 플로이드(Pink Floyd). 〈The Wall〉. 1979.

퍼블릭 에너미(Public Enemy). 〈It Takes a Nation of Millions to Hold Us Back〉. 1988.

알에이티엠(Rage Against The Machine). 〈Rage Against The Machine〉. 1992.

김민기. 〈1집〉. 1971.

노래를 찾는 사람들. 〈2집〉. 1989.

정태춘. 〈아, 대한민국〉. 1990.

서태지와 아이들. 〈2집〉. 1993.

연영석. 〈공장〉. 2001.

08 대중음악과 여성

최지선(대중음악평론가)

주요 개념 및 용어 | 젠더, 섹슈얼리티, 여성성, 탈여성화, 성 역할, 진정성, 걸 그룹, 싱어송라이터

1. 여성 음악, 젠더와 섹슈얼리티

대중음악을 이해하고 해석하는 데에서 젠더(gender)와 섹슈얼리티(sexuality)는 중심적이고도 논쟁적인 문제다. 그렇지만 이에 대한 논의가 본격적으로 전개된 것은 영미권 대중음악학계에서조차 그리 오래되지 않았다. 한국의 경우는 더 열악해서, 최근 들어 문화연구나 여성학계를 중심으로 관련 연구들이 시도되고 있기는 하지만, 이에 대한 본격화된 논의는 많지 않다.

우선, 간단히 성(sex)과 젠더의 차이에 대한 일반적인 설명으로부터 시작해야 할 것이다. 흔히 성(남성/여성)은 생물학적이고 육체적인 차이를, 젠더(남성성/여성성)는 사회·문화적 차이를 지칭하는 것으로 설명된다. 그러니까 전자는 '생물학적으로 결정된' 것이지만 후자는 '사회·문

화적으로 구성되는' 것이다. 한편, (뉴질랜드의 음악 연구자 로이 셔커에 따르면) 섹슈얼리티는 '성적 행동, 또는 성적 욕망과 성적 매력의 투영을 통한 성 정체성의 표현'을 말한다. 영미권의 경우 대개 백인·남성·중산층의 섹슈얼리티를 정상적인 것으로 구분한다.

이러한 구분에 대한 비판이 제기되기도 했는데, 가령 여성주의 이론가 주디스 버틀러(Judith Butler)는 이와 같은 성과 젠더 구분 자체에 대해 문제를 제기한다. 버틀러는 생물학적 성과 사회문화적 젠더를 구분하는 중립적인 방식은 없으며, '자연적인 여성(natural women. 아레사 프랭클린의 노래 제목이기도 하다)' 역시 문화적인 산물이라는 것이다.[1] 다나 해러웨이(Donna J. Haraway)는 「사이보그 선언(A Cyborg Manifesto)」(1991)을 통해 역시 비슷한 문제제기를 한다. 사이보그란 인간과 기계 또는 동물, 물질과 비물질, 자연과 비자연 등 경계의 일탈이자 융합이다. 이는 말하자면 남성과 여성으로 구분되는 통상의 이분법을 해체해 버리는 일종의 '포스트 젠더'의 산물이다. 따라서 이들에 따르면 계급·인종·세대 등에 따라 여성(성)은 유동적이고 다양하게 나타나므로, 이것이 동일한 범주로서 하나의 정체성을 구성한다는 주장도 폐기되어야 할 대상이 된다.

이 장은 여성 음악(인)을 중심으로 대중음악의 젠더와 섹슈얼리티에 대한 분석으로 서술될 것이다. 물론 대중음악에서 남성과 여성의 역할을 지배하는 사회적 관습에 주목하는 것, 남성성과 여성성의 양태가 어떻게 음악 자체에 구축되어 있는가를 논의하는 것은 다른 차원의 문

---

[1]   주디스 버틀러가 한 주장은 큰 논란을 불러일으켰는데, 『젠더 트러블: 페미니즘과 정체성의 전복』(조현준 옮김, 문학동네, 2008)을 통해 그녀는 성, 젠더, 섹슈얼리티 모두 본질적으로 결정되는 것이 아니라 사회적이고 문화적인 구성물로 서로 구분할 수 없다는 파격적인 주장을 했다. 그에 따르면 어떤 점에서 성은 없고 젠더만이 존재하며, 그마저도 가변적으로 형성되는('수행적인') 것이다. 본질적으로 존재하는 여성의 정체성에 의문을 제기한 버틀러의 주장은 '문화결정주의자'라는 비판을 받기도 했다. 이런 비판에 대한 응답이라 할 수 있는 『의미를 체현하는 육체』(김윤상 옮김, 인간사랑, 2003)에서는 젠더 규범이 어떻게 몸을 물질화하고 어떤 의미로 활성화되는지를 다루기도 했다.

제이다. 특히 후자는 더 어렵다. 이 글은 가능한 한 이 양자의 문제를 중심으로 서술하려 시도할 것이다.

이제, 생산과 소비를 통해 나타나는 음악 산업 내 여성의 위치를 살펴본 후, 특히 여성 음악가의 여러 유형을 한국의 사례를 중심으로 알아보려고 한다. 따라서 유형화를 통한 서술이 많은 비중을 차지할 것인데, 이는 구체화된 사례들을 통해 접근하는 것이 여성 음악(인)에 대해 종합적으로 파악하는 데에 유용할 것이라는 판단 때문이다. 한 가지 밝혀둘 것은 한국의 여성 대중음악(인)에 대한 이론적 연구나 유형화한 선례가 적은 탓에 아쉽게도 서양에서 연구되어온 이론과 실제들을 염두에 두면서 분류할 수밖에 없었다는 점이다. 이 때문에 조금은 무리가 뒤따르는 것도 사실인데, 서양 유형에 해당하는 한국 사례가 존재하지 않거나, 서양 유형에는 존재하지 않는 한국 사례가 나타날 수 있기 때문이다. 하지만 서로 다른 사회문화적·음악적 맥락이 작동하기 때문에, 단순히 서양(앵글로아메리칸 여성 음악가)의 유형을 표준으로 삼고 한국의 유형을 예외나 변종으로 설정하려는 것은 아니라는 점을 밝혀둔다.

2. 음악 산업 속의 여성

1) 생산

전통적으로 대중음악에서 성 역할은 대개 고정적인 것으로 파악되었다. 남성이 생산적이고 창의적이며 중심적인 역할을 수행한 반면, 여성은 주변적이고 부수적이며 덜 창의적인 역할을 수행해왔다는 것이다. 그런 점에서 여성은 생산자라기보다는 소비자였다. 이것은 생산을 창의적인 영역으로, 소비를 그렇지 않은 영역으로 설정하는 관행에 따른 것이기도 하다.

이에 따라 대중음악 산업에서 주도적인 역할을 남성이 맡는다면 여성은 주변적이고 부수적인 역할을 수행한다. 대중음악 관련 직업군만 살펴봐도 명확하다. 남성은 작곡가, 프로듀서, 디제이, 엔지니어, 매니저 등 음악의 생산에 직접적으로 영향을 미치거나, 특정한 전문 기술을 요하거나, 창의적이고 중요한 역할을 수행한다고 여겨지는 반면, 여성은 그러한 직업군과는 거리가 멀었다. 전통적으로 누구의 어떤 음반을 얼마나 발매할 것인지를 결정하는 음반사의 A & R(Artists and Repertoire) 부서의 경우도 주요한 직위나 역할은 남성이 담당하는 경우가 많고, 출판이나 사무 같은 남성을 보조하거나 전형화된 역할을 여성이 수행한다.

나아가 여성은 음악을 창작하는 영역에서도 전형적인 양상을 드러냈다(고 주장되었다). 먼저 연주자보다는 보컬이 많다. 또는 남성 그룹의 백업 싱어나 그들의 뮤직비디오에서 장식적인 역할을 수행해왔다. 악기도 남성적인 것과 여성적인 것으로 분리되는 경향이 많다. 여성이 연주하는 악기는 기타보다는 건반악기가 월등하게 많고, 기타를 연주한다고 해도 일렉트릭 기타보다는 어쿠스틱 기타를 연주하는 비율이 높다. 따라서 여성은 어쿠스틱 기타, 피아노, 건반악기를 연주하는 비중이 높다. 이를 가장 쉽게 알 수 있는 예로, 위대한 기타리스트 목록에 여성 기타리스트가 오르는 일은 별로 없다. 가령 미국의 대중음악 전문지 ≪롤링스톤스≫가 2003년 선정한 '100대 기타리스트(The 100 Greatest Guitarists of All the Time)' 목록만 봐도 72위 조니 미첼(Joni Mitchell), 87위 조안 제트(Joan Jett) 외에 여성 기타리스트의 이름은 찾아볼 수 없다. 최근 들어 여성이 일렉트릭 기타, 베이스 기타, 드럼 등을 연주하는 일이 늘고, 여성만으로 이루어진 밴드나 여성이 이끄는 그룹이 생겼지만, 대중음악 전체를 통틀었을 때 그 비중은 아주 낮다.

대중음악의 장르/스타일 면에서도 한정적이고 대립적인 측면을 보여준다. 전통적으로 록은 공격적이고 반항적인 데 반해 팝은 부드럽고 낭만적이라고 서술되어왔는데, 이는 남성(성)과 여성(성)의 대조로 연결되었다. 즉, 록은 남성의 음악인 반면, 팝은 여성의 음악으로 간주된 것이다. 음악사회학자 존 셰퍼드(John Shepherd)가 「음악과 남성 헤게모니 (Music and Male Hegemony)」(1987)에서 지적했듯이 보컬 스타일의 경우에도 여성적인 가창은 가늘고 부드러운 음색으로, 남성적인 가창은 거칠고 묵직한 음색으로 통용되는데, 이러한 관념은 장르와 연결되기도 한다. 하드 록의 차갑고 거친 소리는 입과 목을 주로 사용하지만, 팝 음악의 따뜻하고 부드러운 소리는 머리나 가슴을 통해 공명시킨다. 이러한 록과 팝의 이항대립은 영미권에서 록 음악과 관련한 '진정성의 신화'와 연관된 것으로 파악된다.

무엇보다 음악 전체를 관장하고 통제해야 위대한 음악인이라는 통념이 존재하는데, 이는 보컬리스트보다는 작곡가 나아가 프로듀서를 가치 있는 것으로 평가하는 이른바 '작가주의'적 관점이 투영된 결과이다. 음악 전체를 통제하고 관장하는 수장으로서의 프로듀서는 흡사 '가부장적 위치'를 수행하는 듯 보인다. 즉, 작가적 위치와 진정한 음악가라는 화두는 남성이 주요 위치를 차지하는 음악 산업계의 맥락과 전혀 무관하지 않다.

여기서 짚고 넘어갈 것은 '여성 음악'에 대한 것이다. 이는 'women's music'이라 기재하고, '여성에 의한, 여성에 대한, 여성을 위한 음악'이자 나아가 '여성의 의해 통제되는 음악'이라고 설명할 수 있을 텐데, 이러한 의미에 정확히 부합하는 경우는 찾기 어렵다. 가령 여성이 노래하는 음악은 많지만 여성이 작곡하는 음악은 상대적으로 적은 현실을 반영하면, '여성에 의해' 만들어져야 한다는 항목은 '여성이 노래하는' 음악 정도에 국한되기 쉽다는 점에 유의해야 할 것이다(이 조건에 부합하는 유형은 싱어송라이터 정도가 된다). 또한 '여성을 위한' 음악이 무엇인지에 대해서도 논란의 여지가 있다. 더불어 앞서 이야기했던 여러 상황을 고려해 볼 때 여성이 '모든' 통제권을 가지기란 쉬운 일은 아닐 것이다.

2) 수용

앞서 지적했던 것처럼 대중음악 산업의 생산과 소비에서 남성과 여성은 이분적인 양상을 보여주는 것으로 이해되어왔다. 즉, 남성이 창조적 생산자의 역할을 담당했다면, 수동적 소비자는 소녀들이 맡는 것으로 구분되었다. 대표적인 청년들의 하위문화는 언제나 남성의 영역이었던 반면, 그루피나 티니 바퍼, 또는 오빠부대나 사생팬 등에 이르는 열성적인 팬은 대개 소녀들이다.

록 담론에서 젠더가 어떻게 작동하는가를 다룬 선구적인 연구로는 사이먼 프리스(Simon Frith)와 앤절라 맥로비(Angela McRobbie)가 쓴 「Rock and Sexuality」(1978)가 있는데, 성별에 따른 대립적 양상을 잘 분석하고 있다. 이 글에는 '칵 록(cock rock)'과 '티니 밥(teeny bop)'이라는 두 전형이 제시되어 있다. '칵 록'은 말 그대로 남근 이미지를 강조한 남성들의 음악으로, 허세적이고 위압적이며 노골적이고 공격적인 남성 섹슈얼리티를 표현하며 때때로 여성 비하적이기도 하다. 여기에는 하드 록 또는 메탈 음악이 속한다. 이에 반해 티니 밥은 낭만적인 팝 발라드나 소프트 록을 기본으로 하는 음악이다. 상처받기 쉬우며 자기연민이 서린 10대 아이돌의 음악이나, 사려 깊고도 슬픔이 있는 '옆집 소년' 같은 이미지 등도 이에 포함된다.

이상의 록 담론을 비롯한 여타의 통념에 따라, 소비와 수용에서도 성차(性差)에 따라 이분되는 경향을 보인다. 이러한 소년과 소녀의 차이는 이들의 사회적 역할의 차이로부터 야기되었다고 분석된다. 소년 (록) 청중은 능동적이고 적극적인 데 반해, 소녀 (팝) 청중은 수동적이다. 남성 청자가 진지하고 합리적이며 논리적이라면, 여성 청자는 감정적이고 무분별할 정도로 열광적이라는 분석이 지배적이다. 소년들은 음악 또는 연주 자체에 관심이 많지만, 소녀들은 스타 또는 노래가사에 더 많은 관심을 기울인다. 또한 소녀들은 스타들의 사진이나 포스터를 모으거나

그루피

그루피(groupie)는 그룹에서 파생한 말로 이들을 추종하는 팬들을 지칭하는 데서 비롯되었다. 주로 소녀들인데 한국식으로 '빠순이'로 통용되는 것에서도 알 수 있듯이 부정적인 의미를 담고 있다.

티니 바퍼

티니 바퍼(teenybopper)는 팝 음악, 패션, 문화의 최신 유행을 좇는 어린 10대, 특히 소녀들을 가리킨다. 팝 음악 그리고/또는 로큰롤을 듣는 10대들에 대해 1950년대에 처음 도입된 용어였는데, 곧 경멸적인 의미를 가지게 되었다. 티니 바퍼는 소녀 팬과 이들이 선호하는 음악가 및 음악 스타일에 적용되었는데 주로 팝, 댄스음악과, 소프트 록이나 라이트 메탈, 발라드에 이르는 음악을 선호해 대개 소년들보다 상업적인 팝 음악을 즐기는 것으로 구분되었다.

TV 출연에 열광하는 데 비해 라이브 공연을 덜 중요시한다고 분석되었다. 소녀들은 여러 위험 때문에 거리에서 배제되었을 뿐 아니라 소년들에 의해 음악/문화의 현장에서 제외되었기 때문에 가정에서 주로 소비를 하는 이른바 '침실' 문화를 구성해왔다. 이런 논의에 따르면 결국 남성은 공적인 연주자로, 그 반면에 여성은 사적인 소비자로 도식화된다.

그렇지만 생산과 수용에 대한 이러한 이항대립적이고 도식적인 구분에 대해 비판이 있었다. 최근의 문화연구에서는 소비 또는 수용의 영역에 적극적인 의미를 부여하면서 여성의 소비에 대해서도 긍정적인 담론을 제시하고 있다. 또한 점차 팬덤이 성장하면서 성별과 나이를 불문하고 다양한 층위로 형성되기도 하며, 경우에 따라서는 단순한 소비 이상의 의미 있는 행동이나 큰 힘을 발휘하는 집단으로 변모하기도 한다. 무엇보다 앞서 이야기했던 것처럼, 록과 팝의 이분 역시 남성과 여성 사이에 생물학적이고 '본질적인' 차이가 존재한다는 전제, 이에 따라 음악적 행위와 취향이 연결될 수 있다는 오랜 믿음에서 비롯된 것이기도 하다.

또한 현실에서는 각 록과 팝 보컬의 사례가 단일한 양상을 띠지 않는 경우가 많은데, 이는 많은 요소들이 보컬 스타일을 규정하기 때문이다. 여기서 잠시 살펴볼 것은 여성의 보컬이 노래의 감정을 더 잘 표현한다는 편견에 대한 것이다. 사이먼 프리스가 (앵글로아메리칸 팝에서) '여성의 목소리(The Voice of Women)'를 다룬 글에서 언급했던 것처럼, 이는 여성의 목소리가 더 친근하고 꾸밈이 없다는 인식이나, '여성성'을 감정적인 면모를 통해 정의하는 관행과 무관하지 않다. 이와 관련해 '토치 송(torch song)'이라고 불리는 부드럽고 슬픈 사랑 노래들을 거론할 수 있다. 주로 재즈적인 팝(혹은 그 반대) 음악으로, 서서히 타오르는 불빛처럼 사랑으로 인한 상처를 치유하(게 해주)는 의미를 가진다. 말하자면 발라드에 포함될 사랑 노래들은 거의 토치 송인지도 모른다. 그런데 사랑의 낭만 또는 실연의 슬픔을 노래하는 토치 싱어(torch singer)는 주로 여성들로 간주된다. 연약하고 상처받기 쉬운 존재가 여성이라는 인식과, 여성이 남성보다 미묘한 감정 표현, 섬세한 정서 전달에 능하다는 믿음을 통해 이러한 노래에 담긴 감정을 여성 보컬이 더 잘 표현한다고 생각하게 된다.[2]

그렇지만 이러한 여성의 목소리의 힘에 대한 설명은 여성의 목소리(역으로 남성의 목소리)에 대한 또 다른 역편견을 낳는다는 점을 지적해야 한다. 또는 남성과 여성의 가창이 다르다는 생물학적 차이를 전제해 여성은 감정적, 남성은 이성적이라는 도식으로 환원시키는 본질주의에 입각한 구분으로 볼 수도 있다.

3. 여성 음악(인)의 전형들

이상의 여성(성)/남성(성)에 대한 논의를 기반으로 서양 록 음악의 형성 과정은 다음과 같이 도식화되기도 한다. 1950년대 로큰롤의 상업화 과정이 '여성화' 과정이라 한다면, 하드 록의 마초 스타일, 프로그레시브 록의 하이파이 스타일 등에 이르는 1960년대 록의 상업화 과정은 '남성화' 과정이 된다. 나아가 1990년대 로파이 인디 록은 '여성화'된 버전이 된다. 물론 이러한 두 과정은 명확히 구분할 수 없거나, 서로 혼용/교체되기도 한다. 1960년대 브리티시 비트가 소녀 취향 음악(부드러운 발라드)과 소년 취향 음악(강렬한 로큰롤)의 구분을 흐리게 만들었다면, 1970년대의 글램 록은 성적 모호성을 표현했다.

앞서 이야기했던 것처럼 특정 음악 스타일이나 기법이 특정 젠더의 가치와 연결되는 경향이 있는데, 어떤 경우에는 이러한 통념적 가치가

하이파이/로파이

하이파이(hi-fi, high-fidelity)는 전기 음향분야와 관련된 용어로 고충실도를 뜻하며 고품질의 재생을 목적으로 하는 장치 또는 사운드 그 자체를 말한다. 넓게 보면 좋은 장비와 좋은 스튜디오를 통해 만들어진 매끄럽고 세련된 레코딩, 훌륭한 기교를 갖춘 연주력 등을 아우른다. 따라서 하이파이와 반대급부에 있는 로파이(lo-fi, low-fidelity)는 조야하고 거친 음질의 녹음이나 연주를 가리킨다. 일반적으로 주류 팝음악이나 복잡한 텍스처와 고난도의 기교를 중시하는 프로그레시브 아트록이 하이파이 레코딩을 지향하는 데 반해 펑크 또는 이에 기반을 둔 인디 록 음악가들은 의도적으로 로파이를 추구하기도 한다. 이에 따라 로파이는 집에서 4트랙 장비만으로 녹음한 결과물을 가리키기도 하며, 나아가 다듬어지지 않은 레코딩, 성긴 텍스처, 실수한 듯한 연주 등을 미학으로 삼는 일종의 장르로 정립되기도 했다.

브리티시 비트

브리티시 비트(British beat)는 1960년대 비틀스를 위시한 영국 록 밴드의 음악으로, 로큰롤과 알앤비에 기초한 레퍼토리를 가졌다. 영국음악으로 미국 시장에 진출해 큰 성공을 거둔 이른바 '브리티시 인베이전(British Invasion)'의 토대가 되었다.

글램 록

글램 록(glam rock)은 글리터 록(glitter rock)이라고도 하며 1970년대 초반 영국을 중심으로 융성했던 음악 장르/스타일이자 하위문화이다. 기이한 의상과 머리, 화려한 화장, 그리고 공연에서 시각적 연출 등을 중시했다. 양성성(androgyny)과 양성애(bisexuality) 요소는 특히

---

2   이런 유형은 특히 한국의 발라드를 통해 흔히 찾아볼 수 있다. 인순이가 「거위의 꿈」을 부를 때 사람들은 그간 그녀가 살아온 지난하고 고단한 삶을 이입시키며 원래 남성 가창 버전(김동률·이적으로 구성된 카니발의 노래)과는 다른 감동을 받는다. 백지영이 부른 슬픈 이별의 노래 「총 맞은 것처럼」(2008) 역시 희생자로서의 여성 가수의 삶이 중첩된다.

글램의 한 부분이었다. 1970년대
말, 1980년대 초 역시 영국에서 일
어난 뉴 로맨틱스(New Romantics)
에도 영향을 끼쳤다.

앰비언트

앰비언트(ambient)는 음의 미세한
변화와 반복적인 축적을 통해 청자
를 에워싸는 듯한 공간감을 형성하
는 음악이다. 음향 텍스처의 실험에
관심을 두는 일렉트로니카 음악의
일종으로도 분류된다. 때로 몽환적
이고 황홀경적인 영적 정서와, 합리
적 판단력이라는 상반된 감상이 필
요하기도 하다.

드림 팝

드림 팝(dream pop)은 맥없이 흐릿
한 보컬과 기타 노이즈 등을 통해 몽
환적인 사운드를 구현한 장르이다.
아래를 바라보며 연주하는 모습을
본따 슈게이징(shoegazing)이라고
도 불린다. 앰비언트와 마찬가지로
이 음악은 하나의 단선적 백비트와
강렬한 리프 대신 두텁고 무성한 텍
스처를 중시한다.

전복되기도 한다. 여성주의 음악학자 수전 매클러리(Susan McClary)는
악곡의 단선적인 내러티브, 조성의 종결을 통해 서양 고전음악의 가부
장제가 드러난다고 주장하면서, 예컨대 마돈나(Madonna)의 음악이 이를
전복했다고 보았다. 또한 정신분석학적으로 대중음악을 분석한 사이먼
레이널즈와 조이 프레스(Simon Reynolds & Joy Press)는 앰비언트, 드림
팝, 사이키델리아의 즐거움에서, 리처드 다이어(Richard Dyer)는 디스코
리듬과 신체의 결합을 통한 해방적인 에로티시즘에서 어떤 대안을 찾기
도 했다.

그렇지만 음악미학 연구자 시어도어 그라칙(Theodore Gracyk)에 따르
면, 이상에서 제시된 대안적 사례 역시 근본적으로는 록이 남성적인 음
악이라는 전제를 기반으로 한 것이다. 즉, 여기에도 공격성과 지배에 대
한 욕망이 본질적으로 남성적인 것이라는 전제, 록 음악이 성에 대한 특
정 이데올로기와 연결되어 있다는 가정, 그리고 단 하나의 일반적 상황
으로 모든 문화적 표현을 해석할 수 있다는 믿음이 깔려 있기 때문이다.
그런 점에서, (이런 논의가 은연중에 전제하고 있는) 구조나 종결이라는 음
악 형식 자체에 젠더 관계나 의미가 내재되어 있는가에 대해 근원적인
물음을 던질 수 있다. 결국 이러한 비판적 견해를 받아들이면, 록이 본
질적으로 남성적이지 않은 것과 마찬가지로, 여성적 양식이 따로 존재
한다는 견해도 부정된다.

이러한 논의를 바탕으로, 여성 음악(인)의 유형을 몇 가지로 구분해
일별하고자 한다. 물론 어떤 음악(인)이 해당 유형에만 일대일(一對一)로
대응하는 것이 아니라 여러 유형에 중복적으로 해당할 수 있다는 점에
유의해야 한다. 또한 이에 따라 수용의 양상도 조금씩 다르게 나타나는
데, 이에 대해서는 각 해당 사례에서 간략히 언급할 것이다.[3]

---

3   이 글에서 서술하는 여성 음악인의 유형화는 지은이가 『PD저널』에서 한 연재에서
     썼던 글의 내용을 대폭 수정한 것이다.

1) 섹시한 유형: 요부부터 악녀까지

여성 음악가에게 나타나는/기대되는 가장 흔한 형태는 섹시한 유형이다. 뇌쇄적이고 관능적인 팜므 파탈들은 아름다운 얼굴과 몸매, 요염한 춤과 자극적인 목소리로 듣는/보는 이들을 유혹한다. 이들은 (대개는 부정적인 의미에서) 남성의 관음증적 시선이 반영된 상상적 욕망의 대상이자 스펙터클한 소비자본주의의 화신으로 군림해왔다. 서양의 경우 마돈나를 원형으로 해 브리트니 스피어스와 크리스티나 아길레라, 최근의 레이디 가가 등이 섹시 아이콘으로 숭배받았다면, 한국의 경우 1980년대의 김완선을 지나 1990년대의 엄정화, 2000년대의 이효리 등으로 계열화할 수 있을 것이다.

섹시한 유형의 콘셉트는 많은 세월이 지나도 '반복'된다. 물론 단순 반복이 아니라 끊임없이 새로운 차이들을 발생시키며, 때로는 그 차이들 사이의 간극이 상당히 크기도 하다. 하지만 그 중심에는 1980년대 팝의 대명사로 군림했던 마돈나가 있다. 그에 대한 많은 연구를 이 장에서 모두 기술할 수는 없겠지만, 요약하자면 마돈나는 처녀, 성녀, 요부, 악녀 등 선과 악, 숭고와 관능을 오가는 다양한 이미지로 남성·서구·백인 중심의 권위에 도전을 했다는 평가를 받았다. 마돈나는 수많은 스타들의 이미지를 차용하고 종교, 영화, 패션, 동성애적 하위문화 코드 등에 이르는 방대한 참고자료를 이용해 중층적으로 재탄생시킨 복제품인 셈이지만, 그 자체로 하나의 원형이 되었다. 후대에도 많은 여성 음악인이 마돈나를 모방했지만 어떤 점에서 그를 능가할 복제물은 없다. 그녀는 그런 점에서 미국의 문화연구학자 로렌스 그로스버그(Lawrence Grossberg)가 말했던 것처럼 '진정한 비진정성(authentic inauthenticity)'의 화신인 셈이었고, 프랑스 철학자 장 보드리야르(Jean Baudrillard)가 언급한 대로 '굉장한 아이덴티티를 가지고 있거나, 아니면 아예 하나도 없거나 [이 둘을] 모두 갖고 있는' 존재였다. 다의적인 문제적 텍스트를 발표

부풀린 머리, 파워 숄더 재킷, 원색적이고 과장된 호황기의 초
상. 1980년대 '한국의 마돈나' 김완선의 2집(1987) 표지.

하면서도 동시에 자신을 상품화하는 유능한 처세술을 보여주는 등 찬사
와 비난을 동시에 받으며 첨예한 논쟁 그자체가 되었고, 심지어 학술 주
제로서 마돈나학(Madonnology)을 탄생시키기도 했다.

   한국에서도 각 시대별 섹시 아이콘들, 예를 들어 1980년대 후반 김완
선, 1990년대 엄정화 등은 '한국의 마돈나'로 지칭되었다. 섹시형 여성
음악가들에게는 무엇보다 화려한 외모와 패션, 농염한 춤 등 신체로부
터 분출되는 요소들이 중요하다. 특히 춤이라는 신체 언어는 노래나 연
주 이상으로 중요한 음악 언어가 된다. 예를 들어 김완선은 마이클 잭슨
이나 마돈나, 그리고 브레이크 댄스의 수혜자였다. 그녀의 부풀린 머리,
어깨에 '뽕'이 들어간 '파워 숄더' 재킷, 승마 바지나 발레리나를 연상시
키는 하늘거리는 스커트, 색상이 화려한 레깅스와 하이톱 슈즈 등 원색
적이고 과장된 패션은 말하자면 1980년대 경제호황기의 한 초상이다.
엄정화의 5집 「몰라」(1999)에서 메이크업과 헤어스타일, 독특한 헤드폰
을 끼고 추는 춤, 그리고 이를 집대성한 뮤직비디오는 모두 디스토피아
적이고 사이버틱한 분위기를 주조하며 노래를 위한 후크로 작동한다.
한편 이효리가 부른 힙합 댄스곡 「Animotion」(2005)의 노래와 뮤직비디
오는 휴대전화 상품과 짝이 되어 상호적으로 마케팅 기능을 수행하기도
했다.

   이처럼 섹시형 여성 음악가의 화장과 패션, 그리고 춤은 음악의 변화

전국적인 '이효리 신드롬'을 불러일으킨 「1o Minutes」(2003)
이후 3년 만에 발표한 2집 〈Dark Angel〉(2006)의 표지.

까지 일순간에 요약시키는 기제이다. 이것은 일면 피상적이고 깊이 없
으며 음악 외적인 것으로 승부하려 한다는 의심을 살 수 있는, 양날의
검 같은 것이다. 동시에 이들이 부단히 변화하면서 다의적인 수행을
가능하게 만드는 요소가 된다. 그런 점에서 이들은 가면을 쓰고 연기
하는 일종의 젠더 게임을 수행하는 존재들이다. 이와 같은 가장무도회
(masquerade) 방식은 여성 팝의 또 다른 전통이 되었고, 그런 점에서 이
들은 뒤에서 이야기할 포크 또는 싱어송라이터 유형의 '솔직함의 미학'
과는 정반대의 지점에 자리한다.

이 유형에 속하는 노래 속 화자는 남자의 구애를 기다리기보다 섹시
한 외모나 춤을 통해 먼저 남자를 적극적으로 유혹한다. 이들은 자신과
타인에게 당당하고 자신감에 넘친다. 이렇게 평범한 다른 여자들과의
차별을 선언하면서도 그들을 위로하고 대변하거나 선동하기도 한다.

결과적으로 이들은 대중이 무엇을 원하는지, 최신 유행이 무엇인지
파악하고 이를 정확히 재현해냈다. 수많은 이들이 이런 모형으로 데뷔
하고 그중 몇몇은 대중적 스타로 성공해 한 시절을 풍미하기도 했다. 그
렇지만 이들이 선택할 수 있는 차후 행로는 불행히도 그렇게 많지 않다.
게다가 이들에게 모든 사람이 고운 시선을 보낸 건 아니었다. 세상을 떠
들썩하게 만들고 종국에는 자신의 생명력까지 단축시키기도 하는 이러
한 풍문과 사건으로부터 자유로울 수 없다. 말하자면 크고 작은 가십이

나 스캔들까지도 섹시한 여성 음악가라는 존재를 구성한다.

여러 가지 점에서, 섹시한 유형의 여성 댄스 가수들은 기존의 질서를 크게 위협하거나 제도와 규범을 위반하지 않는다. 일면 일탈과 저항을 꿈꾸(게 하)지만, 대개는 일시적인 청량제 혹은 탈출구 이상의 역할을 하지 못한다. 그렇기 때문에 도발적이고 적극적인 모습과 수동적이고 전형적인 여성상 사이를 혼란스럽게 오간다. 시대는 변했고 노래 속 여성의 모습도 달라졌어도 대개는 이별의 고통에 슬퍼하는 전형적인 여성 화자의 모습이 드러나곤 한다. 말하자면 이들은 승리자인 동시에 희생자이다.

2) 남성화, 또는 중성화/무성화된 유형: 피터팬, 톰보이부터 옆집 언니까지

전형화된 여성성과 다른(혹은 이를 반대하는) 전략들로, 예쁜 얼굴과 섹시한 외모를 뒤집는 시도를 할 수도 있다. 아예 남성적인 캐릭터로 분장/연기하는 것이다. 여성적인 면모를 표현/과시하는 유형보다는 수가 훨씬 적기는 하지만, 이들은 여성성의 상징인 긴 머리를 아주 짧게 잘라버리고 스커트 대신 바지를 입는 자체부터 논란이 되기도 한다. 스스로 남자와 등치시키는 극단적 제스처는 대개 남성의 희생양이었던 여성 화자의 복수에서 출발하는데, 이를 통해 남성적인 전형성을 그대로 복제하곤 한다.[4]

더불어 거칠고 강인한 남성 록 특유의 목소리와 이미지를 그대로 전유하는 경우도 있다.[5] 록 음악을 하는 여성의 유형에 대해 설명할 때 다

---

[4]   한때 렉시나 박지윤이 이런 이미지의 음악을 발표한 적이 있다. 박지윤은 5집 〈Man〉의 「난 남자야」(2002)를 통해 이전의 4집 〈성인식〉(2000)에서 충만했던 여성적 관능성을 뒤집는데, 남자에게 상처 입은 여성 화자가 자신이 '쓰레기 같은 남자'로서 즐기겠다고 공언한다. 렉시는 1집 수록곡 「Tomboy」(2003)에서 '내가 먼저 널 버리겠'다고 선언한다.

박지윤의 '남자' 선언. 5집 〈Man〉(2002) 표지.

시 언급하겠지만, 이 유형의 경우 거칠고 공격적인 남성 로커 이미지를 그대로 전유해, 여성이 하는 록에 대한 편견을 오히려 고착시키기도 한다.

물론 '톰보이(tomboy: 소년과 같은 젠더 역할을 하는 소녀)' 유형의 캐릭터들은 한국보다 서양의 경우에 더 많다. 가령 록의 여성 개척자들 역시 남성의 반항을 모방하고 여성성의 '제약'에 맞섰고, 검은 가죽 재킷의 배드 걸(bad girl) 이미지를 남성의 이미지로부터 전유하기도 했다. 더 나아가 마돈나를 비롯한 몇몇 여성 음악가는 (앞서 이야기했던 '가장' 형식을 통해) 남성적이거나 또는 양성적, 동성적 이미지를 전유해 논쟁을 불러일으켰다. 가령 여장남자(drag queen)가 이상적인 그래서 인위적이기까지 한 여성성을 재현했다면, 이것을 또다시 여성(가령 마돈나)이 재호명하는 방식을 취한다(이 경우 마돈나는 여자 흉내를 내는 남자를 흉내 내는 여자가 된다). 물론 한국의 경우는 서양과는 여러 사회·문화적 맥락상 다른 위치에 놓이므로 그와 비슷한 사례를 찾기는 쉽지 않다. 또한 일회성 해프닝 이상으로, 일반화된 성적 정체성을 거부하거나 해체하는[즉, 젠더 벤딩(gender-bending)] 차원에까지 도달했는가의 여부 역시 논쟁의 여지가 있다. 그렇지만 한국에서의 몇몇 시도들이 전혀 의미가 없는 것은 아닐 것이다.

---

5   소찬휘, 도원경, 서문탁, 마야 등이 이러한 솔로 여성 로커의 전형으로 남아 있다.

반면, 자연으로 회귀하는 방식을 선택하거나 자연스러움을 추구하게 되면 외면적으로 성별 구분은 모호하고 흐릿해진다. 이 경우 남녀 모두 양상은 비슷하다. 특히 포크 음악은 시대별·스타일별 차이는 있지만, 인위적이라 여겨지는 전기 증폭이나 왜곡 대신 어쿠스틱 기타 중심의 '자연스러운' 사운드에 맑고 투명한 목소리를 지향한다는 점에서 공통적이다. 여성이 주류 음악계에서 성공할 수 있는 유일한 길이 싱어송라이터나 포크 가수라고 공언될 정도로, 긴 머리에 어쿠스틱 기타를 연주하며 청아한 목소리로 노래하는 모습은 여성 음악가의 한 전형이 되었다. 1960년대 조안 바에즈, 1970년대 조니 미첼, 1980년대 수잔 베가(Suzanne Vega) 등에 이르는 여성 포크/싱어송라이터 음악가들은 (뒤에서 이야기할) 대지모(Mother Earth) 또는 자연모(Mother Nature) 같은 분위기를 풍긴다.

한국에서 1970년대 포크(나아가 청년문화)의 상징이 장발에 청바지, 통기타, 생맥주였다면 이 역시 자연주의적 태도에서 비롯된 것이다. 옷차림부터 사운드까지 인공성이 배제된 자연스러움을 추구하는 것이다. 1970년대 양희은이 〈고운노래 모음 2집〉(1972)에서 짧은 생머리에 셔츠와 청바지 차림으로 어쿠스틱 기타를 들고 나무 등걸에 걸터앉아 노래를 부르는 모습은 포크 청년문화를 상징한다. 4인조 보컬그룹 해바라기의 음반(1977)에서 긴 생머리, 셔츠에 청바지 차림의 풋풋하고 싱싱한 모습을 보여주는 한영애의 모습도 마찬가지 맥락에 있다. 이들의 음악은 어쿠스틱 기타를 중심으로 (1인적 독백이든 다층적 하모니든) '맑고 밝은' 음색이 주를 이루는 사람의 목소리를 강조한다. 또한 「아침이슬」, 「뭉게구름」, 「구름 들꽃 돌 연인」, 「여름」 등 자연물을 통한 은유와 상징을 통해, 도회적 보헤미안이 꿈꾸는 한 이상향으로서의 대자연에 대한 동경을 설파한다.

이처럼 소박하고 건전하기 그지없는 순수낭만파 포크의 목소리는 블루스와 재즈보다 덜 섹슈얼하다. 목가적 자연주의를 표상하면서 이들은

1970년대 포크 가수 양희은의 〈고운노래 모음 2집〉(1972) 표지. 자연화 또는 무성화된 청년문화의 상징.

일반적 여성성(혹은 남성성)과는 거리가 있는 자연스럽고 편안한 '중성성' 또는 '무성성'의 개체로 수렴되는 것이다. 양희은이나 한영애보다는 이후 세대로서, 포크로부터 모던록에 이르며 지금까지 행보를 이어오고 있는 장필순도 위의 사례와 비슷하게 '옆집 언니' 계보에 속한다. 때로는 연민을 불러일으킬 정도로 섬약하지만, 때로는 따뜻한 위안의 목소리를 던지면서 소소하고 지친 일상을 반추하고 지나간 과거를 회고하며 자타의 상처를 따뜻하게 위무한다. 솔직함과 친근함 또는 자연스러움을 미덕으로 삼는 이러한 유형은 앞서 첫 번째로 언급했던 강렬하고 섹시한 유형의 대척점에 존재한다.

3) 종교적인 또는 신비로운 유형: 주술사, 여신과 요정

이제 섹시한 여성성을 극대화하거나 이와 반대로 강력한 남성적 캐릭터를 닮는 방식 이외에 여성의 힘을 드러낼 수 있는 모형으로 두 가지 예를 들 수 있다. 첫째로 마녀(witch) 같은 신화적인(나아가 주술사나 제사장 같은 종교적인) 캐릭터가 있고, 둘째로 신비로움을 간직한 원형, 예컨대 바다, 달, 대지 등을 통한 자연모 또는 대지모의 유형이 있다(이는 뒤에서 요정과 여신이라는 유형으로 대입할 것이다). 하지만 이 둘 역시 문제점이 있다. (연구자 레이널즈 & 프레스에 따르면) 첫 번째는 비이성적이며 초자연적인 존재로 여성의 전형을 고착시킬 가능성이 있다. 두 번째는 본

힘 있는 탁성, 범접하기 어려운 주술사의 재림. 한영애의 3집 〈말도 안 돼〉(1992) 표지.

질주의의 오류, 다시 말해 여성이 본래 생물학적으로 자연과 연관된 존재라고 전제하는 오류를 범할 수 있다.

첫 번째로, 신화적인 마녀의 유형, 나아가 주술사나 여제사장 같은 범주를 거론할 수 있다. 이들은 섹시형 팜므 파탈과 중첩되기도 하지만, 그보다 범접하기 어렵고 두려운 대상이 된다. 이런 유형으로, 단순 비교이기는 하지만 서양에 록 음악가 피 제이 하비(P. J. Harvey)가 있다면, 한국에서는 독보적인 카리스마를 획득한 한영애를 손꼽을 수 있다. 1970년대 후반 포크 보컬그룹 해바라기와 1980년대 이후 신촌블루스 및 솔로 활동에서 한영애는 두 가지 대조적이고 이질적인 면모를 드러냈다. 앞서 살펴보았던 것처럼 포크 시절에는 친근하고 소박한 자연스러운 이미지를, 후자의 경우에는 거칠고 분방한 블루스 양식을 통해 범접할 수 없는 주술사(혹은 제사장) 같은 이미지를 획득했다. 그녀는 포크는 물론 블루스, 록, 테크노, 국악, 트로트 등 다양한 장르를 엮어냈는데, 특히 힘 있고 허스키한, 다소 낮은 음역의 탁성은 한영애의 전매특허이다. 판소리나 연극 혹은 뮤지컬을 연상시키는, 말하는 듯한 창법은 사제의 주문 같은 경건하면서도 이국적인 음색을 주조하며, 제의적인 화장과 복장, 특유의 퍼포먼스와도 같은 공연을 통해 모성과 관능성, 또는 주술성이 혼융된다.

여기서 조금 대중화된 캐릭터를 살펴본다면 '테크노 무당', '테크노 여전사'로 불렸던 댄스 가수 이정현도 거론할 수 있다. 이정현의 음악을 본격적인 테크노 음악이라 말하기는 어렵겠지만, 이정현의 신들린 듯한 춤과 열렬한 노래는 무속적이고 제의적인 분위기를 표출함으로써 동양적 혹은 한국화된 테크노로 낙점되었다. 이러한 신기(神氣)는 음악의 실질적인 내용보다는 비주얼과 특히 관련되었다. 이정현은 뮤직비디오와 공연의 퍼포먼스를 통해 독특한 이미지를 구축했다. 1집의 「와」(1999)에서 비녀를 꽂은 머리에 사제복처럼 치렁거리는 옷차림을 하고 한 손에는 새끼손가락 마이크를, 다른 한 손에는 부채를 들고 노래하는 모습은 이색적이다 못해 이국적인 분위기를 풍겼다. 이와 더불어 가사에서는 연인의 배반이나 예기치 않은 이별에 대해 비애나 분노를 표출하는 내용을 반복하며 하나의 상투적 전형(cliché)을 형성했다. 물론 앙칼진 목소리, 주문과도 같은 래핑, 외국 악기의 사용 등 무속적인 기제는 이국적인 분위기를 조성하는 것 이상의 전면적인 제의성, 주술성을 보여줬다고 보기는 어려울 것이다.

두 번째로 거론할 요정, 여신 같은 신비한 이미지는 우리에게 조금 더 익숙하다. 우리는 어린 여성 스타를 두고 서슴지 않고 '요정'이라 칭한다. 수많은 아이돌 소녀 그룹과 여성 보컬, 그리고 록 밴드의 프론트우먼의 이미지도 여기서 출발하는 경우가 많다. 가령 1990년대 중후반에 등장한 '1세대' 걸 그룹 S.E.S.나 핑클 등 소녀 그룹 멤버의 이미지는 약간의 차이는 있지만 대개 귀여운 요정 콘셉트가 주효했다. 흰옷 차림에 풀로 만든 머리띠를 하고 풀밭에서 그네를 타는 장면 등이 실린 핑클의 「영원한 사랑」(1999) 뮤직비디오는 이러한 요정화된 소녀성을 이미지화한 한 예이다.

사실 요정이나 여신의 이미지는 뇌쇄적이고 관능적인 섹슈얼리티와도 거리가 있지만, 거칠고 강력한(남성 또는 소년 같은) 여성(성)과도 거리가 있다. 요정이란 어린 소녀에서 성인 여성으로 향하는 과도기적 캐릭터인 셈이다. 또한 동화나 신화 속의 캐릭터 중 일부는 물, 달, 땅 등 자

아시아 여신 또는 코스모폴리탄 보헤미안의 탈여성화? 이상은 또는 리채(Jeetzsche), 〈Asian Prescription〉(1999) 표지.

연의 이미지와 중첩되기도 한다. 현세와 거리를 두면서도 현세를 통해 존재하므로 이 유형 역시 과정적/중도적 이미지를 갖는다. 이처럼 이 유형은 초월적이고 신비로운 존재로 여성(성)을 신비화하거나 탈성애화 (desexualization)하는 경향이 있다. 여성 음악가를 흔히 '뮤즈'라고 지칭 하는 것도 비슷한 맥락에 있다.

여기서 1988년 데뷔 이래 최근까지 꾸준히, 그리고 활발히 활동하고 있는 여성 음악가 이상은의 경우를 여신이라는 이미지와 결탁시킬 수 있다. 그녀는 초창기의 '선머슴아' 같던 아이돌 시절을 거부할 만큼 진 정성과 예술성을 담지한 아티스트로서의 자의식으로 충만하다. 몇몇 음반을 통해 국적불명, 현세초월의 '아시아 여신'으로 추앙받았고, '코스 모폴리탄 보헤미안'의 첨병이 되었다. 이를 통해 명상적이고 선(禪)적인 동양적 면모와, 뉴에이지 같은 서양적 풍미를 접합하며 동양이나 서양, 그 어느 쪽에도 속하지 않는 이국적 분위기를 제시했다. 국가나 가족, 육체와 같은 기호들을 삭제해 탈여성적(혹은 무성적)인 유목적 보헤미아 니즘을 설파하는데, 이는 도회적이고 여피적인 상상력에 기반을 둔다. 또한 전통악기를 동반한 뉴에이지 같은 풍취의 민요로 대지모 같은 환 경생태적 전언을 전달했다. 이를 통해 작가 또는 예술가로서의 지위를 획득했다.

4. 여성 음악(인)의 돌파

1) 전기 기타를 든 여자들: 록에서의 여성

앞서 논의했던 여성 음악(인)의 유형이 다소 고전화된 형태라면, 주로 1990년대 이후 나타난 여성 음악(인)의 또다른 시도들을 살펴볼 차례다. 먼저 1990년대 중반 무렵 '록에서의 여성(women in rock)'이라는 현상에서 논의를 시작하려 한다. 서양의 경우에도 (그 이전에도 주목받는 여성 록 음악가들이 존재하기는 했지만) 이때에 이르러 여성이 록 음악을 하는 현상이 집단적이면서도 대중적으로 큰 반향을 일으켰다고 할 수 있다.[6] 캐나다의 록 음악가 앨러니스 모리셋(Alanis Morrissette)이 성공한 것을 비롯해, 많은 여성 록 음악가가 등장해 비평적 관심과 대중적 성공을 동시에 거두며 만개했다. 1980년대 말부터 여성이 주도하는 밴드도 다수 등장해 록 음악가로서의 전범으로 주목받았다.

이와 더불어 1990년대의 주목할 만한 흐름으로 '라이엇 걸(riot grrrls)'이 있다. 미국 워싱턴 주의 올림피아와 워싱턴 D.C.를 근거지로 해 인디 레이블과 팬진을 중심으로 언더그라운드를 형성했는데, 이들은 그런지/얼터너티브 록과 비슷하게 펑크의 강령을 흡수해 '여성도 (남성처럼) 할 수 있다'는 자의식과 아마추어리즘에 입각한 노이즈 록을 선보이면서 '공격적이고 도발적인 소녀'의 원형이 되었다. 이들과 함께 거론되는 홀(Hole)의 커트니 러브(Courtney Love)는 순진한 소녀와 천박한 창녀를 결합하며 비난과 찬사를 동시에 받았다.

그렇지만 한국의 경우 여성이 참여하는 록 밴드 자체가 일반적이지

---

6   이러한 흐름이 집대성된 사례는 캐나다의 여성 음악가인 새러 맥라클런(Sarah McLachlan)이 주도했던 여성 록 음악 페스티벌 릴리스 페어(Lilith Fair)다. 이브 이전에 존재했다는 최초의 여성 릴리스에서 이름을 따온 이 페스티벌은 남성 중심의 록 페스티벌에 반기를 든 '여성의, 여성에 의한, 여성을 위한' 페스티벌이라 할 수 있다. 1997~1999년 열렸으며 2010년에 다시 열리기도 했다.

여성으로 이루어진 록 그룹 이브의 앨범(1988, 초반)의 표지.
이브는 1988년 10대 중후반 여고생과 여대생으로 구성되었는
데, 소찬휘는 나중에 솔로 가수로 활동했다.

않았다. 1970년대에 혼성 그룹 형태가 존재하기는 했지만 밴드라기보다
는 보컬만 존재하는 그룹 형태에 가까웠다. 서양의 경우도 그렇지만 여
성으로만 이루어진 밴드[7]의 경우는 더욱 발견하기 쉽지 않다. 몇몇 사례
가 있었지만 대개는 단명했고, 호기심을 불러일으키는 이상의 큰 영향
을 미치지 못했다. 무엇보다 많은 경우 힘과 반항을 숭상하는 록/메탈
밴드의 남성적 전통에서 자유롭지 않다. 힘이나 기교, 음악 스타일과 연
주 방식, 활동 양태 등이 '남성적 관점'으로 재단되었을 뿐 아니라, 한국
의 상황상 일반적으로 '수용가능한 여성성'과 거리가 멀어 대중성을 획
득하는 데 실패했다.

　여성이 참여한 밴드 형태가 대중적 성공을 거둔 경우는 2000년대 초
중반 무렵 성행했던 '모던록 밴드'들이었다. 1995년 등장한 삐삐밴드를
하나의 모태로 해, 2000년대 중반 체리필터, 러브홀릭, 더더 등이 조유
진, 지선, 박혜경 등의 여성 보컬을 내세워 말랑한 사운드, 달콤한 선율,
쉽고도 서정적인 가사 등을 통해 대중적인 인기를 얻어냈는데, 이런 형
태의 음악이 모던록으로 등치되는 현상이 일기도 했다.

　여기에서 주목할 것은 밴드가 멤버 공동의 결과물이 도출될 수 있는

7　　한국 메탈의 중흥기라 여겨지는 1980년대의 경우 이브, 화이트, 와일드 로즈 같은
　　여성 록/메탈 밴드가 전설로 기록되어 있고, 1990년대에 미스 미스터, 한스 밴드 등
　　이, 2000년대에 로렐라이, 블러드쿠키, 헤디 등이 있었지만 큰 영향을 끼치지는 못
　　했다.

김윤아가 이끌고 있는 밴드 자우림의 3집 〈The Wonderland〉 (2000) 표지.

형태라는 점이다. 가창 외에도 연주나 작곡 등을 통해 여성 음악인의 적극적인 음악활동을 기대할 수 있다는 점에서 솔로 가수의 경우보다 밴드가 대안적인 형태로 인식되어왔다. 그렇지만 밴드 형태에서도 여성이 보컬에 한정되는 일이 많아서 성 역할의 문제가 제기되었으며, 기존 여성의 이미지에서도 자유로울 수 없었다. 리드보컬이 여성인 모던 록 밴드 역시 베테랑 남성 작곡가나 연주자의 산물이라는 인식이 지배적이다.

그런 점에서 자우림의 김윤아는 독보적인 존재로 인식된다. 1990년대 인디 신과 주류의 중간층에 존재하면서, 프런트우먼 역할뿐 아니라 밴드에서 주도적인 역할을 하는 그녀는 밴드를 지망하는 여성들에게 하나의 역할 모델이 되었다. 김윤아가 음악을 통해 보여주는/들려주는 이미지는, 따뜻하고 친근한 이웃집 언니/누나는 물론, 교복 차림에 앙증맞은 목소리의 발랄한 소녀, 요염하고 관능적인 팜프 파탈, 현실을 비판하고 허위를 꾸짖는 대모의 모습에까지 이른다.

그렇지만 이제 여성들이 밴드에서 활동하는 광경은 흔히 볼 수 있다. 특히 인디 신에서는 주류와는 달리 일렉트릭기타, 베이스, 드럼 등 모든 포지션에 걸쳐 여성 멤버들이 활동하고 있으며 이전보다 한층 많고 다분화된 시도들이 펼쳐지고 있다.

2) 소녀성의 다분화: 걸 그룹의 경우

현재 주류의 음악, 특히 걸 그룹은 이전보다 다양화된 시도를 한다고 평가되면서도 여러 논란의 중심에 있다. 물론 걸 그룹의 원본은 한국의 현재 양상과 가깝고도 멀다. 한국에서 통용되는 걸 그룹이란 노래와 댄스를 위주로 하는, 소녀들만으로 구성된 그룹을 가리킨다. 때문에 한국의 걸 그룹 현상은 영미권에서 주로 말하는 좁은 의미의 '걸 그룹'과 정확하게 일치하지는 않는다. 부연하면 이는 1960년대 초반 영미권 팝의 첨단을 걸었던 "싱어/퍼포머, 작곡가, 그리고 프로듀서 사이의 거의 동등한 파트너십의 산물"(All Music Guide, http://www.allmusic.com/style/girl-groups-ma0000002618)이다. 이들의 음악은 미국 흑인음악의 메카 '모타운 레코드'를 중심으로, 귀에 잘 들어오는 멜로디를 소울, 알앤비 또는 팝 사운드에 담았으며, (특히 소년에 대한) 순수한 그리움과 과장된 감정, 유머 감각 등을 노래에 실었다. 이러한 걸 그룹의 음악은 1960년대 로큰롤 폭발의 자양분이 되었으며 '브리티시 인베이전'의 토대가 되었다.

이후 큰 영향력을 끼친 걸 그룹은 1990년대 후반 영국의 스파이스 걸스(Spice Girls)였다. 이들은 상업적·비평적 성공을 거두며 '걸 파워'를 증명했고, 이들을 둘러싼 소녀 문화는 학계의 연구 대상이 되기도 했다. 이후에도 몇몇 걸 그룹이 활동했지만 주목할 만하다고 말하기는 어려울 듯하다. 오히려 흥미로운 현상은 아시아, 그중에서도 한국에서 일어나고 있다.

한국의 주류 아이돌 걸 그룹은 초창기와 달리 시간이 흐르면서 다양한 이미지로 분화하며 다소 복잡한 양상으로 전개되었다. 순수한 요정 이미지에서 섹시한 콘셉트로 변화한 뒤, 차츰 소멸해가는 수순을 밟던 1990년대 후반의 초창기 걸 그룹과 달리, 2000년대 후반 이후에는 순수함, 귀여움, 도발성, 자존감, 관능성 등을 다채롭게 선택하며 변화를 꾀하기도 했다. 이는 엔터테인먼트회사별 지향에 따라 나뉘며 그룹별 전략에 따라 각기 다른 노선을 시도하기도 한다.

분방하고 자유로운 '배드 걸' 또는 '진화된' 아이돌의 표상,
2NE1의 싱글 〈Fire〉(2009)의 표지.

　또한 아이돌 그룹이 태동했던 1990년대 후반(또는 1세대)과 2000년대
후반 붐을 이루었던 걸 그룹은 계열화되거나 차별화되면서 재생산되었
다. 우선 SM엔터테인먼트가 S.E.S.에서 소녀시대에 이르는 모범적이면
서도 신비한 '착한 소녀' 이미지를 재생산한 반면, DSP미디어는 핑클에
서 카라에 이르기까지 귀엽고 친근한 이미지를 지속했다. 이 두 회사의
이미지는 대조적인데, 소녀시대는 단정하고 신비로운 소녀상을 구축하
는 반면, 카라는 귀엽고 친근한 '옆집 소녀'의 업그레이드 버전을 선보였
다. 소녀시대는 통일된 유니폼과 군무로 일사불란한 무대를 연출하고,
카라는 보편적이고도 다가가기 쉬운 느낌의 춤과 노래로 대중성을 얻었
다. 반면 YG엔터테인먼트는 투애니원(2NE1)처럼 분방하고 자유로운
'배드 걸' 이미지를 대변한다. 같은 엔터테인먼트사 소속이라고 해도 그
룹에 따라 조금 다른 위치를 차지하는데, JYP엔터테인먼트의 경우 전통
적이고 순정적인 여성상의 자장 안에서 수용되기도 하고(원더걸스) 그보
다 도발적이고 섹시하며 적극적인 양상을 보이기도 한다(미스에이).
　여기서 중요한 것은 팬덤의 층위 분화이다. 여전히 남성들이 주요 타
깃이 되지만 그 팬층은 점차 소년부터 '삼촌'에 이르기까지 확대되었다.
'진화형 아이돌'로 군림한 투애니원의 경우, 자유분방하고 거침없는 이
미지를 구축하면서 여성 팬들의 지지를 얻었고, 에프엑스[f(x)]의 경우 10
대 소녀를 정확히 겨냥한다. 20대 중후반의 고연령(?) '걸' 그룹 브라운

음악성을 부각시키며 주목받은 브라운아이드걸스의 3집 〈Sound G〉(2009) 표지.

아이드걸스는 폭넓은 성별과 연령의 팬층을 확보했다.

이들의 이미지는 음악적 차별화에 따라서도 달라진다. 원더걸스가 1960년대 미국의 원조 걸 그룹 코스튬을 재현하며 미국 진출을 모색했다면, 애프터스쿨은 '한국의 푸시캣 돌스'를 표방하며 섹시하고 강렬한 이미지를 보여주었다. 투애니원이 알앤비나 힙합을 기반으로 한다면, 소녀시대의 경우 유로 댄스 버전의 곡들이 인상적이다. 브라운아이드걸스는 세칭 '하이브리드 소울'로 출발했지만 3집을 통해 일렉트로닉 댄스팝이라는 '음악성'을 부각시키며 변신을 도모했다. 이처럼 '여성성'으로만 향하는 단조로운 시선을 음악의 변화(또는 이미지와의 결합)를 통해 다층화했다.

예쁜 얼굴과 몸매에 대한 자신감, 당당히 자아를 드러내는 전략은 앞서 섹시한 댄스 가수의 사례와 흡사하지만, 무엇보다 두드러지는 것은 '소녀의 자의식에 대한 상찬'이다. 투애니원은 통상적인 걸 그룹과 달리, 예쁘지 않은 외모, 소녀의 하위문화에 대한 표현, 자의식과 반항기를 자유분방하게 드러내는 전략으로 성공을 거두었다.

그렇지만 진화했다고 평가받는 아이돌 걸 그룹의 변형 역시 적당한 수준의 위반 정도에 그친다는 비판이 존재한다. 대개 기존에 형성된 남성의 시선(또는 그로부터 생성된 여성의 시선)에 의해 작동하는 것인 만큼, 사회적으로 용인될 만한 범위의 일탈에 그치는 경우가 많다는 것이다.

여성 싱어송라이터들에게 하나의 전범이 되고 있는 장필순의
6집 〈Soony 6〉(2oo2).

비판의 여지는 있지만, 전과 다른 진일보한 측면이 존재하지 않는다고
단정하기는 힘들다.

3) 작가성의 획득: 여성 싱어송라이터의 경우

댄스 가수 유형 또는 아이돌 걸 그룹의 경우 대개는 음악적인 부분에
논란이 많다. 보컬과 춤만으로 음악 전체를 장악하고 통제하지 못한다는
믿음 때문이다. 이와 달리 (넓은 의미에서) 자신이 쓴 곡을 노래하며 (기타
나 피아노 등의 악기를 중심으로) 연주가 가능한 음악가를 지칭하는 싱어송
라이터는 작가적인 지위를 부여받았다. 이 점에서 남성보다 부차적인 존
재로 여겨졌던 여성 음악가에게 싱어송라이터의 칭호는 중요해 보인다.

(좁은 의미에서) 싱어송라이터 일반에 대한 장르적 정의는 1970년대 '밥
딜런 이후' 일련의 음악이고, 여성 싱어송라이터 중에서는 1970년대의 조
니 미첼, 1980년대 후반의 수잔 베가, 트레이시 채프먼 등이 포함된다.
그런 점에서 여성 싱어송라이터 자체가 장르를 구성하는 것은 아니지만,
넓게 보아 싱어송라이터는 여성 음악가의 주요 스타일 중 하나로 거론된
다. 이들의 음악은 대개 곡의 구조나 악기 편성 등의 면에서 어쿠스틱 기
타나 피아노를 중심으로 한 포크 음악의 연장선상에 있지만, 정치적 메시
지, 집단적 정서보다는 개인적 감정, 내면의 솔직한 표현을 내세웠다. '감

팬들에게 제작비를 모금하고, 작곡, 편곡과 연주, 표지 디자
인과 홍보, 배급에 이르는 모든 과정을 직접 수행한 오지은
의 첫 앨범 〈지은〉(2007)의 표지. 이 앨범은 이후 재판 및 재
발매가 이루어지기도 했다.

정적 누디즘'이라는 표현도 이런 성질에 기반을 둔 것이다.

2009~2010년 무렵 주목을 받았던 한국의 여성 싱어송라이터들의 음
악도 많은 경우 내면고백적이고 자아성찰적이라는 일맥상통한 맥락이
존재한다. 따라서 이러한 특징을 전형적인 여성 싱어송라이터(의 음악)
로 도식화하기도 하는데, 이는 어떤 경우에는 평가절하하는 맥락으로
사용되기도 한다. 그런 점에서 여성 싱어송라이터 시와의 음악에 대해
시와 1집의 프로듀서이자 싱어송라이터인 오지은이 "전형적인 여성 싱
어송라이터가 뭐가 나쁜가"라고 반문한 일은 여성 싱어송라이터 음악이
내면성찰적으로 등치되는 현상과 이것이 부정적으로 소통되는 지점을
잘 드러낸다.

한편으로 이들의 성 정체성은 결국 앞에서 서술했던 중성적, 무성적
존재로서 친근한 '옆집 언니' 유형이거나, 또는 '홍대 앞 여신', '인디 요
정'이라는 수식어에서 보이는 것처럼 신비하고도 탈성애화된 존재인 경
우가 많다.

그렇다면 왜 2000년대 후반 '홍대 앞' 또는 인디 신을 통해 여성 싱어
송라이터들이 대거 등장했을까. 우선 1990년대 후반 무렵 이후 주류 시
스템을 통하지 않고서도 음반을 발표하고 무대에 설 수 있는 통로들이
생겼다는 점이다. 대형 음반사나 기획사보다 접근하기 쉬운 인디레이블
이나 서울 홍대 앞을 중심으로 라이브 클럽 등이 존재했기 때문에 (남성

의 경우와 마찬가지로) 여성 싱어송라이터들도 세간에 알려질 수 있었다. 이 장소들은 여성 음악인들이 이런저런 역할을 통해 비교적 자유롭고 다양한 음악을 할 수 있는 공간 또는 '대안'이 되기도 했다. 인디 신에 예술적 의미와 작가적 위치를 부여하도록 한 몇몇 장치와 제도(EBS 〈스페이스 공감〉, 한국대중음악상, 포털 사이트의 명반 선정과 소개 등)는, 남성은 물론 여성 싱어송라이터가 주목을 받을 수 있는 토대도 제공했다. 또한 이전 세대의 여성 음악가와 달리, 유효한 모델(한영애, 장필순, 이상은, 김윤아 등)이 이 세대에게 존재했다는 점도 적지 않은 영향을 끼쳤다.

무엇보다 중요한 것은 컴퓨터와 인터넷 관련 하드웨어와 소프트웨어가 발전하면서 음악의 생산과 유통이 전보다 쉽고 간편해졌다는 점이다. 그런 점에서 여성들이 기계/기술과 친화적이지 않다는 편견은, 역설적으로 기계/기술의 진보(를 통해 획득된 간편성과 용이함)에 의해 깨지게 된 것이다. 예컨대 컴퓨터를 이용해 노래나 앨범을 만들고, 인터넷 홈페이지나 블로그를 통해 자신의 음악에 관해 외부와 소통할 수 있다. 자신만의 레이블을 손쉽게 만들 수 있고, 인터넷 펀딩 플랫폼을 이용해 제작비를 모을 수도 있으며, 홍대 앞의 대표적인 음반가게를 통한다거나 소셜 미디어를 통해 음반을 판매할 수도 있다. 동영상을 유투브나 사운드클라우드 같은 웹사이트 또는 자신의 홈페이지에 올려 자신의 음악을 소개할 수도 있다.

마지막으로 '싱어송라이터 = 진정한 아티스트'라는 공식에 대해 환기하고 있는 사례로서 이소라의 행보는 의미심장하다. 단적으로 말해 그녀는 직접 작곡을 하지 않고도 '작가로서의 정체성'과 '진지한 가수'의 지위를 획득했다. 그녀는 가사를 쓰고 프로듀싱을 하는데, '남성' 음악가와 공동으로 작업하면서 음악(음반) 전체를 관장하고 통제한다. 이들이 자신들의 음악 생산 전반을 관장하면서 진정성 또는 작가적 위치를 획득했다면, 이는 여성의 지위 변화나 음악을 둘러싼 환경의 발전 등 여러 다른 요인이 함께 작동한 결과이다.

5. 복합적이고도 다층적인

이상에서 음악 산업의 생산과 수용 측면에서 여성의 위치와 역할을 살펴본 후, 구체적으로 여성 음악(인)의 몇 가지 유형과 시도를 찾아보았다. 지금도 여성이 음악 산업 내에서 부차적이고 주변적인 역할에 머무르는 경우가 많지만, 여성의 비중이 전에 비해 높아졌으며, 여러 다양한 역할을 맡으면서 여성 음악(인)의 위상과 역할은 변화하고 있다. 또한 여성들이 주로 담당한다고 여겨졌으며 그간 폄하되어왔던 소비나 수용에 대해서도 새로운 의미가 부여되었을 뿐 아니라, 소비 형태에서도 성별에 따른 고전적인 편중 현상이 다소 흐릿해지기도 했다.

여기서 앞에서 살펴보았던 여성 음악(인)의 유형과 시도가 한 가지로만 수렴되는 것은 아니라는 점을 다시 한 번 지적하고자 한다. 이러한 유형들의 양상은 복합다단하게 나타나는데, 당연하게도 한 음악인이 다양한 또는 복합적인 시도를 할 수 있다. 예컨대 여성 팝 가수 레이디 가가는 마돈나가 과거에 그러했던 것처럼 많은 논란을 불러일으켰는데, 여기에는 신화적 요소의 도입, 종교적 상징의 위배, LGBT(레스비언, 게이, 바이섹슈얼, 트랜스젠더를 집합적으로 지칭) 문화가 표방하는 탈이성애주의 등이 복류한다. 「Born This Way」(2011) 뮤직비디오에서 기이한 외계 종족(또는 신인류?)이 탄생하는 장면은 다나 해러웨이의 「사이보그 선언」과 일맥상통하고, 마돈나의 「Express Yourself」(1989) 뮤직비디오와 비슷한 맥락에서 디스토피아적인 '미래주의'와도 연결된다.

또한 당시의 여러 변수에 따라 상호 영향을 주고받으며 생산과 소비의 결과물이 도출된다. 아이유의 경우 '아이돌이면서 아이돌이 아닌' 이미지로 부각되었는데, 걸 그룹의 소녀성과 (작곡은 하지 않지만) 여성 싱어송라이터의 진지함을 동시에 가진 가수로 자리하게 되었다. "나는요 오빠가 좋은 걸"(「좋은 날」, 2010)이라고 노래하는 어린 소녀의 이미지는 그녀의 팬덤이 남성에게 집중되어 있다는 점을 여실히 보여주면서 걸 그룹과 같은 방식으로 수용되었다. 한편, (당시의 '통기타 열풍'을 타고 인터넷 매체를 통해 형성된) '어쿠스틱 기타 연주도 가능한 10대 소녀 가수'라는 위상과 김형석, 윤상, 윤종신 등과 같은 1990년대산 작곡가가 참여한 '성인' 취향의 노래들을 통해 아이유는 아이돌의 이미지를 가지고 있으면서도 동시에 아이돌의 맥락을 배제하는 방식으로 소비되었다.

마지막으로, 여성 음악(인)의 많은 시도가 단순히 젠더와 섹슈얼리티 측면에 의해서만 작동하지 않는다는 점을 다시 한 번 강조하고자 한다. 성 정치의 패러다임은 음악 자체의 맥락은 물론, 다른 여러 복잡한 요인과 긴밀한 영향 관계에 따라 형성된다. 앞서 홍대 앞/인디 신의 여성 싱어송라이터 현상에서 언급했던 것처럼 기술과 미디어의 진보, 음악 신과 공간의 발전 등과 상호 영향을 주고받으면서 형성된다는 점이 무엇보다 중요하다.

생각해볼 문제

1. 음악의 생산과 수용의 측면에서 여성은 전통적으로 어떤 지위를 가지고 있으며, 남성과 어떻게 이분법적으로 구분되었는지 생각해보자.
2. 여러 유형에 각각 해당하는 여성 음악인들을 찾아보고 이들이 음악 내·외적으로 어떤 특징을 가지는지 생각해보자.
3. 걸 그룹과 그들의 음악이 어떤 유형들로 분화되어 소비되는지 생각해보자.
4. 2000년대 후반 홍대 앞을 중심으로 활동하는 여성 싱어송라이터들의 음악이 가지는 의미를 생각해보자.

▶️■ **읽을 거리**

길베르, 조르주-클로드 . 2004. 『포스트모던 신화 마돈나』. 김승욱 옮김. 들녘.

마돈나라는 인간과 그녀의 작품을 포스트모더니즘의 논법에 기대어 분석한 책. 그중에서도 '가장'을 통해 마돈나의 작품을 설명한 장이 흥미롭다.

셔커, 로이. 1999. 『대중음악 사전』. 이정엽·장호연 옮김. 한나래.

「성차」와 「섹슈얼리티」 등의 항목을 통해 대중음악에서 일반적으로 거론되는 젠더와 섹슈얼리티의 문제를 정리해볼 수 있다.

신현준 엮음. 1997. 『얼트 문화와 록 음악 2』. 한나래.

마지막 장의 「록 음악 속에서 록 음악과 싸우는 여자들」은 1990년대 '여성 록(Women in Rock)' 현상을 중심으로 조명하고 있다.

차우진. 2009. 「걸 그룹 전성기」. ≪문화/과학≫, 2009년 가을(통권 59호).

2009년 무렵 걸 그룹이 대중적으로나 비평적으로 큰 주목을 받은 것은 각 엔터테인먼트사들의 전략은 물론, 미디어의 변동, 산업의 변화, 대중문화 지형 변화 등이 영향을 끼쳤기 때문이다. 이 글은 이런 여러 배경에 입각하면서 걸 그룹(또는 그 현상)이 기존의 단순한 도식화에서 벗어나 음악적으로나 이데올로기적으로 이전보다 다양하게 분화되고 있음을 보이고 있다.

최지선. 2009. 「'홍대앞 여성 싱어송라이터' 현상에 대한 단상」. ≪대중음악≫, 2009년 11월(통권 4호).

일군의 홍대 앞 여성 싱어송라이터들이 주목받은 음악, 산업, 문화적인 배경과 이유, 그리고 여기에 작용한 이데올로기에 대해 살핀 글. 기술의 발전과 미디어의 변화 등에 따라 음악 생산과 소비에 이르는 전반적 변화와 더불어, 내면고백의 음악이라는 통상적 정의나 진정성의 이데올로기가 여성 싱어송라이터에 어떻게 상호 작동하는지 보이고 있다.

코언, 새러. 2005. 「대중음악과 성차, 섹슈얼리티」. 사이먼 프리스 외 엮음. 『케임브리지 대중음악의 이해』. 장호연 옮김. 한나래.

새러 코언은 영국 리버풀 인디 록의 사례들을 통해 젠더와 섹슈얼리티에 대한 연구를 전개했는데, 이를 통해 원래부터 록 음악이 남성적인 것이라고 주장하기보다는 록의 이미지, 연주 스타일 등이 성차 관습과 이데올로기에 따라 어떻게 제약되고 연결되는지, 이를 통해 남성적인 것으로 '구성'되고 구현되는지 보여주었다.

쿡, 니콜라스 . 2004. 「음악과 성차」, 『음악이란 무엇인가』. 장호연 옮김. 동문선.

이 장은 클래식 음악을 중심으로 젠더의 문제를 다루었는데, 특히 여성주의 음악학자 수전 매클러리의 분석을 중심으로 소개하고 있다. 니콜라스 쿡은 매클러리의 분석이 "음악이 여러 가지 방식으로 이해할 수 있다"는 점을 간과했다고 비판하면서도 "음악이 성 정치가 교섭되는 장, 나아가 개인적 상호적 가치가 교섭하는 장으로 기능할 수 있는 가능성을 열어준다"고 논평했다.

프리스, 사이먼. 1995. 『록 음악의 사회학: 사운드의 힘』. 권영성·김공수 옮김. 한나래.

특히 「소녀들과 청년 문화」 및 「록과 관능성」 부분을 참고할 수 있다.

Frith, S. and A. Goodwin(eds.), 1990. *On Record: Rock, Pop and the Written Word*. New York: Pantheon.

여기 실린 사이먼 프리스와 안젤라 맥로비의 「Rock and Sexuality」는 록 음악과 젠더에 대한 음악사회학적 연구물이다. 이외에도 이 책에는 디스코와 섹슈얼리티의 문제를 다룬 리처드 다이어의 「In Defense of Disco」, 여성이 록 음악가가 되는 과정에서 부딪히게 되는 물리적·사회적·이데올로기적 제약과 한계들을 제시한 메이비스 베이튼(Mavis Bayton)의 「How Women Become Musicians」 등 대중음악과 젠더 및 섹슈얼리티의 문제에 대한 중요한 논문들이 실려 있다.

Reynolds, S. & J. Press. 1995. *The Sex Revolts*. Cambridge: Harvard University Press.

이 책은 특히 정신분석학적 접근을 통해 여러 유형의 젠더와 섹슈얼리티의 문제를 다룬다.

Whiteley, Sheila(ed.). 1997. *Sexing the Groove: Popular Music and Gender*. New York: Routledge.

이 책에는 대중음악과 젠더에 대한 다양한 논제들을 다룬 여러 논문이 있는데, 일렉트릭 기타를 비롯해 음악 장르나 흐름 등 여러 관점에 입각해 조명한 글은 물론, 남성성에 대해 조망한 글이 실려 있다.

▶⫿▪ 들을 거리

김완선. 「오늘밤」(김창훈 작사 · 작곡). 지구. 1986.

브라운아이드걸스, 3집 〈Sound G.〉. 내가네트워크. 2009.

소녀시대. 「Gee」(이트라이브 작사 · 작곡). SM엔터테인먼트. 2009.

시와. EP 〈시와〉. SIWA(자체제작). 2008.

아이유. EP 〈Real〉. 로엔엔터테인먼트. 2010.

양희은. 〈고운노래 모음 2집〉. 유니버어살. 1972.

오지은. 〈지은 1집〉. 사운드니에바. 2007.

요조. 〈Traveler〉. 파스텔뮤직. 2008.

이상은. 〈공무도하가〉. 폴리그램. 1995.

이소라. 〈이소라 7〉. 엠넷미디어. 2008.

이효리. 「10 minutes」(메이비 작사, 김도훈 작곡). 대영AV. 2003.

자우림. 〈연인〉. 난장/DMR. 1998.

장필순. 〈Soony 6〉. 하나뮤직. 2002.

2NE1. 〈1st Mini Album〉. YG엔터테인먼트. 2009.

한영애. 〈바라본다〉. 동아기획/SRB. 1988.

제3부 대중음악의 주요 장르와 역사

09 한국 대중음악의 출발

트로트와 신민요

이준희(한국학중앙연구원 한국학대학원 박사과정)

주요 개념 및 용어 | 트로트, 제4 · 7음이 배제된 단조, 신파, 이름 없는 실체, 도추모노, 트로트 고고, 정서적 경량화, 실체 없는 이름, 신민요

1930년대 한국 대중음악은 음반을 위시한 매체와 흥행산업의 발전에 따라 이전의 형성 단계를 넘어 성장 단계로 진입하는 모습을 뚜렷이 보였다. 이 무렵 양식의 틀이 확립되어 대중음악 역사에서 첫 번째 주도적 장르로 부상한 것이 이른바 '트로트(trot)'이다. 과거 양상과 많이 달라지기는 했으나 지금도 장르로서 트로트의 의미가 소멸하지 않았으므로, 트로트의 형성 · 확장 · 변질 과정은 그대로 한국 대중음악 역사의 중요한 일면이기도 하다. 이 장에서는 트로트 장르의 역사적 궤적을 주로 살피면서, 전후로 그와 관련이 있는 두 가지 내용을 함께 살펴보도록 하겠다. 우선, 1930년대 초반 이전 초창기 한국 대중음악의 음악적 양식과 내원(來源) 분포 상황을 점검해 트로트 형성의 배경을 보고, 다음으로 1930년대 중반 트로트와 함께 주요 장르로 떠올라 경쟁하다가 이후 쇠락의 길을 간 신민요(新民謠)에 관해서도 살펴볼 것이다.

1. 1930년대 초반 이전 한국 대중음악의 양식

특정한 음악 양식만이 대중음악이 될 수 있거나 또는 없거나 하지는 않는다. 사회 구성원 다수가 즐겨 향유해 유행하는 음악이라면 어떤 것이든 대중적인 음악이 될 수 있고, 그것이 매체와 결합해 산업적으로 생산·유통·소비된다면 바로 대중음악이라 할 수 있다. 관점에 따라 조금씩 달라질 수는 있겠으나, 아무리 늦춰 잡더라도 1930년 무렵이면 한국 대중음악이 본격적인 성장기로 접어든다고 할 수 있는데, 그 무렵 대중음악에도 오늘날만큼은 아니지만 다양한 곳에서 유래한 다양한 음악 양식이 존재하고 있었다.

우선 거론할 수 있는 것은 한국 전통음악에 기반을 둔 양식이다. 전통음악에도 다양한 종류가 있으나 20세기 초반에 대중적으로 유행한 것은 서울을 중심으로 유통된 통속음악이었고, 이후 대중음악에도 수용된 것은 주로 통속민요와 잡가였다. 통속민요와 잡가의 개념과 범주에도 확정되지 않은 측면이 있으므로 구체적인 작품으로 예를 들어보자면 「아리랑」, 「도라지타령」, 「양산도」, 「흥타령」 같은 것을 꼽을 수 있다. 본래 서울·경기 지역에는 이른바 '경(京)토리'라 불리는 독자적 지역 음악 양식이 있었는데, 조선시대 후기에 들어 다른 지역의 통속음악이 유입되면서 다양한 지역 전통음악 양식이 함께 유행하게 되었다. 주로 호남지역 음악 양식에 뿌리를 둔 판소리가 서울에서도 크게 인기를 누린 것이 그러한 예이다. 하지만 20세기 초에 이미 가장 큰 음악 소비 시장이었던 서울의 대중에게 폭넓게 향유된 것은 역시 경토리에 기반을 둔 통속민요와 잡가였다. 통속민요와 잡가의 음악 양식은 한편으로 전통음악계에서 계속 전승·발전해가기도 했고, 다른 한편으로 대중음악계에 일부 수용되기도 했다. 대중음악계에서는 그것과 새로운 음악 자원을 혼합하는 방식으로 전통음악 그대로가 아닌 전통음악 요소가 있는 대중음악을 만들어냈는데, 동원된 새로운 음악은 19세기 말 이후 종교·교육·

국가의례 등의 경로를 통해 유입된 서양(주로 서유럽과 미국)음악이었다.

서양음악은 따라서 1930년대 초반 이전 한국 대중음악의 지형도에서 거론하지 않을 수 없는 또 다른 음악 양식이다. 전통음악에서도 일부만이 대중음악에 직접 영향을 주었듯이, 서양음악의 방대한 내용 전체가 당시 한국 대중음악에 영향을 준 것은 아니다. 물론 번안곡 형태로 수용된 실제 작품의 면면을 보면 이른바 '클래식'의 범주에 든다고 할 수 있는 기악곡이나 오페라 아리아부터 민요, 재즈 같은 대중음악에 이르기까지 다양한 사례가 존재한다. 경우에 따라 한국 대중가요의 효시로까지 꼽히는 「사(死)의 찬미」(원곡은 「Donauwellen Walzer」)는 대표적인 예라 할 수 있다. 하지만 개개 작품으로 다양하게 존재했다 해도 그러한 서양음악의 영향 수준은 매우 초보적인 편이었다. 기존 전통음악과는 다른 기본적인 요소, 특히 장조와 단조로 구분되는 조성(調性)체계와 전통 장단과는 차이가 많은 정형화된 박자가 '악전(樂典)'이라는 이름으로 유통된 것이 20세기 초반 서양음악 양식의 영향 문제에서 특정한 작품보다 더 중요한 점이다. 초창기 한국 대중음악에서 전통음악과 서양음악 양식의 의미를 그런 점에서 단순화해 비교하자면, 전통음악은 구체적인 작품이 더 많은 역할을 했고 서양음악은 추상적인 이론이 더 많은 역할을 했다고 볼 수 있다.

끝으로 들 수 있는 음악적 내원은 구체와 추상 양면에서 모두 중요한 역할을 한 일본음악이다. 일본은 한국 못지않은 전통음악 자산을 가지고 있고 한국보다 빨리 서양음악을 수용하기도 했으므로, 20세기 초반 일본음악의 스펙트럼은 상당히 넓었다. 그 가운데 한국 대중음악에, 그리고 트로트에 직접 영향을 준 것은 서양음악 방식으로 다듬어진 일부 통속민요와 1910년대 이후 형성·발전된 특유한 스타일의 대중음악이었다. 전자와 후자의 차이는 간단히 말해 서양음악의 조성체계에 바탕을 두고 있는지 여부라 할 수 있는데, 장조나 단조로 귀속시키기 어려운 전자는 몇몇 작품이 1930년대 초반까지 번안곡 형태로 유행하다가 차츰

사라진 반면, 서양음악 이론에 기반을 둔 후자는 수많은 곡이 번안곡으로 유통된 것은 물론 바로 트로트 장르 형성에 직접 배경이 되기도 했다. 나카야마 신페이(中山晋平)가 작곡한 1920년대의 「시들은 방초」(원곡은 「船頭小唄」)와 고가 마사오(古賀政男)가 작곡한 1930년대의 「술은 눈물일까 한숨이랄까」(원곡은 「酒は淚か溜息か」) 등은 일본은 물론 한국에서도 크게 유행했고, 제4·7음이 배제된 단조와 약간 빠른 느낌을 주는 2박자가 결합한 일본 대중음악 특유의 양식을 잘 보여준다. 그것은 그리고 전형적인 트로트의 중요한 음악적 특징이기도 했다.

이러한 몇 가지 유래의 음악 양식이 혼재하는 가운데 1930년을 전후한 때에 음반 산업이 자리를 잡으면서 대중음악은 질적으로나 양적으로 완연한 성장기에 접어들었다. 1920년대에만 해도 번안곡의 비중이 상당히 높았으나, 1930년대 초반에는 한국인 대중음악가들의 창작 역량이 점차 확충되어갔다. 그리고 그와 함께 트로트가 주도적인 장르로 떠오르기 시작했다.

2. 트로트의 형성

1930년대는 물론 1940년대까지도 트로트는 일반 대중은 말할 것도 없고 대중음악계 내부에서조차 널리 쓰인 말이 아니었다. 작품 제목이나 리듬 표기에서 트로트 또는 '폭스(fox) 트로트'라는 표현이 매우 드물게 보이지만, 트로트는 당초 장르를 지칭하는 용어가 아니라 서양 대중음악에서 빠른 2박자 리듬을 가리키는 말이었다. 하지만, 앞서 본 바와 같이 1930년대 초반 이후 당대 일본 대중음악의 직접 영향을 받아 형성된 음악 양식이 자리를 잡아간 것은 사실이고, 그것이 이후 트로트라는 장르 이름을 획득하게 된 것도 분명하다. 정리하자면, 1930년대 형성기의 트로트는 양식의 틀이 확립되기는 했으나 아직은 이름 없는 실체로

1936년 8월 일간지에 게재된 음반 광고. '트로트(도롯도)'라는 말이 등장하는 흔치 않은 1930년대 사례이다.

존재했다고 할 수 있다.

트로트의 가장 두드러진 음악적 특징은 앞에서 살펴본 것처럼 제4·7
음이 배제된 단조와 약간 빠른 느낌을 주는 2박자의 결합이다. 단조 한
옥타브를 구성하는 일곱 음 '라 - 시 - 도 - 레 - 미 - 파 - 솔' 가운데 네 번
째 레와 일곱 번째 솔을 거의 사용하지 않거나, 사용하더라도 지나가는
음으로 드물게 사용하는 음계 구사 방식이 1930년대 중반 트로트의 전
형적인 모습이었다. '라 - 시 - 도 - 미 - 파' 다섯 음을 골간으로 해 반음
사용이 두드러진 트로트는 한국 전통음악과는 질감이 매우 달랐고, 서
양음악을 기반으로 하기는 했으나 그것이 일본을 통해 한 번 굴절된 것
이었기에 동시대 서양 대중음악과도 거리가 있었다. 작품에 따라 약간
씩 차이는 있지만, 2박자 리듬은 대략 1분에 4분 음표 한 박자를 적어도
70회 이상, 많으면 100회 이상 반복하는 속도였다. 이러한 빠르기는 이
후 살펴볼 1960년대 확장기의 트로트에 비하면 상대적으로 분명 촉박한
느낌을 준다. 또 특정한 주제 악구(樂句)를 두어 그것을 변주하거나 반복
하는 방식을 취하지 않고, 계속 다른 곡조를 붙여 한 절을 이루는 것도
1930년대 전형적인 트로트의 특징이었다.

별도의 장르 지칭 없이 주도적 대중음악 양식으로 부상한 트로트는

형식적으로나 정서적으로 정형화된 가사와 결합해 특징적인 1930년대 대중가요를 만들어냈다. 일반적인 트로트 양식 대중가요 가사는 3(4)·4(3)음절로 구성된 4음보 한 구 또는 3(4)·4(3)음절과 5음절로 구성된 3음보 한 구가 조합을 이루어, 보통 네 구가 한 절을 이루었다. 곡에 따라 짧게는 2절, 길게는 5절 이상의 예가 있으나, 대다수의 작품은 3절로 구성되었다. 가사 한 구는 대개 여덟 마디 곡조와 결합하므로, 앞서 본 ♩ = 70~100 정도의 빠르기를 적용해보면 전체 3절 가사는 대략 2분~2분 30초 정도의 분량이 되며, 여기에 전주와 간주, 후주 등을 붙이면 한 곡을 모두 연주하는 데에 2분 30초~3분 30초 정도가 소요된다. 이는 1950년대까지 가장 일반적인 음향매체 형식이었던 10인치 SP 음반의 통상 재생 시간 3분 30초 이내와 잘 부합한다.

많은 트로트 대중가요 가사에서 볼 수 있는 전형적인 정서는 이른바 '신파(新派)'라는 표현으로 집약된다. 신파는 원래 전근대 극 양식과 대비되는 1910년대 이후의 새로운 대중극 양식을 가리키는 말이나, 그러한 극은 물론 이후 영화나 대중가요 등 대중문화 전 영역에서 반복적으로 등장하는 독특한 정서의 대명사로 자리 잡게 되었고, 달리 '신파조(調)'라고도 표현된다. 신파조 정서는 개인과 사회가 갈등을 일으키는 상황에서 개인이 욕망을 꺾고 체념하는 소극적 해소 방식을 제시해, 다소 과도한 비극성을 환기하는 데에 두드러진 특징이 있다. 신파조가 1930년대 대중가요 전체에 관철되었던 것은 물론 아니지만, 양적인 면에서 다수를 점하고 당대 대중의 정서적 수요를 매우 효과적으로 충족시켰던 것은 분명한 사실이다.

주로 1930년대 중반 이후 등장한 손목인, 박시춘, 박영호, 조명암 등 일군의 작가에 의해 트로트가 음악적으로나 정서적으로 전형성을 갖추게 된 것과 동시에, 비슷한 시기에 등장한 일군의 가수는 트로트 양식을 표현하는 면에서 역시 전형성을 만들어냈다. 낮은 음역과 거친 발성을 대체로 피하면서 단정하고 낭랑한 기본 가창에 더해 기교적인 잔가락을

1935년에 발매된 「목포의 눈물」 SP 음반. '당선 지방 신민요'라는 표기가 이채롭다.

효과적으로 구사하는 표현법은 남인수의 「애수의 소야곡」이나 이난영의 「목포의 눈물」 같은 상징적인 당대 스타의 대표작을 통해 구체화되었다. 그러한 가창의 전범은 1950년대까지도 강한 영향력을 발휘하며 많은 아류를 양산해냈다.

그런데, 앞에서 본 내용과는 별도로 트로트의 형성과 관련해 반드시 생각해보아야 하는 중요한 문제는, 그것이 어떤 이유로 해서 한국 대중음악의 주류 장르로 자리를 잡게 되었는가 하는 점이다. 이에 대해서는 아직 다수의 연구자가 동의하는 만족스러운 설명이 제시되어 있지 않다. 1930년대 중반 무렵 대중의 지지를 충분히 획득했기에 트로트가 자리를 잡은 것은 틀림없으나, 그 지지의 배경이 무엇이었는지는 확실치 않다. 한 세대 전인 1900년대에만 해도 이름은 물론 존재 자체가 없어 한국 대중이 향유하는 음악 스펙트럼에서 아무런 위치도 점하지 못했던 트로트가 매체 보급도 충분치 않았던 당시에 그토록 빠른 속도로 대중음악의 주류로 부상한 것은 분명 매우 이례적인 현상이다. 일본의 영향을 전면적으로 받을 수밖에 없었던 식민지 상황의 여러 조건, 예컨대 일본식 창가(唱歌) 교육이나 일본 음악 산업 자본의 진출, 식민지 대중의 열패감 등이 복합적으로 작용했을 것으로 추정되지만, 이에 관해서는 앞으로 더 정밀한 연구가 있어야 할 것이다.

3. 트로트의 확장

1930년대 중반에 여러 가지 측면으로 양식의 전형이 갖추어진 트로트는 1940년 무렵 이후 거의 한 세대 동안 다양한 변화를 보이게 된다. 그러한 변화는 전형적인 트로트의 정체성을 근본적으로 훼손하지는 않는 선에서 트로트의 지평을 확장하는 방식으로 전개되었다고 할 수 있다. 확장으로 인해 전형적인 트로트 양식이 사라진 것은 물론 아니며, 새로 추가된 요소들이 그와 함께 중층적으로 공존하는 양상을 보였다.

트로트의 첫 번째 중요한 확장은 1940년을 전후한 시기에 구체적으로 나타났다. 우선, 제4·7음이 배제된 단조가 여전히 우위에 있기는 했지만, 한편으로 제4·7음이 배제된 장조의 부상이 두드러졌다. 그렇기 때문에 이 시기 트로트의 변화는 '장조 트로트'라는 표현으로 정리되기도 한다. 약간 빠른 느낌의 2박자도 규칙적이고 정제된 리듬 패턴에서 율동감이 더해진 형태로 변화하는 예가 늘었다. 즉, ♩ ♪ ♪ ♪ 또는 ♩ ♫ ♪ ♪ 이 대종을 이루던 것에 더해 ♪. ♪ ♪ ♪ 나 ♪. ♪ ♫ ♫ 또는 ♫ ♫ ♪ ♪ 처럼 점8분 음표나 16분 음표의 사용이 증가한 형태가 많이 나타났던 것이다. 또한 정서 측면에서도 과도한 비극성의 신파조 외에 유랑이나 향수(鄕愁)를 다루며 낭만성을 강조하는 작품들이 등장했다. 트로트 남자가수의 또 다른 전범으로 남인수와 함께 1950년대까지 많은 영향을 끼친 백년설의 「나그네 설움」 같은 곡은 확장된 트로트의 대표적인 사례로 들 수 있다.

그렇다면 1940년 무렵 트로트 변화의 원인은 어디에서 찾을 수 있을까. 그에 대해서는 대략 두 가지 가능성이 제시되고 있다. 첫 번째는 1937년 중일전쟁 발발 이후 식민지 체제가 종식될 때까지 지속적으로 강화되어간 전시체제의 영향이다. 1930년대 중반에 형성된 전형적인 트로트의 신파 정서가 표출하는 비극성이 전시체제가 요구하는 바람직한 '총후(銃後)' 대중의 정서와 부합하지 않으므로, 비극성보다는 낭만성이 강조된 '장조 트로트'가 유도되었다는 설명이다. 1938년부터 대중음악의 주요 매체인 음반에 대해 전시체제를 고려한 새로운 검열 방침이 적용되었던 점을 보면, 그러한 설명이 전혀 무리인 것은 아니다. 두 번째는 대중음악 외부의 원인으로 인해 변화가 유도되었다고 보기보다는 대중음악 내부의 원인으로 트로트의 확장이 이루어졌다고 보는 설명이다. 트로트의 형성에 직접 배경으로 작용한 일본 대중음악의 영향이 여기서도 있었다는, 즉 1930년대 후반 일본 대중음악의 주요 유행 경향 가운데 하나인 '도추모노(道中物)'가 트로트의 확장에 직접 배경이 되었다는 것이다. 도추모노는 주로 야쿠자 같은 떠돌이 인생의 의리·인정·유랑 등을 소재로 하는 일군의 작품들인데, 제4·7음을 배제한 장조와 율동감이 가미된 2박자 리듬 패턴의 사용이 1940년 전후 확장된 트로트의 음악적 특징과 정확히 일치한다. 일본 도추모노 히트곡인 「妻戀道中」(1937)의 전주와 「나그네 설움」(1940)의 전주에서 확인되는 유사성은 그러한 일치의 대표적인 예라 할 수 있다. 다만 한국에는 일본 특유의 야쿠자 문화가 없고 한국 대중이 그러한 정서를 그대로 받아들이기도 어려웠으므로, 일반적인 유랑이나 향수 등으로 소재가 바뀌는 굴절이 있었다.

도추모노의 영향을 받은 트로트의 확장 추세는 식민지 말기 이후 광복·분단·전쟁 등을 연달아 겪은 10년 정도의 사회적 혼란기를 거친 뒤에도 사라지지 않았다. 1950년대에는 이른바 '장조 트로트'의 비중이 더욱 확대되었고, 그 소재 범위가 역사적 고사(故事)나 인물로까지 넓혀졌다. 전형적인 트로트의 비극성 또한 분단과 전쟁 경험의 영향으로 작품 소재가 확대되어 신파적이면서도 한층 사실적인 경향이 강화되었다. 1950년대 최고 히트곡 가운데 하나로 꼽혔으나 일본 도추모노 곡 「淺太郎月夜」를 표절했다는 구설에 오르기도 한 「방랑시인 김삿갓」은 전자의 경향을, 전쟁으로 인한 이산을 소재로 한 「단장(斷腸)의 미아리고개」는 후자의 경향을 대표하는 작품이라 할 수 있다.

음악 양식 면으로 볼 때 그 이전의 두 가지 흐름에서 크게 벗어나지 않은 1950년대 중후반의 트로트는, 그러나 그 말의 의미와 용법 면에서는 주목할 만한 변화를 보이기 시작했다. 이 무렵부터 트로트(당시 표기로는 주로 '도롯도')라는 말이 SP 음반 딱지에 표기되는 경우가 크게 늘어났던 것이다. 이는 당시 사교춤(social dance) 유행의 영향으로 음악의 리듬이 명기될 필요가 있었기 때문이라고 설명되는데, 트로트는 점차 단순한 리듬 명칭 이상의 의미를 획득해가기 시작했다. 여러 가지 리듬 분류 가운데 대중가요에서 절대 다수를 차지한 것이 트로트였기에, 트로트가 재래 양식 대중가요 전반을 아우르는 일종의 대명사로 쓰이는 경향이 나타났다. 1950년대 중후반에는 대중음악의 새로운 유행을 이끈 견인차로 맘보·탱고·블루스[미국에서 발원한 블루스가 아니라, 1930년대 후반 일본에서 형성된 이른바 '화제(和製)' 블루스] 등의 리듬이 크게 대두했는데, 당초 트로트와 대등한 선상에 있는 별도의 음악 영역으로 인식되었던 탱고나 블루스도 시간이 지나면서 점차 의미가 확장된 트로트의 일부로 포섭되었다. 경계가 불분명한 장르 이름으로 완전히 의미가 바뀐 오늘날 트로트의 역사는 1950년대에 싹이 텄다고 할 수 있다.

트로트의 두 번째 중요한 확장은 1960년대 중반에 나타났다. 1940년 전후 첫 번째 확장에 영향을 준 것이 도추모노였다면, 이때 트로트가 섭취한 새로운 음악 자원이 되었던 것은 이른바 '미8군 쇼 음악', 그중에서도 주로 스탠더드 팝(standard pop), 그리고 '왜색'으로 지칭된 당대 일본 대중음악이었다. 1960년대 초반 트로트는 그 나름의 영역을 확보하고 있었음에도 외견상 침체에 빠진 것으로 보였는데, 그것은 트로트가 대중의 지지를 크게 잃었기 때문이 아니라 대중음악의 유행을 선도하는 주도권을 잃었기 때문이라고 할 수 있다. 당시 유행을 선도해 대중의 이목을 끌었던 분야가 또한 다름 아닌 미8군 쇼 계통의 음악과 일본 대중음악이었다.

'광복 이후 최고' 히트곡으로 기록된 「노란 샤쓰의 사나이」로 대표되는 미8군 쇼 계통의 스탠더드 팝 양식은 새로운 음악 스타일과 새로운 인물을 내세워 LP 음반과 상업 민방이라는 새로운 매체를 주도적으로 장악했다. 반면 같은 시기 트로트는 묵은 사람들이 하는 묵은 음악이라는 이미지를 상대적으로 더 가지고 있었고, 첨단 문화와 대비되는 잔존 문화의 색채가 짙어갔다. 국내의 도전이었던 미8군 쇼 계통 음악 외에 국외의 도전이었던 일본 대중음악의 존재도 무시할 수 없는 것이었다. 1945년 이전에 전면적이고 절대적이었던 일본 대중음악의 영향은 식민 지배가 종식되면서 비공식적인 영역으로 급속하게 축소되었으나, 미국 대중음악의 영향이 날로 확장되는 중에도 결코 사라지지는 않았다. 잠복해 있던 일본 대중음악의 영향은 1960년을 전후한 시기에 비합법적인 매체 유통, 재일한국인 대중음악가들의 방문(또는 귀국) 활동 등으로 다시 가시적인 수준으로 나타났고, 한편으로는 그에 대한 우려와 경계의 움직임이 왜색 시비로 불거지기도 했다.

그러한 가운데 트로트는 국내외의 도전을 오히려 자원으로 바꾸어 다시 한 번 확장·변화하는 모습을 보이게 되었으니, 1964년에 발표되어 전례 없는 상업적 성공을 거둔 이미자의 「동백 아가씨」가 그러한 변화의 상징적인 작품이다. 「동백 아가씨」로 대표되는 1960년대 중반의 새로운 트로트는 1930년대 중반에 형성된 전형적인 트로트와 비교해볼 때 분명한 음악적 차이를 보인다. 우선 약간 빠른 듯하면서도 정제된 느낌을 주는 2박자가 한층 안정감 있는 느리고 정돈된 느낌의 2박자, 또는 블루스의 영향을 받은 4박자로 확장되는 경향이 나타났다. 예컨대, 가창 부분이 8 + 8 + 8 + 6으로 전체 30마디인 「목포의 눈물」과 8 + 8 + 4 + 8로 전체 28마디인 「동백 아가씨」를 비교해보면, 두 곡이 모두 대표적인 2박자 트로트 곡으로 간주되기는 하지만, 「목포의 눈물」 30마디를 연주하는 데에 42초 정도가 걸리고 「동백 아가씨」 28마디를 연주하는 데에 62초 정도가 걸려 상당한 차이를 보인다.

음계 측면에서 보면, 단조이든 장조이든 제4·7음을 배제한 기존 트

1964년에 발매된 「동백 아가씨」 LP 음반. 영화주제가로 만들어진 곡이기에 음반 재킷에도 주연배우 신성일과 엄앵란이 등장했다.

로트와 달리, 1960년대 중반 이후 변화한 트로트에는 특정음 배제 경향이 한결 완화되는 모습이 나타났다. 이러한 음계 구사의 변화 원인은 1960년대 초반에 스탠더드 팝이 한국 대중음악을 주도했던 것과 상당한 관련이 있을 것으로 추정된다. 트로트와 스탠더드 팝의 음악적 질감에서 차이가 두드러지는 지점 중 하나가 바로 제4·7음 배제 여부라 할 수 있는데, 스탠더드 팝 계통에 속하는 곡들 중에도 제4·7음을 사용하지 않는 경우가 없지는 않으나 상대적으로 비중이 낮은 것은 사실이므로, 트로트가 스탠더드 팝의 약진에 밀려 표면상 침체를 겪으면서 그로부터 새로운 음악적 양분을 섭취했다고 생각할 수 있는 것이다.

가창 방식 면에서도 트로트의 변화는 뚜렷하게 감지된다. 1960년대 중반 트로트 가수의 전범이었던 이미자의 창법은 이전 트로트 여성가수들의 창법과 상당히 다른 모습을 보였다. 높은 음역에서 가성도 사용하면서 기교적인 잔가락을 능숙하게 구사하는, 이른바 은쟁반에 옥구슬 구르는 목소리가 이미자 바로 앞서 가장 인기 있는 트로트 여성가수였던 최숙자에게서도 여전히 발견되는 특징이었으나, 이미자는 가성이나 꺾는 음의 사용을 최대한 자제하며 부드러우면서도 중후한 느낌을 주는 가창을 지향했다. 그것은 전형적인 트로트 가수로 데뷔하지 않은 이미자 개인의 이력과도 물론 관련이 있겠지만, 음계 면의 변화에서 본 바와 같이 스탠더드 팝 계열의 영향과도 무관치 않은 것으로 보인다. 한편,

남성가수의 경우는 남일해를 필두로 한 일군의 저음 가수나 그와 대비되는 기교적 고음의 백야성 같은 이들의 가창이 새롭게 각광을 받았는데, 이는 당대 일본 대중음악의 직접 영향을 받은 것이라 할 수 있다. 일본 가수 후랑크 나가이(フランク永井)와 미하시 미치야(三橋美智也)의 영향은 각각 전자와 후자에서 어렵지 않게 확인된다.

이미자라는 상징적인 존재를 통해 촉발된 트로트의 확장과 변화는 이어 1960년대 후반에 기억할 만한 여러 작가와 가수의 활약에 의해 다양성과 성숙도가 최고도에 이르는 모습을 보였다. 전형적인 트로트 계통 작품 활동을 이어온 백영호와 재즈에서 트로트에 이르는 폭넓은 음악을 선보여온 박춘석이 작곡가로 쌍벽을 이루는 가운데, 독특한 개성으로 다양성을 더한 가수도 많이 등장했다. 문주란은 남성가수의 전유물과 같았던 저음을 구사하며 여성 트로트 가창의 영역을 넓혔고, 배호는 남일해 등 기존 남성 저음가수들이 꾸준히 활동하는 가운데 거칠면서도 호소력 있는 또 다른 저음의 면모를 보이며 도회적 감성을 표현했다. 본격적인 팬덤 문화를 태동시킨 라이벌 남진과 나훈아는, 화려한 무대 매너를 선보이며 트로트와 팝을 넘나드는 활동과 독특하게 꺾는 음을 구사하는 창법으로 각각 대중을 매료시켰다. 어린 나이에 데뷔해 트로트와 신민요를 아우른 하춘화도 1960년대 말부터 1970년대 전반에 걸쳐 주목할 만한 활동을 했다.

다양한 트로트의 확장이 이루어지는 가운데 당대 대중음악의 양대 주류였던 트로트와 스탠더드 팝의 상호 영향은 더욱 확대되어, 양자의 경계가 음악적으로 점차 선명해지지 않는 현상이 증가했다. 트로트 계열이라 하기도 어색하고 팝 계열이라 하기도 적절치 않은, 명명하기 힘든 중간 지역으로 위치를 설정할 수 있는 대중음악이 존재하게 된 것인데, 이후 이러한 영역은 점차 트로트의 일부로 인식되는 경향이 짙어졌다. 그 이유는 식민지를 경험하지 않은 젊은 세대가 더 적극적으로 향유하는 록과 포크 계통 대중음악이 1960년대 말 이후 급속한 성장세를 보이면서, 음악 양식에 따른 구분보다는 세대 취향에 따른 구분으로 대중음악 장르가 재편되는 양상이 나타났기 때문이다. 즉, 트로트는 이제 특유한 음악 양식에 의한 정체성 외에 젊은 세대의 음악과 대비되는 기성세대의 음악이라는 정체성을 강하게 가지게 되었다.

1970년대에 들어서도 남진과 나훈아 등 스타의 활동에 힘입어 트로트의 상품성은 여전히 확보되고 있었다. 1970년대 전반 방송사 연말 대중가요 시상식에서 트로트 가수들이 계속 선전했던 것은 기성세대 중심의 대중음악 시장에서 트로트가 그다지 쇠퇴하지 않았음을 보여주는 증거이다. 그러나 10년 전인 1960년대 초반과 유사하게 유행을 선도하는 주도권은 서서히 트로트를 떠나고 있었다. 트로트에 대한 대중의 지지가 소멸한 것이 아니었음에도 후대 논자들이 1970년대 전반을 포크가 선도하는 젊은 세대 음악의 시대로 설명하고 있는 것은 그러한 주도권 상실 때문이라고 할 수 있다. 가요 정화와 대마초 파동으로 뒤숭숭했던 1975년, 이미 스탠더드 팝의 영향을 수용해 상대적 침체기를 극복한 바 있는 트로트는 이제 그와 유사한 방식으로 젊은 세대 음악과 부분적으로 결합해 그 전과는 차원이 다른 변화, 어쩌면 변질의 시기를 맞게 되었다.

4. 트로트의 변질

1970년대 후반 이후 트로트는 그 이전과는 다른 성격의 변화를 맞게 된다. 이전의 변화가 1930년대 중반에 형성된 전형적인 트로트의 기본적인 정체성을 크게 훼손하지 않는 선에서 새로운 요소를 첨가해 확장을 이룬 것이라면, 1970년대 후반 이후의 변화는 기존 트로트의 근간을 흔들며 일종의 변질을 이끌어낸 것이었다. 변질이라는 표현에 다소 무리한 감이 있기는 하지만, 거기에 시비나 선악을 가르는 가치판단이 개입된 것은 물론 아니다. 다만, 변질이라는 말을 쓰는 것이 불가피할 만큼 이 단계의 변화는 트로트의 본질을 바꾸어놓았다. 트로트라는 이름은 그 뒤로도 여전히 유지되었지만 다른 음악 질감과 정서를 지닌 사실상 새로운 트로트가 만들어졌던 것이다. 그것은 1960년대 말부터 대두하기 시작한 젊은 세대 취향의 대중음악과 트로트가 접합하면서 촉발된 현상이라 할 수 있는데, 리듬이나 정서 그리고 인적 구성의 측면에서 특히 두드러진 변화가 보인다.

1970년 후반에 등장한 새로운 트로트는 이른바 '트로트 고고(gogo)'라는 이름으로 불린다. 엄밀히 말하자면 트로트도 리듬이고 '고고'도 리듬이므로 '트로트 고고'에는 표현상 분명 모순이 있지만, 트로트가 리듬을 가리키는 애당초 의미를 상실하고 어떤 장르 또는 세대의 음악으로 간주되는 상황이 점차 전개되고 있었기에 그러한 명명이 가능했던 것으로 보인다. 트로트 고고가 이전의 트로트와 다른 가장 큰 특징은 '고고'라는 말에서 짐작할 수 있듯이 리듬을 구사하는 방식에 있다. 1970년대 전반까지의 트로트가 모두 단일한 리듬 패턴을 보였던 것은 아니나 정제되고 안정된 느낌을 주는 2박자가 다수였던 것에 반해, 트로트 고고는 강약의 편차가 훨씬 크고 음표를 잘게 나누어 빠르게 연주하는 4박자 형태를 띠었다. 트로트의 음계와 정서는 그래도 어느 정도 유지되었으나, 리듬은 이미 트로트라고 할 수 없는 것이 트로트 고고였던 것이다. 이러한 변화는 1960년대 말 이후 성장해온 록 계통 음악, 이른바 '그룹사운드'가 트로트에 영향을 준 것이라고 할 수 있는데, 실제 1970년대 후반에 트로트 고고의 유행을 주도한 대표적 인물인 안치행, 최헌, 윤수일 등은 모두 이전에 그룹사운드 활동을 한 경력이 있다. 트로트 고고의 인적 자원이 기존 트로트의 생산 담당 그룹과 전혀 다른 곳에서 나왔다는 점은, 이 시기 트로트의 변화가 그 이전 확장 단계의 변화와는 상당히 다른 방식으로 진행되는 데에 중요한 배경으로 작용했다.

트로트 고고에 의한 기존 트로트 리듬의 해체는 곧 정서적인 변질로까지 이어졌다. 1930년대 중반 형성기 이후 한 세대가 지나도록 트로트

「신사동 그 사람」이 타이틀곡으로 수록된 주현미의 두 번째 앨범. 1988년 발매.

양식 대중가요의 다수는 꼭 비극적인 신파가 아니더라도 진지하고 심각하고 무게감 있는 정서를 주로 드러냈으나, 트로트 고고의 유행기에 이은 1980년대 이후에는 그와 전혀 다른 느낌의 트로트가 등장하기 시작했다. 말하자면 트로트의 정서적 경량화가 급속히 진행되었던 것이다. 1980년대 후반을 대표하는 트로트 가수인 주현미와 현철 등의 활약은, 스탠더드 팝의 맥을 이른 이른바 '발라드', 그리고 젊은 세대의 음악 취향을 대변한 '댄스'와 더불어 트로트가 3대 주류 대중음악 장르로 자리잡는 데 크게 기여했는데, 동시에 그들의 대표곡인 「신사동 그 사람」이나 「봉선화 연정」 같은 대중가요는 진지함이나 심각함과는 거리가 있는 가벼운 감성을 취하는 경향을 택했다. 1980년대 전반 조용필의 독주가 펼쳐졌던 가운데에도 놀라운 상업적 성공을 거둔 것으로 전하는 주현미의 숨은 대표작 〈쌍쌍파티〉 메들리 음반에서도 기존 트로트 정서의 실종은 다른 형태로 역시 확인된다. 1960년대 이전 트로트 히트곡들을 그 가사 그대로 다시 불렀지만, 단조롭게 반복되어 몽롱함까지 유도하는 메들리 특유의 전자악기 반주음 속에 매몰된 가사와 정서는 그야말로 형해(形骸)만 남아 있다.

트로트의 변질은 1990년대 이후 새로운 정체성이 형성되는 방향으로 나아가고 있기도 하다. 달리 말하자면, 트로트라는 이름은 계속 유지되고 있으나 그 실체는 변질 이전 단계와 완전히 다른 새로운 음악으로 전화하고 있다는 것이다. 그것을 이끌어낸 동인은 1990년대 초 대중음악의 변화에서 찾을 수 있으니, 바로 세대분화의 전면적 진행과 이른바 '노래방' 문화의 확산이다. 1960년대 말 이후 급속히 부상했다가 1975년의 정치적 압력으로 일시 잠복했던 새로운 세대의 대중음악 움직임은, 1992년 서태지의 등장으로 음악 형태를 달리해 다시 전면에 나타나 대중음악의 흐름을 바꾸었다. 청소년의 대중음악과 중장년의 대중음악, 세대에 따른 대중음악의 분화가 뚜렷이 나타났고, 트로트는 물론 중장년의 몫이 되었다. 나아가 그냥 중장년이 아니라 사회·경제적으로 하위에 속하고 문화자본의 축적 정도가 낮은 중장년이 주로 소비하는 음악으로 트로트의 위상이 상정되었고, 실제 그렇게 자리가 잡혔다. 아무런 진지한 정서를 담고 있지 않고 심지어 무의미하고 유치하다는 비판을 받기도 하는 상당수 트로트 대중가요는, 그런 면에서 상정된 소비자를 정확히 겨냥한 매우 의도적이고 솔직한 상품이다.

노래방 문화는 세대 문제와는 또 다른 차원으로 1990년대 이후 트로트의 위상을 결정하는 데 중요한 역할을 했다. 노래방으로 인해 트로트는 전체 대중음악 경제 구조 속에서 주류 장르로 일정한 지분을 확보해 올 수 있었지만, 또 그 때문에 질적인 변화가 가속화되기도 했다. 많은 경우 술자리 모임의 다음 단계가 되는 노래방에서는 중장년뿐 아니라 젊은 세대에서도 부분적으로 트로트를 소비하는데, 그것은 사실 음악에 대한 고려보다는 유흥 상황에 대한 고려 때문이다. 소모적인 유흥에 적합하다는 용도가 트로트의 중요한 특징으로 자리 잡은 것은 1970년대 말 이래 변질의 결과이기도 하고, 또 그것을 한층 강화시킨 동인이기도 하다. 그리고 트로트의 그러한 용도가 극대화된 데에는 노래방 문화가 결정적인 역할을 했다고 볼 수 있다.

이른바 '사인방' 가수들이 여전히 영향력을 발휘하고 있는 가운데 21세기 들어 등장한 '신세대' 가수들도 각축을 벌이고 있는 현재 트로트는, '한류' 유행에 편승해 국외 진출까지 도모하고 있다. 일본 대중음악의 이식물에 지나지 않는다는 부정적 시각이 여전히 존재하고 있으나, 줄잡아도 근 80년에 이르는 역사를 통해 이제는 토착화된 우리 문화로 인정할 수 있다는 견해도 있다. 심각한 저질(특히 가사에 대한) 시비로 트로트가 위기를 맞고 있다는 진단도 있지만, 이미 여러 차례 새로운 음악 자원을 섭취하고 자신의 모습을 바꾸어 시대에 적응해온 트로트의 궤적을 보면 간단하게 판정할 문제는 아닌 듯하다.

변질과 논란이야 어찌되었든, 트로트는 대중의 선택을 받아왔고 지금도 받고 있다. 다만, 선택을 받기 위한 변신의 대가로 음악적 정체성이 불분명해진 것은 사실이다. 과거 이름 없는 실체였던 트로트가 이제는 실체 없는 이름이 되어 있다.

5. 신민요의 부침(浮沈)

앞서 첫 번째 절에서 1930년대 초반 이전 음악 양식 가운데 한국 전통음악이 새로운 자원인 서양음악과 혼합되어 대중음악으로 존재하게 되었다고 했는데, 그것이 바로 1930년대 중반에 트로트 버금가는 주요 장르로 부상한 신민요이다. 혼합의 방식과 정도에 따라 다양한 결과가 나올 수 있으므로 신민요의 범위도 상당히 넓은 편이나, 당시 전형적인 신민요는 서양음악에 바탕을 두면서 경토리에 속하는 통속민요나 잡가를 모방하는 스타일로 되어 있는 경우가 많았다. 신민요의 혼종성에 대해서는 당대 논자들도 이미 많은 언급을 한 바 있으니, '비빔밥'과 같은 음악이라는 표현에서 그에 대한 인식을 확인할 수 있다.

전통음악과 서양음악의 접점을 찾는 작업은 이미 1920년대 후반에 가시적으로 나타나고 있었는데, 거기에는 서로 다른 두 가지 접근법이 존재했다. 하나는 문학계와 서양음악계에서 명사로 활동하고 있던 지식인들이 취한 작가 중심의 방법이었고, 다른 하나는 전통음악과 대중음악

1940년에 발매된 〈신민요 걸작집〉 앨범. 1930년대 전반과 후반을 대표하는 오케레코드 전속 신민요 가수 박부용과 이화자의 노래 여섯 곡을 모아 수록했다.

공연 현장에서 활동하는 연주자들이 취한 대중 중심의 방법이었다. 신민요라는 명칭이 음반에 처음 등장한 사례인 「방아 찧는 색시의 노래」와 「녹슨 가락지」(1931)가 당대 서양음악의 거두 홍난파의 작품이라는 사실은 전자의 움직임이 어느 정도 있었음을 보여준다. 그러나 1930년대 중반 신민요의 유행에서는 후자가 훨씬 더 큰 역할을 했다.

구체적인 작품의 인기를 통해 신민요가 대중음악의 유행 장르로 주목을 받기 시작한 때는 1934년이다. 이때 발표된 「노들강변」은 여러 가지 면에서 신민요의 전형적인 음악 특성을 잘 보여준다. 전통음악의 경토리(솔 - 라 - 도 - 레 - 미. 마침음 솔)가 서양음악의 장조와 결합한 음계(솔 - 라 - 도 - 레 - 미. 마침음 도), 전통음악의 장단이 서양음악식 3박자로 다듬어진 리듬, 전통악기와 서양악기의 합주, 기생조합에서 전통음악을 배운 경험이 있는 여성가수의 가창 등이 그러하다. 또한 과도한 비극성이 두드러진 신파 정서가 많은 부분을 차지했던 당시 트로트와 달리, 신민요의 가사는 유흥이나 경물(景物) 묘사같이 표면적으로는 심각하지 않은 정서를 담고 있는 경우가 많았다.

신민요는 1930년대 중반 대중음악의 양적 팽창기를 만나 급속도로 유행했고, 수많은 기생조합 출신 여성가수들이 등장해 대중의 이목을 집중시켰다. 왕수복, 선우일선, 이은파, 이화자 등은 그중에서도 특히 많은 활동을 한 이들이다. 남성가수의 신민요 참여가 아주 없지는 않았으나 신민요는 점차 여성가수(그것도 기생조합 출신)의 종목으로 굳어져갔고(반면 신민요의 작자는 모두 남성이었다), 그것은 또 그 특유의 유흥성 강화와 밀접하게 관련되었다. 다수 대중의 음악 취향이 서양음악 쪽으로 아직 완전히 기울지 않은 상황에서 신민요의 부상은 자연스러웠으나, 여성가수 중심의 유흥적 음악으로 정형화되어 다른 면모를 보여주지 못한 신민요에서 대중의 관심이 서서히 떠난 것 또한 자연스러웠다.

1940년대에 접어들면서, 신민요는 새로운 창작 움직임이 극도로 위축된 가운데 몇몇 인기 가수 중심으로 명맥을 이어가는 상황에 처하게 되었다. 1950년대 중반이 되어서야 오랜 침체에서 벗어나는 계기를 맞게 되는데, 그것은 신민요에 대한 대중의 관심을 새롭게 환기하는 기능을 하기도 했지만 한편으로 신민요의 음악적 정체성을 흔들어 그 몰락을 가속화하기도 했다. 바로 당시 전 세계적으로 유행하고 있던 라틴음악과의 결합이었다. 이미 전통음악과 서양음악의 혼합물이었던 신민요가 다시 라틴음악이라는 새로운 자원과 만나면서 전통음악 요소는 더욱 희박해졌다. 전통음악 요소를 비교적 많이 유지한 「뽕 따러 가세」 같은 작품이 없었던 것은 아니지만, 「도라지 맘보」나 「닐니리 맘보」 같이 제목이나 가사, 유흥성에서만 신민요의 흔적을 찾을 수 있는 경우도 많았다. 더 늦게 발표된 곡이기는 하나 「노랫가락 차차차」는 라틴음악과 결합해 변질된 신민요의 전형을 보여주는 예이다. 선율은 1930년대 신민요 형태를 띠고 있는 반면 리듬은 차차차이고, 유흥성은 비슷한 예를 찾아보기 어려울 만큼 강조되었다. 그리고 노래를 부른 가수 황정자는 광복 이전 이화자에 버금가는 광복 이후를 대표하는 신민요 가수였다.

1960년대 후반에 접어들면 김세레나, 최정자, 하춘화 등 몇몇 가수들의 활동으로 신민요가 다시 새로운 모습으로 주목받게 되는데, 사실상 이때 장르로서 신민요의 맥은 마지막 단계를 맞았다. 당시 신민요에서는 몇 가지 특징을 포착할 수 있으니, 우선 라틴음악과의 결합으로 잠시 되살아났던 창작 움직임이 다시 크게 둔화되어 히트곡 대부분이 기존 작품을 편곡하는 방식에 의존했다. 예컨대, 김세레나의 대표작으로 꼽히는「갑돌이와 갑순이」도 실은 1939년에 발표된「온돌야화」를 다듬은 것이었다. 또한 경토리를 장조와 결합한 1930년대 이래 신민요의 대표적인 선율 구사 방식에 더해 남도 지역의 음악, 이른바 '육자배기토리'의 비중이 높아지는 양상도 나타났다. 이는 앞서 유행한 라틴음악과의 결합에 대한 반작용인 동시에 신민요가 그 나름대로 추구한 새로운 음악 자원에 대한 탐색의 마지막 시도로 평가할 수 있을 것이다.

이미 소수 비주류 장르가 되어버린 신민요의 마지막 시기도 그나마 1970년대 초에는 막을 내렸다. 이후에도 전통음악과 서양음악의 접합을 시도하는 움직임이 대중음악계와 전통음악계에서 계속 등장하기는 했으나, 음악적 관점이나 활동의 영향 면에서 그것을 신민요 장르와 같은 선상에 놓고 보기는 어렵다. 한국 대중음악 초창기에 트로트와 경쟁했던 신민요의 부침은 대략 반세기가 조금 안 되는 역사로 그렇게 마무리되었다.

생각해볼 문제

1. 트로트라는 말이 특정 양식, 특정 시기의 대중음악을 지칭하는 말로 적합한지 생각해보자.
2. 1930년대에 트로트가 대중의 지지를 받아 대중음악의 주류로 부상한 이유가 무엇이었는지 생각해보자.
3. '왜색'이나 '뽕짝', '전통가요' 등 트로트를 가리키는 다른 표현들이 가지고 있는 문화적 의미와 타당 여부를 생각해보자.
4. 과거 신민요와 오늘날 이른바 '국악가요'의 공통점과 차이점이 무엇인지 생각해보자.

▶‖■ 읽을 거리

박찬호. 2009.『한국 가요사』1·2. 미지북스.

19세기 말부터 1980년까지 근 백 년 동안 한국에서 전개된 노래의 역사를 대중가요 중심으로 정리했다. 비슷한 시기와 대상을 다루고 있는 논저들 가운데 고증 면에서 가장 충실한 책이다. 트로트의 형성·확장·변질과 신민요의 부침을 구체적인 작품과 관련 인물들의 활동을 통해 개괄적으로 확인할 수 있다.

손민정. 2009.『트로트의 정치학』. 음악세계.

이른바 음악인류학 관점에서 트로트를 분석한 책이다. 역사적 전개 과정에 대한 서술에서는 오류도 있으나, 오늘날 트로트가 어떤 문화적 의미를 가지고 있는지에 관해서는 참고해볼 수 있다.

이영미. 2006.『한국대중가요사』. 민속원.

한국 대중가요 역사를 초기부터 1990년대까지 조망한 책. 구체적인 사례와 고증에서는 박찬호의 책에 비해 소략하나, 일관된 시각으로 각 시기 트로트 변화의 맥을 짚고 있는 점에서 유용하다. 박찬호 책에서 다루지 않은 1980년대 이후 트로트의 역사를 볼 수 있는 장점도 있다.

장유정. 2006.『오빠는 풍각쟁이야 ─ 대중가요로 본 근대의 풍경』. 민음in.

2004년에 발표된 학위논문을 정리해 간행되었다. 1945년 이전 한국 대중가요의 모습을 트로트, 신민요, 재즈송, 만요 등 네 가지 분야의 존재 방식을 통해 설명했다.

▶‖■ 들을 거리

「목포의 눈물」. 1935. 문일석 작사, 손목인 작곡, 이난영 노래.

「애수의 소야곡」. 1938. 이노홍 작사, 박시춘 작곡, 남인수 노래.

「나그네 설움」. 1940. 조경환 작사, 이재호 작곡, 백년설 노래.

「방랑시인 김삿갓」. 1955. 김문응 작사, 전오승 작곡, 명국환 노래.

「단장의 미아리고개」. 1957. 반야월 작사, 이재호 작곡, 이해연 노래.

「동백 아가씨」. 1964. 한산도 작사, 백영호 작곡, 이미자 노래.

「가슴 아프게」. 1967. 정두수 작사, 박춘석 작곡, 남진 노래.

「돌아가는 삼각지」. 1967. 이인선 작사, 배상태 작곡, 배호 노래.

「사랑은 눈물의 씨앗」. 1969. 남국인 작사, 김영광 작곡, 나훈아 노래.

「사랑만은 않겠어요」. 1977. 안치행 작사·작곡, 윤수일 노래.

「신사동 그 사람」. 1988. 정은이 작사, 남국인 작곡, 주현미 노래.

「봉선화 연정」. 1988. 김동찬 작사, 박현진 작곡, 현철 노래.

「네 박자」. 1998. 김동찬 작사, 박현진 작곡, 송대관 노래.

「어머나」. 2003. 윤명선 작사·작곡, 장윤정 노래.

「샤방샤방」. 2008. 임영·김지환 작사, 김지환 작곡, 박현빈 노래.

「노들강변」. 1934. 신불출 작사, 문호월 작곡, 박부용 노래.

「꼴망태 목동」. 1938. 조명암 작사, 김령파 작곡, 이화자 노래.

「뽕 따러 가세」. 1959. 반야월 작사, 나화랑 작곡, 황금심 노래.

「노랫가락 차차차」. 1963. 김영일 작사, 김성근 작곡, 황정자 노래.

「갑돌이와 갑순이」. 1966. 김다인 작사, 전기현 작곡, 김세레나·최숙자 노래.

한국식 팝의 형성과 변화
스탠더드 팝과 발라드

이영미(성공회대학교)

주요 개념 및 용어 | 팝, 재즈송, 스탠더드 팝, 발라드, 서양적 근대성, 7음계, 기능화음 체계

1. 팝, 그 쉽고도 복잡한 명칭과 흐름

우리나라 대중음악에서 팝(pop)은 가장 규정하기 힘든 장르 명칭이라 해도 과언이 아니다. 매우 범박하게 이야기하자면 '근대 서양음악의 7음계와 기능화성 체계를 중심 원리로 삼는 대중음악의 통칭'이라 이야기할 수 있을 터이지만 이것만으로는 충분하지 않다.

알다시피 '팝'은 '팝뮤직'을 줄여 부르는 말이므로, 팝이라는 말을 직역하면 대중음악이라고 이해할 수도 있지만, 사실 그 의미로 쓰는 경우는 거의 없다. '팝'이 다름 아닌 영어라는 점은 이 용어의 의미가 단어의 일차적 뜻과 무관하게 우리나라에서 어떤 대상을 지칭하는 말인지를 미루어 짐작하게 한다. 즉 우리나라에서에서 '포크'가 「닐리리야」나 「양산도」 같은 민요를 의미하는 말이 아니듯, '팝'이라는 말 역시 단순히 대중

음악이나 대중가요, 유행가와 동의어로 쓰이지는 않는 것이다.

우리나라는 대중음악사 초창기인 식민지 시대에 영미권이 아닌 일본의 대중음악을 전범으로 삼아왔고, 영미권 대중음악의 본격적인 직수입은 해방 후에 이루어져 왔다. 그 때문에 팝, 혹은 팝송은 오랫동안 서양대중음악, 그것도 주로 영미권 대중음악을 지칭하는 말이었다. 일본이나 홍콩의 대중음악을 팝이라고 부르지는 않았던 것이다. 당연히 한국의 대중음악도 팝이라 불리지는 않았다. 적어도 1980년대 중반까지만 해도 한국에서 팝이란 말은 한국의 대중음악이 아닌 서양 대중음악, 특히 영미권 대중음악의 통칭으로 쓰는 경우가 더 일반적이었다.

그러나 1980년대 후반과 1990년대를 거치면서 매우 다양한 외국 대중음악 장르들이 이입되고 수용자 역시 이들을 구분해 인식하는 경향이 강해짐으로써, 팝이라는 말 역시 영미권에서의 쓰임새에 따라 새롭게 이해되기 시작했다. 즉 미국에서 1940년대까지 부동의 주류로 자리 잡고 있던 상업적 백인음악 중심의 대중음악 풍토와 구별되는, 재즈·블루스 등의 흑인음악, 혹은 기성 대중음악의 흐름과 충돌하며 성장한 록과 모던 포크 등이 변별적인 장르 명칭을 지니고 있는 것에 비해, 이전부터 주류로 존재해왔던 백인음악적인 대중음악을 그저 '팝'이라 불러온 그 관행을 이제 한국의 대중음악계에서도 받아들이게 된 것이다. 어찌 보면 팝은 대중음악 중에서 블루스, 재즈, 록, 포크 등으로 부를 수 없는 대중음악, 근대 서양음악의 어법에 비교적 충실한 가장 보편적이고 흔한 대중음악을 지칭하는 두루뭉술한 용어라 설명하는 편이 적확할 수 있다.

그래서 팝이 다른 장르와 변별되는 장르 명칭일 수 있는지에 대한 의문은 늘 제기될 수 있다. 팝이 지닌 근대 서양음악의 음악어법이란 정도의 차이만 있을 뿐 거의 모든 대중음악이 지닌 특징이기 때문이다. 포크나 컨트리 같은 백인음악에 뿌리를 둔 장르는 물론이거니와 7음계의 화성 체계와 확실히 구별되는 독자적 음악 원리를 지닌 흑인음악 계열의 작품, 단조 5음계라는 독특한 음악적 특징을 지닌 트로트 작품조차 근대 서양음악의 원리가 바탕에 지배적인 음악 원리가 깔려 있는 경우가 많기 때문이다. 이러한 양상은 마치 영화에서 멜로드라마를 독자적 장르로 볼 수 있는가 하는 문제와 흡사하다. 서부극이니 코미디니 하는 방식으로 영화 장르를 구분하는 것이 일반화되어 있지만, 이러한 여러 장르의 영화를 살펴보면 멜로드라마 특성을 강하게 지니고 있는 경우가 많기 때문이다.

어찌 보면 이러한 현상은 주류 경향이 지니는 불가피한 것일 수도 있다. 늘 주류는 비주류에 강력한 영향을 주며, 비주류는 자신과 주류를 구별 지으면서 성립되고 성장하기 때문이다. 그 결과, 주류의 특징은 비주류에까지 깊게 관철되어 자신만의 변별적 특징을 설명하기 힘들게 되며, 명칭에서도 비주류가 분리되기 이전의 명칭을 계속 지니게 되는 현상이 나타나는 것이다.

우리나라의 대중음악을 살펴보아도 팝의 가장 중요한 특징인 근대 서양음악의 특성이 관철되지 않는 대중음악은 거의 찾기 힘들다. 단, 우리나라의 특성은 팝이라 부를 수 있는 근대 서양음악의 특성을 지닌 부류가 한국 대중음악사의 최초의 주류 경향이 아니었고, 따라서 가장 보편적이고 일반적 명칭을 얻지 못했다는 점이다.

서구와 미국에서 7음계 체계는 몇백 년을 지속해온 가장 보편적인 음악언어로서의 대중성을 지니고 있는 것에 비해, 우리나라에서 그 음악언어는 19세기 말에야 비로소 이입되기 시작했고, 따라서 오랫동안 이음악은 결코 '파퓰러'하지 않았다. 상업적인 대중음악이 본격화되는 1930년대에 대중음악을 지칭하는 보편적 명칭인 '유행가'라는 이름을 얻은 음악은 지금 트로트라 불리는 엔카였다. 지금의 기준에서 보면 팝이라 지칭할 수 있는 대중음악, 즉 엔카와 구별되어 서양음악적 특성을 강하게 띤 대중가요를 식민지 시대에는 '재즈송'이라 불렀다. 당시까지 한국 대중음악의 전범은 일본의 대중음악이었고, 주류 역시 그러한 경향이었던 것이다.

그러나 해방을 계기로 해 한국 대중음악의 전범은 미국 대중음악으로 교체되었고, 전 세계 대중음악을 지배하는 영미권 대중음악의 헤게모니는 이제 한국에도 직접적으로 관철되기에 이른다. 1950년대 후반을 거쳐 1960년대에 도달하면서 팝은 새로운 주류로 등장하게 된다. 1960년대를 계기로 해 점차 '유행가'라는 명칭은 트로트만이 아닌 대중가요 일반을 지칭하는 말로 바뀌었고, 이전까지 유행가라는 명칭을 독점하고 있던 경향은 트로트(혹은 비하적 명칭으로서의 '뽕짝')라는 새로운 이름으로 불리게 되었다.

그러나 이렇게 주류로 자리 잡은 서양 대중음악 경향의 음악이 당시 팝이라는 명칭으로 불린 것은 아니다. 오히려 1960년대 중반까지만 해도 트로트와 구별되는 이러한 경향은 오랫동안 이름을 얻지 못했다. 그저 '새로운 경향의 대중가요', '미국풍 대중가요'라는 설명적 표현이 많았고, 「청실홍실」 같은 경향의 느리고 선율적인 노래는 '세미클래식 경향'으로, 다소 리듬의 강한 노래들은 '재즈풍'이라는 말로 설명되는 경향이 있었다.

이러한 음악이 자리를 잡은 1960년대가 모두 지나가고, 포크, 록 등의 새로운 음악이 등장한 이후에야 비로소 이들 음악은 조심스럽게 스탠더드 팝으로 불리기 시작했다. 그러나 그 스탠더드 팝이라는 말은, 7음계 체계와 관·현·건반악기 연주를 갖춘 대중음악 전체를 일컫는 말이라기보다는 1960년대 팝에 집중적으로 나타난 경향을 가리키는 말로 보는 편이 적합하다.

결국 우리나라 대중음악의 한 흐름을 팝이라는 용어로 명명하는 경향은 매우 최근의 현상이라고 할 수 있다. 즉, 한국의 대중음악을 장르로 나누어 설명할 필요가 생긴 이후의 현상인 것이다. 이때 팝이란 말은 트로트와 다른 영미권 대중가요인 '팝송'의 경향을 띤 노래라는 의미, 더 나아가 영미권 대중음악 중 '팝'이라 통칭되는 백인적 음악과 엇비슷한 경향을 지닌 음악이라는 의미, 그러면서도 포크나 컨트리 뮤직 등 특정 장르로 분류되지 않는 음악을 두루 지칭하는 의미로 이해할 수 있다.

이렇게 팝은 오랫동안 적절한 명칭을 찾지 못한 채 한국 대중가요의 중심을 지켜왔으며, 거의 모든 장르의 음악과 결합했다. 이는, 앞서 말했듯이, 팝이 전 세계를 장악한 서구 근대음악의 어법을 가장 고지식하게 따르고 있으며, 그런 점에서 제도교육 등을 통해 광범위하게 유포되는 이른바 클래식음악(본격음악, 고급음악이라고도 부르는)과 가장 가까운 종류의 것이기 때문이다. 즉, 20세기 초부터 학교 교육에서는 서양 근대음악의 어법과 관행을 가르치고 있었고, 20세기 중반 제도교육이 확산되면서 이 어법은 우리나라에서도 가장 보편적인 음악 어법으로 자리했기 때문이다. 따라서 이와 동일한 어법을 지닌 팝은 보편적인 음악으로 받아들여졌고, 본격음악의 관행을 티 나게 도입하는 경우 다소 고급한 대중음악으로 받아들여졌다.

팝이 1960년대 이후 가장 보편적인 음악의 자리를 차지하게 되면서, 다른 장르의 음악들과 결합하는 양상은 매우 활발하게 나타났다. 트로트와 팝의 결합은 이미 팝의 시작 시기인 식민지 시대부터 나타나 1960년대에 본격화되었고, 팝과 트로트의 경계가 불분명한 음악들이 대세를 이루었다. 포크와 록처럼, 악기 편성 등에서 독특한 특성을 고집하는 경우에도 팝의 영향은 결코 약하지 않았으며, 댄스음악조차 상당수는 리듬과 기계음이 강한 팝이라고 해도 과언이 아닌 작품이 수두룩했다. 특히 최근 '케이팝(K-pop)'이라 지칭되는 2010년대의 주류 대중가요를 보면 비록 댄스음악임에도 록과의 친연성보다는 팝과의 친연성이 훨씬 크다. 케이팝이라는 용어가 팝의 후예라는 의미에서 붙여진 말이라기보다는, 한국의 대중가요가 구미로 소개되는 과정에서 '한국의 대중음악'이라는 의미로 붙여진 말임은 분명해 보인다. 그럼에도 구미와 아시아에 넓은 대중적 호소력을 발휘하는 음악으로서 케이팝 역시 근대 백인음악의 음악어법을 바탕으로 하고 있으므로, 한국 대중음악사로서는 팝의 새로운 형태로 보아도 크게 무리가 없을 수 있다. 이렇게 20세기 중반 이후 한국 대중음악사에서 낯선 장르의 음악은 팝의 관행을 받아들임으로써 대중성을 획득하는 경우가 많았고, 여러 세대와 계층을 쉽게 아우르며 호소력을 가지는 음악 역시 팝을 적극적으로 받아들인 것들이었다.

바로 이런 점에서 한국 대중음악사에서 팝은 전 시기를 걸쳐 존재하지만, 모든 시기의 팝을 이야기하는 것이 그리 의미 있는 것은 아닐 수 있다. 적어도 1960년대 이후에는 팝이 한국 대중음악의 기본으로 늘 존재하는 것이기 때문이다.

그럼에도 한국 대중음악사, 특히 대중가요사에서 팝은, 몇몇 시기에 매우 두드러진 변별성을 지니고 자신의 모습을 드러낸다. 그것은 1930년대, 1960년대, 그리고 1980년대 말 이후이다. 이 세 시기의 팝은 각각 재즈송, 스탠더드 팝, 발라드라는 독자적 명칭을 얻었다. 이렇게 독자적 명칭을 얻었다는 것은 이 세 시기의 팝이 같은 시기 다른 부류의 음악과 변별되는 특성을 비교적 뚜렷이 지니고 있다는 것을 의미한다. 한편 앞서 지적한 것처럼 21세기의 주류 음악 역시 팝으로 분류될 가능성이 농후하나, 아직 진행 중인 현상이라는 점에서, 이 글에서는 따로 다루지는 않을 것이다.

2. 식민지 시대 재즈송은 재즈가 아니다?

영화 〈모던 보이〉, 〈라듸오 데이즈〉, 텔레비전드라마 〈경성 스캔들〉 등은 2000년대 이후 1930년대 경성은 마치 재즈가 넘치는 곳으로 그려내고 있다는 공통점을 지닌다. '모던 경성'을 재조명하고자 한 1990년대 후반 이후의 새로운 연구들이 사람들에게 적지 않은 신선함으로 다가왔음을 증명하는 예이기도 하다. 식민지 시대라고 하면 악덕지주나 독립운동가, 핍박받는 조선백성 등의 이미지로만 고착되었던 것을, 네온사인과 카페, 재즈송이 어우러진 공간으로 재인식하게 만들었기 때문이다. 재즈는 이 시기 새로운 이미지의 경성을 표상하는 대표적인 문화로 떠올랐다.

그러나 이러한 영화나 드라마는 현실에 비해서 지나치게 과장된 감이 크다. 실제 식민지조선에서 재즈가 향유되었던 것은 사실이지만 그렇게 지배적이었다고 할 수 없다. 우리나라 사람이 짓고 부른 재즈송이라 분류되는 대중가요가 적잖이 존재했던 것도 사실이지만, 이때 재즈송은 지금 우리가 생각하는 의미의 재즈는 아니다. 그 말은 재즈, 블루스, 샹송, 탱고, 칸초네, 혹은 일반적인 팝 등 서양풍의 대중음악을 통칭하는 말이었다. 단순화하자면 '라 - 시 - 도 - 미 - 파'의 5음계를 쓰는 노래가 '유행가'라 불린 반면, 7음계의 장단조를 쓰는 대중가요들은 모두 재즈송이라 불렸다고도 볼 수 있다. 게다가 이 시대의 대중가요의 주류는 트로트와 신민요였고, 그에 비하자면 재즈송은 그 수가 현격하게 적다. 그뿐 아니라 그중 적지 않은 수가 외국 곡의 번안 작품이다. 즉, 식민지 시대의 팝인 재즈송은 양적으로도 질적으로도 마이너리티였고, 그것 중에서 정작 재즈의 영향을 받은 작품은 더더욱 소수였다.

말하자면 이 시대에는 미국과 서양의 대중음악은 그저 재즈로 통칭되는 경향이 있었고(마치 1960년대 이후 미국과 서양의 대중음악이 '팝송'으로 통칭되었던 것과 흡사한 현상이다), 따라서 우리나라 대중가요 중에도 일본식 5음계 경향과 다른 서양 대중음악의 영향을 받은 대중가요를 재즈송이라 통칭했던 것이다.

예컨대 김해송이 부른 「꽃서울」(일본의 「도쿄 랩소디」의 번안작, 1937, 박영호 작사, 고가 마사오 작곡), 김해송·남일연이 부른 「청춘삘딩」(1938, 박영호 작사, 김송규 작곡)은 7음계로 된 작품이다. 물론 두 작품에 5음계의 흔적이 있기는 하다. 그러나 「꽃서울」은 단조와 장조로 조옮김을 하면서 양쪽에서 모두 7음계를 구사하고 있고, 「청춘삘딩」에는 5음계의 흔적이 더 강하게 남아 있기는 하지만 '도'와 '미'가 '라'와의 연계성을 강

식민지 시대 재즈송의 대표적인 작곡가이자 가수인 김해송. 본명은 김송규
로 이난영의 남편이기도 했다. 이 시대 작곡가로 가장 많은 재즈송을 남겼
다. 해방 후 KPK악극단을 이끌며 음악극에 전념했으나 한국전쟁 중에 실
종되었다.

하게 드러내는 트로트와는 선법에서 확실한 차이를 보인다. 이들 노래
는 그 시대 대중가요를 대표하던 「목포의 눈물」, 「타향」 등의 트로트 곡
과 확실한 차별성을 가질 뿐 아니라, 슬픈 트로트와 차별화된 정조를 지
닌 경쾌한 장조의 노래 「감격시대」, 「복지만리」 등이 보여주는 트로트
의 5음계 선율의 노래와도 구별된다.

　물론 5음계를 쓴 재즈송도 없지는 않다. 「청춘삘딩」에서 보이듯 5음
계의 흔적이 강하긴 하지만 트로트와는 확실히 차별화된 선법을 지녀
일반적인 서양적인 5음계로 보이는 작품은 재즈송이라 부를 수 있다. 예
컨대 박단마가 부른 「나는 열일곱 살」(1938, 이부풍 작사, 전수린 작곡)이
대표적인데, 이 작품은 리듬에서 일반적 트로트 작품과 달리 스윙을 쓰
고 반주에서도 재즈적 질감을 확연히 보여준다.

　한편 황금심이 부른 「외로운 가로등」(1939, 이부풍 작사, 전수린 작곡)
이나 이난영이 부른 「다방의 푸른 꿈」(1939, 조명암 작사, 김해송 작곡)은
식민지 시대에 보기 드물게 블루스적 색깔이 강한 작품이다. 리듬에서
블루스에서 자주 쓰이는 바운스 감이 있는 3분박을 쓰고, 선율에서도
'미b'이 두드러지는 블루 노트를 쓰고 있다. 특히 곱고 맑은 고음이 특징
인 가수 이난영이 「다방의 푸른 꿈」에서는 저음부에서 상당히 굵직한
목소리를 구사하는 등 블루스의 질감을 구현하기 위해 노력한 흔적이
역력하다. 이러한 음악은, 미국 대중음악의 영향을 강하게 받은 1950년

대 중반 이후에 집중적으로 나타나는 것에 비해, 식민지 시대의 대중가
요에서는 매우 드물게 발견된다.

그만큼 블루스나 재즈 같은 미국 대중음악의 느낌이 강한 작품을 당
시 조선인들이 작곡하는 것이 쉽지 않았던 것으로 보인다. 그래서 재즈
송을 작곡한 조선인 작곡가는 전수린, 김송규(김해송의 본명), 손목인 등
몇몇으로 국한되어 나타나고 있다.

가사 측면에서 볼 때 재즈송은 식민지 시대 대도시의 모던한 풍경을
두드러지게 형상화하는 것이 특징이며, 비애 일변도의 정조를 지닌 트
로트에 비해 명랑한 노래가 많은 것이 특징이다. 페이브먼트(포장도로),
샨데리아(샹들리에), 그라쓰(유리잔), 커피, 삘딩(빌딩), 샴펜(샴페인), 파라
다이스 같은 외래어·외국어가 많이 쓰이고, 도시에서나 볼 수 있는 전
화, 가로등, 버스, 찻집 같은 사물들도 즐겨 형상화된다.

> 내뿜는 담배연기 끝에 / 희미한 옛 추억이 풀린다 / 고요한 찻집에서 커
> 피를 마시며 / 가만히 부른다 그리운 옛날을 / 부르누나 부르누나 / 흘러간
> 꿈은 찾을 길 없어 / 연기를 따라 헤매는 마음 / 사랑은 가고 추억은 슬퍼 /
> 블루스에 나는 운다 / 내뿜는 담배연기 끝에 / 희미한 옛 추억이 풀린다
>
> 이난영 「다방의 푸른 꿈」 1절

「전화일기」(1938, 박영호 작사, 김송규 작곡, 김해송·박향림 노래), 「미소
의 코스」(1938, 김용호 작사, 박시춘 작곡, 남인수·이난영 노래)처럼 아예 일
본어나 영어로 대화하는 청춘 남녀의 모습을 그리기도 하고, 「명랑한 부
부」(1940, 김용호 작사, 손목인 작곡, 김정구·장세정 노래)에서처럼 '새 자동
차 웃벙거지 훌쩍 벗겨서 (중략) 서울의 장안을 빙빙' 돌았으면 좋겠다는
욕망을 드러내기도 한다.

식민지화가 시작되면서 가속화된 도시의 서양적 근대성이 한껏 무르
익었던 1930년대 후반, 경성 등 대도시의 서양적 근대성과 그 속에서의

모던한 생활을 과시적으로 드러냄으로써 그에 대한 대중의 욕망을 드러내고 있다. 재즈송이 결코 많은 양이 아니라는 점에서도 알 수 있듯이, 이런 노래에서 형상화된 삶이 매우 소수만이 누릴 수 있는 삶이며 그런 점에서 그저 욕망뿐일 수 있었겠지만, 재즈송은 엄연히 존재하는 식민지 후반기 대중의 근대성에 대한 욕망을 가장 적극적이고 희망적으로 보여주는 작품들이라 할 수 있다.

재즈송의 내용적 특질이 이러하므로, 재즈송 중에서는 가사의 경향으로는 재즈송이라 할 수 있으나 음악적으로는 트로트인 작품도 적지 않다. 앞서 이야기한 「명랑한 부부」는 반주는 재즈송이라 할 수 있으나 노래 선율은 완연한 트로트이며, 「미소의 코스」는 노래 선율과 반주 모두 트로트 음악이다. 그만큼, 가사에서 보여주는 모던 경성에 대한 욕망에 비해, 재즈송의 음악은 훨씬 더 비대중적이었음을 증명하는 것이라 할 수 있다.

이 시대의 재즈송에 대해 주목할 만한 것은, 재즈송이 트로트와 취향적 위계를 형성하고 있지는 않았다는 점이다. 이 시대의 신민요는 작곡자나 가수의 면면이 트로트와 비교해 특화된 측면이 있다. 이 시대 가수들의 상당수는 신민요, 트로트, 재즈송을 모두 소화하고 있지만, 신민요에 특별한 장기를 지닌 가수, 이른바 '신민요의 여왕'이라 불린 가수 중에는 기생 출신이 많다는 점에서, 트로트를 주 영역으로 하는 가수와 차이를 보인다. 가사에서도 신민요는 시골이나 자연 풍광 등을 형상화해 향토성을 드러내는 것이 특징적이다. 여러 면에서 볼 때 신민요는 트로트에 비해 좀 덜 '모던한' 올드패션의 취향과 맞물려 있는 경향이 있다. 즉 식민지 시대의 감각으로 보아도 신민요에 비해 트로트가 훨씬 모던하고 세련되고 도시적인 음악이었던 것이다. 그에 비해 재즈송은 트로트와 창작자와 가수 면에서 거의 겹쳐 있다. 이는 재즈송(팝)이 트로트에 비해 훨씬 세련된 음악이라는 지금의 통념적 판단과 달리, 당시에는 트로트와 재즈송이 동등하게 세련되고 도시적인 음악이었다는 의미이다. 팝과 트로트가 계층·학력·도농 등의 측면에서 위계적 상하관계를 가지게 된 것은, 트로트가 대중화되어 시골의 이미지와 취향을 적극적으로 받아들인 1950년대 말과 1960년대 이후라고 보는 것이 옳다.

3. 1960년대 스탠더드 팝과 미국식 대중가요의 주류 안착

1960년대는 팝이 최초로 한국 대중음악사의 주류 장르로 등장한 때이다. 그런 점에서 이 시기는 트로트가 식민지 시대의 주도적 장르로 등장한 1930년대 중반에 비견될 만하다.

해방과 미군정의 시작을 계기로 한국 대중음악의 전범은 일본 대중음악에서 미국 대중음악으로 급격히 교체되었다. 이전까지 일본을 통해서 제한적으로 받아들여졌던 미국의 대중음악은 이제부터 미국으로부터 직접 이입되는 시대를 맞게 된다. 미국의 정치·경제적 영향력이 절대적으로 커져 버린 상황이 대중의 관심을 일본에서 미국으로 급격히 이동시켰고, 미군정과 6·25 전쟁 등으로 매우 많은 수의 미군이 한국 땅에 진주하고 생활함으로써 이들을 통한 대중음악의 직접적 이입 역시 중요한 변수였다. 미군의 장기 주둔으로 AFKN 방송과 미군 대상의 쇼 무대, 미군이 이용하는 댄스홀 등의 문화 공간이 생겨나게 되었고, 그들이 즐기는 대중음악 음반과 잡지 등도 따라 들어왔다. 당연히 한국 대중의 미국 대중음악 노출이 빈번해졌는데, 해방 후 한국의 영화관을 완전히 장악해버린 할리우드 영화 역시 이것에 큰 몫을 담당했다. 특히 미군 대상의 쇼 무대와 댄스홀 등은 미국 대중음악을 연주하는 대중음악인을 요구하게 되었고, 이를 통해 미국 대중음악 연주 능력을 가진 사람들이 급격히 성장했다.

전쟁이 끝난 후인 1950년대 후반에 들어서면서 한국 대중가요사에서도 변화의 조짐은 확실해졌다. 해방을 했음에도 식민지 시대 대중가요

1960년대 스탠더드 팝을 대표하는 남자가수 최희준의 음반 재킷(1962년 추정). 영어를 두드러지게 디자인한 재킷이 인상적이다. 서울대 법대 학생으로 미8군 밤무대에서 노래를 부르다가 가수가 되었다. 손석우 작곡의 1962년 「내 사랑 쥬리안」의 인기로 시작해 1964년 재즈적인 영화 주제가인 이봉조의 「맨발의 청춘」을 거쳐 「하숙생」, 「길 잃은 철새」에 이르기까지, 긴 기간 인기를 누린 가수였다.

의 주요한 흐름이 크게 변화하지 않은 상태였지만, 1950년대 후반을 지나면서 트로트와는 다른 새로운 경향이 급부상했고 새로운 작곡자·연주자·가수 역시 그 모습을 확실히 보이기 시작했다. 「미사의 종」, 「비의 탱고」 등 춤을 출 수 있는 리듬을 지닌 음악들이 사교춤 열풍과 수반해 나타나고, 당시 '세미클래식'이라 지칭되었을 정도로 깔끔하게 절제된 「청실홍실」, 「꿈은 사라지고」 등의 노래들이 주로 라디오 방송을 통해 인기를 얻으며 부상한 것이 1950년대 말의 새로운 경향들이었다.

이러한 흐름은 정치적 격변이 이루어진 1960, 1961년을 계기로 주류를 전복하기에 이른다. 1961년에 나온 「노란 샤쓰의 사나이」(손석우 작사·작곡, 한명숙 노래)는 그 시발점이라 할 수 있다. 이때부터 최희준, 한명숙, 현미 등 미8군 밤무대에서 활동하는 가수들이 본격적으로 한국 대중가요계의 주류 가수로 등극하게 되었고, 이에 반해 이전까지 주류 자리를 차지하던 트로트는 급격히 그 세력이 약해지는 양상을 보였다. 1960, 1961년을 계기로 대중가요계의 주류가 교체된 것은 1950년대 후반부터 진행되어온 흐름의 결과이기도 하지만, 다른 한편 정치적 변화의 영향이기도 하다. 최초의 시민혁명인 4·19와 개혁과 경제성장을 기치로 내건 군사정변 5·16을 겪으면서 대중은 비애스러운 트로트의 취향으로부터 탈피해 서양적 근대화의 희망을 노래하고 싶어했다. 특히 이러한 판단은 방송 등 대중문화를 주도하는 문화 엘리트들이 주도한 것으로,

악극

악극(樂劇)은 1930년대 후반부터 1950년대까지 인기를 모았던 대중적 음악극이다. 당시의 주도적인 대중음악 양식이었던 트로트와 그 외의 대중적 음악들을 총동원했다. 따라서 대중적 음악극이라는 점에서 뮤지컬과 동일하지만, 미국의 영향을 받아 만들어진 1960년대 이후 뮤지컬과는 음악적·연극적 경향이 다르다. 악극 공연은, 음악극이 중심이 놓이면서 가수와 연주자들의 대중음악 연주, 대중적 춤, 희극배우나 만담가의 짧막한 희극이나 만담 등이 엮여 있는 종합적인 쇼의 형태였고, 종종 음악극보다 버라이어티쇼의 비중이 더 크기도 했다. 따라서 오케레코드사가 조선악극단을 운영했던 것처럼, 대중가요 음반을 발매하는 음반사는 이같은 악극단 혹은 쇼단을 운영해 레코드 판매와 병행했다. 이러한 악극은 1950년대 말에 한국영화가 활성화되어 대중에게 새로운 볼거리를 제공하면서 급격히 쇠락했다.

1950년대 말부터 대중적으로 자리를 잡기 시작한 라디오 방송에서 트로트가 의도적으로 배제되었고, 이러한 경향은 새로운 시대를 맞았다는 의식이 강해진 1960년대에는 더욱 강화되었다. 한편, 5·16으로 정권을 잡은 박정희 정권은, 트로트로 대표되는 비애스러운 유행가를 불건전한 것으로 치부해, 트로트의 유통 공간인 악극 무대를 몰락시켰다.

이러한 과정을 통해 성장한 1960년대의 팝은 미국의 스탠더드 팝을 전범으로 삼고 있었으며 이와 공존하며 뒤섞였던 재즈 등 흑인음악이 함께 혼용되어 들어온 것이다. 특히 1950년대 말과 1960년대 초의 스탠더드 팝을 주도했던 작곡가 손석우와 박춘석이 주로 백인음악의 특성을 강하게 보인 것에 비해, 1960년대 중반부터 활발하게 활동한 이봉조와 길옥윤, 김인배 등은 색소폰, 트럼펫 등을 주 악기로 삼아 재즈적인 색깔이 좀 더 강했다는 차이를 보인다.

1960년대의 스탠더드 팝은 서양 근대음악의 7음계와 화성 체계를 적극적으로 쓰고 있다는 점에서 트로트와 달랐고, 미국 스탠더드 팝의 빅밴드와 캄보밴드(cambo band)의 반주가 주를 이룬다는 점에서 식민지 시대의 재즈송과도 차별성을 보이고 있다. 1950년대까지의 팝이 미국음악 분위기를 내려 노력한 흔적은 있지만 전반적으로 매우 어설픈 것에 비해, 1960년대의 팝은 반주의 편곡과 연주, 가창 등에서 그 어설픔이 사라지고 눈에 띄게 능란해졌다. 냇킹콜 창법의 최희준, 패티 페이지 창법의 패티김, 루이 암스트롱 창법의 김상국 등으로 이야기할 수 있을 정도로 창법이 흡사해졌다. 가창의 변화는 비단 스탠더드 팝에만 국한되는 것이 아니었고, 별다른 장식음이 없이 정확한 음높이를 유지하는 창법은 트로트를 포함한 거의 모든 장르의 가수들에까지 확산됨으로써 식민지 시대 트로트 창법은 급격히 퇴조했다.

이 시기의 노래에서 7음계와 기능화음 체계의 적응력이 크게 높아졌다는 점은 주목할 만하다. 1960년대 스탠더드 팝은, 장조 5음계 트로트의 영향이 여전히 확인되기는 하나, '라-시-도-미-파'라는 매우 독특한 음계를 쓰는 단조 트로트와는 거의 완전한 단절을 보이며 7음계의 선율을 구사했다. 특히 반주에서 화성에 대한 고려는 매우 높아졌으며, 선율 중심의 반주는 화성 중심의 반주로 급격하게 이동했다. 또한 블루벨스사중창단, 쟈니브라더스, 봉봉사중창단, 이시스터즈 등 화성이 중시되는 중창단이 크게 유행했던 것도 이 시대에 서양 근대음악의 기본 화성을 소화하는 창작자와 대중의 능력이 급격히 상승했음을 말해주는 것이다.

1960년대 중후반을 지나면서 스탠더드 팝 작품은 다양해지고 화려해졌다. 작곡가 손석우로 대표되던 초기의 비교적 단순하고 명랑한 분위기의 작품들은, 이봉조와 길옥윤, 김인배, 정민섭, 김강섭, 최창권, 홍현걸, 황우루 등 다양한 작곡가들과 미국에서 활동하다 돌아온 패티김, 윤복희를 비롯해 정훈희, 차중락 등 다양한 가수들의 활동으로 점점 화려하고 다양해졌다. 패티김의 「빛과 그림자」(1967, 길옥윤 작사·작곡)나 정훈희의 「안개」(1967, 박현 작사, 이봉조 작곡) 등이 보여주는 화려한 면모는, 1970년 동경국제가요제의 베스트10에 「안개」가 드는 것을 필두로 해 이어지는 국제가요제 열풍을 이미 예비하고 있었다.

7음계, 기능화성, 관현악 밴드, 깨끗한 가창 등 이 시대에 스탠더드 팝이 지닌 음악적 특징은 1980년대 중반까지 거의 모든 대중가요에 강력한 영향을 미쳤다. 특히 1960년대의 단조 스탠더드 팝은 1980년대까지 세대와 계층을 불문하고 가장 고른 영향력을 발휘하는 음악적 관행으로 자리 잡았고, 1990년대 이후 지금까지도 그 영향은 적지 않다. 즉 현미의 「보고 싶은 얼굴」, 최희준의 「길 잃은 철새」 같은 1960년대 단조 스탠더드 팝의 전형적인 선율과 정조는, 1970년대 포크인 양희은의 「내 님의 사랑은」이나 록으로 분류되는 윤항기의 「무지개빛」, 그리고 록과 스탠더드 팝의 관습이 혼합된 1980년대 조용필의 「창밖의 여자」와 발라드 변진섭의 「홀로 된다는 것」 같은 노래는 물론, 빠른 템포의 송골매의 「어쩌다 마주친 그대」, 박남정의 「사랑의 불시착」을 거쳐 2000년대 장

7음계와 기능화음 체계

조성음악(調性音樂)이라 지칭되기도 하는 음악관습이다. 이 음악관습은, 한 옥타브를 12음으로 고르게 나누고, 그중 '도'를 중심으로 강력한 위계질서를 지니고 있으며, 따라서 '도미솔' 화음이 가장 중심적인 위치를 차지한다. 12음들이 모두 '도'를 향하고 있고, '솔', '파'의 순서대로 중요도의 위계질서를 지니며 각 음이 기능적으로 조직되어 있으며, 화음 역시 '도미솔'을 중심적 화음으로 보면서 '도미솔'로 돌아올 때에 안정감을 갖는다고 본다. 이는 서구라는 특정 지역에서 17세기에 완성되어 19세기까지 가장 강력한 힘을 발휘했던 음악관습이었고, 이 시기의 서유럽이 전 세계에 경제적·정치적 영향력을 갖게 되는 과정에서 이 음악관습은 전 세계의 것으로 확산되었다. 우리나라에는 19세기 말에 서양 선교사들의 찬송가와 함께 유입되었고, 식민지 시대 이후 교회나 학교를 통해 조직적으로 이 음악이 교육되었다. 그럼에도 우리나라에서는 20세기 전반기까지 7음계가 아닌 5음계를 주로 사용할 정도로 이것의 정착은 쉽지 않은데, 1960년대 스탠더드 팝에 이르러 7음계 사용과 화성에 근거한 중창단이 보편화되는 등 이 음악관습의 대중화 양상이 나타났다.

윤정의 「어머나」에 이르기까지 그 흔적이 확인된다.

한편, 1960년대에 스탠더드 팝은 서양적 의미에서의 근대화된 도시에 대한 낙관의 태도와 밀접한 관련이 있다. 이 시기만큼 대도시 성인들이 삶이 희망적이고 아름답게 그려진 적이 없다고 할 만한데, 이를 주도한 것이 바로 스탠더드 팝이었다.

> 포플러 그늘 밑에 그녀와 둘이 앉아 / 오늘도 즐거운 하루였었소 / 내 사랑 쥬리안은 마음씨 고운 여자 / 그리고 언제나 잘 웃어 / 아아 하늘엔 근사한 꽃구름 / 아아 가슴엔 행복이 초만원 / 내 사랑 쥬리안은 마음씨 고운 여자 / 그리고 나만을 사랑해
>
> 최희준 「내 사랑 쥬리안」(1962, 손석우 작사·작곡)

식민지 시대 재즈송이 모던 서울의 삶을 다소 희화화해 표현한 경향이 강했다면 1960년대 스탠더드 팝에 담긴 근대화된 대도시의 풍경과 삶은 명랑하고 우아하며 아름답다. 도시는 꿈과 희망이 이루어질 수 있는 공간처럼 느껴지는데, 실제 당시 서울보다 훨씬 더 서양화된 양상으로 그려지고 있다는 점이 흥미롭다. 이시스터즈의 「서울의 아가씨」에서 '서울의 아가씨'는 '남산에 꽃이 피면' '발걸음 가벼웁게' '그대와 나란히 손을 잡고' 산보를 다니는 아름답고 행복한 모습으로 그려진다. 서울이라는 도시 자체가 이렇게 대중의 욕망으로 부상하는 희한한 시대였다고 할 수 있다.

전후 복구 시기를 넘어선 1960년대는 국가 주도의 근대화 드라이브가 본격화한 시대이다. 박정희 정권은 '가난 극복'을 모토로 내걸었고, 1960년대 중반을 넘어서면서 빠른 속도의 경제성장과 급격한 산업화, 그리고 이에 따라 '무작정 상경'이라고까지 말해질 정도의 이농현상이 수반되었다. 이러한 시대의 한복판에 서울이라는 대도시가 있었고, 스탠더드 팝은 이 대도시의 근대화의 희망을 담고 있는 노래였다. 노력하면 잘살 수

있고 행복해질 수 있다는 희망은 비단 대도시의 소비적 문물을 누리는 중
산층 청춘남녀의 전유물이 아니었고, 아직 산업화와 근대화의 폐해가 무
엇인지 짐작하기 힘든 이 시대의 모든 대중에게 공유되면서, 정권의 경제
개발 이데올로기의 헤게모니는 성공적으로 관철되고 있었던 것이다.

1960년대 스탠더드 팝의 낙관적 태도는 비극적인 노래에서조차 확인
된다.

눈물도 한숨도 나 홀로 씹어 삼키며 / 밤거리에 뒷골목을 헤매고 다녀도
/ 사랑만은 단 하나에 목숨을 걸었다 / 거리에 자식이라 욕하지 마라 / 그
대를 태양처럼 우러러 보는 / 사나이 이 가슴을 알아줄 날 있으리라

최희준 「맨발의 청춘」(1964, 유호 작사, 이봉조 작곡)

식민지 시대 트로트로 대표되는 패배주의적 탄식의 노래의 비극성에
비해, 이 노래의 비극성은 훨씬 절제되어 있다. 이외에도 「초우」, 「보고
싶은 얼굴」 등 당시 유행하던 스탠더드 팝의 비극성은 트로트에서 나타
나는 자학과 자기연민의 흔적이 역력히 감소했으며, 심지어 멋지고 아
름답기까지 하다.

그러나 스탠더드 팝의 낙관적 태도는 도시의 것이었고 점차 중산층
이상의 것임도 확인되었다. 1960년대 후반에 들어서서도 스탠더드 팝은
계속 인기를 얻으며 유지되었고 더욱 미국화된 한편, 이러한 낙관성에
동의하지 못하는 정서가 트로트의 부활로 이어졌다. 그에 따라 이 시대
의 새로운 장르로서의 스탠더드 팝은, 이미 대중화될 대로 대중화된 트
로트에 비해 훨씬 세련되고 도시적이며 젊은 장르로 인식되었고, 그에
비해 트로트는 시골, 고연령, 저학력, 낮은 계층 등의 장르로 인식되었
다. 식민지 시대와 달리 이 시대의 팝은 트로트와 위계화 현상을 보여주
고 있었으며, 이러한 현상은 1970년대 전반의 남진·나훈아 전성시대에
가장 명료하게 나타났다고 할 수 있다.

4. 섬세한 사랑노래, 1980년대 이후 발라드

팝의 장구한 흐름에서 1960년대의 스탠더드 팝 이후 다시 한 번 강한 양식적 구심력을 지니며 나타난 것이 1980년대 말의 발라드이다.

1970년대의 잔잔하고 서정적인 노래를 대표하는 흐름이 포크였던 것에 비해 1980년대에 들어서서 텔레비전 중심의 주류 가요계에서 포크의 흐름은 급격히 쇠퇴하고 언더그라운드 가요가 되어갔다. 그 대신 이용의 「잊혀진 계절」(1982, 박건호 작사, 이범희 작곡) 같은 새로운 경향의 노래가 서정적인 포크를 대체하기 시작했는데, 이러한 흐름은 1980년대 중반 최성수 「남남」(1986, 최성수 작사·작곡), 이광조의 「가까이 하기엔 너무 먼 당신」(1986, 이광조 작사, 이태열 작곡), 김종찬의 「사랑이 저만치 가네」(1987, 김정욱 작사·작곡) 등을 거치면서 점점 화려해졌다. 1980년대 주류 대중가요의 흐름을 살펴보면, 흥미롭게도 조용필과 송골매처럼 록을 바탕으로 성장했던 정상급 가수들이 정점을 찍고 하강하기 시작한 1985년부터 1987년까지 작품들은 모두 섬세하고 화려한 방향으로 나아가고 있음을 알 수 있다. 포크가 지닌 서정성과 화성적 세련됨을 계승하되 포크보다 더 화려한 음악, 덜 지적이고 더 강렬한 페이소스를 노출하는 노래, 록이 보여준 강렬함은 유지하되 좀 더 섬세하고 서정적인 노래에 대한 요구가 명확하게 감지되고 있었던 셈이다. 라디오를 중심으로 활동한 이문세의 「그녀의 웃음소리뿐」, 「가로수 그늘 아래 서면」(1987, 이영훈 작사·작곡)이나 유재하의 「사랑하기 때문에」(1987, 유재하 작사·작곡), 어떤날이나 최성원 등의 작품은, 이러한 대중의 요구를 좀 더 복잡하고 세련된 음악적 조련으로 심화시킨 계기였다고 보인다.

1988년 변진섭의 「홀로 된다는 것」(1988, 지예 작사, 하광훈 작곡)의 인기는 발라드가 양식적 구심력을 지니며 텔레비전 중심의 주류 대중가요계의 새로운 주류로 들어서게 되었음을 알리는 사건이었다. 이 시기에 이르러 이제 주류 대중가요를 발라드, 댄스음악, 트로트로 크게 삼분화하는 관행 또한 확연히 자리 잡았다. 이 1988년부터 1991년 즈음까지 「세월이 가면」(1988, 최귀섭 작사·작곡)의 최호섭, 「안녕이라고 말하지 마」(1988, 박광현 작사·작곡), 「마지막 콘서트」(1989, 김태원 작사·작곡)의 이승철, 「슬픈 그림 같은 사랑」(1988, 김성란 작사, 박정원 작곡), 「바람에 옷깃이 날리듯」(1989, 1집, 김성란 작사, 박정원 작곡)의 이상우, 「텅 빈 마음」(1989, 류화지 작사·작곡)의 이승환, 「사랑일 뿐야」(1990, 박주연 작사 하광훈 작곡)의 김민우, 「슬픈 표정 하지 말아요」(1990, 신해철 작사, 원경 작곡)의 신해철, 「이별의 그늘」(1991, 박주연 작사, 윤상 작곡), 「미소 속에 비친 그대」(1990, 신승훈 작사·작곡), 「보이지 않는 사랑」(1991, 신승훈 작사·작곡)의 신승훈 등이 인기를 얻으며 발라드의 전성시대를 구가한다.

1992년 서태지와 아이들이 댄스음악의 새바람을 일으키던 초창기까지만 해도 대중가요계의 주류는 여전히 발라드일 정도였지만, 급격히 1위 인기 장르의 지위를 댄스음악에 이양하게 된다. 1990년대 초중반 발라드는 신승훈 정도로 명맥을 이어가기는 하지만, 당시 언더그라운드였던 록보다도 새로운 파괴력이 약했다고 볼 수 있다. 1990년대에 발라드만으로 돋보인 가수는 「내가 너의 곁에 잠시 살았다는 걸」(1996, 유희열 작사·작곡)의 토이(유희열) 정도밖에 없다 해도 과언이 아니다. 이러던 발라드가 다시 1위의 장르로 부상하게 되는 계기는 1998년이었다. 1997년 말의 외환위기로 악화된 경제상황은, 1990년대 초중반의 자신만만하게 에너지 넘치는 댄스음악과 록의 기세를 다소 주춤거리게 했고, 변하지 않은 순정적 사랑을 노래하는 발라드에 대한 취향을 되살려놓았다. 조성모의 「To Heaven」(1998, 이승호 작사, 이경섭 작곡), 「아시나요」(2000, 강은경 작사, 이경섭 작곡) 등은, 뮤직비디오라는 새로운 매체를 결합해 영화적 설정 속에서 아름다운 순정의 이미지를 되살리는 방식으로 발라드의 새로운 부흥을 이끌었다.

발라드는 팝을 기본으로 하면서도, 포크와 록 등 다양한 음악적 성과를 흡수해 성립되었다. 피아노가 중심이 되어 화성을 화려하고 굳건하게 유지하며 현악기로 애절함을 더하는 발라드는, 이전의 어떤 장르보다도 넓은 음폭의 화려한 선율과 화성, 꽉 찬 사운드를 구사한다. 특히 피아노가 주도하고 현악기가 중시되는 연주의 특성은 서구 클래식음악을 연상시키면서 고급하고 우아하다는 인상을 심어주어, 같은 시대의 댄스음악이나 록에 비해 음악 취향의 세대 갈등으로부터는 비교적 자유로웠다. 가창은 아름다운 고음 구사가 가능한 맑은 목소리의 남성 가수가 주도했는데, 특히 여성 수용자의 낭만적 사랑의 욕망을 자극하는 양식으로 남성 가수가 절대적 우위를 차지한다는 특성을 보인다. 맑으면서도 강렬한 목소리로 절규하듯 뿜어 올리는 절정부가 화려하게 발전해 수용자의 귀를 사로잡는 '후크'의 역할을 하고 있다.

발라드가 형상화하는 세계는, 섬세한 인간이 느끼는 사랑의 감정이다. 발라드의 화자는 부드럽고 아름다우며, 자기 내면의 감정의 흐름을 섬세하게 느끼고 표현한다.

아주 담담한 얼굴로 나는 뒤돌아섰지만 / 나의 허무한 마음은 가늘 길이 없네 / 아직 못 다한 말들이 내게 남겨져 있지만 / 아픈 마음에 목이 메어 와 아무 말 못 했네 / 지난 날들을 되새기며 수많은 추억을 헤이며 / 길고 긴 밤을 새워야지 나의 외로움 달래야지 / 이별은 두렵지 않아 눈물은 참을 수 있어 / 하지만 홀로 된다는 것이 나를 슬프게 해

변진섭 「홀로 된다는 것」

소리 내지 마 우리 사랑이 날아가 버려 / 움직이지 마 우리 사랑이 약해지잖아 / 얘기하지 마 우리 사랑을 누가 듣잖아 / 다가오지 마 우리 사랑이 멀어지잖아 / 안녕이라고 말하지 마 나는 너를 보고 있잖아 / 그러나 자꾸 눈물이 나서 널 볼 수가 없어 / 안녕이라고 말하지 마 우린 아직 이별이 뭔지 몰라

이승철 「안녕이라고 말하지 마」

사랑하는 사람과의 이별을, 자신이 홀로 되는 상황과 분리해서 생각할 수 있는 섬세함, 작은 소리나 움직임에도 부서지거나 훼손될 것처럼 그 사랑의 순간을 섬세하게 감지해내는 감각성, 이렇게 내면이 예민하고 섬세한데도 겉으로는 '담담한 얼굴'로 '눈물을 참'으며 '안녕이라고 말'을 구태여 하지 않으려 하는 현대적 냉랭함을 드러내고 싶어하는 인물의 태도야말로, 이 노래의 매력의 근원이다. 특히 이런 섬세한 내면을 남성이 지니고 있다는 점 역시 사랑하는 남자에게 섬세한 배려와 깊은 공감을 요구하는 여성 수용자들에게 호소력 있는 근거이다.

홍미로운 것은 이러한 발라드의 내면적 성찰은, 남녀 간의 사랑이라는 한정된 범위에 머문다는 점이다. 포크나 록이 사랑이나 가족 같은 이야기를 넘어서서 인간존재와 세상 전체에 대한 성찰로 나아갈 가능성을 지니고 있는 것에 비해, 발라드는 오로지 남녀 간의 사랑만으로 슬프다. 사랑 자체를 좀 더 깊게 사유하려고도 하지 않는다. 그저 사랑의 기쁨과 슬픔에 젖어 있는 자신의 감정 상태에 대한 성찰에만 머물러 있는 것이다. 더 나아가, 그 다변적이고 복잡한 자신의 심리 상태를 내어 보이면서, 그것이 매우 아름답고 멋지다고 생각하는 자아도취적 욕망도 엿보인다. 사랑은 물론이거니와 이별과 슬픔과 고뇌조차 아름답게 드러낸다. 즉 사랑의 감정을 섬세하게 파헤쳐 심미적으로 전유한다.

5. 팝의 세계전유방식

팝이 독특한 특질을 지닌 양식으로 돋보였던 세 시기를 살펴보면, 홍미로운 공통점이 발견된다. 그것은 대중들이 서양적 근대성·현대성에 대한 욕망이 매우 강했던 시대였다는 점이다. '경성에 댄스홀을 허(許)하라'는 공개청원을 할 정도로 모던보이와 모던걸이 서양적 근대성에 대한 욕망을 드러냈던 1930년대 중후반에 재즈송은 유행했다. 스탠더드 팝의 유행한 시기인 1960년대는, 본격적인 산업화가 급격히 이루어지던 시대로 서양적 근대성을 추구하는 서울로 향한 욕망이 가장 전국적이고 강렬하며 광범위하게 일어나며, 급격한 근대화에 대한 낙관이 공감을 얻었던 시대였다. 그리고 발라드가 유행한 1980년대 말은, 1988년 서울올림픽으로 대표되듯, 어느 정도 이루어진 산업화의 토대 위에서 세계화된 현대적 도시에서의 삶이 어느 정도 실현되었다는 만족감을 갖기 시작하면서 그에 걸맞은 세련됨에 대한 열망이 강했던 시대였다.

한국의 팝이 열망해온 서양의 근대적·현대적인 삶은 서양 백인이 이끌어온 것이었고, 서양 근대음악에 기본을 둔 팝의 음악적 특성은 바로 이 지점과 정확하게 조응한다. 세 시기의 팝 중, 뒤 시기의 팝으로 올수록 다소 보수적 성향을 보이는 것도 그런 이유이다. 1930년대의 서양적 근대성에 대한 모방이 다소간의 '겉멋'에도 불구하고 기성세대가 허용하기 힘든 도발성을 지니는 것이라면, 1980년대의 발라드에는 그러한 도발성이 없다. 그들은 육체적이지 않으며 거칠거나 노골적이지 않으며, 사랑 이외의 것들에 대한 깊이 있는 관심 또한 갖지 않는다. 우아하고 고상해 결코 가볍게 보이지 않으면서도, 그 심각성의 수준은 적절히 가볍다. 따라서 발라드는 동시대 젊은이들의 다른 대중음악 취향에 비해, 기성세대의 세상과 가장 충돌하지 않는 얌전한 양식일 수 있다. 높은 음역을 오르내리는 격렬한 절정부의 감정 구사가 있는데도 이 음악이 의외로 편안한 이유는 바로 이 때문일 것이다.

1. 7음계와 3화음으로 대표되는 조성음악 체계가 보편적 음악언어라는 통념에 대해 생각해보자.

2. 영화나 드라마, 대중가요 가사 속의 모습이 현실에 비해 훨씬 서구적이거나 미국적으로 묘사되는 과
   장·왜곡 현상이 왜 생기는지 생각해보자.

3. 1930년대 중후반, 재즈송이 인기를 누릴 수 있었던 식민지 조선의 경성 분위기와 정치적 배경을 알
   아보자.

4. 미8군 출신들이 1960년대 이후 한국 대중가요계를 장악할 수 있었던 원인은 무엇일까.

5. 발라드 가요의 가사 특성과 댄스음악의 가사 특성을 다양한 측면에서 비교해 토론해보자.

참고 자료

▶‖■ 읽을 거리

김진송. 1999. 『서울에 딴스홀을 허하라』. 현실문화연구.

일제의 억압과 착취의 고통, 독립운동가들의 희생 등만 연상되던 식민지 시대를 모던보이와 모던걸, 카
페와 백화점 등도 있던 세상으로 받아들이게 만든 첫 연구서이다. 1930년대 실제로, 경성에 '딴스홀' 영
업을 허가해달라는 각계 인사들의 공개청원서가 나온 바 있으며, 이를 제목으로 삼았다.

이영미. 2002. 『흥남부두의 금순이는 어디로 갔을까』. 황금가지.

1998년에 발간된 『한국대중가요사』가 학술서의 성격을 지니고 있다면, 이 책은 대중서로 쉽게 쓰인 한
국 대중가요사이다. 1960년대와 1980년대 등 팝이 부흥했던 시기가 한국 대중가요사에서 어떤 맥락에
놓여 있는지, 특히 1960년대의 스탠더드 팝이 당시 대도시의 산업화와 근대화의 꿈과 어떤 관련을 맺
고 있는지를 알려줄 수 있는 책이다.

신현준·이용우·최지선. 2005. 『한국 팝의 고고학 1960』. 한길아트.

미국식 대중음악이 한국에 이입되고 정착하고 재생산된 시기와 그 과정을 정교하게 추적한 책이다. 특
히 이들 음악을 담당했던 원로 대중음악인의 인터뷰를 통해, 당시 대중가요계 안에서 일어난 사건과 중
요 인물, 음반업계의 변화 등을 폭넓게 다루었다. 1960년대 스탠더드 팝 시대를 다룬 1권에 이어, 1970
년대를 다룬 제2권이 있다.

「청춘삘딩」. 1938. 박영호 작사, 김송규 작곡, 김해송 · 남일연 노래.

「나는 열일곱 살이에요」. 1938. 이부풍 작사, 전수린 작곡, 박단마 노래.

「외로운 가로등」. 1939. 이부풍 작사, 전수린 작곡, 황금심 노래.

「다방의 푸른 꿈」. 1939. 조명암 작사, 김해송 작곡, 이난영 노래.

「노란 샤쓰의 사나이」. 1961. 손석우 작사 · 작곡, 한명숙 노래.

「내 사랑 쥬리안」. 1962. 손석우 작사 · 작곡, 최희준 노래.

「맨발의 청춘」. 1964. 이봉조 작사 · 작곡, 최희준 노래.

「초우」. 1966. 박춘석 작사 · 작곡, 패티김 노래.

「빛과 그림자」. 1967. 길옥윤 작사 · 작곡, 패티김 노래.

「홀로 된다는 것」. 1988. 지예 작사, 하광훈 작곡, 변진섭 노래.

「안녕이라고 말하지마」. 1988. 박광현 작사 · 작곡, 이승철 노래.

「슬픈 그림 같은 사랑」. 1988. 김성란 작사, 박정원 작곡, 이상우 노래.

「슬픈 표정 하지 말아요」. 1990. 신해철 작사, 원경 작곡, 신해철 노래.

「이별의 그늘」. 1991. 박주연 작사, 윤상 작곡, 윤상 노래.

「미소 속에 비친 그대」. 1990. 신승훈 작사 · 작곡, 신승훈 노래.

한국 포크와 록의 연대기

박애경(연세대학교)

주요 개념 및 용어 | 팝, 록, 포크, 청년문화, 민중가요, 인디문화

1. '청년'이라는 기호와 포크, 록

한국에서 포크와 록이 수용되고 연주된 것은 1960년대 말부터라 할
수 있다. 그러나 당시 한국에 유입된 포크와 록은 기본적으로 영·미 지
역 모던포크와 록에 기반을 두고 그 영향을 받았지만 그 개념과 범위가
정확히 일치하지는 않았다. 대중음악 하위 장르로서의 포크는 어쿠스틱
악기에 기반을 둔 음악으로서 보통 사람의 경험, 관심, 민간전승에 의존
한 음악을 말한다. 포크의 장르적 관습은 구술의 전통을 간직한 가창 방
식, 어쿠스틱 악기로 연주되는 소박하고 담백한 사운드, 삶의 경험과 성
찰을 담은 가사로 요약할 수 있다. 록은 1950년대 중반 로큰롤에서 발전
한 음악으로, 흑인음악인 블루스와 백인음악인 컨트리 앤드 웨스턴 음악
이 이종 교배해 탄생한 대중음악의 하위 장르를 말한다. 록 음악 사운드

얼터너티브

넓은 의미의 얼터너티브(alternative)
란 '대안'을 뜻하는 말 그대로 젊은
이들의 새로운 문화나 생활방식을
의미하나 대개는 너바나(Nirvana)의
폭발로 부상한 얼터너티브 록의 준
말로 통용된다. 1980년대부터 생겨
나 1990년대에 널리 확산된 얼터너
티브 록은 1970년대까지의 록, 즉
클래식 록의 구성에서 탈피한 새로
운 구성과 사운드의 록 음악을 의미
한다.

의 특징은 디스토션 걸린 기타가 이끄는 고출력의 일렉트로닉 사운드, 백비트의 리듬, 공격적인 드럼 연주와 내지르는 창법으로 요약할 수 있다. 음악적 스타일과 연주 방식에서 이질적이었던 포크와 록은 1960년 대 말 포크 연주에 전자기타를 도입한 밥 딜런 이후 포크 록이라는 변종 장르를 파생시키며, 양자의 접점을 모색하게 되었다. 반전운동과 민권 운동이 절정에 달했던 1960년대 말을 거치며 포크는 넓은 의미의 록 음 악 하위 장르로 자리 잡게 되었다.

이처럼 반전운동 세대의 음악적 통로였던 포크와 록은 부상하는 순간 부터 세대를 가르는 분기점으로 작동했다. 요약하자면 1950년대 젊은이 들의 열광과 지지 속에 로큰롤의 시대가 열리면서 대중음악은 청년 세 대의 취향과 감성을 반영하게 되고, 반전문화운동의 시대인 1960년대를 거치면서 마침내 '진지한 음악'의 지위를 획득하게 되었다는 것이다. 1970년대의 펑크, 1990년대 초 얼터너티브의 경험이 쌓이고, '젊은이들 의 반항정신의 계기적 폭발'이라는 내러티브가 더해지면서, 포크와 록은 '젊음의 음악', '청년의 음악'이라는 공식이 확고해졌다. 이처럼 포크와 록이 청년 세대의 헤게모니의 표상이 되고, 이들의 고민과 방황, 비판과 저항정신을 구현하고 있다는 담론을 구성하면서, 양자는 청년의 문화, 기성세대의 권위에 저항하는 반문화(counter culture)의 상징이 되었다.

'청년문화로서의 포크와 록'이라는 상징성은 한국 포크와 록이 수용되 는 맥락을 고찰하는 데에도 어느 부분 유효하다고 할 수 있다. 적어도 신세대 소비문화의 음악적 표현이라 할 수 있는 댄스음악이 대중음악계 를 장악하기 전까지는 포크와 록이 '젊음의 음악'이라는 가치를 독점해 왔기 때문이다. 포크와 록은 사운드뿐 아니라 그에 부수되는 문화에 이 르기까지 기성세대 문화와 뚜렷한 경계를 형성했다.

그런데 한국의 포크와 록이 청년문화의 일부를 이루면서 기성세대와 기성세대로 대표되는 규범과 관습에 균열을 일으켰다고 해서, 곧 양자 가 영미 지역과 똑같은 궤적을 그리며 발전해왔다는 의미는 아니라는 점을 지적해두고 싶다. 단적인 예를 하나만 들어보자. 영미 지역에서는 포크가 록의 하위 장르로 간주되는 반면, 한국에서는 포크와 록의 구분이 완강했을 뿐 아니라 양자가 꽤 오래 적대적인 관계를 유지해왔다. 그뿐 아니라 '청년'이라는 숭고한 가치 역시 꽤 오랫동안 (적어도 록 담론이 조성되기 전까지) 포크와 이를 계승한 민중가요의 전유물이었다. 말하자면 포크와 록은 한국에 수용되면서 한국 포크, 한국 록이라는 변종을 파생시켰던 것이다. 여기에서는 포크와 록이 한국에 수용된 이후 얼마나 '반문화적' 태도를 유지했는지, 비판과 저항을 실천했는지 고찰하기보다는, 양자가 한국에 수용된 후 주류화되고 또 주변화되는 과정을 계기적으로 살펴보려고 한다. 이를 통해 포크와 록이 세대에 따른 취향을 어떻게 관리하고 조직했는지를 밝힐 수 있을 것이다.

2. 한국 록, 한국 포크의 형성과정

1) 포크의 유입과 청년문화의 형성

포크는 1960년대 말 양병집, 한대수와 같이 미국 생활을 경험한 가수들에 의해 유입되었다고 한다. 그런데 당시 한국에서 통용되었던 포크라는 말이 영미의 모던 포크와 동의어라기보다는 이전 시대부터 도시를 중심으로 인기를 얻기 시작하던 팝의 연장, 혹은 팝의 한 형태로 받아들여졌다고 보는 편이 옳을 것이다. 1960년대에 이미 음악감상실 '세시봉' 같은 곳에서 젊은 가수들이 통기타를 들고 팝송을 부르는 무대를 마련하기 시작했다. 이어 1960년대 말과 1970년대 초에 걸쳐 통기타 연주를 기반으로 하는 음악인들이 쏟아져 나오면서 통기타를 연주하며 부르는 노래를 포크 혹은 포크송이라 부르기 시작했던 듯하다. 1970년대 이전의 포크는 주로 번안곡이 주류를 이루었다. 번안곡의 음악적 원천은 미

모던 포크

포크는 농촌공동체의 소박한 민요나 단순한 가곡에 기반을 둔 노래를 말한다. 모던포크(modern folk)는 블루스, 컨트리 등 다양한 음악적 요소를 받아들여 도시 젊은이들의 감성에 맞게 바뀐 콘템포러리 포크, 도시 포크를 말한다. 모던포크의 음악적 특징은 포크가 가진 공동체적 성격, 구술문화의 전통 외에 자작곡 중심이라는 데에서 찾아볼 수 있다. 모던 포크는 전후 세대의 성장, 1960년대 전 세계를 휩쓴 반전문화운동 열풍에 힘입어 청년문화의 중심적 지위를 확보하게 되었다.

국의 모던 포크뿐 아니라 스탠더드 팝, 칸초네, 샹송까지 걸쳐 있었다.

한국 포크는 동시에 '이식된' 최초의 공동체 문화라 할 수 있다. 포크가 널리 불리던 장소를 짚어보면, 가장 먼저 종로, 명동 등 시내의 음악감상실과 생음악 살롱을 들 수 있다. 쉘부르, 세시봉, 오비스캐빈이 통기타 음악을 들을 수 있는 대표적 음악공간이었다. 상업적 음악감상실 외에 경동교회, YMCA의 싱얼롱 Y, YWCA의 청개구리집, 명동의 가톨릭여학생회관 등 교회나 종교 관련 문화공간에서도 포크 공연이 열렸다. 젊은이들의 음악이었던 포크는 자연스럽게 대학가로 흘러 들어가면서 공동체를 매개하는 음악으로 자리 잡기 시작했다. 포크의 공동체적 성격은 쉽게 따라 부를 수 있는 노래, 단순한 악기 편성, 반복 효과 등으로 구현되었다. 포크 따라 부르기, 즉 싱얼롱 역시 공동체 노래인 포크의 지향을 가시적으로 보여주는 것이라 할 수 있다.

대학가로 흘러간 포크는 1970년대에 들어서면서 청년문화의 중심으로 떠올랐다. 포크의 유행과 함께 확산된 청바지, 통기타, 장발은 자유로운 청년의 표상이었다. 즉 당시 청년들에게 포크란 음악 그 자체로만 받아들여진 것이 아니라 패션과 생활방식의 변화까지 포괄하는 '문화'의 일부로 받아들여졌음을 의미한다. 청년문화가 형성된 배경에는 전후 베이비 붐 세대의 본격적 등장을 우선 꼽을 수 있다. 1970년대에 들어 성인이 된 이들은 산업화·도시화와 함께 유입된 서양의 생활방식을 동시대적으로 경험하면서, 일제시대와 전쟁을 경험한 기성세대와의 차이를 뚜렷하게 보여주었다. 도시 젊은이의 송가이자 청년문화의 중심이었던 포크는 이처럼 세대를 가르는 기준이었을 뿐 아니라 지역, 계급, 젠더, 교양 정도에 따른 '구별짓기'를 끊임없이 수행하는 엘리트의 음악이기도 했다.

그렇다면 대학가, 생음악 카페를 벗어난 포크는 어떤 방식으로 사회와 대면하고 있었을까? 포크가 불리던 장소에 경동교회와 개신교, 가톨릭 관계 기관이 포함된 것은 기독교 문화운동과 포크문화 간의 친연성을 보여주는 대목이라 할 수 있다. 당시 포크 가수 대부분이 미션 스쿨 출신이거나 성가대 출신이라는 것도 단순한 우연으로만 볼 수 없을 것이다. 1970년대 청년운동에서 한 획을 긋는 크리스챤아카데미의 본산인 경동교회에서 포크 공연이 열렸다는 것은 그런 의미에서 상징적이다. 주지하다시피 한국사회에서 교회는 종교의 장인 동시에 한국적으로 전유된 서양의 근대를 체험할 수 있는 공간이기도 했다. 포크의 낭만은 근대화를 선취하고 내재화한 교회와 그 주변 공간에 자리 잡음으로써, 번안의 음악에서 시작했던 포크가 한국 포크로 전환하는 데 한 계기를 마련했다.

2) 미8군에서 일반 무대로 외출한 록

한국에서 록 음악이 본격적으로 연주되기 시작한 것은 1960년대 중반부터라 할 수 있다. 1964년 에드 휘가 「비속의 여인」과 「내 속을 태우는 구려」 두 곡을 담은 록 음반을 발매했고, 이후 키 보이스가 번안곡을 위주로 한 음반을 발매했다. 이로 보아 1960년대에 이미 '연주하고 노래하는' 록 밴드의 형태가 존재했다는 것을 알 수 있다. 록 음악을 연주하고 부르는 본격적인 밴드 형태의 음악은 이처럼 1960년대 중반에 시작되었지만, 크게 보아 록 계열로 포함할 수 있는 음악은 이미 전 시기부터 존재하고 있었다. 한국에서의 록 음악 수용은 트위스트라는 댄스음악의 유행, 로큰롤의 리듬의 도입과 함께 시작되었다. 서양음악에 기원을 둔 여타 팝 계열의 음악과 마찬가지로, 록 음악의 도입 역시 미8군 쇼를 통해 이루어졌다. 당시 미8군 쇼는 전 세계적 로큰롤 열풍을 동시대적으로 전파하는 공간이었다. 미8군 쇼의 레퍼토리는 극장 쇼를 통해 일반 대중에게도 일부 공개되면서, 유행에 민감한 젊은 세대에게 로큰롤과 트위스트 리듬에 맞춰 춤을 추는 유행을 전파하기 시작했다. 춤에서 시작된 록 음악의 수용은 엘비스 프레슬리의 열풍에 힘입은 로큰롤의 인기로

번안이 아닌 창작 음악을 연주하고 음반에 담아 한국 록의 역사에서 중요한 분기점을 이룬 에드 훠의 첫 번째 음반. 사진은 이 음반을 복각한 재발매반(2007)으로, 표지 이미지를 그대로 살리고 밸매사인 LKL의 로고만 빠졌다.

이어졌다. 그렇게 해서 1960년대 중반부터 스탠더드 팝과는 다른 감성을 가진 록 계열의 가요들이 인기를 얻게 되었다.

록 음악이 확산된 이유로는 연주 공간의 확대와 하위 장르의 증식으로 인한 스타일의 다양화를 꼽을 수 있다. 먼저 미8군 쇼 무대에서 연주되었던 트위스트와 로큰롤이 일반 무대나 생음악을 연주하는 살롱, 나이트클럽으로 진출하면서, 수용의 저변이 한결 넓어졌다는 점을 주목해볼 수 있다. 그뿐 아니라 로큰롤, 트위스트에 이어 블루스, 소울, 사이키델릭 등 록 음악의 하위 장르들이 한국에 거의 동시에 유입되기 시작하면서, 여기에서 영감을 받은 록 계열 가요가 풍부해졌다는 점도 간과할 수 없다. 그 결과 '노래는 가수, 반주는 악단'이라는 일종의 분업 형태로 지속되어온 공연이 기타를 전면에 내세우고 노래와 연주를 결합하는 보컬그룹 혹은 그룹사운드라는 형태로 전환되어, 록 음악의 주요한 음악적 실천 방식인 '밴드'의 초보적 구성이 갖춰지기 시작했다. 키 보이스, 에드 훠, 코끼리 브라더스, 바보스, 김치스, 샤우터스, 화이브 휭거스 등 1960년대에 활동했던 보컬그룹은 최신 팝송을 영어 가사 그대로 노래하거나 번안해 부르는 데 그쳤다. 따라서 연주 기량은 뛰어났지만, 창작력 면에서는 비판을 받기도 했다. 1964년에 나온 에드 훠의 음반이 번안이 아닌 창작 음악을 연주하고 이를 음반에 담았다는 점에서 록의 역사에서 중요한 분기점을 이루었다고 할 수 있다. 1960년대 활동했던 보컬그룹과 그들이 공유했던 무대는 한국에서 록이 본격적으로 탄생하기 위한 인프라를 구축하는 과정이었다고 할 수 있다.

3) 번안에서 창작으로 ― 한국 록, 한국 포크의 태동과 주류화

포크와 록은 한국에 유입된 팝 계열 음악의 분화상을 분명하게 보여주면서, 성인 취향의 가요와는 다른 감성을 지닌 음악을 대표하게 되었다. 그런데 이렇듯 '젊음'이라는 기호를 공유했음에도, 포크와 록 음악이 놓인 맥락은 엄연히 달랐다. 그것은 먼저 음악적 주체의 면면이나 이들의 음악적 태도에서 찾아볼 수 있다. 앞에서도 살펴보았듯이 포크의 주생산자는 대학생이고, 이들의 근거지는 대학가와 생음악을 연주하는 라이브 카페나 음악감상실, 교회였다. 반면, 록 음악을 연주하는 이들은 미8군 클럽 출신이 압도적이었다.

음악적 주체의 차이뿐 아니라, 태도에서도 차이를 보였다. 대학을 나온 이른바 '학사가수'들이 주축이 되어 전파된 포크가 아마추어리즘의 미덕을 간직하면서도 어느 부분에서는 다분히 엘리티즘의 경향을 띠고 있었다면, 미8군 출신 직업적 음악인들에 의해 다듬어진 록은 프로페셔널리즘을 미덕으로 삼고 있었다. 포크가 표상하는 자유와 공동체의 이상은 육체 감각에 의존하는 록의 그것과는 분명히 달랐다고 볼 수 있다. 즉, 포크가 이지적인 음악 언어였다면, 록은 육체적·감각적 찰나의 음악이었다. 따라서 포크와 록은 공히 젊음의 음악이었지만, 일정한 가치가 개입된 '청년문화'라는 범주로 포섭된 것은 포크였다.

번안과 모방에서 시작한 포크와 록은 1970년대를 거치며 각자의 영역에서 다양한 음악적 모색을 꾀하며 '창작'의 시대를 열어가기 시작했다. 포크의 창작에서 주목할 대목은 싱어송라이터의 등장과 구전가요나 민요를 재해석하는 일련의 흐름이었다. 싱어송라이터는 대학가, 음악감상실이나 생음악 카페, 종교 관련 문화공간 등에서 경험을 쌓은 뒤 음반을 발매했다.

　이 시기 싱어송라이터의 포크 음악은 시대에 대한 은유를 담은 프로테스트 포크, 블루스와의 교섭 흔적이 보이는 포크 록, 포크 팝으로 나눠 볼 수 있다. 프로테스트 포크에 속하는 이들로는 보헤미안적 감성을 번안한 한대수, 청년세대의 내면을 성찰한 김민기를 들 수 있다. 싱어송라이터는 아니지만 김민기의 곡으로 데뷔했던 양희은 역시 이 계열에 포함시킬 수 있다. 여기에서 단연 주목할 만한 이는 김민기이다. 1971년 데뷔 음반에 실린 「아침이슬」, 「친구」, 「아하 누가 그렇게」나 「꽃 피우는 아이」는 한국 모던 포크의 고전이라 할 수 있다. 김민기는 1972년 서울대 문리대 신입생 환영회에서 부른 곡이 문제가 되어 데뷔 음반이 발매와 동시에 수거되었고, 이후 그의 이름은 '저항과 불온'의 상징이 되었다.

　포크 록 계열의 대표적 싱어송라이터로는 이장희와 이정선을 꼽을 수 있다. 이장희는 일상적인 내용을 단순하고, 직선적인 가사와 록 사운드에 담은 「그건 너」, 「한잔의 추억」과 같은 곡으로 단숨에 주류 가요계까지 장악했다. 이장희와 '동방의 빛' 기타리스트 강근식이 함께 작업한 영화 〈별들의 고향〉 OST 음반에 실린 「나 그대에게 모두 드리리」는 블루지한 이장희의 감성을 살린 대표곡으로 꼽히고 있다. 이정선은 싱어송라이터이자 뛰어난 기타리스트로 알려져 있다. 그는 1974년에 낸 2집 앨범을 통해 블루스에 기조한 포크 록 사운드를 펼쳐 보였다.

　1970년대 주류 가요계에서 인기를 모았던 곡들은 팝적인 성향이 강한 이른바 포크 팝 계열의 노래들이었다. 1960년대 후반부터 활동했던 통기타 듀오 트윈폴리오와 그 구성원 송창식과 윤형주, 1970년대 포크계의 아이돌이었던 어니언스, 김세환이 포크 팝 계열을 대표하는 가수들이라 할 수 있다. 이 중에서 송창식은 포크를 주류화했을 뿐 아니라 그 음악적 영역을 넓힌 대표적 가인이라 할 수 있다. 그는 1974년과 1975년 잇달아 방송사에서 시상하는 가수상을 받으면서 젊은이들의 하위문화였던 포크가 주류에 등극했다는 사실을 보여주었다. 또한 트로트, 구전

민요, 록의 사운드를 수용해 싱어송라이터로 한국 포크의 한 영역을 개척하면서, 젊은 세대뿐 아니라 성인들의 지지까지 끌어낼 수 있었다.

구전가요나 민요의 재해석은 전통적 공동체의 노래를 현대적으로 수용한 모던 포크사의 관습을 충분히 답습했다고도 볼 수 있다. 그런데 그보다 더 중요한 것은 이것을 1970년대 후반부터 대학가를 중심으로 전개된 전통문화 재발견운동의 전조로도 볼 수 있다는 것이다. 이는 서양문화의 모방일 뿐이라는 비판을 받기도 했던 청년문화가 자국의 음악문화 전통과 결합하는 징후로도 볼 수 있다. 양병집이 구전가요를 재해석한 「타박네야」를 부른 것을 필두로 해 서유석, 이연실이 이 흐름에 가담했다. 구전가요를 재해석하는 흐름은 김민기에 이르러 사회비판적 포크와 결합하면서 한국적 모던 포크의 한 흐름으로 자리 잡게 되었다.

록 계열 가요가 대중들에게 전파된 계기는 소울과 사이키델릭, 속칭 '소울·사이키' 사운드였다. 그리고 그 중심에는 미8군 무대 출신의 신중현이 있었다. 그는 보컬그룹 에드 훠를 결성해 극장 쇼에 진출하는 한편 유능한 솔로 가수들을 발굴해 음반을 제작하는 등 공연과 음반활동에서 공히 괄목할 만한 족적을 남겼다. '소울·사이키'는 이른바 '신중현 사단'이라 불리는 일군의 여성 디바들에 의해 화려하게 개화했다. 1960년대 후반 신중현 사단의 대표 주자는 펄시스터즈와 김추자, 그리고 이정화였다. 펄시스터즈는 1968년 「커피 한 잔」과 「님아」가 실린 음반을 발표했고, 이듬해인 1969년에 MBC 가수왕을 차지했다. 이는 트로트가 주도하던 주류 가요계의 지각 변동을 의미하는 것이었다. 1969년 데뷔한 김추자는 1970년대 중반까지 톱 가수의 지위를 누리던, 극장 쇼의 총아이자 TV 스타였다. 김추자는 트레이드마크였던 관능적인 춤과 흐느적거리듯 강한 보컬로 「님은 먼 곳에」, 「거짓말이야」를 잇달아 히트시키며 주류 가요계를 단숨에 장악했다.

펄시스터즈와 김추자가 신중현이 이끄는 밴드에 반주에 맞춰 노래하는 가수였다면, 이정화는 신중현이 이끄는 밴드 덩키스의 보컬리스트였다. 1969년 발매한 「봄비」와 「꽃잎」은 덩키스와 함께 녹음한 것이었다. 당시 신중현이 자신의 그룹과 함께 시도한 음악은 1960년대 말 청년 반문화의 상징이었던 몽환적인 사이키델릭 록이었다. '제2의 김추자'로 불리며 1971년 데뷔한 김정미는 신중현의 이러한 음악적 성향을 가장 잘 구현한 가수였다.

록 음악의 주요한 음악적 실천 방식인 밴드 음악 역시 미8군 무대에서 외연을 넓히며 확장하기 시작했다. 당시에는 록을 연주하고 부르는 밴드 형태를 보컬그룹 혹은 그룹사운드라 불렀다. 보컬그룹이 뚜렷한 집단적 흐름을 이루며 대중에게 모습을 드러낸 시기는 1960년대 말~1970년대 초였다. 보컬그룹 붐을 대표적으로 보여주는 이벤트는 1969년부터 1971년까지 서울 시민회관에서 개최된 전국 보컬그룹 경연대회였다. 1970년 시민회관에서 열린 8·15 경축 전국 보컬그룹 경연대회는 문공부에서 후원을 하기도 했다.

1970년이 전후 인기와 기량을 갖춘 대표적인 보컬그룹은 키 보이스와 히 화이브(후에 히 식스로 개편), 그리고 앞서 언급한 신중현이 이끌던 그룹들이다. 키 보이스는 1969년에는 김희갑이 작곡한 「바닷가의 추억」, 1970년에는 번안곡 「해변으로 가요」를 잇달아 히트시키며 인기 그룹으로 부상했다. 창작곡 부재라는 보컬그룹의 흐름을 바꾼 것은 신중현과 그가 이끄는 그룹이었다. 신중현은 자신이 이끄는 밴드 더 멘과 함께 1972년 「아름다운 강산」을 남겼다. 또한 1974년에는 신중현과 엽전들이라는 그룹을 결성해 「미인」이라는 히트곡을 남겼다. 이 곡은 펜타토닉 음계를 한국적으로 탁월하게 재해석한 불후의 명곡으로 인정받고 있다. 신중현이라는 걸출한 록커의 등장으로 인해, 이전까지 '외래풍조의 단순한 모방'라는 오명을 받았던 그룹사운드 음악이 한국 음악가가 한국어로 가사를 쓰고, 작곡하고 연주하는 '한국 록'으로 전환할 수 있었다.

4) 가요 정화 조치, 그리고 청년문화의 좌절과 주변화

1970년대가 되면서 지배층들은 '퇴폐 풍조 일신'이라는 명목으로 대중문화에 대한 검열과 탄압을 강화하기 시작했다. 대중음악에 대한 검열과 탄압의 절정은 1975년 시행된 '공연물 및 가요 정화 대책'이었다. 가요 정화책의 핵심은 지금까지 발매된 가요의 재심의와 대마초 가수 단속이었다. 문공부와 방송윤리위원회가 가요를 재심의한 결과 1975년 6월부터 그해 연말까지 5차에 걸쳐 국내가요 223곡, 외국가요 260여 곡이 무더기로 금지곡으로 선정되는 전무후무한 일이 벌어졌다.

가요재심의에서 퇴출된 금지곡은 트로트 등 성인가요와 월북 작곡가의 곡 등 가요계 전 영역에 걸쳐 있었지만, 주 대상은 지배권력에 비판적인 포크와 기성세대로부터 '퇴폐'의 온상으로 지적당했던 그룹사운드 음악, 즉 록 음악이었다. 이미 1970년대 초부터 사회비판적인 포크는 대중음악 영역에서 사라지고 있었고, 1975년의 대대적인 심의 결과 포크팝 계열의 음악과 록 음악 역시 된서리를 맞게 되었다. 당시 지배권력은 포크가 지향하는 자유주의적인 낭만을 일사불란한 철권통치를 구축하는 데 장애요소로 판단한 것이었다. 또한 록 음악 역시 그 시작에서부터 청년 세대의 일탈과 신체적 욕망을 극명하게 보여주는 만큼, 지배 이데올로기와 충돌할 수밖에 없는 운명을 지니고 있다고 할 수 있다.

이처럼 1975년 강압적으로 시행한 이른바 가요 정화 조치와 대미를 장식한 대마초 파동은 청년문화에 일대 암흑기를 몰고 왔다. 이때를 분기점으로 해 포크는 크게 두 흐름으로 분화하게 되었다. 하나는 사회비판적인 흐름을 분명히 해 뒷날 대학가요, 민중가요로 자기부상하는 프로테스트 포크 계열이었고, 또 하나는 성인 취향의 포크였다. 록의 경우 트로트와 결합한 트로트 고고 형태의 음악이 대세를 이루었다. 캠퍼스 밴드 출신의 산울림이 신선한 사운드와 기발한 어법이 돋보이는 「아니 벌써」로 청소년의 감수성을 자극하고, 「시인의 마을」로 데뷔한 정태춘이 청년문화의 계보를 이으려 했지만 이미 돌아선 판도를 바꾸기에는 역부족이었다. 잠깐이나마 주류의 위치에 올랐던 청년세대 음악은 이렇듯 외압에 의해 다시 주변부로 혹은 지하로 잠복하고, 가요계에는 다시 성인 우위의 판도가 지속되었다.

3. 언더그라운드의 암중모색

1) 포크의 정치화와 민중가요

1975년 이후 지하로 잠복한 포크는 대학가 안에 둥지를 틀기 시작했다. 1970년대 말 서울대 '메아리'를 시작으로, 이화여대 '한소리'와 같은 자생적 대학 노래모임이 생기기 시작했다. 1980년대 들어서면서, '노래얼'(고려대), '울림터'(연세대), '소리사랑'(한양대) 등 대학 노래패들이 속속 생겨나기 시작했다. 노래패들은 대중가요를 '현실을 외면하고, 체제 순응을 조장하는' 거짓을 노래로 규정하고, 현실을 반영하는 건강한 삶의 노래를 지향하고자 했다. 이처럼 노래를 위시해 진보적인 문화·예술이 저항적 에너지를 흡수하는 운동 차원으로 전개되기 시작한 것은 유신정권의 말기에 해당되는 1970년대 후반이라고 보는 것이 일반적이다. 이 시기 문화운동의 핵심은 민족적 정체성과 이를 드러낼 문화적 실천 방식에 대한 고민이었다. 구전가요와 민요가 운동적 차원에서 재해석되기 시작한 것은 이러한 흐름의 연장이었다.

소박한 차원에서 논의되고 실행되던 문화운동은 '지배와 저항'의 대립이 가장 첨예하게 펼쳐졌던 1980년대를 거치며 본격 개화하게 되었다. 광주 희생자를 위한 진혼곡이자 민중가요 창작 시대를 본격적으로 연 「임을 위한 행진곡」은 이 시기 변혁운동과 문화운동에서 '5월 광주'가 가진 상징성을 단적으로 보여주는 것이었다. 우리 사회의 이념적 스펙트럼을 근본적으로 바꾼 역사적 경험은 지배구조에 대한 전면적 거부, 이를 배태한 자본주의적 질서와 이를 배후에서 통어하는 제국주의 세력에 대한 성찰과 분석으로 이어졌다. 저항적 포크의 흐름은 바로 이 지점에서 변혁을 위한 문화운동과 결합하면서 '무기로서의 노래'를 지향하는 민중가요로 계승되었다. 그 계기를 마련한 것이 1984년 민중문화운동연합 산하 노래패 '새벽'의 결성이었다. 대학 활동가들이 포진한 노래패 새벽으로 인해 '대학가요' 혹은 '운동가요' 등으로 불리던 저항적 노래가 의도적인 목적성과 과학적 세계관으로 무장한 '민중가요'로 집대성될 수 있었기 때문이다.

이렇듯 민중가요는 기존의 지배 구조를 전면적으로 거부하는 변혁운동의 와중에 자기부상했던 만큼 정치적·문화적 전위에 섰던 선진적 활동가들에 의해 생산되고 영위되었다. 따라서 기존의 지배문화와는 생산과 유통 경로가 다를 수밖에 없었기 때문에, 문화운동을 위한 모색과 실천은 철저히 지배문화의 외곽에서 이루어졌다. 이는 민중문화가 지향하는 세계관에서부터 생산, 유통에 이르기까지 대중문화로 대표되는 주류문화와는 배타적 경계를 설정했다는 의미로 읽을 수 있다.

민중가요는 이렇듯 자기부상하는 순간부터 상업적 대중가요에 대한 대안인 동시에 고답적인 엘리트 음악에 대한 대안이었다. 앞서 잠시 거론했듯이 대안이라는 의미망에는 노래가 표출하는 세계관, 상업성을 거부하는 비타협적 태도뿐 아니라 공동체 내부의 연대, 저항적 에너지를 실천으로 전화할 수 있는 모색까지 모두 담겨 있다. 그런 만큼 창작자의 의도 못지않게 수용자의 의지도 중시된다. 민중가요는 방송, 음반 등 기성 매체의 도움을 전혀 받지 않고 수용자의 자발적 의지와 지지에 의해 수용되고 명맥을 유지해왔다는 점에서 음악 수용의 관습에서도 혁신을 이루어냈다고 할 수 있다.

대마초 파동 이후 록 음악의 공백을 메웠던 대학가 그룹사운드는 정작 대학 내의 문화운동과 화합할 기회는 갖지 못했다. '대학생이 연주하

국풍 81

1981년 5월 28일부터 6월 1일까지 5일 동안 여의도 광장에서 개최한 문화행사. 한국신문협회가 주최하고 KBS가 주관했다. 쿠데타로 집권한 신군부가 5·18 1주년을 맞아 광주에 쏠릴 국민의 관심을 다른 곳으로 돌리고 정권에 대한 국민의 불신을 무마하기 위해 계획한 행사였다는 평가를 받았다.

고 대학생이 외면하는' 어정쩡한 구도는 곧 포크와 록 사이의 단절(내지 적대적 관계)이라는 문제와 중첩되어 드러나게 되었다. 변혁을 꿈꾸는 젊은이들에게 감각의 해방을 통해 억압을 돌파하려는 록의 실천 방식은 퇴폐적이고 비이성적인 것으로 비춰졌다고 할 수 있다. 당시 대표적인 대학가 그룹사운드였던 옥슨81의 서울대 공연이 학생들의 저지로 무산되었던 것이나, 록이 중심이 되었던 '국풍 81'을 반대하는 대학생들의 시위가 거셌던 것은 록을 대하는 젊은이들의 적대적인 시선을 보여주는 대표적인 사건이다. 록에 대한 적대적 태도 이면에는 '백인·남성의 음악인 록이 한국에서는 중산층의 음악이라는 계급적 정체성을 지닌 채 수용되었고, 이는 제국주의 문화가 뿌리내리는 과정일 뿐이다'라는 논리가 포진하고 있었다.

1987년의 6월 항쟁, 노동자 대투쟁은 민중가요계에 두 가지 가능성을 제공했다. 하나는 비합법 공간에 놓여 있던 민중가요가 대중 속으로 파고드는 합법화의 계기를 마련하게 했고, 다른 하나는 노동운동과 결합하면서, '노동가요'라는 또 다른 하부 장르를 파생한 것이다. 여기에서 포크의 역사와 관련해 주목할 부분은 첫 번째, 즉 민중가요의 합법 공간 진출이라 할 수 있다. 민중가요의 전도사 역할을 했던 노래패 새벽이 민주화운동의 성과를 대중적으로 확산시키기 위하여 '노래를 찾는 사람들'로 개편되었고, 이들은 대중공연, 음반 발매로 이어지는 대중화 작업을 성공적으로 수행했다. 1989년 발매되었던 〈노래를 찾는 사람들 2〉의 상업적 성공은 그 정점이라 할 수 있다.

2) 포크의 심미화와 언더그라운드

1980년대 대중음악의 저력은 언더그라운드라 불리던 일군의 베테랑 음악인들에게서 찾아볼 수 있다. 1985년은 언더그라운드 음악에서 중요한 전환점이 되었다. 이 해에 「행진」과 「그것만이 내 세상」이 실린 들국

화의 데뷔 음반과 언더그라운드 음악의 다양한 경향을 집결한 〈우리노
래전시회〉 1집이 발매되었다. 두 음반을 제작한 동아기획은 한영애, 김
현식, 시인과 촌장의 음반을 제작하면서, 이 시기 언더그라운드 음악인
들의 거점으로 떠올랐다. 동아기획을 중심으로 포크, 록, 퓨전 재즈, 블
루스 등 대중음악의 다양한 어법을 수용해 음악적 완성도를 높인 앨범
이 속속 발매되기 시작하면서, 1980년대 중반 이후 언더그라운드 음악
이 화려하게 개화하게 되었다. 그 결과 1975년 대마초 파동 이후 가요를
외면하던 음악 팬들이 서서히 가요 쪽으로 돌아오기 시작했다.

그런데 언더그라운드의 잠재성이 폭발한 것은 1980년대 중반이지만,
그 기원은 전 시대로 거슬러 올라갈 수 있다. 1970년대 후반부터 보헤미
안 성향을 가진 음악인들이 상업 지구로 변한 명동을 떠나 신촌의 카페
로 모여들기 시작했다. 유지연, 엄인호, 김현식, 한영애, 전인권 등 포크
와 록, 블루스의 세례를 받은 일군의 음악인은 훗날 '신촌 언더그라운드'
로 명명되었다. 이들의 배후(혹은 주위)에는 1970년대에 이미 싱어송라
이터로 음악활동을 하고 있던 베테랑들이 포진하고 있었다. 조동진, 이
정선, 하덕규(시인과 촌장), 이주원, 강인원, 나동민(따로또같이) 등이 대
표적이다. 이들은 현실 비판적인 포크의 경향과 다소 거리를 두고 내면
적 성찰, 음악적 완성도를 중시했다.

이들 중 조동진과 이정선은 언더그라운드의 맏형 격이라 할 수 있다.
라이브 카페에서 통기타 가수로 활동하다 데뷔한 다른 싱어송라이터와
는 달리 조동진은 미8군 무대에서 음악활동을 시작했다. 이후 그룹사운
드 쉐그린과 세션 밴드 동방의 빛에서 활동한 후, 1979년 「행복한 사람」
과 「겨울비」가 담긴 음반으로 뒤늦게 데뷔했다. '과작의 은둔지사'를 연
상시키는 자신의 음악활동과는 어울리지 않게 조동진에게는 언더그라
운드계의 '대부'라는 호칭이 따라다닌다. 조동진과 그를 따르는 후배들
은 1990년대 이후에도 '하나기획'을 거점으로 '조동진 사단'으로 불리는
일종의 음악적 공동체를 유지하고 있다. 조동진 사단의 사운드의 질감

을 만든 베이시스트 조동익은 기타리스트 이병우와 함께 듀엣 어떤날을 결성해 두 장의 음반을 내는 한편, 음반 제작 시 편곡자, 프로듀서로 참여해 대중 음악계의 몇 안 되는 '장인'으로 꼽히고 있다. 1970년대 개인 앨범을 내고 혼성 통기타 그룹 해바라기를 이끌었던 이정선은 기타리스트로서도 뚜렷한 족적을 남기기 시작했다. 이미 1970년대부터 블루스와 록에 경도될 기미를 보였던 이정선은 엄인호, 김현식, 한영애 등 자신의 음악 후배들과 함께 프로젝트 그룹 신촌블루스를 결성했다. 신촌블루스의 활동을 통해 트로트와 결합해 급격히 속류화되었던 블루스가 언더그라운드의 음악 언어로 재정립되는 계기를 마련했다.

조동진과 이정선을 중심으로 한 언더그라운드 음악가들은 신촌의 음악 카페와 소극장 라이브 콘서트를 거점으로 활동하면서 블루스, 퓨전 재즈, 뉴에이지, 록 등 대중음악의 다양한 하위 양식을 '가요'에 이식했다. 이들은 활동 영역을 철저히 앨범과 공연에 국한시켰다. 이들에 의해 방송을 타지 않고 음반과 콘서트만으로 자신의 존재를 알리는 방식이 일반화되었다. 김영이 대표로 있던 동아기획 역시 언더그라운드 음악의 산실이었다. 동아기획에 의해 기존 음반 산업의 질서로부터 상대적으로 자율성을 갖는, 음악가 중심의 음반제작 관행이 구축되었다고 할 수 있다.

들국화의 데뷔 음반은 1980년대 언더그라운드 음악계에서 거둔 최대의 수확이라고 할 수 있다. 어느 날 갑자기 울린 4인의 장발 청년들의 포효에 세상에 대한 울분의 통로를 찾지 못한 대학생, 팝을 열심히 듣던 청소년들이 열광하기 시작했다. 이들은 신촌의 크리스탈 극장을 중심으로 소극장 장기 공연을 감행함으로써 소극장을 언더그라운드 음악가의 확고한 거점으로 만드는 데 기여했다. 포크 가수로 주로 활동했던 전인권, 포크 록에 경도된 사운드를 시도했었던 최성원, 그룹사운드 출신의 조덕환이 모인 이들의 데뷔 음반은 포크의 서정성을 기대하는 이들과 록의 폭발력을 기대하는 이들을 두루 만족시켰다.

들국화의 부상에서 놓치지 말아야 할 부분이 또 있다면, 이들로 인해 포크와 록의 소통이 부분적으로나마 이루어졌다는 점일 것이다. 저항적 포크에서 전투적 민중가요로 이어지면서 단절된 포크와 록은 소극장을 중심으로 활동하던 베테랑들의 음악적 여정 중에 조우하게 되었다. 그 뿐 아니라 노래를 찾는 사람들의 앨범 작업에 나동민, 김광민 등이 참여하면서, 민중가요와 언더그라운드 음악과의 협업도 부분적으로나마 이루어지게 되었다. 캠퍼스 밴드의 후예라 할 수 있는 그룹 동물원 역시 포크와 록의 소통을 음악적으로 이루어내었다. 대학 노래패 출신의 가객과 록커, 자유주의적 몽상가들이 모인 이 그룹은 포크 록 사운드를 기조로 한 데뷔 앨범이 의도치 않은 대성공을 거두면서, '조용하지만, 열광적인' 지지층을 만들어내었다.

1980년대 중반 만개한 언더그라운드 문화는 이렇듯 라이브 카페에서 암중모색을 하던 음악인들의 자발적 공동체를 기반으로 꽃을 피웠다. 이들에 의해 TV에 의존하지 않고도, 완성도 있는 앨범과 소극장 공연만으로 성공적인 음악활동을 지속할 수 있다는 '신화'가 만들어지기 시작했다. 이들의 음악적 실천이 지하에 국한되지 않고 주류와의 소통을 이루어내었다는 것은 1980년대 언더그라운드 문화에서 가장 주목할 지점이라 할 수 있다. 이것은 단지 몇몇 밴드나 가수의 성공만을 의미하는 것이 아니다. 언더그라운드의 음악적 실험은 1980년대 후반부터 전성기를 맞이한 팝 발라드의 격조를 높이는 데 기여했을 뿐 아니라 1990년대에 데뷔한 신세대 음악인들에게도 영감을 제공했다. 말하자면 이 시기 언더그라운드 음악은 한국 대중음악이 질적·양적으로 다양해지는 데 풍부한 토양을 제공했다고 할 수 있다.

3) 헤비메탈과 청소년 하위문화

1980년대 록의 역사에서 주목할 만한 '역사'로는 짧지만 강렬한 헤비메탈 붐을 꼽을 수 있을 것이다. 전 세계적 메탈 열기에 힘입어 시작된 밴드 결성 붐은 10대 밴드 시나위를 필두로 백두산, 부활, H2O, 블랙홀, 블랙신드롬의 등장으로 이어지면서 짧지만, 강렬한 헤비메탈의 전성기를 이끌어냈다. 메탈 밴드 결성 붐은 10대 고교생들이 밴드 결성에 가담하면서 메탈 공동체의 탄생으로까지 이어졌다. 헤비메탈 밴드의 비조라 할 수 있는 시나위는 '정통 메탈'을 고수하면서도 「크게 라디오를 켜고」와 같은 곡으로 방송의 반응을 이끌어냄으로써 메탈 마니아들과 하이스쿨 메탈 밴드들의 우상이자 전범으로 자리 잡았다.

1980년대 중반에 등장한 선배 밴드들의 분투로 말미암아 1980년대 말에는 독자적인 언더그라운드 메탈 신이 형성되었다. 〈Friday Afternoon〉이라는 컴필레이션 앨범으로 등장한 크라티아, 아발란쉬, 제로지, 클럽, 그리고 임재범과 김도균의 밴드로 사람들의 기대를 모았던 아시아나 등이 새롭게 등장했다. 각 헤비메탈 밴드들은 멤버들의 이합집산과 해산, 재결성 등의 과정을 겪기도 했지만, 파고다 극장을 거점으로 공연을 이어가며 이른바 '헤비메탈 공동체'를 이루었다.

강한 금속성 굉음을 특징으로 하는 헤비메탈은 불안한 미래, 입시에 대한 부담감에 시달리던 남자 고교생들을 자극했다. 스쿨 밴드의 공연, 학교 축제, 수학여행은 메탈을 집단적으로 전수하고 즐기는 비밀스러운 장이었다. 이들은 열성적인 수용자에 머무르지 않고 직접 밴드를 결성해 억압적 현실에 대한 불만을 중금속의 사운드로 드러내었다. 이렇듯 헤비메탈이라는 굉음에 자신들의 정체성을 투영했다는 점에서 1980년대 헤비메탈은 그야말로 불연속적으로 돌출한 '10대 청소년의 하위문화'였다고 할 수 있다. 10대 청소년들이 외부와 소통하는 유력한 통로로 헤비메탈을 집단적으로 선택했다는 점은 한국 록의 수용사에서 특기할 만한 부분이라 할 수 있다. 이들의 열광과 지지는 비록 짧은 기간이나마 한국에서 메탈 붐이 형성될 수 있었던 주 원인이 되었다.

이 시기 메탈 신은 물론 그 자체로 존재 의미가 있지만, 1990년대 대중음악을 이끄는 주역의 지속적 산실이 되었다는 점에서도 주목할 필요가 있다. 시나위를 거쳐 간 서태지, 김종서, 임재범, 부활 출신의 이승철은 댄스와 록 발라드라는 주류 음악의 공식을 만들고 수행한 버팀목이었다. 또한 메탈 밴드이면서 뉴웨이브와 펑크적인 요소를 도입해 독특한 음악성을 선보였던 H2O의 강기영과 박현준은 1990년대 중반 개화한 펑크 신의 주역이 되었다. 요컨대 1990년대 주류와 인디의 트렌드 공히 이미 1980년대 메탈 신 내부에서 배태되고 있었다는 것이다.

4. 인디문화의 형성과 전개

1) 인디 신의 형성과 인디문화, 인디음악

1990년대는 소비 자본주의가 고도화되면서, 대중문화가 완벽하게 헤게모니를 장악한 시대로 기록할 수 있다. 아울러 소비자본주의의 수혜를 입은 이른바 신세대가 문화소비의 중심으로 부상하면서, 대중음악 수용에서 청년세대의 헤게모니가 확고하게 다져진 시대로도 기억할 수 있다. 1990년대 중반을 거치며 비주류, 지하 음악의 중심은 홍대 앞을 중심으로 조성된 '인디음악'으로 옮아가게 되었다. 인디음악이란 제작과 배급 과정에서 거대자본이나 대형 유통구조로부터 자율적인 음악을 의미한다. 여기에는 음악의 생산, 유통, 소비 방식의 전환뿐 아니라 이를 둘러싼 광범위한 문화적 실천까지 포함하고 있다. 인디음악은 이처럼 음악가의 주의나 태도, 팬덤의 활동 방식 등에서도 차이를 드러낸다는 점에서 주류 음악에 대한 반성과 성찰에서 출발한 언더그라운드 음악이나 얼터너티브 음악과도 의미를 공유하고 있다.

그렇다면 인디음악이라는 낯선 실체는 언제, 어떠한 모습으로 나타나게 되었을까? 한국 인디음악 원년은 홍대 주차장 사거리에서 '제1회 스트리트 펑크쇼'가 열리고, 라이브 클럽 드럭에서 활동하던 크라잉넛과

엘로키친이 녹음한 〈아워 네이션〉 1집이 실체를 드러낸 1996년으로 잡는 것이 정설일 듯하다. 그 전해인 1995년 홍대 앞과 신촌 라이브 클럽을 중심으로 활동하던 밴드들이 모여 '커트 코베인 1주기 추모 공연'을 펼쳤다. 전 세계적인 커트 코베인 추모 열풍 속에서 열린 이 공연은 영미 음악과의 동시대적 연대감을 표현한 것이라 할 수 있다. 전해인 1994년에는 신세대의 감성을 대변하던 서태지가 얼터너티브 록을 표방하고 나서 평단의 관심을 모았다. '펑크 & 얼터너티브 바' 드럭이 홍대 앞에 자리를 잡은 것도 이 무렵이었다.

이렇듯 인디 원년과 그 전사를 추적하다 보면 한국 인디음악 신 구축과 관련해 주목할 만한 점을 발견할 수 있다. 먼저 한국의 인디음악은 음악 스타일 면에서 펑크 음악의 영향 아래서 시작되었다는 것이다. 따라서 인디음악 형성기에는 '인디음악은 곧 펑크'라는 공식 아닌 공식이 통용되기도 했다. 영미 지역에서 펑크란 위악적으로 내뱉는 정제되지 않은 보컬, 단순한 코드로 일관하는 사운드와 직설적인 메시지를 특징으로 하는 록 음악의 하위 장르를 말한다. 1970년대에 노동계급 청년의 일탈과 반항을 담은 반문화로 폭발했던 펑크는 극도로 심미화되어가던 록 음악의 프로페셔널리즘과 스타덤에 대항해 아마추어리즘의 미덕을 구현하는 태도로도 통용되어왔다.

일상과 생활방식의 변화까지 아우른 영미 지역의 펑크 붐은 엄격한 검열과 통제 때문에 한국에 유입되지 못했다. 1990년대 들어서야 너바나, 오프스프링, 그린데이와 같은 포스트 펑크 신의 세계적 수용에 힘입어 비로소 펑크라는 것을 동시대적으로 접하기 시작했다고 할 수 있다. 홍대 앞 인디 신은 1990년대 전 세계를 휩쓴 포스트 펑크와 얼터너티브의 영향 아래 형성되었다. 이는 1980년대의 헤비메탈 신이 전 세계적인 메탈 인기에 힘입어 형성되었던 것을 연상케 한다. 이렇듯 한국의 인디신은 전대 한국 대중음악 신, 특히 언더그라운드 신과의 접점이 부재한 가운데 단절적으로, 돌출적으로 출현했다고 할 수 있다.

라이브 클럽 드럭에서 활동하던 크라잉넛과 옐로키친이 녹음해 1996년 10월에 발매한 편집음반 〈아워 네이션〉 1집. 언니네이발관 1집, 노이즈가든 1집과 함께 대한민국 최초의 인디 음반으로 여겨진다. 이 무렵 클럽 드럭은 밴드와 클러버들이 함께 모이는 일종의 펑크 공동체로 기능했다.

포스트록

포스트록(post rock)은 록 음악에 실험적·전위적 요소를 섞은 음악을 가리킨다. 전통적인 록 음악의 구성을 따르지 않고 디지털 테크놀로지를 적극적으로 사운드에 도입하는 록 음악의 하위 장르로 느슨하게 정의할 수 있다.

그러나 초기 인디 신이 펑크만으로 이루어진 것은 아니다. 또한 느슨하게 펑크로 분류되던 음악 내부에서도 매우 이질적인 음악 스타일이 보이고 있었다. 단순하고 직진하는 사운드를 구사했던 크라잉넛과 포스트록 계열의 몽환적 노이즈를 구사했던 옐로키친, 전위 예술적 흐름을 뚜렷이 한 어어부프로젝트 밴드는 펑크가 가진 다양한 면모를 단적으로 보여주고 있다. 또한 1997년 데뷔한 델리스파이스나 1996년 〈비둘기는 하늘의 쥐〉를 통해 데뷔한 언니네이발관은 기타를 전면에 내세운 오밀조밀한 사운드, 단순한 코드 진행을 앞세워 록의 거친 에너지를 순화했다. 청년 세대의 불안과 혼돈스러운 내면을 여린 보컬로 탁월하게 재현한 두 밴드의 음악은 한국 모던록 사운드의 한 전범으로 자리 잡게 되었다.

2) 인디음악의 형성기반과 '홍대 앞'이라는 심상공간

인디음악은 곧 '홍대 앞'이라는 공간 개념으로 환원되고 있다. 1990년대 들어 록 음악을 하던 밴드들은 언더그라운드 문화의 거점이었던 신촌이 점차 상업화되자, 인근 홍대 앞에 둥지를 틀기 시작했다. 인디 밴드들의 편집음반인 〈아워 네이션〉을 제작했던 클럽 드럭은 스타덤, 자기 검열, 주류적 관행에서 일탈된 음악을 추구하는 밴드들과 클러버들이 함께 모이는 일종의 펑크 공동체로 기능했다. 드럭을 필두로 라이브를 하는 밴드들이 자리를 잡고, 음악을 생산하는 스튜디오와 소규모 음반 기획사 등이 속속 모여들면서 홍대 앞은 생산, 유통, 소비를 아우르는 인디문화의 메카로 부상했다. 홍대 앞은 이처럼 인디문화의 인프라가 집적된 현실적·지리적 공간인 동시에 다양한 문화적 실천과 실험, 상상력이 허용되는 일종의 심상공간이기도 하다.

심상공간으로서의 '홍대 앞'은 홍대 앞에만 존재하는 것이 아니다. 홍대 앞이 구체적인 장소성을 가진 지리적 실체라고 한다면, 인디문화의 거점으로 기능했던 사이버 커뮤니티나 웹진, 인디레이블은 인디의 다양한 문화적 실천을 매개하는 '확장된 홍대 앞'이라 할 수 있다. 먼저 인디음악 초창기에 음악에 대한 정보공유에서부터 밴드에 이르기까지 문화적 실천을 매개했던 사이버 커뮤니티의 존재를 언급하지 않을 수 없다. 비록 커뮤니티 내부에 물적 기반이나 이념적 동질성은 없지만, 이들은 취향을 공유하며 상상의 공동체를 건설했다. 대부분 소규모였던 음악 커뮤니티는 오프라인 활동과 연계되어 의미 있는 활동을 모색하기도 했다. 음악 전문 웹진과 인터넷 라디오 방송국은 이러한 모색의 결과라 할 수 있다. 웹진은 앨범과 공연에 대한 리뷰를 제공하는 공간인 동시에, 음악에 대한 의견, 공연 정보를 공유하는 소통의 공간이기도 하다.

인디음악을 비즈니스 모델과 결합하고 독자적 유통구조망을 구축하려는 시도도 꾸준히 있었다. 인터넷 라디오 방송국이나 인터넷 음반몰, 음원 판매 사이트 등이 그것이다. 물론 다양한 모색이 성공적으로 실현되었다고는 말하기 어렵다. 그러나 인터넷을 기반으로 인디음악의 음원을 접할 수 있는 통로가 많아지고, 개인 블로그나 홈피의 배경음악으로 음원이 소비되면서, 인디음악과 대중과의 접촉면이 넓어졌다는 것마저 부인하기는 어려울 것이다.

인디문화가 생산·유통 시스템의 독립을 의미하는 것인 만큼 인디음악의 음반을 기획하고 제작하는 레이블은 인디문화의 핵심 기반이라 할 수 있다. 1990년대까지 초기 인디 신을 대표하는 레이블로는 인디, 드럭

레코드, 강아지문화예술, 카바레사운드, 라디오뮤직, 마스터플랜 등을 꼽을 수 있다. 2000년대에 접어들면서 홈 레코딩 제작 방식이 도입되면서 인디레이블의 비약적 증식이 이루어졌다. 2000년 델리스파이스의 김민규는 자신이 설립한 문라이즈레코드를 통해 솔로 프로젝트 음반을 내려했다. 학내 동아리로 출발한 붕가붕가레코드의 행보는 홈 레코딩 방식으로 제작되는 소규모 레이블의 가능성을 의미 있는 성공이라 할 수 있다. 또한 인디음반기획 및 보급사로는 대규모라 할 수 있는 미러볼 뮤직, 파스텔 뮤직을 통해 인디음악과 주류 음악과의 접점을 확보하기도 했다.

3) 인디음악의 확장과 채널의 다변화

펑크로 대변되던 인디음악은 2000년대를 거치며 헤비메탈, 모던록, 테크노, 언더그라운드 힙합, 일렉트로닉, 인디 팝 등으로 장르 증식을 지속했다. 그에 비례해 홍대 앞을 음악적 출발지로 삼는 음악가들도 많아지기 시작했다. 이것은 외형상 인디음악의 양적 성장이라 불러도 무방할 것이다. 인디음악의 양적 성장과 다양화는 인디음악을 상시적으로 들을 수 있는 채널의 증가에 기인한 것이라 할 수 있다. 인디음악을 지속적으로 제공하는 채널로는 온라인 음원 사이트, 전문 음악 프로그램, 대형 음악 페스티벌, 한국대중음악상과 같은 음악 전문 시상제도도 꼽을 수 있다. 전문 음악 프로그램으로는 EBS TV의 〈스페이스 공감〉을 비롯한 심야 TV 음악 프로그램과 FM의 음악 프로그램을 들 수 있다. 또한 주류 대중음악과 인디음악이 공존하는 대형 음악 페스티벌 무대 역시 인디음악의 주목할 만한 흐름을 포착하는 데 기여를 해왔다. 2004년부터 시작된 '한국대중음악상'은 인디음악만을 대상으로 한 시상은 아니지만, 우수한 인디음악의 성과를 확산하는 데 기여했다고 할 수 있다.

이처럼 다양한 네트워크를 통해 음악 팬과의 접촉면을 넓히면서 인디음악의 외연은 확장되었다. 그와 더불어 인디음악은 자체의 전통과 음악적 관습을 가진 대중음악의 하위 장르로 자리 잡게 되었다. 온라인 음원 판매 사이트나 음반 몰에서 '인디'는 하나의 장르로 고정화되었다는 것을 확인할 수 있다. 즉, 제작과 유통 방식의 독립과 이를 둘러싼 문화적 실천에서 비롯된 인디라는 말은 이제 유사한 음악적 경향과 활동 방식을 공유하는 음악으로 다소 느슨하게 정의된다고 할 수 있다.

5. 포크와 록 그리고 '주류'와의 관계 맺기

한국 포크와 록은 이처럼 불화와 화해를 거듭하면서 주류 대중음악의 주변에서 끊임없이 의미 있는 '차이'를 만들어냈다. 음악의 주체나 존재 방식, 태도 그리고 지향하는 세계에서 다소 이질적이었던 포크와 록은 과연 어떤 계기로 그 완강한 경계를 무너뜨리기 시작했을까? 가능성은 여럿이 있을 수 있겠지만, 1990년대 초반부터 비평 영역을 장악한 록 담론이 미친 영향을 빼놓을 수 없을 것이다. 록 담론의 핵심은 '록은 폭발하는 젊음과 저항의 예술'이라는 말로 요약할 수 있다. 1970년대의 비판적 포크와 신중현, 민중가요, 언더그라운드의 암중모색, 홍대 앞 펑크 신은 '록 담론'이라는 지붕 아래 하나의 계보를 이룰 수 있었다. 이러한 담론의 이면에는 1960년대 말 반문화의 기억, 1990년대 얼터너티브의 신화, 그리고 록커 출신 서태지로부터 촉발된 신세대 논쟁 등이 복합적으로 얽혀 있다. 이러한 담론은 포크와 록의 연대기를 재구하려는 실천으로 이어졌다. 록을 신화화한다거나 록이 청년 반문화의 역할을 일정 정도 수행했던 1960년대 말 미국의 상황을 가지고 한국의 록 문화를 해명하려 한다는 비판도 제기되기도 했지만, 그것이 가진 상징성을 완벽하게 해체했다고는 할 수 없다.

포크와 록이 실질적으로 시장을 지배하거나, 주류의 판도를 바꾼 경험이 전혀 없다시피 하면서도 늘 담론의 영역을 주도했던 것은 대중음악 안에서 포크와 록이 가지는 특별한 지위와 무관하지 않다. 영미 지역에서 포크와 록은 대중음악의 하위 장르이면서 동시에 대중음악의 주류적 정서나 관습을 따르지 않는 비주류 대중음악의 대표라는 의미를 지닌다. 포크와 록은 1960년대 말 반문화의 폭발이라는 기억을 공유하면서 '팝'으로 통칭되는 상업적인 주류 대중음악과는 달리, '진지한' 혹은 '진정성을 담은' 음악이라는 가치를 점유해왔다. 주류 팝 음악이 창작력이 부재하고 산업에 의해 대량 생산되고 소비되는 표준화된 음악이라면, 포크와 록은 비록 자본주의 사회에서 상품으로 존재하지만 팝의 도식성을 거부하고 상업주의에 전적으로 포섭되지 않는 주의와 지향을 포함한다는 주장이 그것이다. 이 지점에서 포크와 록이야말로 진정한 감정의 표현을 가능케 한다거나, 공동체의 이상을 표현할 수 있다는 믿음이 생겨나게 된다.

1990년대 평단과 언론을 중심으로 유포된 '록 담론'의 기층에는 이데올로기 차원으로 격상된 '진정성'이라는 가치가 포진하고 있다. 그리고 그 기저에는 포크 혹은 록 음악 대 주류 대중음악이라는 이분법이 강하게 작동하고 있는 것이다. 우리는 앞서 한국 록, 혹은 한국 포크는 연속되는 일련의 흐름 안에 놓이기도 하지만 때로는 돌출적·불연속적 계기를 만들면서 주류 대중음악에 대한 문제의식을 끊임없이 환기시켜왔다는 점을 확인했다. 그리고 이러한 움직임은 이들 음악이 놓인 맥락과의 부단한 교섭과 자기 증식을 통해 가능한 결과였다고 할 수 있다. 그러나 이러한 관계 설정이 주류의 판도를 바꾸거나 주류 전복으로 이어지지 않았다는 것은 자명하다. 오히려 포크와 록 음악은 '그들만의 리그'에 더 오래, 더 많이 머물러 있었다.

포크와 록의 의미는 자의든 타의든 포크와 록은 주류 대중음악의 주변부에 존재하거나 타자로 존재하고 있었다. 그러나 그 자리에서 지속적인 '차이'를 만들어내면서 주류 대중음악의 현 단계를 반추하도록 했다. 물론 포크나 록 음악과 주류 대중음악과의 관계 맺기가 늘 관성화된 주류

진정성

대중음악에서 '진정성(authenticity)'은 인위 혹은 기식의 상대어로 주로 쓰이며 대중음악의 미적, 질적 가치를 보증하는 말로 통용되어왔다. 상업과 유행, 모방과 영감의 결핍으로 타락하지 않는 직접적인 음악, 정직한 음악과 음악생산 소비를 아우르는 진정성의 개념은 대중 텍스트 생산자가 '창조적 작업'을 수행한다는 신념에서 출발한다.

대중음악에 자극을 가하는 선순환으로 이어지는 것은 아니다. 그러나 취향의 차이를 만들어내고, 이를 공고화함으로써 다양한 문화적 실천을 이끌어내고 매개하는 통로로 여전히 유효하다는 점을 일러두고 싶다.

생각해볼 문제

1. '청년'은 물리적 개념이 아닌 가치 개념이라는 주장에 담긴 의도에 대해 어떻게 생각하는가?
2. 1975년 '가요 정화 조치'와 '대마초 파동'이 없었다면 현재 한국 대중음악의 판도는 어떻게 달라졌을까?
3. 민중가요는 대중음악 하위 양식의 하나인가? 아니면 대중음악과 별개의 영역에 속한 음악으로 보아야 하는가?
4. 인디음악의 태도와 프로페셔널리즘은 공존할 수 없는 것인가?
5. 〈톱밴드〉와 같은 오디션 프로그램이 한국 록 음악 판도에 미치는 영향은 무엇인가?

참고 자료

▶Ⅱ■ 읽을 거리

김창남. 2010. 「21세기 한국사회와 대중문화의 문제들」. 『대중문화의 이해』. 도서출판 한울.

대중문화와 세대를 둘러싼 쟁점을 이해하고, '세대'가 대중문화 생산과 수용에서 어떤 의미를 지니는지 숙고할 수 있다.

셔커, 로이. 1999. 『대중음악사전』. 이정엽·장호연 옮김. 한나래.

대중음악의 주요 개념과 장르, 스타일에서 그것이 산출된 생산과 수용의 맥락에 이르기까지 대중음악의 전체 지도를 그리는 데 지침이 될 만한 저서이다.

Charlton, Katherine. 1994. "Rock Music Styles: A History", Brown&benchmark. / 신현준. 1997. 『록 음악의 아홉 가지 갈래들』. 문학과 지성사.

다종다양하게 장르 증식을 한 록 음악의 스타일과 음악적 특징, 그리고 그 문화적 파급력을 이해하는
데 도움이 될 만한 정보를 담고 있다.

장호연·이용우·최지선. 1999. 『오프 더 레코드, 인디 록 파일』. 문학과 지성사.

인디 신의 형성과정을 음악적 스타일, 주요 밴드, 생산과 수용을 통해 분석한 인디 록에 대한 본격적 보
고서이다. 한국 인디 신의 계보를 이해하기 위한 입문서로 유용하다.

신현준·이용우·최지선. 2005. 『한국팝의 고고학 1960』, 『한국팝의 고고학 1970』. 한길아트.

미8군에서 기원한 음악과 세시봉의 음악이 어떠한 궤적을 밟아왔는지 이해하기 위해 읽어보아야 할
책. 당대를 풍미했던 음악가의 구술 인터뷰, 신문과 잡지 기사, 앨범 커버 등 한국 팝, 포크, 록에 대한
가장 풍부한 일차 자료를 담고 있다.

▶▌▌▮ 들을 거리

에드 훠. 〈에드 훠 1집 ― 비속의 여인/내속을 태우는 구려〉. 1964. 엘케엘.

「님은 먼곳에」. 1970. 신중현 작사·작곡, 김추자 노래. 유니버살.

김민기. 〈김민기〉. 1971. 대도레코드.

산울림. 〈산울림 1집〉. 1977. 서라벌레코드.

조동진. 〈조동진 1집〉. 1979. 대도레코드.

들국화. 〈들국화 1집〉. 1985. 동아기획/서라벌레코드.

어떤날. 〈어떤날 1집〉. 1986. 서울음반.

신촌블루스. 〈신촌블루스 1집〉. 1988. 동아기획/서라벌레코드.

크라잉넛/옐로키친. 〈아워 네이션 1〉. 1996. 드럭.

델리스파이스. 〈Deli Spice〉. 1997. 도레미레코드.

12 한국의 흑인음악
소울, 그리고 힙합

양재영(성공회대학교)

주요 개념 및 용어 | 소울·사이키, 랩댄스, 언더크라운드 힙합, 혼종, 문화적 정체성, 흑인음악/문화

1. 소울: 본격적인 '한국식' 흑인음악

한국 대중음악사를 논하면서 '흑인음악'을 분리해 이야기하는 게 쉬운 일은 아니다. 우리의 대중음악 역사가 앵글로아메리칸 팝/록 전통의 절대적 영향 아래 진행되어왔으며, 한편으로 영미권 대중음악은 사실상 흑인음악에 의해 시작되고 발전해왔다는 두 가지 보편적 가정을 떠올릴 경우 더욱 그렇다. 그만큼 한국 대중음악에서 흑인음악을 이야기하는 것은 너무도 큰 주제가 될 수 있다는 말이다. 한편으로 '한국의 흑인음악'이라는 표현 자체의 인종적 모순과 공간적 불일치에 대한 문화적 해명까지 해야 한다면, 상황은 더욱 난감해진다.

이 모든 문제는 일단 접어두고 여기서는 한국의 흑인음악을 미국 아프리칸아메리칸 흑인 대중음악의 각 장르와 스타일의 직접적인 영향을

받거나 혹은 이를 자생적 방식으로 해석·대중화한 국내 음악이라는 협의의 개념으로 정의하고 이야기를 풀어나갈 것이다. 그럴 경우 이른 바 '소울'과 '힙합'이라는 두 개의 키워드를 중심으로 한국 흑인음악의 진행과정과 현황을 개괄할 수 있으며, 나아가 후자의 경우 그 문화적 함의에 대한 부분적 성찰도 가능하다. 물론 흑인음악과 그 태도가 녹아 든 대중가요가 무엇인지를 명확히 정의하는 것이 여전히 숙제로 남지 만 말이다.

1) 소울 이전의 흑인음악(?), '재즈'

흑인음악이 한국에 유입되고 연주된 역사는 1960년대 후반 소울이 등 장한 시기로부터 한참을 더 거슬러 올라간다. 서양 대중음악이 한국에 서 연주되고 소규모나마 청중이 생겨난 시기가 '일제강점기'고 당시 영 미권 대중음악이 사실상 재즈였기에, 한반도의 서구 팝음악을 당시에 일본식으로 아예 '자스'라 통칭했던 것은 그리 놀랄 일은 아니다. 따라서 해방이전 재즈 혹은 자스를 자세히 논하는 것은 그 시기 한국 대중음악 사 전반을 건드리는 작업에 다름 아닐 것이다. 여기서는, 당시 가극단이 나 악극단 중심의 '자스' 연주 레퍼토리 중에 실제로 미국 재즈음악이나 재즈에 영향을 받은 음악이 포함되어 있었고, 김해송과 같은 '진짜' 재즈 음악가가 그 중심에 존재했었다는 사실만 언급하도록 하겠다.

해방과 함께 한반도에 미군이 진주하면서 미국 대중문화는 봇물 터지 듯 유입되기 시작하는데, 대중음악은 그 첨병 역할을 했다. '재즈'라는 명칭 아래 미국의 대중음악과 여타 서구 음악들이 미군 부대로부터 본 격적으로 흘러나오기 시작한 것이다. 그중에는 당연히 당시의 미국 대 중음악으로서 재즈, 즉 스윙, 부기우기, 밥도 있었다. 그리고 현인, 박단 마 같은 재즈 가수들과 다양한 재즈 혹은 경음악 악단과 연주자들이 미 군 부대와 한국인 대상의 댄스홀을 중심으로 미 군정기에 이름을 날리게 되었다.

한국전쟁 이후 이른바 '미8군' 부대 중심의 쇼가 탄생하고 클럽이 급증하면서 한국 '재즈' 음악 공급/수요의 구조는 급격한 확대/재편의 과정을 겪게 된다. 특히 1950년대 말부터 1960년대 초반까지, 이봉조나 송민영 등의 유명 악단 혹은 쇼단은 미군 클럽에서 미국식 빅밴드 혹은 스탠더드 재즈를 주요 레퍼토리로 연주했다. 무엇보다, 손석우처럼 재즈의 형식을 자신의 스타일로 체화한 '한국팝 작가'가 출현하면서 왜색가요가 아닌 재즈의 영향을 받은 팝 형태의 노래가 부분적으로나마 국내가요계에 자리를 잡은 것은 주목할 만하다.

하지만 1960년대를 접어들면서 미8군 부대 중심으로 유입되던 흑인음악의 흐름에 큰 변화가 도래하는데, 그 기폭제는 흑인 댄스음악에 기원을 둔 로큰롤의 상륙이었다. 김 시스터스부터 에드 훠와 키 보이스에 이르는 음악가들을 중심으로, 1960년대 초·중반은 사실상 로큰롤과 록이라는 새로운 개념의 서구 대중음악이 국내에서 기반을 마련한 때이다. 흑인음악에 뿌리를 두고 있지만 백인음악의 형식과 내용으로 유입된 서구 록 음악이 자리를 잡아가는 과정은, 이제 더는 미국 흑인음악이 한국 대중음악과 견고한 연결고리를 가지기 어렵다는 것을 보여주었다. 한편으로 국내 가요계 전반에 걸쳐 '왜색풍' 노래들이 시장을 주도하는 가운데, 소수의 재즈 느낌이 나는 가요들, 그리고 알앤비풍의 리듬을 차용한 정민섭, 황우루 등의 작품들이 그나마 흑인음악의 색깔을 지닌 음악들로 관심을 끌었다.

2) 소울·사이키 혹은 소울 가요

한국 대중음악계에서 흑인음악이 구체적인 장르로서 말 그대로 폭발적인 인기와 관심을 끌었던 최초의 시기는 1960년대 말이며 그 키워드는 당시 미국의 대표적인 흑인음악이었던 '소울'이었다. 「님아」, 「커피

신중현 사단을 대표했던 소울 디바들인 펄시스터즈(왼쪽)와 김추자(오른쪽).
자료: ≪신동아≫. 통권 568호. 2007.01.01.

소울 음악

소울(soul)은 1960년대 미국에서
교회음악인 가스펠이 대중적이고
상업적인 형식으로 발전한 흑인음
악의 한 장르이다. 감성이나 음악적
태도에서 이전의 전형적인 재즈와
연속선상에 놓이지만, 가스펠의 창
법과 훵크의 리듬을 결합했다는 점
에서 분명히 독립적인 음악 스타일
이다. 소울은 1960년대와 1970년
대 미국 대중음악시장에서 큰 인기
를 끌었는데, 특히 제임스 브라운
(James Brown)과 아레사 프랭클린
은 한 시대를 풍미한 소울 음악가일
뿐 아니라, 미국을 대표했던 대중음
악 슈퍼스타들이라 할 수 있다.

한 잔」과 함께 정상에 오른 펄시스터즈는 외양과 노래 모두 일종의 '팝
혁명'을 이끌었고, 1969년을 기점으로 김추자, 이정화, 김상희 등이 소울
열기에 불을 지폈다. 특히 슈퍼스타 김추자는 「님은 먼 곳에」, 「늦기 전
에」 등의 히트와 함께 소울 형식의 노래가 주류가요 중의 주류로 자리
잡는 데 일등공신 역할을 했다. 이들 여성 소울 스타들의 배후에는 당시
덩키스를 이끌던 신중현이 있었다. 그는 자신의 밴드를 통해 록을 추구
하면서 다른 한편으로는 같이 작업을 하는 가수들의 작품엔 소울의 작
법과 느낌을 불어넣는 야누스적인 면모를 과시했는데, 가령 김추자의
음악에서는 훵크, 박인수의 음악에서는 서던 소울(Southern soul)의 냄새
가 물씬 풍기기도 했다. '신중현 사단' 외에 양미란, 리나 박, 임희숙 등
의 가수와 김희갑, 정민섭 등 기존 작곡가들도 소울 가요작업에 동참하
면서 1960년대 말과 1970년대 초는 사실상 소울의 시대였다 해도 과언
이 아닐 것이다.

신중현과 킹 레코드를 중심으로 촉발된 이 소울 혁명에서 짚고 넘어
가야 할 것은, 한국식 소울이 음악적 내용과 형식에서 전통적인 미국 소
울과 유사성만큼 분명한 차이도 존재한다는 점이다. 그리고 그 차이는
이 한국 소울을 당시에 '소울·사이키'라 칭했다는 사실에서 충분히 유추
가능하다. 비록 거칠고 육감적인 소울 특유의 창법, 일렉트릭 사운드와

비트, 충만한 그루브를 특징으로 하는 음악이지만, 그 속에는 록의 요소가 혼재되어 있다. 미8군 쇼단 출신으로 여러 음악 장르를 체득한 신중현이나 유사 음악가의 이력에서 알 수 있듯이, 이들의 소울 음악에서 당시 록 밴드들이 추구하던 사이키델릭의 느낌이 공존하는 것은 놀랄 일이 아니다. 비록 모순적인 조합일 수도 있지만, 소울과 사이키델릭, 즉 흑인과 백인음악이 '혼종(hybrid)'된 한국의 대중음악 장르로서 '소울·사이키'가 새롭게 탄생하고 중요한 트렌드로 부상한 것이다.

흥미롭게도 소울·사이키라는 혼종 장르가 생산되고 소비되는 맥락은 항상 일치하지는 않았다. 주류 가요계가 소울·사이키 시대를 맞아 '소울'을 영접하는 동안 '사이키'는 푸대접을 받은 게 사실이다. 반면 후자가 환영받는 공간에는 '그룹사운드'가 있었다. 사실 키 보이스, 그리고 히 화이브와 히 식스의 치열한 사이키델릭 그룹사운드 경쟁에서 '소울' 자체가 음악적으로 특별히 부각되지는 못했다. 하지만 박영걸 사단의 라스트 찬스나, 특히 데블스 같은 그룹은 진정으로 소울을 추구하는 록 그룹이었다. 그룹사운드와 주류 가요계는 이렇게 소울·사이키라는 언명 아래서 연결지점을 찾을 수 있었다.

흑인음악의 직접적인 영향을 받았든 록과의 혼종이든, 1969년에 폭발한 소울 혹은 소울·사이키는 1970년에 상업적으로 정점을 맞이했다. 하지만 소울의 전성시대는 생각만큼 오래 지속되지는 않았다. 트로트 중심의 상업 가요가 주류 시장의 여전한 주연으로 남아 있었고, 무엇보다 '포크' 음악이 1970년대 초부터 급부상하면서 소울·사이키의 대척점에 서게 된다. 비록 양 진영이 적대적인 관계는 아니었지만, 새로운 청년문화와 함께 등장한 포크가 주류 가요의 소울·사이키 스타들과 그룹사운드 모두에게 경계대상이었음은 틀림없다. 포크 전성기가 포문을 열 즈음에 신중현이 양희은, 서유석, 윤형주 등과 공동 작업으로 컴필레이션 앨범을 내놓고 김정미나 장현의 소울 음악에 포크의 요소를 가미한 것은 제 나름의 대응 전략이었다. 물론 그룹사운드 밴드들 역시 고고클럽의 유행 속에 소울과 사이키델릭, 포크의 혼합물 혹은 절충적 사운드를 내놓기도 했다.

비록 김추자의 과도한 성공과 함께 소울 혹은 소울·사이키의 의미가 모호해지고 그 열풍이 오히려 한풀 꺾였지만, 신중현은 김정미와 같은 소울 여가수를 계속 배출했고, 그룹사운드 출신 가수들인 박인수(「봄비」), 윤항기(「별이 빛나는 밤에」), 최헌(「당신은 몰라」), 장현(「마른잎」) 등도 소울의 작법에 충실한 노래들을 지속적으로 발표했다. 이렇게 포크가 절정기를 치닫는 동안에도 명맥을 유지하던 소울·사이키의 잔존 세력은 아이러니하게도 포크와 함께 비극적인 결말을 맞게 된다. 즉, 1974년의 긴급조치 1호, 이듬해의 대마초 파동으로 포크 스타들이 축출되던 시기에 그룹사운드뿐 아니라 박광수, 김추자, 권용남, 장현 등 소울·사이키 음악인들도 같은 운명에 처하게 되었다. 신중현과 이장희가 함께 대마초 파동의 희생양이 된 것은 청년세대에게 당시 가장 매력적이고 문화적 잠재력이 컸던 대중음악, 즉 소울과 포크를 동시에 거세하려던 정권의 노골적 의도를 보여준다.

3) 소울의 종말, 그 이후

1970년대 중반, 서구 팝의 직접적인 영향을 받은 다른 음악들과 마찬가지로 소울 역시 주류 대중음악계에서 종적을 감춘 동안, 적어도 시스템적으로 보자면 트로트의 본격적인 지배가 시작되었다. 통기타 포크 세대가 분열과 와해를 거듭하는 가운데, 조용필과 최헌을 필두로 이른바 '트로트고고'가 연이어 가요계를 장악했고, 한편으로 캠퍼스 가요제를 중심으로 새로운 그룹사운드의 출현이 시작되었다. 그 어디에도 소울, 혹은 다른 흑인음악이 비집고 들어갈 틈새는 없어 보였다.

하지만, 소울·사이키가 세상을 뒤흔든 지 정확히 10년 후에, 또다시 흑인음악의 힘을 빌린 노래들이 인기를 얻기 시작하는데, 이번에는 '훵

훵크

훵크(funk)는 선율의 변주가 거의 없이 '리듬' 혹은 그루브를 타는 흑인 음악을 총칭하며, 소울, 재즈, 힙합, 테크노 등 다양한 장르의 대중음악에 모두 적용될 수 있는 용어라 볼 수 있다. 하지만, 타악기와 베이스 라인으로 이루어지는 특별한 리듬 앙상블, 그리고 다른 악기에 의해 지속되는 화성이나 리듬 첨가를 필요로 한다는 점에서 하나의 독자적인 음악 스타일이기도 하다. 조지 클린턴(George Clinton), 쿨 앤드 더 갱(Kool and the Gang) 등이 1970년대를 대표한 미국의 훵크 음악가였다.

1980년 MBC 10대 가수. 당시 여자 인기가수들은 대부분 음악적으로 소울과 훵크 스타일을 강조했다. 자료: ≪경향신문≫, 1980.12.13.

크'가 그 주인공이었다. 비록 음악적인 파장이나 폭발력은 선배들의 그것에 미치진 못했지만, 디스코 시대에 댄스 가수로 세상에 나온 이은하, 혜은이, 윤시내 등의 여가수는 길옥윤, 신병하 등 미8군 무대 출신 스타 작곡가의 힘을 빌려 독특한 리듬감과 '훵크 소울'의 느낌이 나는 노래들로 정상에 올랐다. 「밤차」와 「아리송해」(이은하), 「제3 한강교」와 「새벽비」(혜은이), 그리고 「난 모르겠네」(윤시내)가 대표적인 곡들이다. 특히 소울·사이키 그룹 데블스 출신 김명길이 주조한 리듬을 바탕으로 이은하는 「아리송해」 같은 걸출한 훵크와 「겨울장미」 같은 소울 발라드를 모두 자유롭게 소화해내며 선배 소울가수들의 계보를 이었다는 평가를 받았다. 돌이켜보면 1978년에서 1979년 사이, 이들 여가수를 중심으로 소울 음악의 마지막 불꽃이 태워졌는지도 모른다.

이들 디바의 소울 훵크는 단기간 폭발한 뒤 그 여진이 오래 지속되지 않았다. 반면, 사랑과 평화의 '훵크 록'은 1970년대 후반 이후 오히려 '가늘고 긴' 삶을 누렸다고 할 수 있다. 「장미」, 「한동안 뜸했었지」는 최이철의 훵키한 기타, 이철호의 '흑인냄새' 물씬한 보컬, 탄력 있는 '초퍼(chopper)' 베이스로 무장한, 한국식이지만 흑인음악의 특성이 고스란히 살아있는 훵크 록의 진수를 보여주며 큰 인기를 끌었다. 비록 사랑과 평화의 대중적 인기가 지속되지는 않았지만, 그들이 이후 한국의 흑인음악에 미친 영향력은 상당하다. 그들과 함께하거나 계보를 이은 음악가들, 즉 김광민, 정원영, 한상원, 봄여름가을겨울, 빛과 소금 등은 1980년대 후반부터 이른바 '흑인필(-feel)'의 음악으로 대중적 관심을 끌었던 재즈 퓨전의 중추집단으로 성장했다.

사실 1980년대 초, 중반의 시기는 순전히 한국의 흑인음악만 얘기하자면 암흑기에 다름없었다. 소울과 훵크의 사멸 이후 새로운 흑인음악이 폭발하기까지 다소 긴 시간을 기다려야 했다. 이 시기는 본토에서도 흑인 대형스타 — 마이클 잭슨과 프린스(Prince) — 는 있었지만 흑인음악의 리더는 부재한 가운데 새로운 흑인음악 장르와 스타를 갈구하던 때이기도 하다. 1980년대 후반 힙합과 랩이라는 신종 혹은 혼종 흑인음악이 미국 주류 팝 시장을 장악하기까지 꽤 긴 시간을 기다린 직후, 드디어 한국에서도 새로운 흑인음악의 시대가 시작되었다. 그리고 그 규모나 영향력은 음악적으로나 문화적으로나 상상을 초월하는 것이었다.

2. 힙합/랩: 흑인음악 혹은 흑인음악문화

한국의 힙합과 랩에 대한 이야기에 앞서 1980년대부터 1990년대 초반 사이에 주목을 받았던 몇 가지 다른 흑인음악 갈래들을 간단히 언급해야 한다. 이 시기에 퓨전 재즈와 블루스는 랩과 힙합이 폭발하기 전까지 한국 대중음악에서 흑인음악에 할당된 공간을 적잖이 채워주었다. 앞서 이야기한 것처럼 재즈, 정확히 말하자면 '퓨전'이 일군의 팬들을 중심으로 인기를 얻었다. 실제로 그 시기는 외국의 재즈, 특히 퓨전 음악과 음악가에 대한 관심이 컸던 때였고, 봄여름가을겨울, 빛과 소금 같은 팀들의 '한국식 퓨전 재즈'가 꽤 인기를 끌었다. 그리고 이정선, 엄인호를 중심으로 하는 '신촌파'와 그들의 블루스 음악이 한국 흑인음악의 다른 한쪽을 차지하고 있었다. 이미 1970년대부터 블루스와 재즈 화성에 대한 관심을 보여주었던 이정선과 그를 따르는 음악가들은 이른바 언더 그라운드 가요계에서 당시로는 드물게 흑인음악에 관심을 가졌던 집단이었다. 실제로 그들은 블루스의 냄새와 그루브를 충실히 반영한 음반과 라이브 공연으로 1980년대 중반 이후 한동안 '신촌블루스' 열기를 주도했다.

사실 한 시대를 풍미하고 장악한 흑인음악, 즉 1970년대 초·중반의 소울과 1990년대 이후의 힙합만 지나치게 부각할 경우 한국의 흑인음악 역사는 단절적이고 연속성이 부재한 것처럼 보인다. 하지만 항시 그 빈 공간들을 채워주는 흑인음악들이 존재해왔다. 소울 이전에는 재즈가, 소울 붕괴 후에는 횡크가, 그리고 힙합 시대 이전에는 퓨전과 블루스가 그 역할을 담당한 것이다. 물론 흑인음악의 영향력이 절대적으로 확대된 지금, 재즈와 알앤비처럼 힙합과 동시대에 병존하는 음악들도 있다. 말하자면, 이렇게 작지만 중요한 연결고리들이 있기에, 한국의 흑인음악 역사는 흑인음악이라는 큰 테두리 아래 그 기간만큼이나 어느 정도 영속적인 성격도 갖고 있는 것이다.

1) '랩댄스' 시대: '빅 스리'와 한국 힙합의 서막

한국에서 힙합 혹은 랩 음악이 1990년대 초에 폭발적으로 치고 나가던 모습은 과거 소울의 그것과 비슷한 부분이 있다. 소울이 소울·사이키라는 잡종/혼종 음악으로 세상을 흔들었던 것처럼 힙합/랩은 '랩댄스(rap dance)'라는 다소 묘한 표현의 절충적 음악으로 단숨에 한국 가요계를 정복했다. 물론 그 규모나 음악적·문화적 파장이 지속되는 정도는 양자 간에 차이가 있지만 말이다. 랩댄스를 엄밀한 의미에서 힙합 음악은 아니라고 주장할 수도 있다. 당시 인기를 끌었던 랩이 가미된 댄스음악을 모두 흑인음악으로서의 힙합/랩 음악이라고 할 수는 없다는 말이다. 하지만 랩댄스의 일부 중요한 작업들은 랩을 사용하고 미국 힙합과 비슷한 편곡 의도를 갖추고 있었다. 이 한국식 혼종 음악은 1990년대 초·중반에 한국 가요 시장을 장악하며 새로운 흑인음악의 시대를 열었고, 지금의 한국 힙합 전통의 발판이 되었다.

한국 힙합/랩이 누구에 의해 시작되었는지는 여전히 논란거리다. 1980년대 말에 시작해 1990년 중반에 이르는 시기에 나미와 신철, 015B 같은 이들이 기존 가요의 틀 내에서 미국 힙합과 유사한 비트 혹은 랩을 갖춘 곡들을 간헐적으로 발표했고, 미국 교포 출신인 솔리드(Solid), 업타운(Uptown) 같은 그룹들은 일부 곡에서 미국식 영어 랩과 힙합을 원형대로 재현하기도 했다. 하지만 전자의 집단은 여전히 기존 가요 틀을 벗어나지 못했고, 후자의 그룹은 한국어를 구사하지 못했다는 점에서 한국 힙합/랩의 원류라고 하기는 어렵다. 한편으로 노이즈(Noize)나 알이에프(R.ef)처럼 하우스풍 댄스음악에 랩을 가미한 팀들은 아이돌 댄스그룹이라는 신분에 자족하는 처지였다. 이런 상황에서, 힙합을 전면적으로 내세우거나 음악적 작법으로 채용하면서 상업적으로나 음악적으로 크게 성공한 세 명의 음악가가 있었는데, 이들이 바로 현진영, 서태지와 아이들, 듀스였다. 이들은 각자 나름의 개성을 지니고 있었으며, 본토 힙합과 유사한 음악적 분위기와 태도, 패션 등을 구사하며 랩댄스의 인기를 주도했다. 중요한 건, 이들이 이후 출현하는 본격적인 한국 힙합과 음악적·문화적 연결고리를 구축했다는 점이다.

보는 시각에 따라 현진영은 한국 힙합의 시조 혹은 개척자로 꼽힌다. 그는 초기 앨범들의 다수 곡에서 노래보다 랩을 전면에 배치하고 샘플링을 창조적으로 사용함으로써 힙합 음악가로서의 자기 정체성을 공고히 했다. 특히 1990년에 발표한 「슬픈 마네킹」은 완전한 형태의 플로우(flow)를 갖춘 랩과 미국 힙합 스타일 댄스를 모두 재현했다는 점에서 한국 최초의 힙합이라 할 만하다. 서태지와 아이들은 1992년부터 1995년까지 해마다 앨범을 발표하며 다양한 형태의 힙합 스타일 음악 — 랩메탈, 자메이칸랩, 랩과 국악, 갱스터 힙합 등 — 을 선보였고 이들 대다수 곡들

미국 힙합의 전개

미국에서 힙합은 1980년을 전후한 무렵, 뉴욕시의 아프리칸아메리칸 흑인과 캐러비언/히스패닉 이민 청년들을 중심으로 언더그라운드 '공동체 문화'로 촉발되었다. 대도시 게토의 거리와 클럽을 근거로 디제잉(DJing)과 엠시잉(MCing)이 결합된 '힙합/랩' 음악은, 애초부터 그래피티, 브레이크 댄스, 블록 파티 등과 함께 어우러져 힙합이라는 종합적인 문화표현물의 한 부분으로 세상에 나온 셈이다. 훵크, 레게, 디스코 등의 익숙한 음악적 스타일과, 랩과 샘플링이라는 낯선 기술적 형식이 결합한 이 새로운 음악은 1980년대 중반 이후 주류 시장에 입성해 폭발적인 상업적 성공을 거두며 침체된 미국 음반 산업의 구세주가 되었다.

한국 힙합의 개척자 중 한명으로 꼽히는 현진영의 2집 〈New Dance 2〉의 표지(왼쪽). 1990년대 랩댄스 스타일 듀스, 클론(오른쪽 사진), 지누션 등이 그의 백댄서 팀 '와와'로 활동했다.

이 크게 히트를 하면서 힙합/랩을 대중화하는 데 결정적 역할을 했다. 이들은 랩댄스라는 스타일을 넘어 1990년대 한국가요시장에서 상업적으로 가장 성공한 음악가가 되었다. 부정적으로 본다면 서태지와 아이들은 한국음반시장에서 기존의 영미권 팝과 대중가요 스타일 양자를 모두 위축시키고 댄스음악이 이후 독점하는 기반을 마련하는 데 중요한 몫을 했다고도 볼 수 있다.

　비범한 재능이 있긴 했지만 서태지와 아이들에게 랩과 힙합이 그들 레퍼토리의 일부분이었다면, 듀스는 힙합과 흑인음악만을 파고들어 그 감각을 극대화하며 랩댄스의 선두주자이자 아이돌로서 큰 성공을 거두었다. 이들 듀오의 음악디렉터 이현도가 재즈, 훵크, 테크노 등을 힙합 안에 자연스레 버무린 세 번째 정규앨범 〈Force Deux〉(1995)는 1990년대 한국 힙합 최고의 성과물로 꼽힌다. 한편 듀스는 앨범이 나올 때마다 라임(rhyme, 운율)에 관해 진지하게 고민하며 진화하는 랩을 선보였다. 힙합이라는 새로운 음악을 한국 대중이 폭넓게 인식하게 했을 뿐 아니라, 음악과 춤, 패션까지 한데 어우러진 하나의 문화로서 힙합을 대중화하는 토대를 마련했다는 점에서, 듀스는 한국 힙합/랩 역사 초기의 가장 중요한 음악가임에 틀림없다. 실제로 그들의 음악을 듣고 자란 세대가 1990년대 중반 이후 한국 힙합 마니아층을 형성하고, 나아가 2000년대

듀스의 세 번째 정규앨범 〈Force Deux〉의 표지. 듀스의 3집
은 1990년대 한국 힙합 최고의 성과물로 꼽힌다.

한국 힙합의 주역으로 성장하게 된다.

물론 이들 '빅 스리'의 노력과 영향력을 고려한다고 해도 랩댄스가 랩
을 차용한 댄스음악이지 힙합은 아니라는 주장을 뒤집어엎기는 어렵다.
다양한 주류 장르 스타일이 혼용되어 있고, 대다수 음악가와 그들의 음
악이 이후 한국 힙합/랩의 진행 과정에 영향을 못 미친 게 사실이다. 음
악적으로 랩보다는 보컬과 멜로디가 중심이 된 경우가 많았고 제작자들
역시 이를 선호했기에 1990년대 중반부터 대중음악시장은 '랩을 양념으
로 가미한 아이돌 댄스그룹들의 음악'이 넘쳐날 수밖에 없었다. 결과적
으로, 한국식 댄스음악이 기존 가요뿐 아니라 영미권 팝을 몰아내고 시
장을 장악하는 과정에서, 랩을 첨가제로 보컬, 멜로디, 댄스 비트를 섞은
음악은 힙합의 발전에 오히려 부정적 역할을 한 부분이 많았다. 이런 맥
락에서 서태지와 아이들과 듀스가 해체한 후 1990년대 중반에서 후반에
이르는 시기는 주류 대중가요계만 국한하자면 한국 힙합/랩 음악의 암
흑기였다. 이현도나 현진영의 노력은 주류 시장 전반에 영향을 끼치지
는 못했으며, 정통 힙합은 제작자와 산업으로부터 지속적으로 외면당했
다. 따라서 이 시기부터 본격화된 '랩 양념'만 추가한 랩댄스는 더는 힙
합으로 간주되기 어렵다고 할 수 있다.

2) 언더그라운드 힙합: 피시통신과 골방에서 패거리 인디 힙합으로

랩댄스가 힙합으로서의 가능성을 상실한 1990년대 중반은 분명 한국 힙합의 침체기였다. 하지만 랩댄스 전성기에 한국 힙합의 실마리는 분명히 제시되어 있었다. 빅 스리의 음악을 듣고 성장한 새로운 세대를 중심으로 랩과 힙합이라는 키워드가 이미 각인되었고, 힙합 혹은 흑인음악에 대한 그들의 관심은 1990년대 후반 이후 한국 언더그라운드 힙합이 자생적으로 성장하는 근거가 되었다. 주류 시장에서 힙합 스타일의 음악이 사실상 사라진 1990년대 중반에서 2000년대 초반 사이에 한국 힙합의 새로운 싹이 트기 시작하는데, 그 진원지는 바로 온라인이었다. 고속 월드와이드웹이 대중화되기 이전 이른바 텔넷 바탕의 피시통신이 가상현실 인프라였던 때에 다양한 형태의 온라인 커뮤니티들이 여기저기 존재했고 그중에는 랩과 힙합에 관심 있는 청(소)년들을 주축으로 형성된 흑인음악 동호회들이 있었다. 특히 블렉스(Blex), 돕 사운즈(Dope Soundz) 그리고 그 분신인 쇼앤프로브(Show & Prove) 등은 단순한 미국 힙합 음악에 대한 정보 교환과 감상을 넘어 실제로 힙합 음악을 함께 만드는 작업을 했다. 한국적 라임에 대한 고민부터 비트의 창조에 이르기까지 음악 창작 과정을 공유하면서 인디 방식의 컴필레이션 앨범까지 스스로 발매하게 되었고, 장차 한국 언더그라운드를 이끄는 중요 음악가들 — 가리온(Garion), 주석, 피타입(P-Type), 버벌 진트(Verbal Jint), 데프콘(Defconn) 등 — 을 배출했다.

피시통신 동호회를 저변으로 1990년대 후반부터 2000년대 중반까지 진행된 한국 언더그라운드 힙합의 발전 과정과 그 성과는 크게 두 가지로 요약된다. 첫째, 특히 초기에는, 다양한 컴필레이션 앨범을 통해 갓 태동한 한국 언더그라운드 힙합의 새로운 가능성을 알렸다. 즉, 숨어 있는 재주꾼들의 이름을 알리고 다양한 패거리 형성을 위한 초석을 마련했다. 가령 〈2000 대한민국(천리안)〉(2000), 〈MP Hip-Hop Project 2000

2000년대를 대표하는 언더그라운드 힙합 패거리/인디레이블 중 하나인 소울 컴퍼니. 키비(Kebee), 라임에이(Rhyme -A-), 더 콰이엇, 랍티미스트 등이 멤버로 음악활동을 함께했다.

超)(2000) 등은 인디 힙합 스타일을 고스란히 담은 주목할 만한 음악 작업이었다. 둘째, 본토 힙합 문화와 마찬가지로, 크루(crew)나 패밀리 형태의 집단화가 이루어지고 이것이 때로는 인디레이블 형태로 진화를 했다. 이들 집단은 인디 스타일의 조직과 음악적 내용을 추구하며 힙합을 독립된 장르로 확립하고자 노력했는데, 실제로 힙합 신의 구조적 성장을 촉진하고 활력을 도모하는 데 결정적인 역할을 했다. 그 과정에서 마스터플랜(Masterplan)이나 소울 컴퍼니(Soul Company) 같은 패거리는 디제이 소울스케이프(DJ Soulscape), 더 콰이엇(The Quiett) 같은 한국 힙합의 간판스타를 배출할 수 있었다.

3) 메인스트림 힙합과 알앤비: 흑인음악의 주류가요 재입성

1990년대 후반 이후 언더그라운드를 발판으로 지속적으로 발전해온 한국 힙합은 2012년 현재 상업적으로 그리고 음악적으로 어떤 위치에 도달했을까. 일단 상업적으로 보자면, 언더그라운드 출신 에픽 하이 (Epik High), 다이나믹 듀오(Dynamic Duo), 데프콘, 그리고 미국교포 출신 베테랑 드렁큰 타이거(Druken Tiger)와 티(T)가 주류가요 시장에 입성해 적잖은 성공을 거두고 있다. 한편으로 국내 인디 신에서도 흑인음악 앨범이 전체 발매 음반 수의 35퍼센트를 차지할 만큼 비중이 커졌다. 음악적으로 보자면, 본토 힙합의 하위 장르들부터 자메이카나 영국의 변

종 힙합까지 다양한 사운드를 국내 힙합 음악가의 음악을 통해 감상할
수 있다. 더 콰이엇, 랍티미스트(Loptimist) 같은 스타 프로듀서가 사운드
진화를 추동하고 있음은 물론이다. 무엇보다 랩의 본질인 엠시잉의 성
장이 괄목할 만하다. 플로우도 명확하고 유연해졌고, 버벌 진트의 등장
이후 기계적 라임의 한계를 극복한, 본격적인 한국어 랩 스타일도 꾸준
히 개발되어왔다.

물론 음악적 진화와 다양화의 뒤편에는 여전히 공유되는 문제점들도
있다. 첫째, 플로우와 라임이 점진적으로 진보한 데 비해 가사는 다양화
되지 못한 편이다. 가리온, 데프콘 등의 빼어난 스토리텔링을 제외하면,
사회정치적 비판은 차치하고 일상의 고통과 부조리에 대한 까발림도 드
물다. 자잘한 일상 이야기나 자기 자신에 대한 과시 혹은 대상 없는 욕
설과 배설이 대부분이다. 둘째, 단지 랩만으로 이루어진 곡은 상업적 성
공을 거두기 어렵다는 이유 때문에, 언더그라운드와 주류 모두 여전히
멜로디와 보컬이 강조된 노래들에 집착하는 편이다. 셋째, 프로듀서로
서 디제이 중심의 음악이 부재하고 제작환경 또한 취약하다. 디제이들
은 대부분 클럽 활동에만 머물러 있으며 클럽 문화와 환경은 힙합 음악
생산 구조와 사실상 분리되어 있다.

하지만 현재 한국의 흑인음악을 힙합에만 매달려 논하고 비판할 수는
없다. 특히 주류 대중가요 시장에 국한할 경우 흑인음악은 힙합과 알앤
비가 병존하는 모양새다. 아니 정확히 말하면 양자가 혼종을 끊임없이
진행하고 있으며, 더 따지자면 후자의 비중이 상대적으로 높다고 말할
수도 있다. 앞서 이야기한 것처럼 언더그라운드 출신으로 힙합에 조금
더 비중을 둔 흑인음악 음악가들의 활약도 눈에 띄지만, 주류 대중가요
시장의 흑인음악은 기본적으로 알앤비가 주를 이룬다. 실제로 미국에서
도 알앤비에 힙합과 여타의 장르와 스타일을 다양하게 녹여낸 '하이브리
드 블랙뮤직'이 대세임을 감안하면, 그다지 놀랄 일은 아니다. 단지 우리
의 혼종 알앤비는 전형적인 가요의 멜로디와 화성이 과하게 녹아들어

있고, 비트와 리듬의 다양성이 부족하다는 차이가 있다. 정박의 기계적인 힙합 비트나 일렉트로닉 리듬에 '꺾는' 창법의 보컬, 거기에 랩을 양념으로 더한 노래들이 대표적인 경우다. 이는 주류 시장의 흑인음악을 주도하는 '와이지(YG)' 사단 슈퍼스타들 ─ 빅뱅, 2NE1 ─ 의 음악에서 확연히 드러나며, 정도의 차이는 있지만 여타 대형 기획사와 제작자들에게도 보편적인 작법으로 받아들여진다.

3. 흑인음악 수용의 문화적 의미

흑인음악이건 단지 흑인음악의 간판만 매단 음악이건, 미국에서 건너온 아프리칸아메리칸의 음악이 한국 대중음악 역사에 미친 영향력은 상당하다. 주류 가요시장은 말할 것도 없고 그 바깥 공간을 지칭하는 용어들 ─ 클럽, 언더그라운드, 기지촌 등 ─ 도 흑인음악과 직·간접으로 연결되어왔다. 한편으로 대중음악은 그 음악을 축으로 하나의 문화로서 유입·적용·전유된다고 볼 때, 이들 흑인음악이 음악만으로 음악가들을 매혹하고 청(소)년 소비자들을 열광케 한 것은 아닐 것이다. 즉, 소울이나 힙합처럼 미국에서 당대를 대표했거나 대변하는 흑인음악은 하나의 문화로서 이해되고 평가될 부분들이 분명 존재한다. 그리고 그 문화적 영향력은 미국 본토에만 머물지 않는다. 어쩌면 흑인음악이 음악에만 국한되지 않고 하나의 문화로서 국내에 유입되어왔음은 당연한지도 모른다. 특히 대중가요계를 장악했거나 지배하고 있는 소울이나 힙합이 한국에 정착해서 폭발하게 된 과정은 그 나름의 문화적 의미들을 동반하고 있어야 한다.

훵크-소울 리바이벌

하나의 독립적인 장르나 스타일로서 현재 소울과 훵크는 이제 더는 지배적인 흑인음악이 아니다. 하지만 1980년대 이후 주류 흑인음악을 대표하는 힙합/랩과 알앤비의 작법은 리듬이나 멜로디 모두 훵크와 소울을 근간으로 하고 있다. 미국뿐 아니라 국제적으로 '훵크/소울 리바이벌(funk/soul revival)'이 근래에 활발히 진행되고 있는 이유도 아마 과거 음악에 대한 단순한 향수를 넘어 이렇게 훵크와 소울이 여전히 유효하고 강력한 음악적 힘을 발휘하고 있기 때문일 것이다.

글로벌 힙합 문화

힙합/랩 음악은 1990년대 이후에는 미국뿐 아니라 전 세계적으로 청(소)년들이 가장 사랑하는 대중음악 장르 중 하나로 자리 잡았다. 이는 미국 본토 힙합/랩 음악의 국제적 인기와 더불어, 로컬에서도 이 새로운 '혼종' 음악이 자생적인 적응과 변용을 거쳐 급격한 성장을 이룬 덕분이다. 한편으로 음악뿐 아니라, 패션, 그래피티, 브레이크 댄스 등 힙합 문화의 다양한 하위요소들 역시 전 세계적으로 큰 인기를 끌고 있다. 한국도 예외는 아닌데, 가령 다양한 힙합 전문 브랜드 의상과 액세서리가 엄청난 매출실적을 올리고 비보잉을 가르치는 대학 학과까지 생기는 것이 그 단적인 예일 것이다. 이렇게 힙합은, 적어도 가시적으로는, 음악과 다른 문화적 요소들이 어우러져 새천년을 대표하는 글로벌 종합 문화상품 혹은 문화표현물로 성장을 지속하고 있다.

불행히도 1960년대 후반에서 1970년대 초의 소울·사이키 열풍은 하나의 지배적 청(소)년 문화로 승화되지는 못했던 것 같다. 애초에 미8군 부대를 거쳐서 들어온 소울 음악이 당시 미국 흑인문화를 직접적으로 수반했을 가능성은 별로 없거니와, 음악적으로도 백인 록인 사이키델릭과의 혼종을 통해 소울·사이키라는 결과물로 세상에 나왔기 때문이다. 즉 영미 팝/록 음악의 일부분으로 유입되었다는 태생적 한계와 함께, 한국의 소울은 장르에 대한 일관된 지향점이 결여되어 있었고, 음악가들의 잡다한 음악적 취향과 관심이 녹아든 '가요'의 색깔이 강했다. 더욱이 당시 한국 사회의 전반적인 분위기나 열악한 미디어 테크놀로지를 고려할 때, 소울이 청년문화의 한 형태로 자생적인 진화를 이루기는 어려웠을 것이다. 물론 소울이나 소울·사이키 음악가와 열혈 팬들을 중심으로 소울 음악을 연주하는 클럽에서 이루어진 적극적인 '그루핑(grouping)'이 있었지만, 그 규모나 진행기간의 정도로 보아 한국식 소울 문화 혹은 소울 하위문화라고 단정하기는 힘들다.

하지만 힙합은 소울과는 처음부터 여러 가지로 상황이 달랐다. 일단 한국의 힙합/랩은 흑인음악에 대한 뚜렷한 자의식을 지닌 음악가들이 주도해온 음악이다. 앞서 말한 랩댄스 시대의 빅 스리부터 당대의 주류와 언더그라운드 신, 국내파와 해외파에 이르기까지, 음악적 스타일과 태도는 다양했음에도 본토 힙합/랩은 어떠한 형태로든 그들의 음악 작업과 결과물에 투영되어왔다. 대부분의 힙합/랩 음악가들은 '흑인음악의 본질'이라는 다소 추상적이고 막연한 이상을 때론 동경하고 때론 의심하고 반박하면서 자기 음악의 정체성을 찾고자 한다. 본토 힙합/랩 음악에 대한 이러한 강박증적 집착은 어쩌면 글로벌 시대에 로컬 힙합 음악이 자아를 찾기 위해 거쳐야 할 운명적인 통과의례일지도 모른다.

무엇보다 힙합은 문화적으로 구축되어 유입된 최초의 흑인음악이라

뮤지컬 〈비보이를 사랑한 발레리나〉의 한 장면. 한국의 힙합은 음악에만 국한되지 않은, 종합적인 문화표현물로 성장해왔다. 자료: 쇼비보이(주).

할 수 있다. 이는 애초부터 힙합 자체가 지닌 종합 문화적 성격, 즉 다른 문화적 요소들 — 패션, 그래피티, 브레이크 댄스 등등 — 이 음악과 동등하게 결합되고 조합된 문화표현물이라는 특성에서 기인한다. 미국 대도시 게토의 아프리칸아메리칸 흑인과 히스패닉 이민 청년들에 의해 촉발된 힙합은 지구화, 상업화 과정을 통해 좀 더 매혹적인 문화상품으로 정교하게 주조되어왔으며, 1990년대 중반 이후 전 세계의 청(소)년들을 사로잡는 대표적인 '글로벌 문화표현물'이 되었다. 실제로 한국에서도 힙합은 청(소)년 문화의 중요한 일부분으로 녹아들었고, 당대의 가장 유효하고 중요한 문화표현물 중 하나로 꼽힌다. 미국 힙합 문화는 이미 랩댄스가 폭발하던 1990년대 초반부터 스타 음악가들의 패션과 춤을 통해 종합적인 문화 아이템으로 우리에게 소개되었다. 이후 패션과 춤을 비롯해 힙합 문화의 다양한 하위요소가 지속적으로 유입되고 한국식으로 변형·적용되면서 전반적인 청(소)년 문화의 한 부분으로 자리를 잡았다.

한편으로 1990년대 중·후반부터 온라인 동호회와 클럽을 중심으로 아래로부터 치고 올라온 한국의 언더그라운드 흑인음악은 적극적인 형태의 '한국식' 흑인문화가 정착하는 데 일조했다. 비록 미국 힙합의 태도나 정신과는 어느 정도 거리가 있다 해도, 한국의 청(소)년 문화를 여러 맥락에서 자생적인 문화표현물로서의 힙합과 결부시켜 생각하는 것이 그다지 이상하지 않다. 특히 2000년대 중반 이후 리드머, 힙합플레이야 등 몇 개의 대형 흑인음악 포털사이트/온라인 공동체에서 수많은 팬들이 흑인음악 종사자, 음악가들과 긴밀한 유대를 맺어온 것은 힙합을 중심으로 하나의 거대한 문화적 구성체가 형성된 본보기라 할 수 있다. 블렉스나 돕 사운즈 같은 1990년대 텔넷 중심의 흑인음악 동호회가 흑인음악 팬들을 위한 가상공동체 역할에만 충실한 자족적이고 폐쇄적인 집단의 성격이 강했다면, 리드머와 힙합플레이야는 힙합을 비롯한 흑인음악에 음악적·문화적·경제적 관심을 가진 모든 이들 — 힙합 크루와 팬들에서 주류 연예기획사까지 — 을 위한 충실한 인프라와 가상공간을 함께 구축하고 있다는 점에서 명확한 차이가 있다. 실제로 이들은 2000년대 중반 이후 국내 언더그라운드 흑인음악 신에 집단적 영향력을 행사하거나 음악적 피드백을 지속적으로 제공하며 보이지 않는 거대한 힘으로 작동하고 있다. 역으로 생각하면, 힙합의 인기가 20년 가까이 한국에서 지속되어온 이유는 아마도 이처럼 힙합이 음악 이상의 종합적인 문화표현물로서 청(소)년 문화에 자리 잡았기 때문이라 말해도 무방할 것이다.

하지만 한국식 힙합 문화 혹은 문화적 표현물로서의 힙합은 분명히 짚고 넘어가야 할 문제점 역시 존재한다. 앞서 언급했듯이 힙합은 음악(엠시잉과 디제잉), 춤(브레이크 댄싱 혹은 비보잉), 아트(그래피티)의 종합문화로 시작되었고, 대량 문화상품으로 변모한 지금에도 이들 요소 간의 상호작용이 여전히 힙합 문화의 핵심이다. 하지만 한국의 힙합 문화는 그렇지 않다. 사실 힙합 음악과 관련 문화 요소들은 1990년대 초반부터 각기 독자적으로 유입되어 한국 사회에 정착, 상품화되고 진화해왔다. 가령 힙합클럽은 라이브 공간이 아니라 디제이 중심의 댄스파티 장소로 자리 잡은 상황이며, 그래피티는 독자적인 문화적 영역을 여전히 확보하지 못하고 있다.

더 흥미로운 것은 한국의 비보이(B-Boy) 혹은 비보잉 문화이다. 1980년대 후반에서 1990년대 초에 이태원 클럽들을 중심으로 비보이 1세대가 출현한 이후 1990년대 중반부터 독자적인 비보이 크루들이 나오게 되었고 이들은 2001년경부터 해외 진출을 시작했다. 다수의 한국 비보이 팀들은 '아크로바틱'하며 난이도가 매우 높은 춤으로 세계 4대 비보잉 대회를 번갈아가며 석권해오고 있다. 2010년 현재 60여 개 팀이 국내에 있으며, 이 중 15팀 정도가 국제적 명성을 쌓아왔다. 이들의 성과는 때론 한류와 결부된 애국주의, 민족주의 캠페인과 담론에 비보이 문화가 유착되거나 흡수되는 결과를 가져왔는데, 실제로 비보이와 그들의 춤은 정부 지원과 상업적인 마케팅을 받으며 큰 인기를 얻고 있는 유일한 힙합 문화라고 할 수 있다. 하지만 한국의 비보이 문화는 거리가 아닌 무대에서 주로 퍼포먼스와 활동이 진행된다는 특성이 있으며, 한편으로 힙합 음악과는 어떠한 형태로든 실제적인 연계가 부족한 게 현재 상황이다.

2) 지구화시대의 한류 그리고 '코리언 블랙뮤직'의 정당성

흥미롭게도 힙합 음악과 비보잉의 이러한 단절은 한국의 힙합 음악을 한류 열풍의 중요한 부분으로 연결 짓는 일련의 논의가 적절하지 않음을 부분적으로 입증한다. 한류의 필수 아이템으로 자리 잡은 비보이 문화가 실제 한국 힙합 음악과는 직접적인 관련이 없기 때문이다.

물론 비보이 문화와 별개로, 이른바 한국식 힙합 음악 혹은 흑인음악이 지난 십여 년간 한류 가요 열풍에서 중요한 몫을 차지해온 것은 사실이다. 상당수의 아이돌 댄스 그룹이 최소한의 랩과 알앤비 작법을 차용한 노래를 기본적으로 부른다고 볼 때, 이들이 '코리언 블랙뮤직'이라는 한류 상품으로 근사하게 포장되어 해외에서 성공을 거둬온 것을 부정할 수는 없다. 하지만 앞서 말했듯이 빅 스리가 물러난 이후의 랩댄스 아이돌들이나 그들의 뒤를 잇는 지금의 이른바 '블랙뮤직 한류 스타들'의 음악을 제대로 된 힙합 혹은 흑인음악으로 단정하기는 어렵다. 랩을 곁들인 아이돌 댄스음악을 '한류 속의 한국 힙합'으로 소개하는 것은 오히려 언더그라운드에서 불을 지피며 성장해온 한국 힙합과 흑인음악을 소외시키고 왜곡할 우려도 있다. 실제로 빅뱅과 2NE1을 포함한 극소수의 아이돌들을 제외하면, 흑인음악 음악가로 스스로를 정당화할 수 있는 한류 스타는 없다고 해도 과언이 아니다. 이러한 상황은 문화적 표현물로서 현재의 한국의 힙합과 흑인음악을 한류 논의에서 다루기 어려움을 단적으로 보여준다.

성급하게 한류 속의 코리언 블랙뮤직을 칭송하거나 역으로 상업주의와 민족주의 담론으로 한국 흑인음악을 무리하게 비판하기에 앞서, 국내 언더그라운드 혹은 주류 가요시장에서 최근 선전하고 있는 힙합을 비롯한 흑인음악 콘텐츠에 대한 제대로 된 이해가 우선되어야 할 것이다. 아울러 음악, 비보잉, 그래피티 등이 각기 별도로 수용되어 발전해온 한국 청(소)년 힙합 문화의 다양한 하위집단을 묶어줄 수 있는 연결고리를 찾는 것도 시급한 사안이다. 어느덧 20여 년의 세월이 지나 대다수 청(소)년의 일상에 음악뿐 아니라 비보잉, 패션 등을 통해 자연스레 녹아든 한국 힙합에 조금 더 분명한 문화적 정체성을 찾아줘야 할 때가 된 것이다.

생각해볼 문제

1. 1960년대와 1970년대의 한국식 소울과 훵크 가요가 이른바 '흑인음악'으로서의 진정성과 정체성을 지녔다고 볼 수 있을까?

2. 1990년대 초·중반의 랩댄스 음악이 이후 아이돌 주류 댄스음악과 언더그라운드 힙합 음악에 각기 어떤 영향을 주었는지 생각해보자.

3. 한국 언더그라운드 힙합 음악과 미국 본토 힙합 음악을 비교, 감상하고, 양자 간의 음악적·문화적 유사성과 상이성을 열거해보자.

4. 한류 혹은 케이팝 아이돌 스타들의 랩과 알앤비 음악을 한국식 '블랙뮤직'이라 정의할 수 있는 근거
   들이 있는지 찾아보자.

참고 자료

▶║■ 읽을 거리

셔커, 로이. 1999. 『대중음악사전』. 이정엽, 장호연 옮김. 한나래.

로이 셔커의 사전식 대중음악 지침서. 영미권 대중음악의 일부로서 흑인음악과 관련 문화들 역시 그 내
용에 포함하고 있다.

김영대 외. 2008. 『한국힙합 열정의 발자취』. 도서출판 한울.

한국 힙합의 역사와 현황을 체계적이고 깊이 있게 다룬 국내 최초의 책. 젊은 저자들은 한국 힙합 음악
의 다양한 스타일과 인물들을 꼼꼼히 다루면서, 나아가 힙합을 둘러싼 한국의 청(소)년 문화까지 세밀
하게 조망하고 있다. 한마디로 한국 힙합 필독서라 할 수 있다.

김영대 · 김봉현. 2009. 『힙합, 우리 시대의 클래식』. 도서출판 한울.

미국 힙합 '필청' 음반들에 대해 깊이 있게 소개한 책. 음반 리뷰를 기본 형식으로 취하면서도, 지난 30
년간의 미국 힙합 음악과 문화의 역사에 대한 전반적이고 체계적인 이해를 위한 가이드 역할도 충실히
해내고 있다.

신현준 · 이용우 · 최지선. 2005. 『한국 팝의 고고학 1960』, 『한국 팝의 고고학 1970』. 한길아트.

1960년대에서 1970년대에 이르는 한국 대중음악의 역사를 말 그대로 '고고학적' 방법으로 파헤치고 있
다. 꼼꼼한 고증과 풍부한 문헌자료를 바탕으로 당시의 한국식 소울과 훵크 음악 역시 상세히 다루었다.

양재영. 2001. 『힙합 커넥션: 비트, 라임 그리고 문화』. 한나래.

미국 힙합 음악과 문화를 본격적으로 조망한 국내 최초의 책이라 할 수 있다. 출판 시기가 시기인 만큼
그 이후의 다양한 미국 힙합 트렌드를 파악하기엔 어렵지만, 여전히 힙합 역사에 대한 충실한 입문서가
될 수 있고 힙합 문화에 대한 성찰에도 도움이 되는 책이다.

▶Ⅱ■ 들을 거리

▶ 1960년대 말에서 1970년대 초중반의 소울 음악

펄시스터즈. 〈펄씨스터 특선집 (신중현 작·편곡 1집)〉. 1968. 대지레코드사.

김추자. 〈늦기 전에 / 월남에서 돌아온 김상사〉. 1969. 성음.

데블스. 〈그리운건 너〉. 1975. 아세아.

▶ 1970년대 후반의 훵크 음악

사랑과 평화. 〈한동안 뜸했었지〉. 1978. SRB.

이은하. 〈봄비 / 정을 주는 마음〉. 1979. SRB.

▶ 1990년대 초중반의 랩댄스 음악

현진영. 〈New Dance〉. 1990. SM Entertainment/SRB.

듀스(Deux). 〈Force Deux〉. 1995. 월드뮤직/예당음향.

▶ 1990년대 후반부터 2000년대의 힙합 음악

버벌 진트(Verbal Jint). 〈Modern Rhymes EP〉. 2001. Ales Music.

가리온(Garion). 〈1집 가리온〉. 2004. Ales Music.

더 콰이엇(The Quiett). 〈Q-Train〉. 2006. 타일뮤직.

13

보는 음악, 몸의 음악
댄스음악

장유정(단국대 교양기초교육원)

주요 개념 및 용어 | 댄스음악, 댄스 가수, 트위스트, 고고, 디스코, 브레이크 댄스, 아이돌 그룹, 한류, 몸 담론

1. 댄스음악의 기원과 범주

댄스음악이라고 하면 보통 '춤을 추기에 적당한 음악'이 떠오른다. 그러나 대중음악의 한 갈래로서의 댄스음악이라고 하면 '가수가 춤을 추면서 노래하는 대중음악'을 지칭한다. 그리고 그러한 노래를 부르며 춤을 추는 가수를 '댄스 가수'라고 한다. 물론 특정 가수를 '댄스 가수'로만 규정하기는 어려울 수 있다. 하지만 유독 댄스음악에 특장을 드러내거나 오직 댄스음악만 고집하는 가수나 그룹이 존재하는 것도 사실이다. 따라서 그들이 부르는 노래를 댄스음악이라 하고 그들을 댄스 가수라 하는 것이다.

그러나 이렇게 정의하더라도 뭔가 석연치 않다. '댄스'라는 외래어와 '음악'이라는 한자어가 조합된 '댄스음악'이 과연 대중음악의 한 갈래가

될 수 있는가 하는 의문이 드는 것이다. 그러나 대중음악의 다른 갈래인 발라드나 트로트에 견주면 '댄스음악'도 메타 장르 내지는 집합 장르명으로 사용할 수 있다. 예를 들어, 트로트는 그 형성 시기에서부터 오늘날에 이르기까지 상당한 변화를 겪었다. 음계가 달라지고 리듬이 변하고, 다른 음악과의 접목을 통해 변신을 거듭한 것이다. 그렇더라도 우리는 그 모든 노래를 총괄해서 트로트라고 부른다. 이는 발라드도 비슷하다. 발라드도 주로 서양의 음악적 어법을 사용해 만든 느린 노래 대부분을 통칭하기 때문이다.

댄스음악도 마찬가지다. 각 시대마다 그 시대를 대표하는 댄스음악이 존재했고 그것들이 댄스음악이라는 이름 아래에 모여서 존재한다. 시대에 따라 댄스음악은 맘보, 차차차, 트위스트, 고고, 디스코, 레게, 테크노, 하우스 등을 수용하고 포괄하면서 오늘날에 이르고 있다. 따라서 댄스음악은 어느 특정한 음악만을 지칭하는 것이 아니라 수많은 음악 양식을 아우르는 집합적인 갈래라 할 수 있다. 그러므로 적당한 대안이 없는 한, 일단 일반적으로 통용되는 댄스음악이라는 용어를 사용하고자 한다.

어떤 면에서 댄스음악은 특정 시기에 유행한 춤과 밀접한 연관을 맺는다. 그 시대마다 유행하는 춤이 존재했고, 그에 따라 댄스음악도 변했다. 혹은 반대로 댄스음악이 먼저 출현해서 춤의 유행을 선도하고 주도하기도 했다. 어느 때인가는 모두 허공에 손가락을 찔러대느라 바빴다면, 어느 때는 모두 이른바 '토끼춤'만 추던 시절이 있었다. 또 한때는 각자 벽과 마주해 고개와 팔만 흔들어대기도 했고, 다른 한때는 일명 '부비부비춤'에 빠진 청춘 남녀들이 클럽을 가득 메우기도 했다.

그렇다면 우리는 언제부터 춤을 췄던 걸까? 정확하게 그 기원을 말하기는 어렵겠으나 인류의 시작과 더불어 춤도 발생했다고 볼 수 있다. 특히 우리 민족이 음주가무에 능했다는 것은 중국의 『삼국지 위지 동이전』과 같은 고서에서 이미 언급한 사실이다. 부여의 영고(迎鼓), 고구려의 동맹(東盟), 예의 무천(舞天) 등의 제천 행사를 거행할 때, 우리 조상들이 "밤낮으로 술 마시고 노래 부르고 춤추면서 논다"는 기록이 빠지지 않고 등장하는 것이다. 이처럼 '음주가무(飮酒歌舞)'의 전통이 오래되었다는 것을 감안할 때, 우리 민족의 시작과 더불어 춤도 발생한 것으로 볼 수 있다.

하지만 현대 댄스음악의 전통을 상고시대의 제천의식에서 찾는 것은 무리다. 오늘날 우리가 추고 있는 춤은 대개 서양 춤의 영향을 받아서 형성되었기 때문이다. 그리고 서양의 춤은 서양 문물의 도래와 더불어 우리에게 전해졌다. 일제강점기의 기록을 보면, "재즈에 열광한 모던보이와 모던걸이 엉덩이 흔들기에 바쁘다"는 기록이 종종 등장하곤 한다. 또한 ≪삼천리≫라는 잡지 1937년 1월호에는 춤에 대한 당대인의 열망이 어느 정도인지를 보여주는 "서울에 댄스홀을 허하라"라는 기사가 실리기도 했다. 물론 이런 기사가 실렸다고 해서 당대인들 모두 춤을 좋아했다고 말할 수는 없다. 그렇더라도 어느 시기든지 간에 춤에 열광한 사람들이 존재했던 것은 사실이다.

이처럼 이미 오래전부터 춤에 대한 열망이 있었다. 하지만 과거 대중음악사에서 오늘날처럼 춤추며 노래하는, 딱히 댄스 가수라고 할 만한 가수를 떠올리기는 쉽지 않다. 1960년대에 가수들이 노래하는 모습을 담은 동영상을 보면, 대체로 가수들이 고정된 자세로 손을 모은 채 노래하는 것을 알 수 있다. 일제강점기에도 노래와 춤을 곁들인 레뷰(revue)와 같은 공연 형식이 있었고, '댄스뮤직'이라는 곡종명도 보이지만 대중음악 갈래로 댄스음악을 말하기에는 부족한 면이 있다. 그래도 일제강점기의 중창단팀인 '아리랑 보이즈'(박시춘, 현경섭, 송희선, 김해송, 이복본)나 '저고리 시스터즈'(이준희, 김능자, 이난영, 장세정, 박향림, 서봉희)와 같은 프로젝트 그룹이 공연하면서 율동도 보여주었다고 한다.

또한 1930년대에 코미디언 겸 가수로 활동했던 이복본(李福本)도 공연 무대에서 종종 춤을 추면서 노래했을 것으로 추정한다.

이복본은 프랑스의 샹송 가수 겸 배우인 모리스 슈발리에의 춤과 노래를 흉내 내고「노들강변」을 재즈식으로 부르고, 미국의 뮤지컬 영화 속 주인공의 흉내도 잘 내었다고 한다. 게다가 자신이 쓰던 '맥고모자'까지 유행시킨 장본인이기도 하다. 서양식 노래와 춤, 그리고 유행까지 선도한 것을 볼 때, 이복본에게서 초창기 댄스 가수의 일단을 찾을 수 있을 것이다. 그러나 본격적으로 서양의 춤이 밀어닥친 것은 광복 이후라고 할 수 있다.

2. 서양 춤의 유입과 댄스음악의 징후

우리나라는 1945년에 광복을 맞이했으나, 남과 북으로 갈라져 3년 동안 미군정기를 보냈고, 급기야 1950년에는 북한의 남침으로 한국전쟁마저 발발했다. 격동과 파란의 역사 속에서 정치, 경제, 사회, 문화는 빠르게 변했다. 특히 서양 문물과 문화가 갑자기 밀어닥치면서 대중음악도 상당한 변화를 겪었다. 특히 미8군 무대와 AFKN 방송을 통해서 서양의 대중음악이 급속도로 퍼져갔다.

이 당시의 특징 중 하나는 서양의 다양한 리듬과 춤이 들어왔고, 종종 리듬명이 대중음악의 갈래명을 대신해 사용되었다는 점이다. 당시에 제

일종의 프로젝트 그룹이라 할 수 있는 '아리랑 보이스'. 왼쪽부터 송희선, 김해송, 이복본, 박시춘. 자료: ≪동아일보≫ 1940년 3월 28일.

작된 대중가요 음반에 다양한 리듬명이 부기된 것을 볼 수 있는데, 왈츠, 폭스트로트, 트로트, 블루스, 스윙, 부기, 폴카, 탱고, 볼레로, 맘보, 룸바, 지르박, 삼바 등이 모두 그러한 예에 해당한다. 그러면서 점차로 서양에서 들어온 다양한 춤이 대중의 몸과 마음을 사로잡았다.

부기우기와 차차차에 편승한 「서울부기」와 「노래가락 차차차」 같은 노래가 나오더니, 1950년대 중반에는 맘보가 전 세계를 강타했다. 1955년 쿠바의 한 나이트클럽의 밴드 마스터 페레즈 프라도가 창안했다는 맘보는 정비석의 소설 『자유부인』을 영화화한 동명의 〈자유부인〉(1956)에도 등장해 당시 맘보의 열기를 보여주었다. 영화에 「체리 핑크 맘보」로 알려진 곡에 맞추어 무용수 나복희가 맘보를 추는 장면이 등장한 것이다. 그리고 맘보 열풍은 맘보바지의 유행은 물론 '카바레'라 불리던 댄스홀마저 출현시켰다. 이때부터 부녀자를 단골 고객으로 한 '춤방' 혹은 '비밀 댄스홀'이 전성기를 맞이했다.

이른바 사교춤은 상류층의 여흥으로 존재했다. 하지만 1955년에 발생한 박인수 사건 이후로 사교춤이 퇴폐의 온상으로 여겨지기도 했다. 이때부터 사교춤과 젊은이들 사이에 유행하던 춤은 다른 길을 걷게 된다. 젊은이들 사이에서는 점차로 로큰롤과 트위스트가 유행했다. 트위스트는 남녀가 서로 손을 잡지 않고 손발을 흔들고 몸을 꼬면서 추는 춤으로 이후에 등장한 고고와 디스코의 모태가 되기도 했다. 1960년대는 미국에서도 트위스트가 성황을 이루던 시기다. 그러므로 전 세계가 거의 동시대에 비슷한 춤을 추면서 즐겼다고 볼 수 있다.

우리나라의 트위스트 열풍은 1964년, 신성일·엄앵란 주연의 영화 〈맨발의 청춘〉이 인기를 얻으면서 본격적으로 시작되었다. 영화 속 트위스트 김(1936~2010)이 추었던 트위스트가 전국을 강타한 것이다. 트위스트 김의 자서전에 따르면, 그는 서양 영화를 보다가 트위스트를 알게 되어 그 춤을 연습했고, 1962년, 〈아름다운 수의〉라는 영화에서 트위스트를 선보였다고 한다. 그의 춤을 눈여겨 본 신상옥 감독은 극중 인물 이름을 '트위스트 김'으로 바꾸었고, 그때부터 그는 본명 김한섭 대신에 트위스트 김이란 이름을 사용하게 된 것이다.

트위스트 김은 1967년에 개봉한 〈폭발 1초전〉이라는 영화의 주제가를 불렀고, 그 노래를 수록한 〈폭발 1초전〉이란 음반을 내기도 했다. 그러나 창법 저속 등의 이유로 「폭발 1초전」은 금지곡 처분을 받았다가 1987년에 와서야 해금되었다. 이태신, 정원과 함께 부른 「몽키몽키」와 「바라바라」도 댄스음악이므로 트위스트 김을 댄스 가수로 볼 수 있다. 하지만 트위스트 김은 노래보다는 춤에 주력했고, 가수보다는 배우에 가깝다고 할 수 있다.

그에 반해서 폭발적인 무대 매너 때문에 '미스 다이너마이트'라는 별명을 갖게 된 이금희(1940~2007)는 허스키한 보이스와 육감적인 몸매, 그리고 화끈한 율동으로 뭇 남성의 시선을 사로잡은 여성 댄스 가수 1세대라고 할 수 있다. 1950년대 말, 미군 부대에서 엘비스 프레슬리의 흉내를 내던 '먼로 K'라는 여성 댄서의 존재를 확인했으나, 음반을 내고 가수로 활동을 한 것이 아니라 댄스 가수라 하기는 어려울 것이다.

먼로 K와 달리, 1966년에 「키다리 미스터 김」을 발매한 이금희는 1967년에 10대 가수에 등극했고, 1968년에 발매한 「인상파 미스터 김」까지 유행하면서 그녀는 명실 공히 당대 최고의 가수로 이름을 떨쳤다. 이금희 이후로 신중현 사단에 속하는 펄시스터즈(「커피 한 잔」, 「님아」)

와 김추자(「늦기 전에」, 「월남에서 돌아온 김상사」), 그리고 김정미(「간다고 하지 마오」) 등이 소울과 사이키델릭 음악으로 활발한 활동을 했다. 그들은 독특하고도 특이한 동작으로 당대인의 반향을 불러일으켰다.

1960년대 후반부터 미국에서 유행한 고고는 1970년대 우리나라에서도 상당한 인기를 얻었다. 1960년대 중반 이후 크게 유행한 록 계열의 댄스음악을 총칭하는 고고가, 누구나 부담 없이 즐길 수 있는 리듬으로 당대 젊은이들의 호응을 얻은 것이다. 이른바 '고고족'이 등장하고 고고가 풍기문란의 온상으로 인식되면서, 급기야 1972년 10월 12일에는 서울 시장의 지시로 고고춤을 금지하기도 했다.

고고장이 주로 밴드가 생음악을 들려주었다면 1980년에 우후죽순으로 들어선 디스코 클럽은 디제이가 음악을 틀어주는 곳이었다. 디제이는 밴드에 비해 비용이 덜 들었고, 디스코 클럽의 성행에도 많은 영향을 끼쳤다. 이에 따라 디제이들의 인기도 높아졌다. 이러한 배경에서 1980년대부터 본격적인 댄스음악이 등장했던 것이다.

3. 디스코의 수용과 댄스음악의 장르화

디스코테크의 준말인 디스코(disco)는 레코드 반주에 맞춰 춤을 추는 댄스클럽을 말하거나 레코드 음악에 맞추어 자유롭게 추는 춤을 뜻한다. 디스코라는 말은 1960년대 초 프랑스에서 생긴 이후에 1960년대 후반부터 미국에서도 사용되었다. 우리나라에서도 1970년대 말부터 고고 클럽 대신에 디스코클럽이 성행했다. 그리고 여기에서는 생음악 대신에 디제이가 틀어주는 음악이 울려 퍼졌다.

1977년에 개봉한 영화 〈토요일 밤의 열기(Saturday Night Fever)〉는 당시 디스코와 허슬의 열풍을 단적으로 보여주고 그러한 열풍에 일조했다. 때를 같이해 우리나라에도 디스코와 허슬의 강풍이 불어왔고, 대중가수들도 디스코를 차용해 창작한 노래를 부르곤 했다. 허스키한 목소리가 매력적인 이은하가 부른 「밤차」(1978)와 「아리송해」(1979)는 빠른 템포와 펑키한 곡으로 인기를 얻었다. 그런가 하면 맑고 청아한 목소리의 혜은이는 「제3한강교」(1979)로 디스코를 가미한 율동을 선보였다. 당시 노래 중간에 손가락을 허공으로 찔러대는 이들의 동작은 사람들에게 깊은 인상을 남겼다.

그런가 하면 어려서부터 미8군 무대에서 활동했고 1979년 「영원한 친구」라는 노래를 통해 디스코를 선보인 나미도 주목할 만하다. 이후로도 그는 트위스트와 로큰롤을 혼합한 뉴웨이브 스타일의 「빙글빙글」(1984)과, 마찬가지로 뉴웨이브 스타일의 「인디언 인형처럼」(1989)으로 꾸준한 인기를 얻었다. 신철과 이정효로 구성된 '붐붐'을 만난 나미는 '나미와 붐붐'으로 활동하면서 「인디언 인형처럼」에서 랩과 체계적인 춤 동작을 선보여 많은 인기를 얻었다.

한편, 1978년에 여성 그룹 '희자매'로 데뷔한 인순이는 1980년에 솔로로 활동했고, '인순이와 리듬터치'를 결성해 뛰어난 춤과 노래를 선보였다. 1982년 디스코풍의 「밤이면 밤마다」를 크게 히트시킨 인순이는, 1996년에는 「또」를, 2004년에는 조PD와 함께 부른 「친구여」로 반향을 불러일으켰다. 2011년에 슈프림팀이 피처링한 「어퍼컷」을 발표한 인순이는 노익장을 과시하며 활발히 활동하고 있다.

1980년대 초반은 대학가에서 허슬과 디스코를 추는 댄스 동아리가 형성되었던 시기다. 이성문이 주축이 된 'UCDC[Union college Disco(Dancing) Club]'는 이대 옆에 있던 연습실에 모여 〈토요일 밤의 열기〉에 등장하는 존 트라볼타의 춤과 마이클 잭슨이 「Thriller」(1982)를 부를 때 추던 춤 등을 모방하곤 했다. 또한 이들은 AFKN 방송의 〈Soul Train〉과 〈Dance Fever〉 속 댄스 경연대회 등을 보면서 춤을 익혔다.

1980년에 KBS는 〈젊음의 행진〉을, MBC는 〈영11〉이라는 음악 프로그램을 신설했다. 1981년에 〈젊음의 행진〉에 출연한 것을 계기로 UCDC

는 〈젊음의 행진〉에 고정 출연하는 것은 물론 각 대학 축제에 불려 다니며 인기를 얻었다. 그러나 3~4년 동안 아류 댄스팀이 많아지면서 UCDC는 자연스럽게 해체되었다.

그즈음 UCDC의 회장이었던 이성문은 '스파크'라는 전문 댄스 팀을 구성했다. 이곳에서 도건우, 이주노, 양현석, 신철 등이 브레이크 댄스(비보잉)를 추었다. UCDC가 〈젊음의 행진〉에 출연할 당시 안무도 짜고 솔로로 춤도 추었던 서병구도 이성문의 권유로 스파크에 들어가서 활동했다. 서병구의 증언에 의하면, 1983년에 창단한 스파크는 1984년과 1985년 당시 밤무대를 하루에 6~7군데를 뛸 정도로 활발한 활동을 하면서 1986년 정도까지 명맥을 유지하다가 흐지부지 사라졌다고 한다.

스파크에는 이주노와 박철우 등이 있었는데, 이들은 모두 '인순이와 리듬터치'의 백댄서 출신이라는 공통점이 있다. 이주노는 스파크를 나온 후 1984년에 전문 브레이크 댄스팀인 '노피플'을 결성했고, 이후에 박철우도 이 팀에 합류했다. 스파크 외에 박남정이 소속되어 있던 남성 4인조 댄스팀인 '엑스레이'가 이태원 등지에서 활발한 공연을 했다. 엑스레이는 박남정을 제외한 3명의 구성원이 모두 체고 출신이어서 텀블링 등의 볼거리 풍부한 퍼포먼스로 당시에 상당한 인기를 얻었다. 이때부터 점차로 비보이 중심의 힙합 춤과 공중파 방송의 댄스음악이 다른 방향으로 나아갔다고 할 수 있다.

1980년대 후반부터 댄스음악이라고 할 수 있는 대중음악 장르와 댄스 가수라고 할 수 있는 가수들이 등장했다. 인순이와 리듬터치의 무용수로 활동했던 김완선은 1986년에 「오늘밤」이라는 곡으로 화려하게 데뷔했다. 그는 '마돈나'를 연상시키는 춤과 도발적인 의상, 그리고 매혹적인 눈과 비음이 섞인 독특한 목소리로 본격적인 여성 댄스 가수의 서막을 장식했다. 그는 「리듬 속의 그 춤을」, 「나 홀로 뜰 앞에서」, 「기분 좋은 날」, 「삐에로는 우릴 보고 웃지」 등을 연속 히트시키면서 당대 최고의 여성 댄스 가수로 자리매김했다.

1987년에는 KBS 무용팀인 '짝꿍' 출신으로 이루어진 '소방차'[김태형, 정원관, 이상원(도건우)]가 「어젯밤 이야기」로 데뷔하며 커다란 반향을 불러왔다. 이들은 브레이크적인 요소와 허슬 동작을 변형한 짝 맞추기 동작을 비롯해 텀블링과 마이크 던져 바꾸기 등의 다양하고도 강력한 볼거리를 제공하면서 상당한 인기를 얻었다. 「그녀에게 전해주오」, 「일급비밀」, 「사랑하고 싶어」, 「G카페」 등을 모두 히트시킨 소방차는 명실공히 남성 댄스 그룹의 원조라 할 수 있다.

1988년에는 MBC 합창단 출신인 박남정이 「아 바람이여」라는 곡으로 데뷔해 인기를 얻었다. 김완선이 '한국의 마돈나'라면 박남정은 '한국의 마이클 잭슨'으로 불리면서 몇 년 동안 남성 솔로 댄스 가수로 독보적인 위치를 차지했다. 1989년 2집 음반에 수록된 「널 그리며」와 「사랑의 불시착」이 인기를 얻었고, 「널 그리며」를 부를 때 그가 선보인 일명 'ㄱㄴ춤'은 당대인에게 폭발적인 반응을 불러일으키기도 했다.

이 시기 댄스음악의 작곡자들은 당대 내로라하는 작곡자들이었다. 산울림의 김창훈(「오늘밤」 등), 김명곤(「빙글 빙글」, 「그녀에게 전해주오」 등), 신중현(「리듬 속의 그 춤을」), 손무현(「삐에로는 우릴 보고 웃지」) 등이 대표적인 이들이다. 어쩌면 댄스음악이 주류 대중음악으로 자리하는 데 실력파 작곡자들의 참여가 중요한 역할을 했다고 볼 수 있다.

이처럼 1980년대 후반은 댄스음악이 대중음악의 한 장르로 자리를 잡았고 댄스 가수라고 칭할 만한 가수들이 등장해 인기를 얻었던 시기다. 당시 문화적 환경의 변화도 댄스음악이 대중음악의 한 갈래로 안착하는 데 중요한 역할을 한다. 1980년대 초반에 컬러 TV가 등장하면서 이에 익숙한 젊은 세대가 문화의 소비층으로 떠올랐고, 마돈나와 마이클 잭슨의 춤을 보며 자란 이들을 대상으로 한 댄스음악도 대중음악의 한 갈래로 자리하게 된 것이다.

특히 1986년 아시안게임과 1988년 서울올림픽을 치른 이후로 개방의 물결을 타고 서구 문화가 더 많이 유입되었고, 1987년 민주화운동이 자

1980년 후반의 대표적인 댄스 가수인 박남정. '한국의 마이클 잭
슨'으로 불리며 김완선, 소방차 등과 함께 큰 인기를 끌었다.

유로운 분위기가 싹트면서 젊은이들을 중심으로 한 댄스음악의 열풍이
일어날 수 있는 배경이 형성되었다.

4. 신세대 음악과 아이돌 그룹의 출현

예나 지금이나 이태원은 서울의 다른 지역과 조금 다르다. 외국인들
과 그들의 문화로 이태원의 거리는 밤마다 불야성을 이루고, 외래의 새
로운 문화를 빨리, 그리고 직접 접할 수 있는 곳이기 때문이다. 이에 따
라 새로운 것에 갈증을 느끼는 청춘들이 이태원으로 몰려들곤 한다. '소
울 트레인'에 이어 생긴 '문나이트'는 이태원의 대표적인 나이트클럽 중
한 곳이다. 이곳은 이른바 '흑인음악'만 틀어주는 곳으로 1980년대 후반
부터 유명했다. 처음에는 손님이 별로 없었으나, 점차로 당대 내로라하
는 춤꾼들이 모여들면서 유명해진 것이다.

당시 나이트클럽 내지 디스코텍은 주로 강남, 종로, 신촌, 이태원을
중심으로 포진해 있었다. 흥미로운 것은 강남은 이태원이나 종로에 비
해 상대적으로 고급스러운 분위기였다는 것이다. 실제로 모이는 사람들
도 해외 유학파가 많았고 부유한 집안의 학벌 좋은 자제 중 놀기 좋아하
는 분들이 출입했다. 김창환이 디제이로 있던 강남역의 '월드팝스'를 위

시해 '스튜디오80', '브이존', '보스터치' 등이 당시 강남에 있던 대표적인 나이트클럽이다. 또한 '국일관'을 중심으로 한 종로 등지에서도 춤꾼들이 모이곤 했다. 종로의 '새터데이'는 1983년 당시 신철이 로보트춤과 허슬을 하며 디제이를 보던 곳이기도 하다.

종로와 강남 등을 거쳐 1980년대 중반 이후부터 이태원의 '문나이트'가 이른바 춤꾼들의 아지트로 자리하기 시작했다. 당시 이곳에서 춤을 췄던 사람들로는 강원래, 구준엽, 신철, 박철우, 이주노, 현진영, 유영진 등을 들 수 있다. 춤을 잘 추는 사람들만 온다는 소문이 나서 당시 음반기획자나 매니저도 그들을 보려고 이곳에 오곤 했다. 결국 이들이 대중음악계로 진출하면서 댄스음악은 새로운 전기를 맞이했다고 볼 수 있다.

우리나라에 힙합이 소개되면서 랩을 가미한 댄스음악이 등장했다. 라임을 맞추지는 않았으나 박남정의 3집에 수록된 곡 「멀리 보이네」(1989)는 한국어로 랩을 시도한 노래이다. 이어서 1990년에 발매된 '현진영과 와와'의 1집 〈New Dance〉는 음반 제목에서 알 수 있는 것처럼 새로운 춤과 음악을 시도한 음반이다. 「슬픈 마네킹」과 「야한 여자」에서 힙합적인 요소를 찾을 수 있는 것이다. 바비 브라운(Bobby Brown)의 「Don't be cruel」을 떠오르게 하는 「야한 여자」는 펑키한 리듬을 강조한 힙합이자 댄스음악이다.

랩음악이 국내에 처음 도입되었을 때는 한국어로 라임을 맞춘 가사를 쓸 수 있는가에 대해 회의적이었다. 하지만 한국어로도 얼마든지 라임을 맞출 수 있다는 것을 보여준 것이 '서태지와 아이들'의 음악이다. '시나위'에서 베이스 기타를 담당했던 서태지가 이주노, 양현석과 만든 서태지와 아이들은 댄스음악을 록과 랩과 결합한 새로운 음악으로 대중음악계에 결점을 찍었다.

1992년에 「난 알아요」로 데뷔한 그들은 「환상 속의 그대」를 비롯해 수많은 히트곡을 냈고, 1993년에 발표한 「하여가」에서는 노래 중간에 태평소 소리를 넣어서 힙합에 전통음악의 요소를 접목시키기도 했다. 이들

한국어로 라임을 맞춘 랩과 현란한 춤, 록을 결합한 새로운 음악으로 한국 대중음악의 판도를 바꾼 서태지와 아이들의 1집(1992) 표지.

은 뮤직비디오를 본격적으로 활용했고 모자, 스노보드복, 남대문표 의상, 라벨이 달린 의상 등으로 신세대층의 호응을 얻었다. 특히 서태지와 아이들의 팬은 피시통신 등을 적극적으로 활용해 여론에 끌려가는 것이 아니라 여론을 주도적으로 이끌어가면서 새로운 팬 문화를 형성했다.

서태지와 아이들 이후로, 오직 춤만 추는 비보이 계열과 춤을 추다가 대중음악계로 진출한 부류들이 구별되기 시작했다. 그리고 이때부터 댄스음악 가수들이 대거 등장했다. 서태지와 아이들 이후에 출현한 댄스음악 가수로는 조진수가 리더로 있던 혼성 그룹 잼을 비롯해 노이즈, 듀스, 룰라, 쿨, 터보, R.ef 등을 들 수 있다. 박진영과 박미경도 각각 남성 솔로와 여성 솔로를 대표하면서 댄스 가수로 1990년대 전반의 마지막을 장식했다.

마지막으로 한 가지 언급할 것은 이 시기 디제이들의 역할이다. 클럽에서 음악을 틀어주고 멘트를 하던 디제이들은 이후 시기 매니저를 비롯한 대중음악 관계자로 진출해 활동했다. 가수 겸 디제이로 활동했던 신철과 디제이 출신으로 서태지와 아이들의 매니저를 했던 최진열의 말에 따르면, 우리나라의 디제이 1세대는 이진이다. 이진은 라디오 디제이와 미군 부대에서 디스코 디제이를 하면서 영역을 넓혔고, 이후 이세훈, 한용진, 한청, 최진열, 유대영, 김형진, 나영민, 한진우 등이 그 뒤를 이었다. 그 뒤로 김창환, 김철, 최민혁, 오성곤, 신철 등이 디제이로 활동하다가 매니저와 프로듀서로 활약했고, 이주노, 박철우, 성대현, 이하늘, 김창렬 등은 디제이를 하다가 댄스 가수로 활동했다. 결국 디제이들은 한국 댄스음악을 출현시키는 데 지대한 영향을 끼쳤다고 할 수 있다.

5. 아이돌 그룹의 저변화와 한류

1996년 1월 31일, 서태지와 아이들이 은퇴를 발표한 후 댄스음악계는 새로운 변화를 겪는다. 현진영과 와와에서 와와 1기로 활동했던 강원래와 구준엽이 클론을 결성해 활동을 시작했고, 대형기획사가 주도해 체계적으로 댄스음악 그룹을 양산했다. 현 SM엔터테인먼트(당시 SM기획)에서 H.O.T.와 S.E.S.가, DSP엔터테인먼트(당시 대성기획)에서 젝스키스와 핑클이 등장해 양각 체제를 구축하는 한편, 수많은 댄스 가수 그룹이 명멸하면서 대중음악계를 풍성하게 했다.

1990년대 후반에 활동했던 대표적인 그룹으로는 유피, 언타이틀, 영턱스클럽, 태사자, NRG, 베이비복스 등을 들 수 있다. 이 시기에는 엄정화와 김현정 등의 여성 솔로 댄스 가수들도 활발한 활동을 했다. 또한 1997년에 데뷔한 유승준도 「가위」, 「찾길 바래」, 「나나나」 등을 히트시키면서 솔로 남성 댄스 가수로 인기를 구가했다.

문희준, 강타, 토니안, 장우혁, 이재원으로 구성된 H.O.T.는 때로는 귀여운 춤으로(「캔디」), 때로는 강렬하고도 강한 춤으로(「전사의 후예」) 당시 10대들의 커다란 호응을 얻었다. 은지원, 이재진, 김재덕, 강성훈, 고지용, 장수원으로 이루어진 젝스키스도 「학원별곡」이나 「사나이 가는 길(폼생폼사)」에서는 아크로바틱을 연상시키는 격렬한 춤을 추는 한편, 「기억해 줄래」와 「커플」에서는 부드러운 모습으로 소녀 팬들의 마음을 사로잡았다.

1990년대 후반에 활동한 대표적인 댄스 가수인 H.O.T.의 1집
(1996) 표지. H.O.T.는 이후에 등장한 S.E.S., 핑클, 젝스키스,
신화 등과 함께 본격적인 아이돌그룹의 시대를 열었다.

이 시기에 활동한 아이돌 그룹은 신세대들의 패션과 문화를 선도하면서 새로운 유행을 낳았다. 새로운 노래를 부를 때마다 춤과 의상이 달라졌고 볼거리는 더욱 풍부해졌다. 이 시기 활동했던 댄스음악 가수들이 이룬 성과 중 하나로는 '한류 열풍'을 들 수 있다. 그 전에도 한류라고 칭할 만한 사건들은 종종 있었다. 그러나 이 시기부터 '한류'라는 명칭이 공식화되면서 동아시아 등지에서 한국 댄스 가수와 그들의 음악이 굉장한 인기를 얻었다. 한류라는 명칭을 이끌어낸 H.O.T.를 위시해, 클론, NRG, 베이비복스 등이 한류의 중심에서 활발한 활동을 전개했다.

그러나 국내 음반 시장은 좋지 않았다. 인터넷 등이 발달하면서 음반 판매량은 감소했고 국내 음반 산업도 위축된 것이다. 따라서 1990년대 후반의 한류 열풍은 국내 음반 시장의 한계를 넘어설 수 있는 한 방편이기도 했다. 비록 한류의 열풍이 진행되는 동안 '반한류' 내지는 '혐한류'의 기류가 형성되기도 했으나, 이 시기 댄스음악 가수들은 문화산업 역군으로서의 역할을 충실히 했다고 볼 수 있다.

그렇더라도 당시 댄스음악과 댄스 가수들에 대한 부정적인 평가도 만만치 않았다. 일단 댄스음악과 댄스 가수들이 등장하면서 음악 내 세대 간 갈등이 심화되었다. 나이 든 세대는 랩과 브레이크 댄스, 테크노 댄스 등의 다양한 춤에서 이질감을 느끼기도 했다. 그 때문에 신세대들이 댄스음악에 열광하는 것을 병적 징후로 간주하고 이를 부정적으로 바라보았던 것이다.

다음으로 1990년대 후반부터 대형기획사가 댄스음악계를 주도하면서 대중음악과 가수 자체에 대한 문제점이 제기되기도 했다. 기획되고 만들어졌다는 이유로 이들은 기획사의 '꼭두각시'에 지나지 않는다는 비판이 제기되었고, 종종 자신이 직접 작사하고 작곡하고 노래하는 가수보다 '진정성'이란 측면에서 낮게 평가되기도 했다. 게다가 댄스 가수들의 립싱크가 보편화되고 몇몇 가수의 가창력이 문제되면서 이에 대한 비난도 있었다.

서태지와 아이들의 경우, 서태지가 직접 노래를 작사·작곡·편곡해 음반을 발매했다. 그 때문에 음반을 내고 활동하다가 새 음반을 준비하기 위한 '휴지 기간'이 필요했다. 그러나 1990년대 후반에 활동한 댄스 가수들은 '활동'과 '휴지'를 병행하는 서태지와 아이들의 방식을 따르면서도 자신들이 직접 작사하고 작곡하는 일에는 소홀한 감이 있었다.

하지만 자신이 직접 작사하고 작곡한 노래를 불러야만 '진정한' 가수라 하기는 어렵다. 댄스 가수 대부분은 춤과 노래에 대한 열정이 남달랐고, 추고 싶기 때문에, 추지 않으면 참을 수 없어서 춤에 빠져드는 경우가 많았다. 현대는 테크놀로지의 발달로 목소리마저 조작이 가능한 시대다. 그러나 아직 춤만은 조작이 불가능하다. 그러므로 어떤 면에서 춤은 특정 가수의 끼와 열정과 노력을 고스란히 보여주기도 한다.

게다가 댄스음악은 공부와 입시로 스트레스를 받는 수많은 학생들에게 위안과 위로를 제공하기도 했다. 놀 거리 하나 없는 청소년들에게 댄스음악은 일종의 휴식처 역할을 한 것이다. 물론 팬 활동에만 매달리는 이른바 '사생팬'과 팬클럽 간의 갈등 등이 문제가 되기도 했으나, 언제나 부정적인 역할만 한 것은 아니다. 게다가 이 시기 댄스 가수들은 세간의 비판에서 벗어나기 위해 작사가와 작곡가로 거듭나려는 노력도 마다하지 않았다. 언제나 결과가 좋았던 것은 아니지만, 10대였던 댄스 가수들은 그들과 동년배인 팬들과 더불어 그렇게 성장하고 있었다.

6. 아이돌 그룹의 세대교체와 난맥상

2000년으로 들어서면서 아이돌 그룹은 세대교체를 맞이했다. 2000년에 보아가 1집 앨범 〈ID: Peace B〉로 데뷔한 데 이어서, 비(Rain)는 2002년 「나쁜 남자」와 「안녕이란 말 대신」을 연속으로 히트시키면서 화려하게 데뷔했다. 2003년에는 세븐이 바퀴 달린 신발(힐리스)을 신고 나와 「와줘」를 부르며 댄스음악의 새로운 바람을 불러일으켰다.

이때부터 댄스음악계는 3대 혹은 4대 대형기획사가 주도하는 양상을 드러낸다. 보아를 배출한 SM엔터테인먼트와 비를 데뷔시킨 JYP엔터테인먼트, 그리고 세븐을 등장시킨 YG엔터테인먼트가 주요 3대 기획사이다. 이에 더해 젝스키스와 핑클을 데뷔시켰던 DSP미디어는 2005년에 SS501을, 2007년에는 카라를 등장시켜 다른 기획사와 경쟁했다.

이때 데뷔한 댄스 가수들이 어쩌다가 운이 좋아서 유명해진 가수들은 아니다. 데뷔 전에 여러 해 동안 연습생 시절을 거쳐서 나온 준비된 가수들이라고 할 수 있다. JYP의 정욱 대표의 말에 따르면, 2011년 현재 JYP엔터테인먼트의 연습생은 보통 40명 수준에서 운영된다고 한다고 한다. 연습생이 되기 위해서는 일단 오디션에 통과해야 하는데, 오디션으로는 반(半)기마다 진행되는 공채오디션을 비롯해서 홈페이지에 자신의 모습이 담긴 동영상을 올리는 상설 온라인 오디션이 있다. 또한 해외 오디션도 진행되는데, 보통 해마다 2~3만 명이 오디션을 본다고 한다. 사실상 오디션을 통과하는 것 자체가 쉬운 일은 아니라고 할 수 있다.

오디션을 통과하면 준비생과 교육생으로 나누어서 춤, 노래, 연기 등을 훈련받는데, 준비생과 교육생을 합쳐서 연습생이라고 한다. 준비생일 때는 계속 기본기만 배우고 교육생이 되면 JYP엔터테인먼트의 고유한 과정에 따라 다양한 훈련을 받게 된다. 훈련 과정의 지침서를 만든 박진영은 JYP의 강사진에게 교육 내용을 직접 가르쳐서 교육 내용을 전달하고 보완시킨다고 한다.

한편 연습생들은 매월 월말 발표와 6개월에 한 번씩 개최되는 쇼케이스를 통해 자신들의 기량을 선보이는데, 이 자리를 통해서 탈락되기도 하고 반대로 데뷔 준비를 하기도 한다. 데뷔 준비를 하게 되면, 데뷔 바로 직전의 프로젝트 단계에서 매니지먼트와 마케팅이 함께 따라붙는다. 그러나 여러 가지 사정으로 이 단계에서도 데뷔를 하지 못할 수도 있다. 예를 들어, 대중음악 시장의 급격한 변화로 당시의 유행과 동떨어졌다든지, 회사의 상황이라든지, 또는 데뷔를 준비하는 연습생의 상황 등이 모두 변수로 작용하는 것이다.

따라서 이 모든 상황을 겪고 데뷔까지 한다는 것은 운과 노력이 함께 작용한 것이라 볼 수 있다. JYP 정욱 대표의 말에 따르면, 2007년에 원더걸스가 데뷔한 것도 쇼케이스 때 눈에 띄어서 가능했다고 한다. 당시는 여성 그룹이 잠시 주춤했던 때였다. 솔로 댄스 가수나 동방신기, 슈퍼주니어와 같은 남성 그룹이 활발하게 활동했던 시기다. 그때 여자 아이들이 조를 짜서 쇼케이스 때 노래와 춤을 선보였는데 굉장히 잘했고, 이들이 이후에 원더걸스라는 이름으로 데뷔해 큰 반향을 불러일으킨 것이다. 그리고 이때부터 여성 댄스 그룹의 난맥상이 연출되어 2011년 현재까지 지속되고 있다.

2007년에는 9명의 소녀로 구성된 소녀시대가 데뷔해 원더걸스와 대적하면서 2011년 현재 일본에 새로운 한류 열풍을 몰아오고 있다. 2007년에 첫 등장한 5인조 여성 그룹 카라 또한 2009년에 발표한 2집 음반 제목 〈Revolution〉에 걸맞게 새로운 바람을 일으켰다. 귀엽고 예쁘기만 했던 처음의 이미지를 벗어나 카라는 격렬한 춤으로 변신을 시도했다. 카라가 부른 「미스터」는 배꼽이 드러나는 짧은 티에 멜빵이 달린 힙합 바지를 입고 춘 '엉덩이춤'으로 유명하다. 이들의 춤은 화면에서 뒷모습이나 엉덩이를 보이면 안 된다는 불문율을 깬 파격적인 춤이라고 할 수 있다.

이 밖에도 2006년에 처음 등장해 가창력으로 승부하던 브라운아이드

미국, 중국 등 다국적 멤버로 구성된 여성 그룹 f(x)의 1집 (2o11) 표지. f(x)는 다양한 국적, 중성적인 이미지의 구성원과 1o대 소녀를 정확히 겨냥한 음악으로 현대 여성 그룹의 여러 가능성 중 하나를 보여주고 있다.

걸스가 「아브라카다브라」로 2009년 여름을 강타하더니, 포미닛(2009), 티아라(2009), f(x)(2009), 레인보우(2009), 시크릿(2009), 2NE1(2009), 애프터스쿨(2009), VNT(2010), 나인뮤지스(2010), 걸스데이(2010), miss A (2010), 씨스타(2010) 등이 여성 댄스 그룹으로 활동하고 있다.

1990년대 후반에 등장한 여성 그룹의 이미지가 '요정'과 '요부'의 두 가지 이미지로만 재현되었다면 2000년대에 등장한 여성 그룹들은 더욱 다채로운 모습과 이미지로 다양한 관객들의 욕구를 충족시키고 있다. 현대 사회를 '소비의 사회'로 규정한 보드리야르에 의하면, 현대인은 소비를 통해 행복과 사회적 지위, 권력의 형태를 표현한다고 한다. 그는 육체가 그 어떤 것보다 아름답고 귀중한 소비의 대상이라고 한 바 있다.

실제로 '얼짱'과 '몸짱'의 열풍 속에서 예쁜 몸에 대한 집착이 강해지면서 현대 여성 그룹은 그러한 시대 상황을 반영하거나 조장하면서 존재하고 있다. 좋은 사회의 기준을 다양성의 담보와 인정에 놓을 때 현대 여성 그룹의 행보를 가능성과 한계 중 어떤 것이라고 섣불리 말할 수는 없다. 하지만 이전 여성 그룹과 달리 중성적인 이미지의 구성원이 끼어 있다든지, 기존의 똑같은 복장과 군무(群舞)에서 벗어나 의상과 춤을 달리하며 각 구성원의 개성을 드러내려 하는 데서 어떤 가능성을 볼 수 있다.

음악도 다양해져서, 기본적으로 빠른 템포를 유지하면서도 각 그룹마

메트로섹슈얼

'메트로섹슈얼(metrosexual)'이란 영국의 문화 비평가 마크 심프슨이 축구 스타 데이비드 베컴을 묘사하기 만들어 낸 말이다. 이는 '패션이나 헤어스타일을 가꾸는 것에 관심을 가지며 내면의 여성성을 긍정적으로 즐기는 현대 남성을 뜻한다. 이들은 외모 가꾸는 것을 자연스럽게 생각해 피부와 헤어스타일에 시간과 돈을 투자하고 쇼핑을 즐긴다. 주로 20~30대 초반의 도시 남성들에게 많이 나타나며, 패션 감각이 뛰어난 이들은 유행을 이끌어가며 패션 산업의 새로운 소비층으로도 떠오르고 있다. 여성적인 면을 과감하고 다양하게 표출하는 이들을 겨냥해 남성용 화장품 시장 또한 크게 성장하고 있다.

다, 혹은 동일 그룹의 음반마다 다른 음악적 성향을 보여주기도 한다. 주로 소녀시대가 '유로 팝'을 연상시키는 음악을 선보인다면, 원더걸스는 복고풍의 멜로디와 의상으로 인기를 얻었다. 반면에 2NE1은 힙합적인 성향이 강한 노래를 불러서 댄스음악을 다채롭게 하고 있다.

2000년대 이후에 등장한 남성 댄스 그룹도 여성 그룹 못지않게 많은 수를 차지한다. 빅뱅(2006), 샤이니(2008), 유키스(2008), 2PM(2008), 비스트(2009), 엠블랙(2009), 틴탑(2010), 인피니트(2010), 대국남아(2010), ZE:A(제국의아이들)(2010), 달마시안(2010), 뉴이스트(2012), EXO(2012) 등이 그들이다. 보통 5명 이상의 남성으로 이루어진 이들 그룹 또한 격렬한 군무를 선보이면서 댄스음악 위주의 공연을 선보이고 있다.

이들 그룹 중에서 샤이니가 주로 '메트로섹슈얼'의 전형적인 모습을 보여주는 대표적인 그룹이라고 할 수 있다. 이들은 예쁜 얼굴에 운동으로 다져진 탄탄한 몸으로 '또래팬'은 물론 '누나팬' 내지는 '이모팬'마저 팬으로 확보하고 있다. 반면에 2PM은 이른바 '짐승돌'로 불리며 강한 남성적인 이미지를 보여주어 많은 인기를 얻었다.

요컨대 현대 댄스 그룹은 퍼포먼스적인 요소를 강조하는 차원에서 춤과 노래를 구성한다. 퍼포먼스를 강조하다 보니, 노래는 춤추기에 편리한 곡으로 창작된다. 간결하고 단순한 가사와 익숙하고도 반복적인 사운드를 사용해 노래를 만들곤 한다. 또한 기계음을 사용해 노래를 만드는데, 가끔 기계음의 과도한 사용이 논란이 되기도 한다. 어쩌면 현대 댄스음악은 기술 발달의 수혜를 가장 많이 받은 갈래일지도 모른다.

한편 현대 여성 그룹이 부른 노래 가사 내용에서 두드러지는 것은 '자아도취'이다. 자기애 내지는 나르시시즘(narcissism)의 한 표현인 자아도취는 자신을 사랑하고 자신을 절대시하고 자기 가치를 존중하는 성향이라는 측면에서는 긍정적으로 볼 수 있다. 그러나 카라의 「Pretty Girl」, 원더걸스의 「So hot」, 그리고 포미닛의 「Hot issue」의 가사에서 알 수 있듯이, 이것이 육체에 한정된 자기애라는 점에서 한계가 있다.

육체의 사물화와 상품으로서의 육체가 보편화된 것은 이미 오래되었고 대중음악에서도 그러한 모습을 찾을 수 있다. 예를 들어, 포미닛의 「Hot issue」 중 "너보다 잘록한 허리 쫙 빠진 매끈한 다리"처럼 육체가 전면에 노출되곤 한다. 이러한 가사들은 여성들이 당당하게 자신감을 표현했다는 점에서 긍정적으로 평가할 수 있다. 하지만 그 자신감이 육체 내지는 외모에 한정되어 있는 것은 한계로 지적할 수 있다.

이처럼 2000년대 이후에 댄스 그룹이 대거 등장해 활발한 활동을 하고 있다. 현대는 대체로 솔로 가수보다 5명 이상으로 이루어진 그룹 활동이 보편화되고 있는 추세다. 솔로로 노래하면서 춤을 추려면 뒤에 백댄서가 필요하다. 아무래도 혼자서 춤을 추는 것보다 여럿이 춤을 추는 것이 보기에 좋기 때문이다. 그러나 그룹은 춤과 노래를 분담할 수 있어서 별도의 백댄서가 필요 없고, 춤을 추면서 노래할 때의 부담도 덜 수 있다. 그 때문에 그룹 가수들이 더욱 많다고 할 수 있다.

그러나 여전히 주류 대중음악이 댄스음악에 치중된 것과 너무 많은 그룹의 출현은 문제가 될 수 있다. 유사한 그룹의 출현은 거품현상을 일으킬 수 있다. 거품이 빠지고 난 후에도 굳건하게 자리하기 위해서는 기본과 실력을 모두 갖추고 있어야 한다. 결국 많은 것들이 그러한 것처럼 기본을 전제한 실력과 시간이 진실을 말해줄 것이다.

7. 댄스음악의 위상과 전망

메리엄(Alan Merriam)은 음악의 기능을 열 가지로 나누었다. 첫째, 말로 표현하지 못하는 감정을 쉽게 표현하도록 해준다. 둘째, 미적인 즐거움을 더해준다. 셋째, 오락의 방법으로 제공된다. 넷째, 커뮤니케이션의 방법으로 이용된다. 다섯째, 상징적 표현으로 제공된다. 여섯째, 신체적 반응을 유발한다. 일곱째, 사회규범과 관련된다. 여덟째, 사회 기관과 종교의식을 확인한다. 아홉째, 사회와 문화의 연속성에 기여한다. 열째, 사회의 통합에 기여한다가 그것이다.

이 중에서 댄스음악은 오락을 제공하는 기능과 신체적 반응을 유발하는 기능과 관련이 있다. 댄스음악을 들으면서 즐겁고 흥겨운 것은 모두 이러한 음악의 기능과 연관이 있는 것이다. 외부의 음악이 들어와서 내가 반응하는 것을 '동조(entrainment)'라고 하는데, 댄스음악은 오락(entertainment)적인 기능과 더불어 이러한 동조 현상을 유발시킨다. 우리가 댄스음악을 듣는 이유는 그 음악을 듣고 보면 즐겁기 때문이다. 그리고 이는 인간의 쾌감 본능과 연결된다.

인간은 본능적으로 반복과 리듬의 쾌감과 자극을 좋아한다. 왜냐 하면 출생 전 태아 때부터 인간은 어머니의 목소리 외에 규칙적으로 들리는 어머니의 심박과 호흡을 들었기 때문이다. 그래서 출생 후에도 반복적이고 음률적인(rhythmical) 청각 자극을 계속 찾는다. 인간이 춤과 노래를 찾는 것도 어쩌면 인간의 본능과 연결된다고 할 수 있다. 인간이 인간으로 존재하는 한 춤과 노래는 인간과 함께할 것이다. 그러므로 댄스음악은 그 모습은 계속 바뀔지언정 앞으로도 주류 대중음악으로 자리할 수 있다.

물론 댄스음악이 문제점을 지니고 있는 것도 사실이다. 특히 10대 위주로 이루어진 아이돌 그룹의 경우, 잦은 멤버 교체나 탈퇴, 그리고 소속사와의 갈등 등이 지속적인 문제로 대두되고 있다. 2PM의 '재범 탈퇴' 문제나 카라와 소속사 사이의 갈등 문제 등이 대표적이다. 간혹 1990년대 후반에 활동했던 아이돌과 연루된 사건들이 뉴스에 종종 보도되곤 한다. 온전한 성인으로 성숙하기 이전에 스타가 되어버린 아이돌은 나이가 들어서 사회에 적응하는 일에 실패하기도 한다. 아이돌 그룹 출신의 가수들이 일련의 폭행과 사기 혐의 사건 등에 연루되었다는 기사도 그러한 예이다. 우리는 10대 아이돌 또한 아이돌 이전에 어른으로 성장해야 하는 아이들이라는 것을 생각해야 한다. 그러므로 그들이 한 명의 성숙한 어른으로 성장할 수 있도록 주위에서 관심을 지니고 바라볼 필요가 있다.

댄스음악이 주류 대중음악계를 장악하면서 대중음악의 편중 현상이 심화되었다는 비판도 제기되고 있다. 현대 대중음악은 트로트, 발라드, 댄스음악이라는 집합적 갈래가 큰 축을 형성하고 있다고 볼 수 있다. 그중에서 댄스음악이 차지하는 비중은 상당한 편이다. 그런데 이러한 댄스음악을 몇몇 대형기획사에서 주도하면서 대중음악의 불균형 현상이 지속되고 있다. 하지만 인터넷과 UCC의 활성화, 음악 기기의 발달 등으로 누구나 음악을 만들고 부를 수 있는 시대가 되면서 이에 대한 대안도 조금씩 마련되고 있는 실정이다. 아직 그 효과가 미미하기는 하지만, 인디 음악의 활성화도 그 한 대안이 될 수 있다.

또한 2011년 〈나는 가수다1〉에 이어 2012년 현재 MBC에서 방영하고 있는 〈나는 가수다2〉와 같은 프로그램은 댄스음악 위주의 음악 판을 뒤집으면서 새로운 바람을 몰고 오고 있다. "45살 먹은 가수도 불러 줘 난 참 복 있는 놈이라 생각했다"는 김건모의 말처럼 〈나는 가수다〉는 실력 있는 가수들의 재조명과 잊힌 노래의 발굴, 그리고 편곡의 중요성 등을 통해 대중음악에 대한 대중의 인식을 바꾸는 데 일조하고 있다. 2011년에 이어 2012년 현재 KBS에서 방영하고 있는 밴드 서바이벌 〈TOP 밴드 2〉 역시 보컬뿐 아니라 연주의 중요성까지 되새기는 역할을 하고 있다.

그러나 여전히 댄스음악은 주류를 차지하고 있고, 앞으로도 한동안 그러할 것이다. 2011년 6월에는 SM타운이 파리에서 성황리에 공연을 마쳤다. 바야흐로 우리나라 댄스음악이 동남아시아를 넘어 유럽에까지 진출한 것이다. 파리 공연의 티켓 예매는 예매 시작 15분 만에 전석 매진을 기록했고, 2011년 5월 1일에는 표를 구하지 못한 유럽 팬 300여 명이 파리 루브르 박물관 앞에서 추가 공연을 요청하는 플래시몹 시위를 벌이기도 했다. 1990년대, 우리나라 대중음악이 일본 대중음악을 표절

플래시몹

네티즌들이 오프라인에서 벌이는 일종의 해프닝을 뜻하는 '플래시몹(flash mob)'은 '사용자가 갑자기 증가하는 현장'이란 뜻의 '플래시크라우드(flashcrowd)'와 '뜻을 같이하는 군중'이란 뜻의 '스마트몹(Smartmob)'의 합성어다. 이는 인터넷을 통해 정해진 장소에 특정한 날짜와 시각에 짧은 시간 안에 주어진 행동을 동시에 하고 뿔뿔이 흩어지는 것을 말한다. 플래시몹은 지난 2003년 6월 미국 뉴욕에서 시작된 이래 댈러스, 보스턴, 샌프란시스코 등 미국 내 도시로 퍼졌고 이탈리아 로마, 프랑스 파리, 영국 런던, 오스트리아 빈, 독일 뮌헨 등 유럽 각 도시로까지 번졌다. 우리나라에서는 2003년 8월 31일 서울 강남역에서 젊은 사람 수십 명이 모여 "건강하세요, 행복하세요"라는 인사를 외친 뒤 제각각 흩어진 바 있으며, 2011년에 방영된 드라마 〈드림하이〉에 플래시몹 장면이 등장하기도 했다.

해 비판을 받던 일을 생각하면 격세지감이 있다.

이렇게 댄스음악이 우리나라를 넘어 세계에 주목을 받게 된 것은 오랜 훈련과 경험 등이 있었기 때문이다. 실제로 YG엔터테인먼트의 양현석은 서태지와 아이들 출신이고, JYP엔터테인먼트의 박진영 또한 댄스가수 출신이다. SM엔터테인먼트의 회장인 이수만은 가수이자 디제이로 활동했고, 이사로 있는 유영진도 MBC무용단을 거쳐 SM기획 소속 가수로 출발해 현재에 이르고 있다. 요컨대 댄스음악은 상대적으로 축적된 노하우가 절대적으로 필요하다고 할 수 있다.

현대 댄스음악이 오늘날 위치에 오른 것이 하루아침에 이루어진 것은 아니다. 앞서 먼저 댄스음악을 시도한 선배 가수들이 있었고, 그들이 대중음악을 만들고 기획하는 기획자의 위치에 있게 되면서 가능해진 것이다. 춤과 노래를 좋아하고 시각적인 즐거움에 익숙해진 현대인이 있는 한 댄스음악은 계속 존재할 것이다. 앞으로 미래의 댄스음악이 어떤 형태로 실재할지 자못 궁금하다.

생각해볼 문제

1. 댄스음악에서 재현되는 남성성의 한계와 가능성을 생각해보자.
2. 댄스음악에서 재현되는 여성성의 한계와 가능성을 생각해보자.
3. 시대에 따라 달라진 춤의 변천사를 확인하고 이것이 댄스음악과 조응하는 양상을 알아보자.
4. 현대 댄스음악이 지니고 있는 문제점을 지적하고 이를 극복할 수 있는 방법을 찾아보자.
5. 미래의 댄스음악을 전망해보자.

▶‖▪ 읽을 거리

길베르, 조르주-클로드 . 2004.『포스트모던 신화 마돈나』. 김승욱 옮김. 들녘.

마돈나를 포스트모더니즘의 신화로 가정하고 접근한 책이다. 마돈나가 어떻게 스스로를 창조하고 만들어갔는지, 예술적 성과물을 어떻게 창작했는지, 청중들을 어떤 방식으로 사로잡았는지를 마돈나의 음악과 뮤직비디오, 출연 영화, 각종 인터뷰를 통해 살폈다.

빅뱅. 2009.『세상에 너를 소리쳐!』. 쌤앤파커스.

빅뱅 다섯 명의 도전 과정을 담은 책으로, 빅뱅이 13,140일간 도전한 과정을 그들의 이야기로 들려준 책이다. 빅뱅이 출현하기까지 그들이 흘린 땀과 노력을 그들의 말로 생생하게 들을 수 있다.

쉴링, 크리스. 1999.『몸의 사회학』. 임인숙 옮김. 나남출판.

몸에 관한 담론이 무성한 가운데 몸에 관해 사회학 분야에서 이루어진 다양한 성과들과 그 한계까지 정리한 연구서이다. 몸이 사회적 산물이지만 본질적으로 생물학적 실체임을 주장한 책으로 다양한 이론을 접할 수 있다.

이동연 · 차우진 · 최지선 외. 2011.『아이돌: H.O.T.부터 소녀시대까지, 아이돌 문화보고서』. 이매진.

13명의 문화 연구자가 모여 1년 8개월 동안 세미나와 월례 발표회를 거치며 아이돌이라는 키워드를 중심으로 한국 사회와 대중문화의 흐름을 살핀 공동 작업의 결과물이다. '아이돌'이란 키워드를 중심으로 다양한 논의를 접할 수 있다.

장유정. 2010.「2009년 여성 그룹의 활동과 작품에 대한 고찰」. ≪대중음악≫ 2010년 11월(통권 6호).

2009년에 가장 인기를 얻었던 브라운아이드걸스의「아브라카다브라」, 2NE1의「I Don't Care」, 포미닛의「Hot issue」를 분석 대상으로 삼아 노래 외적인 측면과 내적인 측면으로 나누어 각각의 특징을 살펴보았다. 댄스음악을 분석할 수 있는 한 방편을 제시한 논문이다.

▶‖■ 들을 거리

▶ 음반

김완선. 〈김완선〉(1집). 1986. 지구.

소방차. 〈어젯밤 이야기〉. 1987. 서울음반.

박남정. 〈박남정〉(1집). 1988. 태광음반.

현진영. 〈New Dance〉. 1990. SRB.

서태지와 아이들. 〈서태지와 아이들〉(1집). 1992. 반도음반.

H.O.T.. 〈We Hate All Kinds of Violence〉. 1996. SRB.

젝스키스. 〈학원별곡〉(1집). 1997. 삼성뮤직.

S.E.S.. 〈S.E.S.〉(1집). 1997. SM Entertainment.

핑클. 〈Fine Killing Liberty〉(1집). 1998. 락레코드.

동방신기. 〈Tri-Angle〉. 2004. SM Entertainment.

슈퍼주니어. 〈Don't Don〉. 2007. SM Entertainment.

소녀시대. 〈Baby Baby〉(1집). 2007. SM Entertainment.

카라. 〈Revolution〉. 2009. 엠넷미디어.

원더걸스. 〈The Wonder Years〉. 2007. JYP Ent.

빅뱅. 〈Remember〉(2집). 2008. YG Entertainment.

포미닛. 〈For Muzik〉. 2009. 엠넷미디어.

2NE1. 〈2NE1 1st Mini Album〉. 2009. 엠넷미디어.

비스트. 〈Fiction and Fact〉. 2011. Universal Music.

▶ 노래

「키다리 미스터 김」. 이금희. 1966.

「밤이면 밤마다」. 인순이. 1982.

「어젯밤 이야기」. 소방차. 1987.

「널 그리며」. 박남정. 1989.

「흐린 기억 속의 그대」. 현진영. 1992.

「하여가」. 서태지와 아이들. 1993.

「쿵따리 샤바라」. 클론. 1996.

「캔디」. H.O.T.. 1996.

「사나이 가는 길(부제: 폼생폼사)」. 젝스키스. 1997.

「I'm your girl」. S.E.S.. 1997.

「T.O.P」. 신화. 1999.

「태양을 피하는 방법」. 비. 2003.

「와줘」. 세븐. 2003.

「Tell me」. 원더걸스. 2007.

「누난 너무 예뻐」. 샤이니. 2008.

「Gee」. 소녀시대. 2009.

「미스터」. 카라. 2009.

「아브라카다브라」. 브라운아이드걸스. 2009.

「Sorry, Sorry」. 슈퍼주니어. 2009.

대중음악 관련 참고 사이트

음악웹진 [weiv] http://www.weiv.co.kr

앨범/싱글 리뷰 및 관계자 인터뷰, 음악 칼럼 등을 볼 수 있다.

사운드네트워크(前 가슴네트워크) http://www.soundnetwork.kr/

문화예술 전문웹진. 인터뷰, 칼럼, 공연정보, 예술인 및 음악 데이터베이스 등을 제공한다.

이즘 http://www.izm.co.kr

대중음악 웹진. 국내가요, 팝, OST 등 음반리뷰 등을 볼 수 있다.

스캐터브레인 http://www.scatterbrain.co.kr

음악 웹진. 음반 발매 정보, 뉴스기사, 리뷰 등을 볼 수 있다.

영기획 http://younggiftedwack.com

인디 음악을 중심으로 (리뷰를 제외한) 인터뷰나 공연 소식, 리믹스 음원을 접할 수 있다.

자립음악생산조합 https://jaripmusic.org

대자본으로부터 독립된 음악가의 자립을 돕는 '생산조합'으로 공연 소식 등을 제공한다. 조합원으로 가입하면 관련 공연과 음반을 더 쉽게 접할 수 있다.

현대카드 뮤직 http://library.hyundaicard.com/music/index.hdc

브리티시 록을 기반으로 구성된 음악 서비스로, 음악가에게 매출의 80퍼센트를 제공하는 프리마켓과 테마별 추천 인디 음악을 매월 운영하고 있다.

크르르르 위키 http://krrr.kr/wiki/index.php

한국 인디 신에 특화된 위키사이트. 밴드, 공연, 잡담, 앨범과 커뮤니티 등에 대한 정보들이 정리되어 있다.

인디 스트리트 http://indistreet.com

인디 공연만 전문적으로 소개하는 서비스. 예매는 제공하지 않고 공연 일정과 공연 영상만 소개한다.

네이버 온스테이지 http://music.naver.com/onStage/onStageReviewList.nhn

네이버 문화재단에서 운영하는 음악 서비스. '숨은 음악 찾기'라는 모토로 광범위한 장르의 대중음악을 발굴하고 고화질의 영상, 무료 정기공연을 제공한다.

리드머 http://www.rhythmer.net

흑인음악 전문 포털사이트. 흑인음악 전문 필자 중심의 웹진, 커뮤니티, 멀티미디어 서비스 등 흑인음악, 특히 힙합에 관한 양질의 정보를 제공한다.

힙합플레이야 http://www.hiphopplaya.com

힙합 중심의 흑인음악 전문 포털사이트. 웹진, 쇼핑몰, 멀티미디어 감상, 음원서비스, 커뮤니티까지 힙합에 관한 전방위적 정보와 서비스를 제공한다.

최초의 소리 www.firstsounds.org

인류가 녹음한 가장 오래된 음성을 들을 수 있는 곳. 1857년에 기록된 레옹 스코트의 포노토그라프는 물론 각종 진귀한 음향 자료들이 지속적으로 복원, 업데이트되고 있다.

국제음악산업연맹 www.ifpi.org

음악 산업자본의 이해를 대변하는 국제적인 단체로서 세계 음악시장의 현황과 변화에 대해 매년 보고서를 발간한다.

한국음악저작권협회 www.komca.or.kr

한국 음악 창작자들의 권리를 대행하는 저작권 신탁기관. 공표된 작품의 창작자가 누구인지 확인할 수 있는 검색 서비스를 제공한다.

정보공유연대 www.ipleft.or.kr

지적재산권 제도에 의하여 발생하는 사회적 모순들을 이슈화하고 폐단을 극복하고자 하는 활동을 전개하고 있으며, 대안적인 지적재산권 제도의 모색, 카피레프트운동 등에 대해 연구한다.

한국 유성기음반 http://www.sparchive.co.kr

1899년에서 1945년까지 한국에서 만들어진 유성기음반과 그에 따른 기록과 이미지를 검색할 수 있다.

K-POP 아카이브 http://www.k-pop.or.kr

한국콘텐츠진흥원에서 연 음악 아카이브. 1960년대 이후 국내 발매 음반에 대한 부가정보를 얻을 수 있다.

마니아디비 www.maniadb.com

개인 운영자에 의해 구축된 한국의 대표적인 음악데이터베이스. 구축된 정보에 대한 open api를 제공하고 있으며 상업적·비상업적 이용이 모두 가능하다.

올뮤직 http://www.allmusic.com

미국 음악정보 사이트. 장르별·국가별 앨범 및 음악가 정보, 뉴스, 리뷰를 제공한다.

디스코그스 http://www.discogs.com

미국 음악정보 사이트. 장르별·국가별 앨범 및 음악가 정보, 뉴스, 리뷰를 제공한다.

피치포크 미디어 http://pitchfork.com/

미국의 평론 위주 음악정보 사이트.

찾아보기

필자 약력(수록순)

김창남

현재 성공회대학교 신문방송학과/문화대학원 교수이다. 서울대학교 경영학과를 졸업하고 같은 대학원 신문학과
(현 언론정보학과)에서 석사와 박사 학위를 받았다. 지은 책으로는 『삶의 문화, 희망의 노래』, 『대중문화와 문화
실천』, 『대중문화의 이해』, 『김민기』(편저), 『노래 1, 2, 3, 4』(편저), 『대중음악과 노래운동 그리고 청년문화』(편
저) 등이 있다.

이정엽

미국 매사추세츠대학교 커뮤니케이션학과에서 문화 연구를 전공으로 박사 과정을 수료했다. 지은 책으로는 『얼
트 문화와 록 음악 1』(공저), 『얼트 문화와 록 음악 2』(공저)가 있으며, 옮긴 책으로 『마이클 조던, 나이키, 지구
자본주의』가 있다.

김병오

한국예술종합학교 음악원에서 음악사를 전공했다. 현재 라디오관악FM 이사, 전주대학교 객원교수이며 다큐멘
터리와 애니메이션의 OST 작업 및 포크 음악을 토대로 전통음악과의 퓨전을 추구하는 창작 작업을 병행해왔
다. 지은 책으로는 『소리의 문화사』가 있고, 〈한국의 첫 음반 1907〉, 〈화평정대〉, 〈바닥소리 1집〉 등 국악 음
반 제작에 엔지니어 및 프로듀서로 참여하였다.

이동연

중앙대학교 영문학과에서 「메타비평론 연구」로 박사학위를 받았다. 상지대학교 겸임교수, 성공회대학교 연구교
수를 거쳐 2005년부터 한국예술종합학교 전통예술원 한국예술학과에 재직 중이다. 문화연대 문화정책센터 소
장, (사)문화사회연구소 소장, 한국예술종합학교 한국예술연구소 소장을 역임했고, 현재는 계간 ≪문화/과학≫
편집인으로 있다. 지은 책으로는 『아이돌』(엮음), 『문화자본의 시대』, 『대안문화의 형성』 등이 있다.

신현준

서울대학교 경제학과 대학원에서 음악산업에 관한 논문으로 박사학위를 받았고, 현재는 성공회대학교 동아시아
연구소 HK교수다. 1993년부터 대중음악에 관한 평론을 여러 매체에 기고했고, 2003년 이후에는 대중음악에 대
한 학술적 연구에 전념하고 있다. 2006년 이후 학술저널 Inter-Asia Cultural Studies 의 편집위원을, 2008년 학
술저널 Popular Music의 국제고문위원을 역임하고 있다.

차우진

안산 한양대학교 영문과를 졸업했다. IT회사와 잡지사에서 근무했다. 2001년부터 음악웹진 ≪웨이브([weiv])≫에서 활동 중이고 ≪씨네21≫, ≪한겨레21≫, ≪나일론≫, ≪보그≫, ≪빅이슈≫ 등의 주간지, 월간지에 칼럼을 연재 중이다. 『한국의 인디레이블』(공저), 『아이돌』(공저), 그리고 『청춘의 사운드』를 썼다.

서정민갑

음악운동단체에서 일하며 음악 글쓰기를 시작했다. 2004년부터 한국대중음악상 선정위원으로 활동하고 있으며 2005년에는 광명음악밸리축제의 프로그래머로 일했다. 대중음악웹진 ≪가슴≫ 편집인과 대중음악웹진 ≪보다≫의 기획위원을 맡았고 2006년~2008년까지 '민중가요 기본콘텐츠 수집사업'을 기획/진행했다. 2009년~2010년에는 펜타포트 페스티벌 평가연구를 진행했으며 〈Red Siren〉 콘서트, 〈권해효와 몽당연필〉 콘서트 등 공연 기획/연출도 병행하고 있다. 현재 네이버, 다음, ≪보다≫, ≪재즈피플≫, ≪100Beat≫, ≪미디어 오늘≫ 등에 기고 중이다. 성공회대학교 문화대학원을 수료했다.

최지선

성균관대학교 국어국문학과와 서울대학교 미학과 대학원(석사수료)에서 공부했다. 음악웹진 ≪웨이브([weiv])≫ 필진으로 대중음악 평론가로 활동 중이며, 여러 매체에 글을 쓰고 있다. 지은 책으로 『오프 더 레코드, 인디 록 파일』(공저), 『한국 팝의 고고학 1960』 및 『한국 팝의 고고학 1970』(공저), 『한국의 영화음악: 1955~1980』 등이 있다.

이준희

노래를 찾는 사람, 노래로 역사를 쓰는 사람, 노래로 세상을 보는 사람. 한국 고전 대중음악 전공으로 한국학중앙연구원 한국학대학원 박사과정을 수료했고, 관련 논저를 발표해왔다. 〈남인수 전집〉 등 음반을 기획·제작했고, KBS 〈가요무대〉 등 방송 프로그램에 관여하고 있다. 옛 가요 사랑 모임 '유정천리'의 총무이며 대중음악 및 대중문화 강의를 이끄는 시간강사이기도 하다.

이영미

고려대학교 국어국문학과 대학원을 졸업한 후 연극 평론가, 대중예술 평론가로 활동 중이다. 삼십 대 중반부터 10여 년간 한국종합예술학교 한국예술연구소에 몸담았으며, 김창남, 노동은 교수와 함께 1980년대 초반부터 대중가요 읽기에 앞장선 1세대 대중가요 평론가로 평가받는다. 『흥남부두의 금순이는 어디로 갔을까』, 『한국대중가요사』, 『세시봉, 서태지와 트로트를 부르다』 등을 펴냈다.

박애경

연세대학교 국어국문학과에서 시조의 통속화 양상을 다룬 연구로 박사학위를 받은 후, 문헌과 현장을 오가며 한국 노래 문화 전반을 연구하고 있다. 지은 책으로는 『가요, 어떻게 읽을 것인가?』, 『한국 고전시가의 근대적 변전과정 연구』, 『현대사회와 구비문학』(공저), 『근대의 노래와 아리랑』(공저) 등이 있다. 현재 연세대학교 국어국문학과 교수로 재직 중이다.

양재영

서울대학교 인류학과와 동대학원(석사과정), 그리고 뉴욕시립대학교(CUNY) 인류학과 대학원(박사과정)에서 수학했다. 힙합을 비롯해 대중음악과 문화를 주제로 매체 기고와 연구 작업을 해왔다. 지은 책으로는 『힙합 커넥션: 비트, 라임 그리고 문화』, 『입 닥치고 춤이나 춰』(공저) 등이 있으며, 현재 성공회대학교 등에 출강하고 있다.

장유정

현재 단국대학교 교양기초교육원 교수이다. 서울대학교 대학원 국어국문학과에서 「일제강점기 한국 대중가요 연구」로 박사학위를 받았고, 2009년 인천문화재단 플랫폼문화비평상 음악 부문을 수상 후, 대중음악 연구와 평론을 병행하고 있다. 지은 책으로는 『오빠는 풍각쟁이야 ― 대중가요로 본 근대의 풍경』, 『다방과 카페, 모던 보이의 아지트』 등이 있다. 음원 제작자이자 가수로 활동하면서 〈근대가요 다시 부르기〉(디지털 싱글 앨범) 프로젝트도 진행하고 있다.

한울아카데미 1462

대중음악의 이해

ⓒ 김창남, 2012

엮은이 • 김창남
펴낸이 • 김종수
펴낸곳 • 한울엠플러스(주)

초판 1쇄 발행 • 2012년 6월 20일
초판 4쇄 발행 • 2023년 3월 30일

주소 • 10881 경기도 파주시 광인사길 153 한울시소빌딩 3층
전화 • 031-955-0655
팩스 • 031-955-0656
홈페이지 • www.hanulmplus.kr
등록번호 • 제406-2015-000143호

Printed in Korea.
ISBN 978-89-460-5462-2 93300

* 책값은 겉표지에 표시되어 있습니다.